제3판

법철학

이론과 쟁점

김정오 | 최봉철 | 김현철 | 신동룡 | 양천수 | 이계일

박영사

머리말

法哲學

이 책이 출간된 지 어느새 10년이란 세월이 흘렀다. 2017년에 제 2 판을 내면서 몇몇 장의 내용을 보완하고 전체적으로 수정을 하였지만, 과학기술의 급격한 변화와 학계의 연구 방향의 변화로 인하여 새로운 이론들이 형성되고 법적 쟁점들이 등장하고 있다. 이에 따라 제 3 판에서는 이러한 이론과 쟁점의 변화들에 대응하고자 시도하였다.

이번 판에서는 제 2 판에서 집중적으로 수정된 법과 도덕, 정의의 장들 외에 거의 모든 장들을 수정하였다. 법실증주의와 자연법론의 장들을 비롯해서 법철학의 기본적인 주제들을 다룬 장들은 새로운 이론이나 쟁점들이 나타나고 있지 않아 기존의 내용들을 보완하는 선에서 수정하였다.

제 3 판에서 중점적으로 보완한 내용은 법해석론에 관한 장들이다. 제 2 판까지는 법적 추론과 법해석론을 각기 한 장씩 할애하였으나, 최근 우리 학계에서 법의 해석을 둘러싼 논의가 활발하게 진행되고 있으며, 독일을 비롯해서 미국과 영국의 법해석론이 빠른 속도로 소개되고 있고 한국의 판례들에 대한 연구가 심도 있게 진행되고 있다. 어떻게 보면, 법학에서 가장 중요한 실천의 영역이 법원의 판결이라고 할 수 있으며, 판결을 통해서 법이론이 실현된다는 점에서 이론과 실천이 접점을 이루는 장field이라고 할 수 있다. 법해석론은 각 나라의 법체계 및 법문화의 특성에 따라 발전하는 양상이 매우 다른 모습을 보이고 있다. 대표적으로 독일의 법해석론과 미국의 법해석론을 꼽을 수 있으며,

특히 미국에서는 법학자들뿐만 아니라 법관들도 논쟁에 적극 가담하면서 법해석의 문제가 주요 관심사로 대두되고 있다.

이번 개정판에서는 법해석론을 미국의 법해석론, 독일의 법해석론을 독립된 장에서 다루고, 우리나라의 법해석론을 별도의 장으로 분리해서 집필하였다. 미국의 법해석론은 기존에 법의 해석을 집필한 최봉철 교수가 새로 썼으며, 독일과 한국의 법해석론은 최근 이 분야에서 활발하게 논문을 발표하고 있는 이계일 교수를 새로 초빙해서 이 장들을 집필하게 되었다. 그리고 법적 추론을 학습하고 나서 법해석론으로 넘어가는 것이 보다 효과적이라는 판단하에 법적 추론 장을 법해석론 앞에 배치하였다.

과학기술의 발전과 관련해서 이 책에서는 두 개의 장에서 다루고 있는데, 하나는 법과 생명윤리이고 다른 하나는 법과 정보이다. 최근 나타나고 있는 기술 발전을 보면, 법과 정보는 과거의 유산처럼 느껴지고 IT와 관련된 거의 모든 사안들이 인공지능으로 흡수되는 형세를 보이고 있으며, 법의 영역에서도 새롭고 중요한 쟁점들을 산출하고 있다. 제3판에서는 법과 생명윤리 장에 첨단재생의료, 유전자 편집 등의 쟁점들을 추가하였으며, 법과 정보의 장을 법과 인공지능의 장으로 대체하였다. 이 장은 최근 인공지능 분야에 지대한 관심을 갖고서 연구논문들을 발표하고 있는 양천수 교수가 새로 집필하였다. 마지막 장이었던 법과 환경은 추후에 좀 더 보완하기로 하여 이번 판에서는 제외하였다.

누구보다도 그동안 꾸준하게 이 책을 교재로 사용해 주신 법철학전공 교수님들과 법철학에 관심을 갖고서 이 책을 통해 학습해 온 독자 여러분께 감사드린다.

제3판을 구상하기 전에 이 책이 꾸준하게 출간되도록 지속적인 관심을 기울여 준 조성호 이사님과 성실하고 치밀하게 편집해 준 양수정 대리께 감사드린다.

2022년 1월
집필진 일동

제2판
머리말

　　법학교육이 로스쿨 체제로 전환되면서 법철학에 대한 관심이 쇠퇴할 것이란 예상과는 달리 이 책이 처음 출판되고 나서 1년 만에 중판을 내었고, 지금까지도 꾸준하게 읽히고 있다. 법철학 서적들이 잘 읽히지 않는 현실에 비춰볼 때, 이 책이 지속적으로 출간되고 있다는 것은 매우 고무적이다. 처음 집필자들이 이 책을 기획하면서 구상했던 것과 달리 강의를 하면서 체계상 그리고 내용적으로 부족한 부분들이 있다는 점을 공감하고 있었다. 이번 개정판을 내면서 그동안 집필자들이 느끼고 있었던 수정해야 할 부분들에 대해서 심도 있는 논의를 통해서 보완하고 수정하는 작업을 진행하였다.

　　가장 먼저 수정한 것은 장들의 순서를 바꾸는 것이었다. 앞의 장들과 뒷부분의 응용법철학 장들은 크게 바꿀 필요가 없었으나, 중간에 편성된 장들은 상호간의 연계성과 강의의 집중성을 고려하여 바꿀 필요가 있었다. 정의의 장과 자유주의와 공동체주의의 장이 내용적으로 긴밀하게 연결되기 때문에 두 장을 연속적으로 배치하였다. 그리고 초판본에서는 법의 해석과 추론의 중요성을 감안하여 앞부분에 배열하였으나, 법철학적 이론의 주제들과 응용법철학의 주제들 사이에 배치하는 것이 법철학적 사유에 적합하다는 집필진의 중론에 따라 이 장들의 위치를 바꾸었다.

　　법실증주의를 다룬 제 2 장의 내용을 초판에서는 하트를 다루고 켈젠을 다루었는데, 이번 개정판에서는 시간적 흐름을 고려하여 순서를 바꾸었다. 제 4

장에서 다루는 법과 도덕의 경우 초판에서는 이론적 대립을 다루고, 헌법재판소의 판례를 분석하는 내용을 다루었는데, 개정판에서는 2016년 헌법재판소에서 간통죄에 대해 위헌 결정을 내림으로써 그 내용을 전면적으로 바꾸었다. 도덕의 법적 강제에 관한 데블린과 하트의 논쟁에 이어서 포르노의 규제를 전면적으로 검토한 윌리엄스 위원회와 이에 대한 비판을 전개한 드워킨의 입장을 다루었고, 그동안 법과 도덕과의 관계에 대해서 헌법재판소가 내린 결정들을 정리하였다.

정의를 다룬 제5장의 내용은 대폭 수정되었다. 공동체주의의 내용을 제6장으로 옮기고, 제5장에는 드워킨의 정의론을 새로 넣음으로써 롤즈의 정의론과 비교할 수 있도록 하였고, 공동체주의 정의론은 제6장으로 통합하였다. 법적 추론의 장에서는 예시 사례를 바꾸고 추론의 과정들에 대한 설명을 보강함으로써 법실무에서 경험할 수 있는 추론의 과정들을 충분히 이해할 수 있도록 개정하였다. 응용문제를 다룬 정보, 생명, 환경의 장들에서는 최근의 판례들을 상당수 포함하여 논의를 더욱 풍부하게 하였다.

그동안 이 책을 교재로 사용하면서 조언을 해 주신 교수님들께 감사드리며, 제2판에 대한 교수님들과 독자들의 조언을 적극 수용해서 훌륭한 법철학 교재가 되도록 지속적으로 개정해 나갈 예정이다.

2017년 8월
저자 일동

초판
머리말

法哲學
Philosophy of Law: Theory and Issue

　법철학자들이 가장 고민하는 문제들 중 하나는 "법철학을 어떻게 가르칠 것인가"일 것이다. 실정법의 경우는 대개 법전의 구성과 내용에 따라 강의가 진행되고, 교재 역시 그 체제를 크게 벗어나지 않는다. 그런데 법철학의 경우에는 법전과 같은 객관적인 전거典據가 없기 때문에 이러한 체제를 구성하기가 쉽지 않다. 외국에서 출간되는 법철학 서적들을 보더라도 집필자에 따라 다루어지는 주제들이 다르고, 논의의 깊이와 폭도 상당한 차이를 보이고 있다.

　그렇지만 최근에는 법철학 강의에서 공통적으로 다루어지는 주제들이 있어서 그 주제들을 중심으로 강의가 진행되는 경향을 보이고 있다. 법의 개념, 자연법론, 법실증주의, 법과 도덕과의 관계, 정의의 문제 등이 고전적인 법철학의 주제들이라고 할 수 있다. 이에 더해서 최근에는 법해석이나 법적 추론을 둘러싸고 많은 이론들이 개발되고 있고 이 이론들이 해석법학과 긴밀한 관계를 갖고 있기 때문에, 이 분야에 대한 논의가 활발하게 진행되고 있으며 이를 중심으로 강의가 진행되기도 한다.

　2007년 여름 「법학전문대학원 설치·운영에 관한 법률」이 통과되면서 우리나라의 법학교육은 일대 전환기를 맞게 되었다. 이를 계기로 법학전문대학원 협의회에서는 법학전문대학원에서 사용할 교재 편찬을 긴급한 사업으로 인식하고 교재 집필에 대한 재정지원을 하게 되었다. 이에 집필자들은 이번 기회에 기존의 법철학 교재와는 다른 새로운 형태의 교재를 편찬하기로 뜻을 모았고,

재정지원을 받게 되었다.

집필자들은 법철학 교재 집필을 기획하면서 몇 가지 관점을 공유하였다. 첫째, 기존의 법철학 교육이 법철학사에 치우쳐 있어 이론과 현실 혹은 이론과 사례와의 괴리가 여전히 큰 격차를 보이고 있다는 점이다. 둘째, 사회의 이해관계가 더욱 복잡해지고 과학적 · 기술적 발전이 엄청난 속도로 진행되는 과정에서 기존의 규범적 틀로써 해결될 수 없는 사태들이 무수하게 발생하고 있는데도 불구하고 법철학적 접근이나 대응책이 시의적절하게 나오지 못하고 있다는 점이다. 이처럼 법철학이 직면한 현실을 돌파하기 위해서 집필자들은 교재에 포함될 내용과 서술 방식을 기존의 책들과 차별화하기로 하였다. 그래서 이 책에는 고전적인 법철학적 주제들을 먼저 다루고, 응용법철학에 해당되는 주제들을 선별적으로 포함하기로 하였다. 전자의 영역에서는 법실증주의, 자연법론, 법과 도덕 및 권리 등의 주제를 다루었으며, 후자의 영역에서는 자유주의와 공동체주의, 법치주의, 젠더 및 생명윤리 등의 주제를 다루었다. 제 1 장부터 제 8 장까지가 전자에 해당되며, 제 9 장부터 제15장까지가 후자에 해당된다고 볼 수 있다.

교재를 집필하는 방식에서 집필자들이 다음과 같은 관점들을 공유하고서 집필 작업을 수행하였다. 첫째는 이 책이 개별 연구자의 단독 저술이 아니기 때문에 각 집필자의 개인적인 입장에 따라서 서술하기보다는 좀 더 객관적인 관점에서 해당 주제를 학생들이 이해하기 쉽게 설명하는 방식으로 집필하는 것이었다. 둘째는 법철학적 사상이나 이론만을 가지고 설명하기보다는 구체적이고 실제적인 사례들을 적극적으로 활용함으로써 학생들이 보다 쉽고 흥미 있게 법철학적 사유에 접근할 수 있도록 하는 것이었다. 그래서 집필자들은 다른 법철학서와 달리 다양한 사례와 판례들을 포함하였고, 이를 통해 법철학적 이론이나 논증이 어떻게 구체적인 사례에 적용될 수 있는가를 펼쳐 보이도록 노력하였다.

책의 내용 중 "법철학이란 무엇인가," "법과 도덕," "정의"의 장은 김정오 교수, "법실증주의," "자연법론," "법의 해석"은 최봉철 교수, "권리," "법치주의," "법과 생명윤리"는 김현철 교수, "자유주의와 공동체주의," "법준수의무와 시민불복종," "법과 정보"는 신동룡 교수, "법적 추론," "법과 젠더," "법과 환경"은 양천수 교수가 맡아서 집필했으며, 집필 과정에서 집필자들 상호 간의 심도 있는 토론과 검토 작업을 거쳤다. 이 책은 원래 법학전문대학원 학생들에게 법철학 이론과 사유방식을 가르치기 위해서 집필되었으나, 법철학 과목의 성격상 학부생들을 위한 교재로 사용해도 큰 무리가 없을 것이다.

이 책의 집필을 위해 재정지원을 해 준 법학전문대학원 협의회에 감사드리며, 이 책의 출판을 기꺼이 허락해 준 안종만 회장님, 출판 업무를 지원해 준 김중용 차장님, 그리고 무엇보다도 이 책의 체제와 편집을 위해 헌신적으로 애써 주신 엄주양 대리께 감사드린다. 마지막으로 이 책의 기획부터 출판에 이르기까지 궂은일을 마다 않고 도와 준 권경휘 박사에게 심심한 감사를 드린다.

2012년 8월
저자 일동

차례

法哲學

Philosophy of Law: Theory and Issue

제14장　법과 젠더···319

제1장
법철학이란 무엇인가?

Philosophy of Law: Theory and Issue

Ⅰ. 법철학에 대한 다양한 이해방식들

  법학도들은 왜 법철학을 공부해야 하는가? 이에 답하기 위해서 먼저 "법철학이란 무엇인가"를 이해해야 할 것이다. 법철학이 무엇을 배우는 학문인지 알지 못한다면, 그것을 왜 배워야 하는가에 관하여 이야기하는 것은 무의미할 것이기 때문이다. 또한 법철학이란 무엇인가라는 물음에 답하는 과정에서 "왜 법철학을 공부해야 하는가"라는 질문에 대한 답을 찾을 수 있을 것이다.

  그렇다면 법철학이란 무엇인가? 이것은 대답하기 쉽지 않은 물음이다. 이에 대한 답변은 법철학자들마다 다르기 때문이다. 약간 과장하자면, 이 질문에 대한 답변은 법철학자의 수만큼이나 다양하다고 말할 수 있을 것이다.

  법철학자들이 법철학에 관하여 설명하고 있는 다음의 글들을 읽어보자. 자신이 전개한 법철학에 대해서 설명하는 경우도 있고, 법철학 일반에 대해서 말하는 경우도 있지만, 어느 쪽이든 법철학이 그러한 방향이어야 한다고 생각한다는 점에서는 차이가 없다.

  홈즈 우리의 공부의 대상은 예측, 법원을 통해 공권력이 발동될 경우에 대한 예측이다. … 법에 대해 알기를 원한다면, … 합법성 여부를 떠나 양심의 막연한 제재에 의거하여 행동의 이유나 동기를 찾는 선한 사람으로서가 아니라 오로지 세속적인 결과에만 관심을 가지고,

법적 효과에 대한 예측을 가능하게 해 주는 지식을 추구하는 악한 사람(bad man)의 입장에서 법을 바라보아야 할 것이다. … 법은 도덕에서 출발한 용어로 가득 차 있고, 우리가 마음속에 계속하여 벽을 쌓지 않는다면 자신도 모르는 사이에 언어의 힘에 의해 한 영역에서 다른 영역으로 넘어가도록 계속 유혹받을 것이다.[1]

켈젠   순수법학은 실정법이론이다. 즉 실정법만에 관한 이론이지, 특별한 법질서에 관한 이론이 아니다. 그것은 일반적 법이론이며, 개별적인 국가법규범이나 국제법규범에 관한 해석이 아니다. … 그것은 법이란 어떻게 존재해야 하며 어떻게 형성되어야 하는가의 물음이 아니라 법이란 무엇이며 또 어떻게 존재하는가 하는 물음에 답하려고 시도한다. 그것은 법학이지만, 법정책은 아니다. … 순수법학은 법학을 그와 낯선 모든 요소들로부터 해방시키고자 한다. 이것은 순수법학의 방법론적 기본원칙이며, 명칭을 고려하더라도 당연한 것으로 보인다.[2]

하트   이 책에서 나의 목적은 법이 무엇인가에 대해 일반적이고 기술적인 이론을 제공하기 위한 것이었다. 일반적이라는 의미는 그 이론이 어느 개별적인 법체계나 법률 문화에 결부된 것이 아니라는 것이며, 규칙에 의해 지배되는 측면을 가진 (그리고 "규범적" 의미에서) 복잡한 사회적 및 정치적 제도로서의 법에 대한 명확한 설명을 추구하려는 것이다. … 나의 설명은 도덕적으로 중립적이며 아무런 정당화 목적도 가지고 있지 않다는 점에서 기술적인 것이다. 즉, 법에 대한 나의 일반적인 설명에 나타나는 형식과 구조가 도덕적인 근거나 다른 근거로 … 정당화되거나 권유되지 않는다는 것을 말한다.[3]

드워킨   법에 대한 일반이론은 … 추상적일 수밖에 없다. 왜냐하면 법에 대한 일반이론은 법실무의 특정 영역이나 특정부분이 아니라 그 주된 존재이유와 구조를 해석하는 것을 목적으로 하기 때문이다. 그러나 그 추상성에도 불구하고 법에 대한 일반이론은 구성적 해석이다. 법에 대한 일반이론은 법실무 전체를 최선의 것으로 보이도록 노력하며, 그들이 목도하는 법실무와 그 법실무의 최선의 정당화 사이에 평형을 이루기 위하여 노력한다. 그래서 사법(司法) 및 기타 법실무의 제 측면을 법철학과 구분 짓는 확실한 선은 없는 것이다. … 어떤 실무적 법적 논의도 그것이 아무리 세세한 문제에 국한되어 있다 하더라도, 법철학이 제공하는 추상적 기초를 전제

---

1 O. W. Holmes(최봉철 역), "법의 길," 최봉철, 『현대법철학』(법문사, 2007), 497-499면.
2 H. Kelsen(변종필·최희수 역), 『순수법학』제 2 판(길안사, 1999), 23면.
3 H. L. A. Hart(오병선 역), 『법의 개념』(아카넷, 2002), 311-312면.

하며, 그 대립하는 기초가 상충하는 때에는 법적 논의는 어떤 것은 받아들이고 어떤 것은 배척한다. 그래서 판사의 의견이란 그 자체 법철학의 한 단편이며, 설사 그 철학이 은폐되어 있고 드러난 논거가 주로 인용이나 사실의 나열인 경우에도 그렇다. 법철학은 사법의 총론이며, 법적 판단의 묵시적 서장인 것이다.[4]

라즈 법의 개념은 우리의 문화 그리고 그러한 문화의 전통들의 일부이다. 그것은 법조인들뿐만 아니라 일반인들이 자신들의 행위와 타인들의 행위를 이해하는 방식에 있어서 어떠한 역할을 한다. 그것은 사람들이 사회적 실재를 "개념화하는" 방식의 일부이다. … 사회에서 사람들이 이해를 할 때에 법의 개념이 역할을 수행하는 방식에서 핵심적이고 중요한 것들을 뽑아내어 그것을 정교하게 하고 설명하는 것이 법이론의 임무이다. 이러한 측면에서 법이론은 사회에 관한 이해를 개선시키는 데 공헌한다. … 법이론의 주요한 임무는 사람들이 스스로를 어떻게 이해하는가를 우리가 이해할 수 있도록 도와줌으로써 사회에 관한 우리의 이해를 증진시키는 것이다. 그렇게 하기 위하여 법이론은 평가적인 판단을 수행한다. 법의 개념에 관한 일반적인 이해에 있어서 핵심적이고 중요한 것을 뽑아내려고 노력할 때 그러한 판단은 불가피한 것이기 때문이다.[5]

이처럼 다양한 견해가 제시되는 이유는 우선 법철학자들 각자가 법철학을 공부하는 목적, 즉 법철학의 근본적인 질문이 무엇인가에 대한 생각이 다르기 때문이다. 그리고 그러한 목적과 근본적인 질문에 어떻게 접근해야 하는가에 대한 생각 역시 서로 다르기 때문이다.

Ⅱ. 법철학의 개념

이러한 다양성과 복잡성에도 불구하고, 논의의 차원을 약간 낮추어 일반적인 수준의 이야기를 한다면, 우리는 법철학이란 무엇인가에 관한 답변을 제시할 수 있을 것이다. 법철학이란 무엇인가를 생각해 보기 위해서 다음의 글을 읽어 보도록 하자.

---

4 R. Dworkin(장영민 역), 『법의 제국』(아카넷, 2004), 141면.
5 J. Raz(권경휘 역), "권위, 법 그리고 도덕," 『법철학연구』 제12권 제 1 호(2009), 542–543면.

인간 사회에 관한 여러 문제 중에서 "법이란 무엇인가?"라는 질문만큼 끊임없이 제기되어 왔고 또한 철학 사상가들에 의하여 다양하고 기묘하며 역설적인 방식으로까지 답변되어 온 문제도 거의 없다. 고대 및 중세의 법의 "본질"에 관한 사색을 제쳐놓고 최근 150년간의 법 이론 연구만 보더라도, 독자적 학문 분야로서 체계적인 연구가 이루어지는 다른 어떤 분야 에서도 이와 필적할 만한 상황을 찾아볼 수 없을 것이다. "법이란 무엇인가?"라는 질문에 대해서처럼 많은 양의 문헌이 "화학이란 무엇인가?" 또는 "의학이란 무엇인가?"라는 질문 에 답하고자 쓰이지는 않았다. ⋯ 의학이란 "의사가 병에 대하여 행하는 것"이라든가, "의사 가 행하려고 하는 것에 대한 예측"이라고 주장하여도, 또는 산의 연구와 같이 통상 화학을 특징짓고 중심 부분으로 인정되는 것이 실은 화학의 일부분이 전혀 아니라고 선언하여도 그 것이 계몽적이거나 중요한 것이라고 누구도 생각지 않았다. 그러나 법의 경우에는 일견하여 이상과 같이 기이하게 보이는 설명들이 이따금 마치 법의 기본 성질에 관한 현저한 오해로 오랫동안 불명확하게 여겨 왔던 법에 관한 진리를 계시한 것처럼 언급되어 왔고, 그뿐만 아 니라 웅변과 열정으로 주장되어 오기도 했다.[6]

이 글은 20세기의 유명한 법철학자인 하트의 주저 『법의 개념』의 첫 페이 지를 인용한 것이다. 하트는 "법이란 무엇인가"라는 질문이 다양한 방식으로 제기되어 왔고 다양하게 답변되어 왔지만, 과학, 의학, 화학과 같은 경우에는 그러한 질문들이 제기되지 않았다고 지적한다. 이러한 하트의 지적은 오류를 범하고 있는 것처럼 보인다. 즉, 서로 다른 범주들을 비교함으로써 "법이란 무 엇인가"라는 질문의 중요성을 지나치게 강조하고 있는 것이다. 법의 경우에는 법철학의 모습을 보여주면서 수학, 과학, 마음 등의 경우에 대해서는 수리철학, 과학철학, 심리철학의 모습이 아니라 수학, 과학, 심리학의 모습을 보여준다. 수학, 과학, 심리학의 경우에는 "수란 무엇인가?," "수학이란 무엇인가?," "과학 이란 무엇인가?," "과학적 발견의 논리는 무엇인가?," "마음이란 무엇인가?," "몸과 마음은 어떠한 관계를 가지는가?" 등과 같은 질문들에 대하여 책의 서문 내지는 도입의 장에서 간략하게 다루는 데 그치지만, 수리철학, 과학철학, 심리 철학은 그러한 질문들을 핵심적으로 다룬다.[7] 이러한 점에서 법철학, 과학철학,

---

6 Hart, 『법의 개념』, 1–2면.

7 수리철학에 관해서는 B. Russell(임정대 역), 『수리철학의 기초』(경문사, 2002)를 볼 것. 그리고 과학철학에 관해서 는, A. F. Chalmers(신일철 외 역), 『현대의 과학철학』(서광사, 1985); T. S. Kuhn(김명자 역), 『과학혁명의 구조』

수리철학, 심리철학 및 철학의 분과들은 법학, 과학, 수학, 심리학과 같은 개별 학문들과 구별된다. 전자는 학문의 대상을 설명하고 그 주제의 범위를 정하는 등 철학적인 성찰을 하는 것이다.

이제 우리는 법철학에 대하여 다음과 같은 이야기를 할 수 있을 것이다. 법철학이란 철학적 성찰이고 그중에서도 법을 대상으로 하는 철학적 성찰이다. 그렇다면 이것은 어떠한 의미를 가지는가?

우선 법철학이 하나의 철학적 성찰이라는 사실은 그러한 성찰이 이성적이고 논리적이며 체계적일 것을 요구한다. 이 점에서 법철학은 개인의 법의식, 법감정 내지는 법을 대하는 지혜와 구별된다. 종종 "김○○ 법관의 법철학"과 같은 표현을 사용하곤 하는데, 이때 "법철학"이라는 말은 이 책에서 말하고 있는 의미로 사용되었다기보다는 "개인의 법의식, 법감정 내지는 법을 대하는 지혜"와 같은 의미로 사용되었다고 할 수 있다. 법에 대한 이성적이고 논리적이며 체계적인 성찰이라는 의미의 "법철학"은 그것과는 다른 것이다. 이러한 구별은 사실 철학의 일반적 논의의 특수한 경우라고도 할 수 있을 것이다. 즉, 철학의 의미 역시 "이성적이고 논리적이며 체계적인 성찰"이라는 의미로 사용되는 경우와 "세계관, 세상을 바라보는 지혜, 삶을 대하는 태도"라는 의미로 사용되는 경우로 구별된다. 철학자들이 공부하는 철학이 전자이듯이 법철학자들이 연구하는 법철학의 의미도 그러한 것이다.[8]

또한 법철학은 그 철학적 성찰의 대상이 법이라는 점에서 다른 철학적 성찰들과 구별된다. 즉, 법은 법철학을 구별하게 해 주는 종차種差가 된다. 언어철학이 언어를 다루고, 논리철학이 논리를 다루고, 수리철학이 수학을 다룬다는 측면에서 구별되듯이 법철학은 법을 다룬다는 점에서 구별된다.

(까치, 2007)를 볼 것. 또한 심리철학에 관해서는, 김재권(하종호 외 역), 『심리철학』(철학과현실사, 1997); J. R. Searle(정승현 역), 『마인드』(까치, 2007)를 볼 것.

8 철학 일반에 관한 논의로는, M. Heidegger(이기상 역), 『현상학의 근본문제들』(문예출판사, 1994), 23-32면 참조.

Ⅲ. 법철학의 방법과 내용

법철학이 법에 대한 철학적 성찰이라고 하였다. 그렇다면 어떠한 철학적 성찰인가? 철학에는 다양한 테제들이 존재하고 다양한 방법들이 존재하듯이 법철학 역시 다양한 테제들과 방법들이 존재한다. 어떤 개별적인 테제와 방법을 구체적으로 설명하고 그것의 장단점을 논의하는 것은 우리의 목적을 넘어서는 일이다. 우리의 목적에 비추어 볼 때, 다양한 테제들과 방법론들이 존재한다는 것을 간략하게 언급하는 것으로 충분할 것이다.

법철학에서 자주 논의되는 테제는 바로 법과 도덕의 "분리 가능성 테제"와 "필연적 관련성 테제"일 것이다. 분리 가능성 테제는 법과 도덕이 분리될 수 있다고 주장하는 반면에, 필연적 관련성 테제는 법과 도덕이 필연적으로 관련되어 있다고 주장한다. 따라서 전자는 법에 대하여 도덕적으로 중립적인 기술description이 가능하고 그것이 중요하다고 보는 반면에, 후자는 도덕적인 평가가 법에 대한 설명에 있어서 핵심적이라고 주장한다. 이러한 두 테제는 법철학에서 오랫동안 대립해 온 두 입장, 즉 법실증주의와 자연법론을 대변한다. 그 외에도 각자의 입장에 따라 다양한 테제들이 제기된다.

다른 한편으로, 법철학은 철학의 다양한 학파들에 영향을 받아 발전되어 왔다. 즉, 법철학자들은 철학 일반에서 새로운 철학적 경향이 등장하면 그것을 법철학에 어떻게 적용할 수 있는가 하고 연구해 왔다. 예컨대, 후설E. Husserl이 현상학이라는 철학적 운동을 발전시키자 법철학자들은 현상학적인 방법으로 법철학을 전개시켜보려고 노력하였다. 또한 후설의 제자인 하이데거M. Heidegger가 새로운 방식으로 존재론을 개진하고 하이데거의 제자인 가다머H.-G. Gadamer가 그것을 새롭게 해석하여 해석학을 발전시키자, 법철학자들은 해석학적인 방법으로 법철학의 문제들을 다루어 보고자 시도하였다. 20세기 영미에서는 러셀B. Russell, 비트겐슈타인L. Wittgenstein, 오스틴J. L. Austin 등에 의해 분석철학과 언어철학이 유행하게 되었고, 이른바 철학에서는 "언어적 전회"linguistic turn가 이루어졌다. 그 결과 영미의 법철학자들 역시 분석철학적이고 언어철학적인 방법으로 법철학의 중요한 개념들을 분석하고 검토하려고 하였다. 따라서 법철학에 어떤 학문적 방법론이 존재하는가 하는 것은 법철학사 전체를 검토해야 하는 방대한 작업이 될 것이다.

그렇다면 법철학은 법에 관하여 어떠한 철학적인 성찰을 하는가? 법철학의 철학적 성찰은 크게 이론적인 연구와 실천적인 또는 응용적인 연구라는 두 부분으로 구별될 수 있다.

이론적인 연구는 법과 관련된 이론적인 문제들을 고찰하는 것이다. 이러한 이론적인 연구에 속하는 것으로는 우선적으로 법의 개념과 관련된 논의들을 들 수 있다. 법의 개념과 관련된 논의들이란 법의 정의定義, 법의 본성, 법과 도덕의 관계 등에 관한 탐구를 말한다.[9] 법의 해석과 관련된 논의들 역시 법철학의 이론적인 연구영역에 속하는 탐구라고 볼 수 있다.

반면에 법치주의, 시민불복종, 젠더, 생명공학, 환경, 정보사회 등의 특수한 문제와 관련된 탐구는 실천적인 연구에 속한다.[10] 이러한 실천적인 연구들은 이론적인 연구들에서 검토된 철학적인 성찰들에 기초하여 개별적인 문제들을 다루는 것이다.

Ⅳ. 법철학의 의의

종종 사람들은 이러한 법철학적인 논의가 지나치게 이론적이고 추상적이어서 흥미가 없다고 생각하면서 "왜 이것을 연구해야 하는가"하고 반문하곤 한다. 이러한 회의적인 태도가 전혀 근거가 없는 것은 아닐 수도 있다. 예컨대, 법철학에서 가장 순수하게 이론적이고 근본적인 주제인 법의 개념에 관한 문제를 살펴보자. 이것은 "법이란 무엇인가"라는 질문과 관련된 논의이다. 하트가 지적하는 것처럼, 일견 보기에 이 질문은 답하기 너무나 쉬운 것처럼 보인다.

영국인으로서 살인을 금지하는 법, 소득세의 납부를 요구하는 법, 유효한 유언을 하기 위

---

9 대표적인 예로, 심헌섭, 『법철학 Ⅰ: 법, 도덕, 힘』(법문사, 1989).
10 대표적인 예로, 한국법철학회 편, 『응용법철학』(아카넷, 2002).

하여 무엇을 하여야 할 것인가를 규정하는 법이 있다는 것을 모르는 사람은 거의 없을 것 이다. 어린아이나 처음으로 "법"(law)이라는 영어에 접하게 된 외국인이라면 몰라도 실제 누 구나 쉽게 이와 같은 사례들을 많이 들 수 있을 것이다. 사람들은 적어도 대체로는 어느 것 이 영국에서 법인가 아닌가를 알 수 있는 방법을 설명할 수 있다. … 대부분의 교양인들은 영국의 법이 어떤 종류의 체계를 이루고 있는가를 알고 있고, 프랑스나 미국, 러시아 및 별 개의 "국가"라고 생각되는 세계의 모든 부분에 법체계가 있으며, 그들은 중요한 차이점이 있음에도 불구하고 구조적으로는 상당히 유사하다는 관념을 가지고 있다.[11]

그렇다면 "법이란 무엇인가"라는 물음이 왜 문제되는가? 법철학자들이 이 렇게 간단한 문제에 대해서 고민하는 이유는 무엇인가? 다음의 사례를 생각해 보자. 이것은 "법이란 무엇인가"에 대한 생각에 따라 얼마나 다른 판결이 내려 질 수 있는가를 보여주는 대표적인 사례이다.

밤베르크 주 고등법원(Oberlandsgericht Bamberg) 사건(1949)   2차 세계대전 중의 일이었 다. 군인이었던 남편 A가 휴가를 나와 부인 B에게 전쟁의 상황을 이야기하고 히틀러를 비 판하였다. 이러한 A의 행위는 1934년 나치법의 위반이었다. A와의 이혼을 생각하고 있었던 B는 남편을 고발하였다. 그러자 A는 체포되어 사형을 선고 받았고, 사형 대신에 전선으로 보내져 전사하였다. 독일이 패망한 후 검찰은 B를 불법적으로 타인의 자유를 박탈하였다는 이유로 고소하였다.[12]

이 사건의 쟁점은 1934년 나치법과 같은 악법을 어떻게 이해하는가의 문 제이다. 악법의 문제와 관련하여, 보다 일반적으로 말해서 "법이란 무엇인가" 라는 물음과 관련하여 법철학에서는 오랫동안 두 학설이 대립하여 존재해 왔 다. 하나는 법실증주의라고 불리는 입장으로서 다소 과장해서 말하자면 법의 내용이 어떠한 것이든 그것은 법이라고 보는 입장이다. 이러한 법실증주의의

---

11 Hart, 『법의 개념』, 3-4면.

12 이 사건과 관련해서는 다소 주석적인 언급을 할 필요가 있다. 이 사건은 영미권에 소개되는 과정에서 변형되었는 데, 변형된 것이 우리가 다룰 이론적인 쟁점을 더 잘 나타낸다. 따라서 여기에서 소개된 논의는 다소 가설적인 내용 을 담고 있다. 이 사건에 대한 논의와 밤베르크 주 고등법원 판결에 관한 영문 번역에 관해서는, D. Dyzenhaus, "The Grudge Informer Case Revisited," *N.Y.U.L. Rev.* vol. 83 (2008); H. O. Pappe, "On the Validity of Judicial Decisions in the Nazi Era," *Modern L. Rev.* vol. 23 (1960) 참조.

입장은 "법이 존재한다는 것과 법이 좋다, 나쁘다는 것은 별개의 문제이다. 법의 존재 여부와 법이 수행기준으로서 적합한지 여부는 서로 다른 고찰이다"[13]라는 오스틴의 주장에 잘 나타나 있다. 법실증주의와 대립하는 입장은 자연법론이다. 자연법론의 주장은 "정의롭지 못한 법은 법이 아니다"라는 명제로 표현된다. 이러한 입장의 차이에 따라 밤베르크 주 고등법원 사건의 결정은 다르게 내려질 것이다.

> 법실증주의　1934년 나치법은 비록 내용이 정의롭지 못하더라도 그것은 법이다. 따라서 B가 남편을 고발한 행위는 법에 따른 적법한 행위이므로 B를 처벌할 수 없다.

> 자연법론　1934년 나치법은 전쟁의 상황을 이야기하고 히틀러를 비판하는 것을 처벌하고 있는데, 이것은 그 내용이 너무나 부정의하여 법이라고 볼 수가 없다. 따라서 B의 행위는 법에 의하여 정당화될 수 없다. 그러므로 B는 처벌 받아야만 한다.

이처럼 "법이란 무엇인가"라는 질문을 어떻게 이해하는가에 따라 B의 처벌은 완전히 달라진다. 이러한 사례는 형법적인 문제에만 존재하는 것이 아니다. 다음과 같이 세법과 관련된 문제가 발생할 수도 있다.

> Oppenheimer v. Cattermole 사건(1976)　유태인계 독일인인 A는 유태인이라는 이유로 나치의 법령에 의하여 국적을 박탈당하였다. 그 후 A는 영국 국적을 취득하였다. 나치가 전쟁에서 패망한 이후 독일은 재귀화신청을 받았다. 그러나 A는 재귀화신청을 하지 않았고 독일 국적을 회복하지 않았다. 영국법에서는 이중국적자에게 세금을 면제해 주었는데, A는 자신이 이중국적자이기 때문에 세금을 면제 받을 수 있다고 주장하였다. 즉, A는 자신의 국적을 박탈한 나치의 법령이 부당하기 때문에 자신은 독일 국적을 계속해서 가지고 있다고 주장한 것이다.[14]

이 사건에 대해서 법실증주의자와 자연법론자는 서로 다른 주장을 할 것이다.

---

13 J. Austin, *The Province of Jurisprudence Determined* (Cambridge University Press, 1995), 157면.
14 본래 사건을 그대로 재현했다기보다는 이론적인 쟁점이 잘 드러나도록 다소 각색하였다.

법실증주의 나치의 법령은 내용과 관계없이 유효한 법이다. 따라서 A의 국적 박탈은 유효하다. 또한 전후 독일이 재귀화의 기회를 주었음에도 불구하고 A가 이것을 받아들이지 않았다. 따라서 A는 영국의 국적만 가지고 있다고 보아야 하고 세금을 면제해 줄 필요가 없다.

자연법론 유태인이라는 이유만으로 국적을 박탈한 나치의 법령은 너무나 부정의하기 때문에 법이라고 볼 수 없다. 따라서 영국 법원은 그러한 나치의 법령을 유효한 법으로 받아들여서는 안 된다. 그러므로 A는 독일 국적을 계속해서 가지고 있다고 보아야 하고 세금을 면제해 주어야 한다.

"법이란 무엇인가"라는 질문은 전후 나치법의 처리와 관련된 문제에만 해당하는 것이 아니다. 예컨대, 동독과 서독으로 분단되어 있던 독일이 통일되자 다시 이러한 문제들이 제기되었다.

동독 국경수비대 사건(1992) 많은 동독 사람들이 서독으로 탈주하자 동독정부는 국경수비대에게 발포명령을 내렸다. 이 명령에 따라 국경수비대원 A와 B는 베를린 장벽을 넘으려고 하는 민간인을 사살하였다. 통일 후 독일의 검사는 A와 B를 살인죄로 기소하였다.

이 사건 역시 법을 어떻게 이해하느냐에 따라 전혀 다른 입장을 취하게 된다.

법실증주의 A와 B의 행위가 도덕적으로 옳지 못하고 당시의 동독의 법이 부정의하였더라도, A와 B의 행위는 동독의 법을 따른 행위이므로 살인죄로 처벌할 수 없다.

자연법론 당시 동독의 법은 너무나 부정의하였기 때문에 그것은 법이라고 볼 수 없다. 따라서 A와 B의 행위는 법을 따른 행위라고 볼 수 없고 A와 B는 처벌 받아야 한다.

지금까지 다룬 "법이란 무엇인가"라는 물음은 가장 이론적인 물음이다. 그럼에도 불구하고 이 물음에 대한 입장에 따라 구체적인 사례에서 정반대의 결론이 도출되는 것을 알 수 있었다. 이처럼 법철학적 탐구는 단지 이론적인 차원에만 머무는 것이 아니라 실천적인 차원과도 밀접한 관련을 맺게 된다.

이제 법철학적인 논의가 보다 직접적으로 실천적인 의미를 가지는 법의 해석과 관련된 사례들을 살펴보자. 다음의 사례처럼 법문언의 모호성이 문제가 될 수 있다.[15]

> McBoyle vs U. S. 사건(1931)   A는 비행기가 장물이라는 사실을 알면서도 비행기를 일리노이 주 오타아에서 오클라호마 주 가이몬으로 옮겼다. 그런데 당시 미국에는 비행기 절도에 관한 법이 없었고, 오직 차량 절도에 관한 법(National Motor Vehicle Theft Act)만이 존재하였다. 그래서 A는 차량 절도에 관한 법 위반으로 기소되었다.[16]

이 사례에서는 "차량"이라는 용어에 "비행기"가 포함되는가가 문제된다. 검사는 "차량"의 범주에 "비행기"가 포함된다고 주장할 것이다. 이에 대하여 A는 차량 절도에 관한 법이 "차량"에 대해서 말하고 있을 뿐이지 "비행기"에 대해서 이야기하고 있는 것이 아니라고 변호할 수 있을 것이다. "차량"이라는 용어에 "비행기"를 포섭시킬 수 있는가에 대한 입장 차이에 따라 A는 유죄선고를 받을 수도 있고 무죄선고를 받을 수도 있다.

다음과 같이 법문언의 애매성이 문제가 될 수도 있다.

> 과수원 실화 사건(1994)   A는 바람이 세게 불어 그냥 담뱃불을 붙이기가 어렵자 마른 풀을 모아 놓고 불을 붙여 그 불로 담뱃불을 붙였다. 이후 A는 마른 풀의 불이 제대로 소화되었는지 확인하지 않고 자리를 떴다. 이러한 과실로 말미암아 불이 주변에 번져서 타인 소유의 과수원을 불태워 재산상의 손해를 입혔다.[17]

---

15 여기서는 "모호성"이라는 말과 "애매성"이라는 말을 구별하여 사용하였다. 모호성은 용어의 적용 범위가 불분명한 경우의 문제이고 애매성은 단어 내지 구절이 다의적일 경우의 문제이다. 모호성과 애매성의 구별에 관한 보다 자세한 설명으로는 권경휘, "비트겐슈타인의 규칙-따르기 고찰과 법이론," 『법철학연구』 제10권 제1호 (2007), 370면을 볼 것.

16 이 사건은 하트에 의하여 "공원 내 차량 금지"라는 사례로 변형되어 논의되었다. 이 사건에 대한 자세한 소개와 하트의 변형에 관해서는, H. L. A. Hart(이동민 역), "실증주의와 법과 도덕 분리론," 『공익과 인권』 제5권 제1호 (2008), 171-173, 179, 263-265면; H.L.A. 하트(장영민 역), "실증주의와 법·도덕 구별론" 『법철학연구』 제8권 제1호(2005), 285-302면 참조.

17 대법원 1994. 12. 20.자 94모32 전원합의체 결정. 이 사건과 관련한 논의들은, 신동운 외, 『법률해석의 한계』(법문사, 2000)로 출간되었다.

이 사례를 판단하는 데 형법 조문의 애매성이 문제되었다. 과수원에 과실로 불을 낸 경우에 적용되는 형법 조문은 제170조 제 2 항이다.[18]

> 제170조 [실화] ② 과실로 인하여 자기의 소유에 속하는 제166조 또는 제167조에 기재한 물건을 소훼하여 공공의 위험을 발생하게 한 자도 전항의 형과 같다.

과수원의 경우는 제167조에 기재한 물건에 해당한다. 즉, A는 타인의 소유에 속하는 제167조에 기재한 물건을 실화한 것이다. 이 사건의 판결에서 문제가 되는 것은 바로 형법 제170조의 구조적 애매성이다. 즉, "자기의 소유에 속하는"이라는 문구가 "제166조"만을 수식하는 것인가 아니면 "제166조 또는 제167조"를 수식하는 것인가가 문제된다. 어떻게 해석하느냐에 따라서 A에 대한 처벌이 달라진다.

"제166조"만을 수식한다고 해석하는 경우 "자기의 소유에 속하는 제166조에 기재된 물건"과 "(자기의 소유에 속하든 타인의 소유에 속하든) 제167조에 기재된 물건"에 실화를 한 경우 처벌을 받는다. A는 타인의 소유에 속하는 제167조에 기재된 물건을 실화하였기 때문에 형법 제170조 제 2 항의 실화죄로 처벌 받는다.

"제166조 또는 제167조"를 모두 수식한다고 해석하는 경우 "자기의 소유에 속하는 제166조에 기재된 물건"과 "자기의 소유에 속하는 제167조에 기재된 물건"에 실화를 한 경우 처벌을 받는다. A는 타인의 소유에 속하는 제167조에 기재된 물건을 실화하였기 때문에 A

---

18 이 사건과 관련된 형법 조문은 다음과 같다.
  형법 제164조 [현주건조물등에의 방화] ① 불을 놓아 사람이 주거로 사용하거나 사람이 현존하는 건조물, 기차, 전차, 자동차, 선박, 항공기 또는 광갱을 소훼한 자는 무기 또는 3년 이상의 징역에 처한다.
  형법 제165조 [공용건조물등에의 방화] 불을 놓아 공용 또는 공익에 공하는 건조물, 기차, 전차, 자동차, 선박, 항공기 또는 광갱을 소훼한 자는 무기 또는 3년 이상의 징역에 처한다.
  형법 제166조 [일반건조물등에의 방화] ① 불을 놓아 전2조에 기재한 이외의 건조물, 기차, 전차, 자동차, 선박, 항공기 또는 광갱을 소훼한 자는 2년 이상의 유기징역에 처한다.
  ② 자기소유에 속하는 제 1 항의 물건을 소훼하여 공공의 위험을 발생하게 한 자는 7년 이하의 징역 또는 1천만원 이하의 벌금에 처한다.
  형법 제167조 [일반물건에의 방화] ① 불을 놓아 전3조에 기재한 이외의 물건을 소훼하여 공공의 위험을 발생하게 한 자는 1년 이상 10년 이하의 징역에 처한다.
  ② 제 1 항의 물건이 자기의 소유에 속한 때에는 3년 이하의 징역 또는 700만원 이하의 벌금에 처한다.

의 행위는 형법 제170조 제2항에 해당하지 않는다. 따라서 A는 처벌 받을 수 없다.

이러한 사례들을 해결할 때 법관이 문언적 해석방법, 목적적 해석방법, 의도적 해석방법 등의 다양한 방법들 중에서 어떤 방법을 사용하느냐에 따라서 다른 결론을 내릴 수 있을 것이다. 물론 형법의 적용과 같은 특수한 경우에는 죄형법정주의라는 가치 역시 고려의 대상이 될 것이다. 이처럼 법해석의 문제와 관련하여 법철학은 법관이 문언을 해석하는 데 어떠한 해석적인 방법을 사용할 것인가에 대하여 탐구한다. 해석적인 방법을 다르게 사용함으로써 상이한 법적 판단들이 나올 수 있기 때문이다.

또한 법의 해석과 관련하여 법관이 법률의 문언에 반하는 contra-legem 해석을 할 수 있는지 여부 역시 문제가 된다. 이 문제와 관련해서는 다음의 사례가 유명하다.

> **소라야 왕비 사건(1973)** 독일 민법은 비물질적인 손해에 대하여 금전배상을 할 수 있는 경우를 엄격하게 제한하고 있다. 독일 민법에 따르면 인격권의 침해에 대하여 금전배상을 요구할 수가 없다. "Die Welt"라는 주간지가 이란의 왕비였던 소라야의 사생활을 그녀의 동의 없이 인터뷰 기사를 통하여 공개하였다. 이에 대해 소라야는 자신의 인격권 침해를 이유로 금전배상을 요구하는 소송을 제기하였고, 독일 연방법원은 이를 받아들였다.

이처럼 법률의 문언에 반하는 해석을 하는 것이 인정될 수 있는가? 즉, 법관은 판결을 내릴 때 법에 구속 받는 것이 원칙인데, 법을 따르는 것이 지나치게 불합리할 경우 법률의 문언에 반하는 해석을 할 수 있는가가 문제되는 것이다. 다시 말해서 문언에 반하는 해석을 인정하는 경우 인격권 침해를 이유로 한 금전배상을 인정하겠지만, 그렇지 않은 경우에는 금전배상을 인정하지 않을 것이다.

이상에서 살펴본 것처럼 법의 해석에 관한 입장에 따라 사건을 판단하는 데 전혀 다른 결론을 내릴 수 있다. 이 사례들은 법의 해석에 관한 법철학적 논의들이 실천적인 결과와 밀접하게 연계되어 있음을 보여준다.

결론적으로 말하자면, 법철학의 이론적인 연구들은 우리가 법을 운용하는

데 큰 영향을 미친다. 실천적인 연구가 그러하다는 것은 말할 필요가 없을 것이다. 법치주의를 어떻게 이해하는가, 시민불복종을 어떻게 이해하는가, 환경 문제를 어떻게 이해하는가의 차이는 곧바로 법적 결과의 차이를 가져올 것이다. 이처럼 법철학의 다양한 철학적인 성찰은 법실무에 있어서 매우 중요한 결과를 가져온다.

V. 맺음말

법철학이란 법에 대한 철학적 성찰이다. 즉, 법철학은 법과 관련하여 다양한 철학적인 방법을 통하여 비판적으로 탐구하는 것을 그 목적으로 하는 것이다. 그리고 법철학은 법의 개념, 법과 도덕의 관계, 법과 정의, 법의 해석 등과 같은 이론적인 문제들과 법치주의, 시민불복종, 생명공학, 환경, 정보사회와 같은 실천적인 문제들을 철학적으로 고찰한다.

이러한 고찰은 일반인이나 법률가가 가지는 법이해 내지 법감정과는 구별되는 학문적인 연구이다. 그리고 법철학적 논의는 단지 지적인 탐구에서 그치는 것이 아니라 매우 실천적인 의미를 가진다. 즉, 법철학은 실정법 자체에 대하여 비판적으로 성찰할 수 있게 해 줄 뿐만 아니라, 실정법을 적용할 때 발생하는 다양한 문제들을 고찰하고 실정법만으로는 해결할 수 없는 사건들을 풀어낼 수 있는 이론적 근거들을 제공한다. 이것이 바로 우리가 법철학을 배우고 고민해야 하는 이유인 것이다.

제1장 ┃ **생각해 볼 문제**

문민정부는 제5공화국의 과오에 대한 청산작업을 하기 위한 법적 근거를 마련하기 위해 1995년 두 개의 법률, 즉 「5·18민주화운동 등에 관한 특별법」, 「헌정질서파괴범죄의 공소시효 등에 관한 특례법」을 제정하여 시행하였다. 이 법률들에 의해서 처벌을 받게 된 제5공화국의 주도자들이 두 법률에서 공소시효를 정지시킨 조항이 현대법의 핵심 원칙인 법률불소급의 원칙, 나아가서는 죄형법정주의에 위반된다고 헌법소원을 제기하였다. 그렇다면 과연 우리는 현대법의 대원칙인 죄형법정주의를 정지시킬 수 있는 근거를 어떻게 마련할 수 있는가?

제2장
법실증주의

I. 서 론

법실증주의와 자연법론에 대해 하트의 주장 2가지를 생각해 보자. 첫째, 자연법론은 악법은 법이 아니라고 보는 반면에 법실증주의는 악법도 법이라고 본다고 한다. 그러나 독자 여러분도 아시겠지만, 이는 잘못이다. 브라이언 라이터Brian Leiter의 블로그를 보면 1945년 이후의 법철학자의 순위를 조사한 결과를 싣고 있는데, 하트는 영어권 법철학자 중 타인의 추종을 불허하는 최고의 학자로 조사되었다. 라이터의 블로그의 투표에 따르면 그는 라즈, 드워킨, 피니스를 압도적인 차이로 누르고 1등을 차지하였다. 하트의 오해는 아퀴나스를 악법은 법이 아니라는 입장을 취했다고 본 것이다.[1] 아시다시피, 아퀴나스는 자연법론자이고, 악법도 법이라고 본 것이 맞다.[2]

둘째, 하트는 자연법론과 법실증주의의 대립은 법의 본성에 한정된다고 보았다. 이에 반해 우리의 학자들은 양자의 대립을 법의 본성에 한정된 것이 아니라고 보아 왔다. 예를 들어 심헌섭 교수는 양자의 대립을 법연구방법론 내지 법적 결정에 관한 것을 포함한다고 보았다. 법연구방법론에 관한 차이란 법

---

1. H. L. A. Hart(오병선 역), 『법의 개념』(아카넷, 2001), 203면.
2 John Finnis, Natural Law & Natrual Rights 2nd ed. (Oxford: OUP. 2011), 364–65면.

실증주의는 법의 특징과 구조를 분석하는 분석적 법철학을 지향하고, 자연법론은 법의 가치를 탐구하는 규범적 법철학과 친화력을 가진다는 것이다. 법적 결정에 관한 대립이란 예를 들어 법실증주의는 법의 해석에서 법이념의 역할을 중시하지 않을 것이고 자연법론은 법이념의 역할을 법의 의미 파악에서 종국적인 역할을 한다고 볼 것이다.

아래에서는 이 장에 말한 두 가지의 쟁점에 대해 서술할 것이다. 첫째, 법실증주의는 악법도 법이고, 자연법론은 악법은 법이 아니라고 보는 입장은 잘못되었다는 것이다. 둘째, 양자의 대립은 법의 본성에 관한 대립에 한정된 것이 아니라 법학 연구와 재판에 관한 이론이기도 하다는 것이다. 이것이 이 장의 총론적인 부분이다. 이에 이어 법실증주의의 각론으로 이 이론의 대표자인 하트와 켈젠의 이론을 살필 것이다.

Ⅱ. 법실증주의의 이해

1. 법실증주의의 적용영역

우선 법실증주의란 무엇에 관한 이론인지 생각해 보자. 즉, 그것은 법의 개념에 한정된 이론인가 아니면 법개념의 영역을 넘어 법의 여러 영역에 걸친 이론인가? 이에 대한 학자들의 입장은 대립된다.

(1) 법개념론에 한정된 이론으로 보는 견해

① 하트 : 20세기 법철학의 최고의 논문으로 평가되는 "실증주의와 법·도덕 구별론"에서 법실증주의란 법과 도덕 사이, 또는 있는 법과 있어야 할 법 사이에 필연적인 관계가 있는 것은 아니라는 명제를 취하는 입장으로 보았다.[3]

② 회르스터 : "법에 대한 개념정의는 내용적인 중립성을 가져야 한다"는 테제를 중립성 테제라고 하면서, "법실증주의 이론은 오로지 모든 법실증주의

---

3 H. L. A. Hart, "Positivism and the Separation of Law and Morals," *Harv. L. Rev.* vol. 71 (1958), 594-600면. 장영민, "실증주의와 법·도덕 구별론," 『법철학연구』 제8권 제1호 (2005).

자들의 핵심테제인 중립성 테제를 통해서만 개념 정의를 하는 것이 바람직하다"고 주장한다.[4]

③ 라이터 : "법실증주의란 법이론, 다시 말해 법의 본성에 관한 이론"이라고 주장한다.[5]

(2) 법의 여러 영역에 걸친 이론으로 보는 견해

① 이항녕 : "법실증주의라고 불리는 일반법학, 분석법학, 순수법학의 입장에서는 법이라 함은 곧 실정법이요, 법학이라 함은 곧 실정법의 연구라고 생각되었다"고 하며, 다른 곳에서는 법실증주의란 "실정법을 실정법으로서 그대로 개념법학적으로 인식하는 것을 법학의 임무"로 여기는 이론이라고 한다.[6]

② 심헌섭 : 법실증주의는 법연구의 방법에 관한 이론이고, 명령설을 취하며, 법적 결정에 관한 이론이며, 법과 도덕의 관계에 관한 이론이며, 법의무에 관한 이론이며, 법효력에 관한 이론이라고 한다.[7]

③ 캠벌 : "법실증주의란 일반적으로 도덕성에 의거하지 아니하고 법의 개념이 해명될 수 있고, 도덕적 판단에 의거하지 아니하고 법의 내용을 확인하여 적용하는 것이 판사의 임무라고 여기는 견해이다."[8]

④ 페리 : 법실증주의는 방법론적 법실증주의를 포함하며, 방법론적 법실증주의란 "법이론은 법이라는 특수한 사회현상에 대해 규범적으로 중립적인 기술을 제공할 수 있고, 제공해야 한다는 입장"이라고 한다.[9]

(3) 검토의 방향

전자의 학자들은 법실증주의를 법의 개념에 관한 이론으로 취급하는 반면

---

4 N. Hoerster(윤재왕 역), 『법이란 무엇인가? 어느 법실증주의자가 쓴 법철학입문』(세창, 2009), 75, 85면.

5 B. Leiter, "Positivism, Formalism, Realism : Review of Positivism in American Jurisprudnece by Anthony Sebok," *Colum. L. Rev.* vol. 99 (1999), 1140면.

6 이항녕, 『법철학개론』 재개정판(박영사, 1996), 21, 229면.

7 심헌섭, 『법철학 I』(법문사, 1998), 279-281면.

8 T. Campbell, *The Legal Theory of Ethical Positivism* (Dartmouth, 1996), 1면.

9 S. Perry, "Hart's Methodological Positivism," Jules Coleman ed., *Hart's Postscript* (Oxford University Press, 2001), 311면.

에 후자의 학자들은 법실증주의를 법의 개념에 관한 이론에 한정시키지 않았다. 예를 들어, 이항녕 교수는 세 가지 문제에 관한 이론으로 보았다. 즉, 법이란 무엇인가, 법학이란 무엇인가, 법을 어떻게 인식할 것인가에 관한 이론으로 보았다. 심헌섭 교수는 법실증주의를 법연구방법에 관한 이론, 법개념에 관한 이론, 법적 결정에 관한 이론, 법과 도덕의 관계에 관한 이론, 법의무에 관한 이론, 법효력에 관한 이론으로 보았다. 캠벌은 그것을 법개념에 관한 이론이자 판사의 임무에 관한 이론으로 보았다. 페리는 법실증주의를 법학연구방법에 관한 이론이기도 하다고 지적하였다.[10]

이러한 의견의 대립을 어떻게 이해해야 할 것인가? 이러한 대립이 생겨난 이유는 무엇인가? 어떠한 연유로 다수의 국내학자들은 후자의 입장을 취하는가? 만약 후자의 입장을 택한다면 법실증주의를 어떻게 정의해야 할 것인가? 이러한 문제들에 대해 생각해 보아야 할 것이다.

2. 법실증주의의 법개념론

법실증주의는 "법이란 무엇인가"라는 문제는 "법이란 어떠해야 하는가"와는 다른 문제이고, 그에 대한 답변은 사회적 사실에 따라 제시될 수 있다는 것이다. 전자를 분리(가능성)설, 후자를 사회적 사실설이라고 부르기도 한다. 따라서 법실증주의 법개념을 취하는 학자들은 분리(가능성)설과 사회적 사실설을 취한다고 할 수 있다. 먼저 분리(가능성)설에 대해 살펴보자.

(1) 분리설

① 오스틴 : "법의 존재와 그것의 가치 또는 반가치는 별개의 것이다. 법이 존재하는가 아닌가와 법이 일정한 기준에 부합될 수 있는가는 별개의 질문이다. 실제로 존재하는 법이라면 우리가 그것을 싫어할지라도 또는 우리의 찬반 의견을 규율하는 종교적 교리와 차이를 보이더라도 그것은 법이다."[11]

---

10 국내 학자들 중에서 이상영 교수와 김도균 교수는 법실증주의를 법개념에 한정된 이론으로 여기지 않는 반면에[이상영·김도균, 『법철학』(방송통신대학교출판부, 2006), 69면], 김영환 교수는 해석의 여지는 있지만 법실증주의를 법개념에 한정된 이론으로 여기는 것 같다. 김영환, 『법철학의 근본문제』 제3판(홍문사, 2012), 29-31면.

② 켈젠 : "법실증주의의 가장 본질적인 귀결은 도덕으로부터 법의 분리이며, … 자연법으로부터 법의 분리이다."[12]

③ 하트 : "법실증주의는 법이 가끔 도덕성의 어떤 요구를 재현하거나 또는 충족시키기는 하지만 그렇게 하는 것이 반드시 필연적인 진리는 아니라는 단순한 주장을 의미한다."[13]

분리설을 취하게 되면, 법의 존재 여부를 정하는 것은 도덕성과 관련이 없기 때문에 아무리 사악한 법이라고 할지라도 법이라고 불러야 할 것이다.

(2) 사회적 사실설

이제 법실증주의자들이 법인가 아닌가를 어떻게 정하는가에 대해 살펴보자. 이미 언급했듯이 법실증주의자들은 도덕적 논의가 아니라 사회적 사실에 따라 정할 문제라고 말한다.

① 하트 : "나의 이론에 따르면, 법의 존재와 내용은 법이 자체적으로 법의 확인을 위하여 도덕적 판단기준을 수용하고 있는 경우 이외에는 도덕성에 대한 준거없이 법의 사회적 연원에 의하여 확인될 수 있다."[14]

② 라즈 : "연원명제는 법의 존재와 내용은 도덕적 논의에 의존하지 않고 확인될 수 있는 사회적 사실의 문제라고 주장한다."[15]

사회적 연원이나 사회적 사실이나 내용적으로 별 차이가 없기 때문에, 하트와 라즈는 공히 법의 존재를 판단하는 기준으로 사회적 사실을 지적하였다고 말할 수 있다. 하트와 라즈는 구체적으로 어떤 사회적 사실을 생각하였을까?

사회적 사실이라고 할 때 하트는 승인의 규칙을 생각하였고, 라즈는 권위적인 법의 연원을 생각하였다. 하트는 어떠한 법체계이든 간에 승인의 규칙이라는 법규칙을 가지고 있다고 보았다. 승인의 규칙이란 보편적인 내용을 가진 법규칙이 아니라 법체계에 따라 내용이 다를 수 있는 규칙이다. 이 규칙은 당

---

11 J. Austin, *Lectures on Jurisprudence* (Thoemmes, 1996), 220면.

12 H. Kelsen(심헌섭 편역), 『켈젠이론선집』(법문사, 1990), 267면.

13 H. L. A. Hart(오병선 역), 『법의 개념』(아카넷, 2001), 271면.

14 위의 책, 349면.

15 J. Raz(권경휘 역), "권위, 법 그리고 도덕," 『법철학연구』 제12권 제1호 (2009), 538면.

해 법체계에서 무엇이 우리의 법인가를 확인해 주는 규칙이다. 또한 이 규칙은 그 자체로는 규범이기는 하지만, 사실로서 존재하는 규칙이다.

라즈는 법의 권위 있는 연원이 "무엇이 우리의 법인가"의 문제에 해답을 제공한다고 보았다. 법을 만들어 낼 수 있는 권위 있는 연원은 무엇인가? 입법부, 사법부, 행정부, 지방자치단체, 사회가 있을 것이고, 이러한 곳에서 법률, 판례법, 행정명령, 행정규칙, 조례, 관습법이 생겨날 것이다. 예를 들어, X가 법이라고 주장한다고 하자. 그렇다면 그것이 법인지를 확인하기 위하여 그 혈통 pedigree을 확인할 것이다. 만약 그것이 입법부에서 만들어졌다면 그것은 법으로 인정받게 될 것이다.

3. 법의 여러 영역에 걸친 이론으로서의 법실증주의

(1) 검토의 취지

법실증주의를 법개념에 한정된 이론으로 보든 아니면 법의 여러 문제에 걸친 이론으로 보든 간에 위에서 설명한 법실증주의 법개념론에 대해서는 양자 간에 이론異論의 여지가 없다. 그러나 법실증주의를 법의 여러 영역에 걸친 이론으로 파악하고자 한다면, 전자로부터 만만찮은 반론이 제기될 것이다. 여기서는 양자 간의 논쟁은 제쳐두고, 법실증주의는 법개념론에 한정된 이론이 아니라고 하는 입장에서는 법실증주의의 재판이론이나 연구방법론을 어떻게 이해하는지에 대해 살펴보기로 한다.

(2) 법실증주의 재판이론

앞에서 보았듯이 심헌섭 교수는 법실증주의를 법적 결정에 관한 이론이기도 하다고 주장하였고, 캠벌은 판사의 임무에 관한 이론이기도 하다고 주장하였다. 심헌섭 교수가 말하는 바를 좀 더 살펴보면, "법실증주의에 의하면 법적 결정은 기존의 법규정에서 획일적으로 정확하게 결정되는 것이며, 법원은 해당법규와 관계사실과의 결합에서 논리적 연역을 통해 결정을 이끌어낸다는 것이다. 이 점에 있어서는 개념법학이 가장 대표적이라고 할 수 있다"[16] 고 한다.

캠벌은 판사가 목적론적인 해석을 가급적 자제하고 원칙적으로 문언의 일상적인 의미에 따라 법을 확정할 것을 주장한다.17 심헌섭 교수와 캠벌이 파악한 법실증주의 재판이론이란 요약해 보면 재판에서 도덕과 같은 법 이외의 다른 요소들을 가급적 끌어들이지 말고, 법에 충실하게 재판하라는 취지의 주장이다.

(3) 법실증주의 연구방법론

앞에서 보았듯이 이항녕 교수는 법실증주의란 법학을 실정법에 관한 연구로 본다고 주장하였고, 심헌섭 교수는 법실증주의를 법연구방법론이기도 하다고 주장하였으며, 페리는 법실증주의란 방법론적 법실증주의를 포함한다고 주장하였다. 우선 심헌섭 교수의 주장을 보자.

법실증주의는 법연구의 방법에 관한 이론이다. 우리는 이상적인 법이나 법체계가 아니라 현실적 또는 현존의 그것을 다루어야 하며, 또 그것은 도덕적으로, 정치적으로 그리고 평가적으로 중립적·몰가치적이어야 함을 강조한다. 사실 전통적으로 분석법학이라고 일컫는 벤담이나 오스틴의 이론, 대륙에서 일반법학이라고 일컫는 베르그봄의 이론, 켈젠의 순수법론, 나아가 법사회학 등은 모두 이러한 법실증주의적 입장을 강조한 것이다.18

페리도 심헌섭 교수와 다르지 않게 법실증주의는 법연구방법에서 법에 대한 기술을 추구한다고 하였다. 이렇게 본다면 법실증주의는 법이 추구해야 할 이념에 대해 연구하는 것, 법의 내용에 대한 도덕적·정치적 평가를 내리는 것보다는 법 그 자체에 대한 기술적 연구에 치중하는 이론이라고 할 수 있다.

우리는 종종 법철학은 2가지의 분야로 구성된다고 한다. 그것은 분석법철학과 규범법철학이다. 심헌섭 교수는 자신의 저서 명칭을 분석과 비판으로서의 법철학이라고 지었다. 이는 분석법철학과 규범(비판)법철학의 양자를 포섭하는

---

16 심헌섭, 『법철학 I』, 280면.
17 T. Campbell, "The Point of Ethical Positivism," *King's College L. J.* vol. 9 (1998-1999), 76, 85면; "Judicial Activism — Justice or Treason?," *Otago L. Rev.* vol. 10 (2001-2004), 314, 318면 등.
18 심헌섭, 『법철학 I』, 280면.

법철학이라는 용어이다. 그러나 심 교수의 법철학은 분석에 치중하고 있으며 비판 즉 규범법철학에 강점이 있는 것은 아니다. 이러한 연유로 그의 마지막 논문이 정의에 관한 것일지도 모른다.

(4) 보 론

법실증주의를 법의 여러 문제에 관한 이론이라고 한다면, 그것은 법개념론, 재판이론, 연구방법론 등 여러 가지 문제에 관한 이론이라고 말할 수 있다. 그러하다면 법실증주의의 원칙 내지 그 이론의 핵심은 어떻게 정리해야 할까? 법의 개념이라는 영역에 관해 법실증주의란 법과 도덕은 필연적으로 연관되어 있는 것은 아니라는 주장을 펴고, 재판이라는 영역에 관해 재판이란 도덕적 판단이든 정책적 판단이든 법 이외의 판단을 제외하고 가급적 법에 따라 판단해야 한다고 주장하며, 법학연구에 대해서 법이 추구해야 할 정의의 원칙보다는 법 그 자체를 연구의 대상으로 삼는 법이론이라고 말할 수 있을 것이다.

Ⅲ. 켈젠의 법이론

1. 켈젠의 지위

켈젠1881-1973이 20세기 최고의 법학자 중 한 명이라는 점을 부정하는 사람은 별로 없을 것이다. 우리나라에서도 상영된 바 있는 "책을 읽어주는 남자"의 원저자인 베른하르트 슐링크는 뉴욕타임즈가 21세기를 앞두고 1999년에 특집으로 "지난 천 년간의 최고"를 선정하는 기획물에서 법률가를 선정하는 책임을 맡았었고, 켈젠을 지난 천 년간 최고의 법학자로 선정하였다. 법에 대해 심도 깊게 이해하고자 하는 사람이라든가 법이론에 대해 상당한 관심을 가진 사람이라면 그의 저작들을 읽어야 한다고 생각한다. 그의 저서는 상당수 번역되어 있다.

2. 켈젠의 법실증주의

(1) 연구방법론으로서의 순수법이론

순수법학이란 독어로는 Reine Rechtslehre이며, 영어로는 Pure Theory of Law이다. 우리는 예전부터 순수법학이라고 번역하여 사용하고 있지만, 여기서는 순수법이론으로 지칭하기로 한다. 순수법이론의 연구대상은 실정법이다. 또한 그 실정법은 특정 법체계의 실정법이 아니라 일반적으로 실정법이라고 불리는 것이다. 그리고 연구목적은 실정법이 무엇인지에 대해 기술하려는describe 것이다. 다시 말해 실정법의 정당성을 평가할 수 있는 기준을 제시하려는 것이 아니라 실정법의 구조와 특성을 기술하려는 것이다. 그는 그의 저서에서 순수법이론을 다음과 같이 설명한다.

> 순수법학은 실정법이론이다. 즉 실정법만에 관한 이론이지, 특별한 법질서에 관한 이론이 아니다. 그것은 일반적 법이론이며, 개별적인 국가법규범이나 국제법규범에 관한 해석이 아니다. 이론으로서 순수법학은 오로지 그 대상만을 인식하고자 한다. 그것은 법이란 어떻게 존재해야 하며 어떻게 형성되어야 하는가의 물음이 아니라 법이란 무엇이며 또 어떻게 존재하는가 하는 물음에 답하려고 한다. 그것은 법학이지만, 법정책은 아니다. 순수법학이 스스로를 법에 관한 순수한 이론이라고 부르는 것은 그것이 오로지 법으로 지향된 대상에 속하지 않은 모든 것을 이러한 인식으로부터 배제하고자 하기 때문에 그렇다.[19]

우선 켈젠은 법실증주의의 입장에서 법학연구를 하였다고 말할 수 있다. 실정법을 연구대상으로 삼아 그것에 대해 기술하려고 하였기 때문이다. 그렇다면 켈젠은 법철학자들에게 의미 있는 작업은 오로지 법에 대해 기술하는 것이라고 보았을까? 그러한 입장은 아니었다. 다른 종류의 작업의 중요성을 부정하는 입장은 아니었다. 다른 종류의 작업이란 법이 지향해야 할 목적에 대해 고민하고, 특정한 법체계의 법을 대상으로 하여 비판하고 그 대안을 제시하는 작업일 것이다. 켈젠은 양자를 구분하여 법일반이론과 법철학으로 나누었고, 양

---

[19] H. Kelsen(변종필·최희수 역), 『순수법학』(길안사, 1999), 23면; H. Kelsen(윤재왕 역), 『순수법학 – 법학의 문제점에 대한 서론』(박영사, 2018) 참조

자의 관계는 분업이라고 하였다. 켈젠이 말하는 법일반이론은 분석법철학에 해당할 것이고, 또한 그가 말하는 법철학은 규범법철학에 해당할 것이다.

> 법실증주의는 — 라드브루흐가 주장하듯이 — 법일반이론(일반법학)에 의한 법철학의 대체로, 법철학의 안락사로 이끄는 것이 아니라, 양자 사이의 분업으로 이끈다. 법일반이론은 실정법을 그것에 대한 어떠한 평가도 함이 없이, 있어야만 하는 대로가 아니라, 있는 그대로 기술하여야 하며, 그리고 이러한 객관적 기술에 필요한 개념들을 정의하여야 한다. 그것은 라드브루흐가 — 부당하게도 — 비난하듯이 "가치맹목적"이다. 그러나 그것은 — 과학으로서 — 그러지 않으면 안된다. 이는 법이 가치와 아무 상관이 없다는 것을 의미하지는 않는다. 법의 규범은 행위를 당위된 것으로 명하는 모든 규범처럼 하나의 가치를, 특수한 법가치를 구성한다. 행위가 합법적이라고, 행위가 위법적이라고 하는 판단들은 가치판단들이다. 그러나 법일반이론이 법규범의 가치구성적 기능을 확인하지만, 그것은 이 기능을 평가하지 않는다. 이러한 평가, 즉 법이 어떠하여야 하며, 정당한, 정의로운 법은 무엇인가라는 물음에 대한 대답은, 법정책적 기능을 수행하고 그리고 매우 상이한 정의의 이상들이 있기 때문에 매우 상이한 결과들로 이를 수 있는 법철학에 유보되어 있다.[20]

(2) 법과 도덕의 분리설

켈젠은 법과 도덕을 분리하는 입장, 분리설 또는 분리명제를 긍정한다. 이는 법은 법이고 도덕은 도덕이라고 보는 입장이다. 그는 전형적인 법실증주의 입장을 취하며, 다음과 같이 말한다.

> 법실증주의의 가장 본질적 귀결은 도덕으로부터의 법의 분리이며, 그리고 또한 도덕의 구성부분을 이루고 있는 이른바 자연법으로부터 법의 분리이다. 물론 법의 도덕으로부터의 분리는 — 종종 오해되듯이 — 법은 도덕과, 특히 정의의 도덕규범과 합치하여야 한다거나, 법은 정의로워야 한다는 요청에 대한 거부를 뜻하지 않는다.[21]

---

20 Kelsen, 『켈젠이론선집』, 270면.
21 위의 책, 267면.

(3) 자연법론 비판

① 법실증주의와 주관주의

켈젠은 법실증주의를 정의의 객관적인 기준의 인지가능성을 부정하는 입장으로 자연법론을 절대적인 정의의 인지가능성을 긍정하는 입장으로 다음과 같이 대비한다.

> 법실증주의는 과학적 이론으로서 신의 의지처럼 모든 가능한 경험의 저 편에 있는 초월적인 법원의 존재를 승인할 수 없다. 그렇기 때문에 그것은 절대적 정의의 가능성을 부정하고 그리고 오직 인간에 의해 만들어진 그리고 이에 따라 우연적이고 상대적인 규범만을 인정한다. 실증주의는 법의 효력근거에 관한 물음에 대해 오직 조건부적인 대답을 줄 수 있을 뿐이다.[22]

그러나 다음에 살필 하트는 오스틴이나 벤담이 법실증주의자이지만 주관주의, 상대주의, 비인지주의 가치이론과 거리를 두었다고 지적하며, 정의의 객관적인 기준이 증명된다고 하더라도 법실증주의가 영향받는 것은 아니라고 한다. 즉, 하트는 켈젠의 주장에 대해 반례를 제시하고, 법실증주의가 이러한 가치이론과 관련이 없음을 주장한 것이다.[23]

이에 대해 회르스터는 "법실증주의의 지지자들은 주관주의 테제를 주장하는 경우가 많기는 하다"고 하면서도 법실증주의는 중립성 테제법에 대한 개념 정의는 내용적인 중립성을 가져야 한다를 통해서만 정의내리는 것이 바람직하다고 결론짓는다.[24]

② 법실증주의와 보수주의

켈젠은 자연법론은 역사적으로 볼 때 보수의 편에 서 있었다고 하며, 법실증주의는 정치적 이해관심과는 무관한 이론이라고 주장한다.

---

22 위의 책, 256면.
23 Hart, "Positivism and the Separation of Law and Morals," 624-626면.
24 Hoerster, 『법이란 무엇인가? 어느 법실증주의자가 쓴 법철학입문』, 85면.

자연법론은 실정법을 개선시켰고 또 개혁적으로 작용했다는 의미에서 자연법론을 실용적으로 정당화하려는 시도도 견지될 수 없다. 역사적 비판은 자연법론들이 종종 기존의 정치적 또는 경제적 제도들을 정당화하는 데 기여했다는 것을, 다시 말해서 철저히 보수적 성격을 가졌다는 것을 밝힌다. 진정한 법의 과학은, 철저한 법실증주의가 그렇듯이, 자신의 과제를 자신의 대상의 서술에 진력하는 데 두며 정치적 이해관심에 봉사할 수 없다.[25]

그는 더 나아가 "자연법론은 때때로 자연법에 모순되는 법에는 복종을 거부해야 한다고 가르치지만, 이러한 요청은 복종거부가 사회적 혼란을 야기할 수 있는 경우에는 제외된다는 점에서 현저히 제한된다아퀴나스. 자연법론자들이 이른바 저항권에 대해 취하는 대체적인 거부적 태도도 이러한 노선에 서 있다"고 하며, 자연법론이 사실상으로는 그러한 실정법의 권위를 본질적으로 강화시켜 왔다고 한다.[26]

하트는 18세기 말 19세기 초 법실증주의가 영국의 사회개혁을 뒷받침했다는 사실을 강조한다. 벤담은 자연법론이 무정부주의와 반동주의로 흐를 가능성을 경계하였다고 한다. 무정부주의나 반동주의는 자연법론을 근거로 삼아 현행법을 무시하거나 보수적인 법을 옹호할 수 있기 때문이다.[27] 따라서 벤담은 "확실하게 준수하고 자유롭게 비판하라"는 슬로건하에 자유주의를 배경으로 개혁을 추진하였다는 것이다.[28]

또한 하트는 법실증주의가 나치즘을 공고히 했다는 라드브루흐의 비판에 대해 잘못된 진단이라고 주장한다. 라드브루흐의 비판은 다음과 같다.

법실증주의는 실제로 "법률은 법률이다"라는 확신으로 인해 독일의 법률가계급을 자의적이고 범죄적인 내용의 법률에 저항하지 못하는 무기력한 존재로 만들어버렸다.[29]

---

25 Kelsen, 『켈젠이론선집』, 256면.
26 Kelsen, 『순수법학』, 부록 637-638면.
27 Hart, "Positivism and the Separation of Law and Morals," 598면.
28 위의 글, 597면.
29 F. Zaliger(윤재왕 역), 『라드브루흐의 공식과 법치국가』 제 2 판(길안사, 2011), 146면.

하트의 비판은 두 가지이다. 첫째, 나치즘이 가능했던 것은 독일에 자유주의 전통이 미약했기 때문이지 법실증주의 때문은 아니다. 둘째, 실증주의의 "법률은 법률"이라는 주장은 옳지만 이 주장이 도덕적인 문제에 대해 결론을 내리지는 않는다. 다시 말해, 법실증주의는 법이 도덕을 대체할 수 있다고 보지 않는다는 것이다.[30] 따라서 하트는 법실증주의 역시 법적 효력의 문제와 도덕적 복종(도덕적 효력)의 문제를 별개의 것으로 다룬다고 주장한다.[31]

우리나라의 예를 들어 보자. 유신시대에 강신옥 변호사는 "현재의 법철학에서는 자연법학자들의 이론이 더 우세한 상황에 있다"고 하면서 "긴급조치 제 1 호와 제 4 호와 같은 법률은 지키지 않아도 좋은 악법이고 벌써 법이 아니다"라고 주장하였다.[32] 강신옥 변호사의 주장과는 달리, 현재의 법철학은 법실증주의가 우세하고, 긴급조치 제 1 호와 제 4 호와 같은 법률은 사악한 내용을 가졌지만 그럼에도 불구하고 법률적 효력을 긍정하는 것이 다수설일 것이다.

자연법론 또는 법실증주의 그 자체에 대해 어느 쪽이 보수적인 이론이고 어느 쪽이 개혁적인 이론이라고 말할 수 있을까? 아니면 이 질문은 잘못된 질문인가? 70년대 유신정권이라는 상황에서는 악법에 대해 저항하려고 하는 사람들이 의지할 수 있는 것은 법실증주의가 아니라 자연법론이었을 것이다. 독일의 나치정권하에서 "법률은 법률"이라는 법실증주의 사고는 법조인들에게 자기변명 내지 자기체념을 정당화하는 구실로 작용했을 것이다. 반면에 하트의 분석을 받아들인다면, 18세기 말이나 19세기 초 영국에서 법실증주의는 무정부주의나 반동주의의 위험을 극복하면서 착실한 개혁으로 이끌었다. 이러한 초보적인 분석에 의거하더라도 두 이론 중 어느 쪽이 보수적인 이론이라고 말하기는 어렵다. 또한 켈젠은 자연법론이 대체적으로 우리가 생각하는 것보다는 저항권을 좁게

---

30 Hart, "Positivism and the Separation of Law and Morals," 618면.

31 영국 공리주의 전통에 입각한 법실증주의는 위와 같이 효력과 복종의 문제를 별개로 다루었다. 오스틴은 다음과 같이 말하였다. "신의 명령이 부과한 의무는 결과적으로 다른 법들이 부과한 의무보다 훨씬 중요할 것이다. 만약 인간의 명령이 신법과 충돌한다면, 우리는 하급 권력의 제재에 의해 집행되는 인간의 명령에 복종하지 말아야 한다." "신법과 충돌하는 인정법은 구속력이 없다거나 법이 아니라고 말하는 것은 확실히 난센스이다." Austin, *Lectures on Jurisprudence*, 220-221면.

32 한인섭 편, 『정의의 법·양심의 법·인권의 법』(박영사, 2004), 240, 255면.

인정하고 있다고 지적하지만, 저항권을 인정하는 것 그 자체가 중요한 의미를 가지는 시대도 있었을 것이다. 마지막으로 하트는 영국적인 전통에서 법실증주의가 사악한 법에 대한 도덕적인 복종의무를 부인한다고 하지만, 당시 독일이나 한국에서는 대부분 법실증주의를 그러한 식으로 이해하지는 않았을 것이다.

3. 근본규범론

(1) 근본규범의 성격

근본규범은 켈젠의 법실증주의를 구성하는 핵심적인 개념이다. 근본규범이란 "실정법을 효력 있는 것으로 고찰하는 사람들," 또는 "실정법이 명령하는 대로 행위해야 한다고 생각하는 사람들"이 전제하는 규범이다.[33] 따라서 이 규범은 전제된 규범, 의제된 규범, 간주된 규범이다. 다시 말해 근본규범은 "법권위의 의지적 행위에 의해 제정된 실정적인 규범이 아니라, 법률적 사고에서 전제된 규범으로 칸트적 의미에서 선험논리적 조건이다."[34]

그렇다면 "내용여하를 불문하고 실정법은 효력이 있다"고 보는 이들은 대체 어떤 사람들이며, 그러한 사람들은 얼마나 많을까? 이에 대해 켈젠은 모든 법률가들이 그렇게 생각하고 있다고 주장한다. 즉, 자신이 근본규범론을 제시하기는 했지만, 그것은 새로운 것을 창조한 것이 아니라 법률가들의 의식 속에 잠재해 있던 규범에 이름을 붙여준 것에 불과하다고 한다.

> 근본규범의 개념을 제시한다고 하여 순수법학이 새로운 법학방법을 창시하려는 것은 아니다. 모든 법률가들이 자연법이 실정법의 효력근거임을 배제하면서 실정법을 유효한 체계로, 다시 말해 사실상 행동의 동기를 부여하는 것을 넘어 규범으로 이해할 때, 즉 이러한 식으로 자신의 탐구대상을 개념화할 때, 그들이 (대부분의 경우 전혀 의식하지 않은 채로) 행하는 것을 의식의 표면으로 떠올리려고 했을 뿐이다.[35]

---

33 Kelsen, 『켈젠이론선집』, 251면.

34 위의 책, 251면.

35 H. Kelsen (Bonnie & Stanley Paulson 역), *Introduction to the Problems of Legal Theory* (Clarendon Press, 1992), 58면.

(2) 근본규범의 내용

위와 같은 사람들이 전제하는 규범은 실정법의 내용을 규제하는 규범이 아니라 실정법의 내용이 어떠하든지 실정법의 효력을 긍정하는 규범이다. 즉 이 규범은 실정법의 효력내용을 규제하는 것이 아니라 실정법의 효력근거를 제공한다. 켈젠은 이를 사형판결을 받은 범죄자의 질의에 답하는 식으로 다음과 같이 설명한다.

법관의 판결을 통해 확정된 개별적 규범이 왜 효력을 갖는가. 대답은 이렇다. 즉 위 사례에서 존재하는 조건들 아래에서는 사형이 부과되어야 한다고 규정하는 일반적 규범을 포함하고 있는 형법을 적용함으로써 그러한 개별적 규범이 정립되었기 때문이다.

다시 형법의 효력근거에 관해 묻는다. 입법기관에 의해 의결되었고 국가의 헌법규범에 의해 일반적 규범들을 정립할 수 있는 권한이 입법기관에 부여되었기 때문에 형법은 효력을 갖는다는 것이 그 대답이다.

국가헌법의 효력근거를 묻는다면 … 우리는 아마 더 오래된 국가헌법으로 돌아가게 될 것이다. 즉 우리는 종전 국가헌법의 규정들을 따라 합헌적인 헌법개정으로, 즉 법적 권위에 의해 정립된 실정규범에 따라 그것이 실현되었다고 함으로써 현행 국가헌법의 효력을 근거 짓게 된다. 그리하여 종국적으로 역사상 최초의 국가헌법으로 … 돌아가게 된다.

역사상 최초의 국가헌법의 효력에 관해 물을 경우 — 국가헌법의 효력 및 헌법에 따라 창조된 제반 규범들의 효력을 신이나 자연과 같은 초법적인 권위에 의해 정립된 규범으로 환원하고자 하는 시도를 포기한다면 — 그 헌법의 효력, 즉 그것이 구속력있는 규범이라는 가설이 전제되어야 한다는 점만이 그에 대한 대답이 될 수 있다. … [이 규범이] 바로 근본규범이다.

이 규범을 표현하는 명제는 다음과 같다. "강제행위는 역사상 최초의 국가헌법 및 그 헌법에 따라 정립된 규범들이 확정하는 조건과 방식에 따라 정립되어야 한다." 이는 다시 "헌법이 규정하는 대로 해야 한다"는 명제로 간략히 표현할 수 있다. 이러한 근본규범을 공통의 효력근거로 하는 법질서의 규범들은 서로 병렬적으로 효력을 갖는 규범들의 복합체가 아니라 상호간에 상위규범과 하위규범의 관계에 있는 규범들의 단계구조이다.[36]

---

36 Kelsen, 『순수법학』, 310-312면.

Ⅳ. 하트의 법이론

1. 논의의 범위

여기서는 『법의 개념』을 중심으로 하트의 법이론을 소개하겠다. 하트는 1961년 학부생들을 위한 법철학서를 출간하였는데 이 책의 주제는 제목처럼 법의 개념이다. 그는 1994년 발간된 이 책의 제2판 후기에서 자신의 책에 대해 자찬한다. 이 책에 대해서는 많은 비판이 있었지만, "비판자들 자신의 법이론의 해명을 위한 출발점이 되기도 했다"는 것이다.[37] 그것은 사실이다. 얼마 전 이 책은 제3판이 출간되었다.[38] 제3판 역시 본문과 후기의 내용에는 변화가 없다. 제3판의 편집자는 스코트랜드 태생인 레즐리 그린Leslie Green 교수다. 그린 교수는 캐나다에서 대학을 졸업하고, 라즈 교수에게서 논문 지도를 받았다. 현재 옥스퍼드 대학 교수이자 캐나다의 퀸즈 대학Queen's University의 석좌교수로 있다. 그는 『법의 개념』 제3판에 서론을 써서 첨부하였다.

하트는 법이란 무엇인가라는 질문에 대해 어떤 내용을 적어야 하는가에 대한 고민으로 이 책을 시작한다. 그는 사람들이 듣고자 하는 것은 세 가지 문제라고 정리한다. "법은 위협을 배경으로 하는 명령과 어떻게 다르고 어떻게 관련을 맺고 있는가? 법적 의무와 도덕적 의무는 어떻게 다르고 어떻게 연관되어 있는가? 규칙은 무엇이고 어느 정도로 법이 규칙의 문제인가"이다.[39]

그의 작업은 일반적이고 기술적이다. 특정한 법체계나 법문화 속에서의 법을 대상으로 삼지 않고, 법이라는 일반적인 제도를 대상으로 그것의 특징을 보여주려고 하였고, 그것을 평가의 대상으로 삼지 않고 기술의 대상으로 삼았다.[40] 또한 그는 이 작업을 수행하기 위해 의무부과의 규칙, 권한부여의 규칙, 승인의 규칙, 변경의 규칙, 규칙의 수락, 내적 및 외적 관점, 내적 및 외적 진술, 법의 효력과 같은 개념들을 동원하였다.[41]

---

37 Hart, 『법의 개념』, 309면.
38 Hart(Leslie Green 편), The Concept of Law 3ʳᵈ ed. (OUP: Clarendon, 2012).
39 위의 책, 18면.
40 위의 책, 311면.
41 위의 책, 312면.

2. 내적 관점에 따른 법의 기술

이미 보았듯이 『법의 개념』에서 하트가 추구한 바는 법에 대해 기술하는 것이다. 하트는 관점에 따른 기술이라는 문제를 생각하였다.[42] 미술시간에 석고데생을 해 본 사람이라면 관점의 중요성을 알고 있을 것이다. 즉, 어떤 관점에서 일관되게 그리는 것이다.

이러한 기술의 방법은 옥스퍼드 법학파의 특징이다. 하트는 내적관점에 따른 기술을 하였고, 그와 평생 대립하였던 드워킨도 관점에 따른 기술을 하였다. 하트가 제2판의 후기에서 적절히 지적한 바, 드워킨은 사법참여자의 관점에서 법에 대해 기술하였다. 사법참여자라는 표현 대신에 법관이라고 해도 좋을 것이다. 드워킨은 재판에서 사법재량이 있다고 생각하지 않는다. 법은 재량을 허용할 만큼 흠결이 있는 것이 아니라고 생각한다. 따라서 올바르게 해석한다면 정답이 있다고 생각한다. 따라서 그는 정답명제right answer thesis를 주장한다. 이 외에도 옥스퍼드에서 교수를 지낸 라즈와 피니스도 마찬가지이다. 라즈는 보통사람의 관점을 취하고 피니스는 자연법론자의 관점을 취한다.

관점에 따른 기술을 선보인 자는 미국에서 오랫동안 연방대법관을 지낸 올리버 웬델 홈즈이다. 그는 악인의 관점에서 법에 대해 설명하려고 하였다.

> 여러분이 법에 대해 알기를 원한다면, 선인(good man)으로서가 아니라 오로지 세속적인 결과에만 관심을 가지고, 법적 효과에 대한 예측을 가능하게 해 주는 지식을 추구하는 악인(bad man)의 입장에서 법을 바라보아야 할 것이다.[43]

그는 장래 법률가가 될 법학도에게 법을 어떻게 공부해야 할 것인지에 대

---

42 관점주의란 니체에서 연원한다. 니체는 우리가 세상에 대해 가치중립적이고 객관적으로 이해할 수 있다고 말하지만 사실상 불가능하며, 어떤 관점에서 이해할 뿐이라고 주장한다. 더 나아가 우리의 지식이 관점에 따른 지식이라는 것을 아는 것이 중요하다고 한다. 우리는 다른 관점들이 존재한다는 것을 알고, 그에 대해서도 생각해 봄으로 인해 그 대상을 보다 잘 이해할 수 있다고 주장하며, 모든 관점이 대등한 가치를 갖는 것은 아니라고 본다. 이상엽, "니체의 관점주의," 『니체연구』 제16집(2009); Steven D. Hales & Rex Welshon, *Nietzsche's Perspectivism* (University of Illinois Press, 2000) 참조.

43 O. W. Holmes Jr., "The Path of the Law," *Harv. L. Rev.* vol. 10 (1897), 459면; O. W. Holmes Jr.(최봉철 역), 『현대법철학』(법문사, 2007), 499면.

해 조언하는 자리에서 악인의 관점을 취해야 한다고 말하였다. 악인이란 법을 제재 내지 처벌규범으로 대하는 사람이다. 법을 행위의 기준으로 보지 않으며 위반 시 그에 따르는 법적 불이익을 고려하여 법을 준수할 것인지를 결정하려는 사람이다. 법적인 판단을 구하는 의뢰인에게는 위법한 행동인지 적법한 행동인지, 유죄인지 무죄인지, 그리고 법적 효과 내지 법적 불이익이 무엇일지가 가장 중요하기 때문에, 이런 맥락에서 법학도는 악인의 관점에서 법을 바라보아야 한다는 것은 일견 타당하다고 할 수 있다.

하트의 관점, 즉 내적 관점에 대해 설명을 계속하기로 한다. 내적 관점이란 규칙을 수락하고 그에 의거하여 사고하고 행동하는 사람들의 관점이라고 말할 수 있다.[44] 달리 말하면 규칙을 행위의 지침으로 받아들여 자신의 행위를 조율하며, 다른 사람들의 행위를 평가하는 사람들의 관점이라고 말할 수 있다. 이러한 태도를 취하는 사람들은 규칙에 위반된 행동을 접했을 때 자신의 행동을 포함하여 그러한 행동에 대해 비판적인 태도를 보일 것이며, 그러한 비판을 정당한 것으로 간주할 것이다. 이들은 다음과 같은 규범적인 문장을 사용할 것이다. "너는 교회에서 모자를 벗어야 한다," "너는 지난 주말 교회에서 모자를 벗지 않았는데 그것은 잘못된 행동이다"와 같은 표현이다.

하트는 이러한 태도를 가진 사람들이 규칙을 수락하는 동기나 이유에는 여러 가지가 있을 것이라고 한다. 예를 들어, 어떤 사람은 규칙을 따르는 것이 도덕적으로 옳은 것이라고 판단했기 때문에 그러한 관점을 취할 수 있다. 그러나 규칙을 수락하는 것이 장기적으로 이익이 된다고 판단했기 때문에, 다른 사람들에 대해 차별 없는 관심을 가지기 때문에규칙에서 정한 바대로 사람들을 대하려고 하기 때문에, 전통적으로 사람들이 규칙을 따라왔기 때문에, 또는 다른 사람들이 그러한 태도를 취하고 있기 때문에 규칙을 수락하는 사람도 있을 수 있다.[45] 물론 규칙을 행위의 지침으로 받아들이기는 하지만, 동시에 그 규칙이 도덕적으로는 문제가 있다는 태도를 취하는 사람도 존재할 것이다.[46]

---

44 Ian Shapiro, "What Is the Internal Point of View?," *Fordham L. Rev.* vol. 75 no. 3 (2006), 1157-1170면.
45 Hart, 『법의 개념』, 264면.
46 위의 책, 334면.

내적 관점에 따라 법에 대해 기술하면 어떤 장점이 있을까? 첫째로 규칙과 관습을 구별할 수 있게 해 준다.[47] 둘째로 법체계가 존재하기 위한 조건을 명확하게 알게 해 준다.[48] 이에 관해 보충설명이 필요하다면 관련부분을 직접 읽어보기 바란다.

3. 법실증주의론

(1) 서 론

앞에서 말했듯이 하트는 『법의 개념』의 핵심주제로 세 가지를 언급했다. 그중 법과 명령과의 관계에 관한 본격적인 하트의 논의는 생략하기로 한다. 그러나 이 부분은 그 당시 하트에게는 중요했다. 왜냐하면 19세기 오스틴^{J. Austin}의 법명령설은 20세기 전반까지 영미 법철학계의 다수설이었고, 하트로서는 명령설을 극복하는 것이 중요했기 때문이다. 오스틴의 법명령설은 법을 주권자의 위협에 의해 지지되는 명령으로 정의한다. 그리고 주권자란 정치사회에서 습관적으로 복종을 받는 자를 의미하고, 위협이란 제재의 위협을 말한다. 결국 이 견해는 법의 제재규범성을 강조하는 견해이다.

법을 내적 관점에서 이해하는 사람들(법을 행위의 기준으로 수락하는 사람들)의 견해를 따라 법에 대해 서술하고자 하는 하트의 입장에서 오스틴의 명령설은 극복의 대상이며, 사실상 오스틴의 견해가 비판에 견고한 것도 아니다. 하트는 법의 개념 중 세 개의 장을 할애하여 오스틴의 법개념을 비판한다.

하트는 『법의 개념』에서 법과 도덕 간의 문제에 관해 법과 도덕의 관계에 관한 이론인 법실증주의 이론만을 개진하는 데 그치지 아니하고, 법과 도덕의 비교, 법 및 사회에 대한 도덕의 영향이나 역할 등에 대해서도 다룬다. 그러나 여기서는 후자에 대해서는 굳이 다루지 아니하고 그의 법실증주의에 대해서만 다루기로 한다. 우선 그의 법실증주의를 이해하는 데 핵심적인 개념인 승인의 규칙과 그의 법실증주의 입장이라고 할 수 있는 포용적^{연성} 법실증주의에 대해

---

47 위의 책, 12-16, 73-76면.
48 위의 책, 152-153면.

설명할 것이다.[49]

(2) 승인의 규칙

승인의 규칙에 대해 이해하기 위해서는 그의 규칙론에 대한 일반적인 지식이 필요하기 때문에 최소한이나마 그에 대해 설명하기로 한다. 내적 관점에서 법을 바라보았을 때 법에는 의무를 부과하는 규칙과 더불어 권한을 부여하는 규칙이 있다. 의무를 부과하는 규칙은 문외한들도 잘 알고 있는 규칙으로, 의무를 부과하고 위반 시 제재를 부과하는 규칙이다.

권한을 부여하는 규칙이 담당하는 기능은 생활관계를 형성해 주는 역할을 한다. 형사법 영역을 벗어나면 많은 법규칙들이 이에 속할 것이다. 예를 들어, 갑이라는 사람이 자신이 죽은 후에 자식들에게 재산을 물려주고자 한다. 그는 유언에 관한 규정들을 살펴서 정해진 방식에 따라 유언을 해야 할 것이다. 또는 갑이라는 사람이 마음에 드는 배우자를 찾았고 그와 혼인하고자 한다. 그는 혼인에 관한 법규정을 찾아 정해진 방식에 따라 혼인신고를 해야 할 것이다. 권한부여의 규칙은 무엇을 하라는 형식이 아니라 만약 당신이 무엇을 원한다면 이렇게 하라는 형식을 띠게 된다.[50] 물론 유언이나 혼인이 그러한 법에 반하여 이루어진다면 무효가 될 것이다. 따라서 혹자는 무효도 제재라고 하며 권한을 부여하는 규칙도 의무를 부과하는 규칙과 다르지 않게 위반 시 제재가 부여된다고 말할 수 있을 것이다. 그러나 하트는 무효는 제재가 아니라고 본다.[51]

하트는 규칙은 일차적 규칙과 이차적 규칙으로 이루어진다고 본다. 일차적 규칙은 주로 의무를 부과하는 규칙으로 이루어져 있지만, 이차적 규칙은 재판의 규칙, 변경의 규칙과 승인의 규칙으로 이루어져 있다고 본다. 이를 이해

---

49 하트는 자신의 법실증주의를 연성(soft) 법실증주의라고 불렀지만, 하트의 연성 법실증주의라는 표현보다는 포용적 법실증주의라는 표현이 자주 사용된다. 따라서 아래에서는 연성 법실증주의라는 용어 대신에 포용적(inclusive) 법실증주의라는 용어를 사용할 것이다.

50 하트는 양자는 언어사용에 있어 구별된다고 한다. 의무를 부과하는 규칙은 〈네가 이것을 원하든 원하지 않든 이것을 해라〉의 형식을 띨 것이고, 권한을 부여하는 규칙은 〈네가 이것을 하기를 원한다면, 이러한 방식으로 해라〉의 형식을 띨 것이다(위의 책, 40면).

51 위의 책, 38-57면.

하기 위해서는 정적이고 작은 사회에서 동적이고 다양한 사람들이 모여 사는 사회로의 전환을 연상해 보는 것이 좋다. 정적인 작은 사회에서는 각인의 의무를 정하는 규칙만으로 사회의 유지가 충분하였다. 사람들은 규칙을 위반하지 않기 때문에 재판에 관한 규칙이 필요하지 않으며, 사회가 정적이기 때문에 규칙을 변경할 필요도 없다.[52] 또한 우리의 법이 무엇인가에 대한 다툼도 없다.

그러나 사회가 동적이고 그 구성원이 다양해짐에 따라 범법자도 생겨나고, 사회의 변화에 따라 법을 변경할 필요도 생겨나며, 무엇이 우리의 법인가에 대해서도 다툼이 생겨나게 되었다. 재판과 처벌을 위한 규칙이 생겨났는데 이것이 재판의 규칙이다. 또한 법규칙을 변경할 필요도 생겨났는데 그것을 정한 규칙이 변경의 규칙이다. 또한 무엇이 우리의 법인가를 확인하기 위한 규칙도 생겨났는데 이것이 승인의 규칙이다.

승인의 규칙이란 사회구성원의 승인을 기초로 형성된 규칙이다. 하트는 승인의 규칙이 명시적으로 정립되어 있는 경우는 드물며, 법원이나 법조인들이 무엇이 법인가를 확인하는 방식에서 발견된다고 말한다.

> 법체계의 일상생활 속에서 승인의 규칙이 규칙으로서 명시적으로 정립되는 경우는 드물다. 때때로 영국의 법원이 다른 법의 연원보다 의회 제정법의 우월성을 언명할 때처럼 다른 법과의 관계에서 어떤 법의 상대적인 지위를 일반적인 용어로 선포하는 수도 있기는 하다. 왜냐하면 승인의 규칙은 대부분 언명되지 않고 법원이나 기타의 공무 담당자 또는 사인이나 그의 법률고문이 특정의 여러 규칙을 확인하는 방식에서 나타나기 때문이다. 물론 법원이 승인의 규칙에 의해 부여된 판단기준을 사용하는 것과 다른 사람들이 그 기준을 사용하는 것에는 차이가 있다. 왜냐하면 특정한 규칙이 법으로 확인되어 왔다는 근거로 법원이 특정한 결론에 이르렀을 때 그 결론은 유권적인 지위를 가지기 때문이다.[53]

하트는 인용문에 기술되었듯이, 승인의 규칙은 주로 법관을 포함한 법조인의 승인에 존재한다고 본다. 이와 관련하여 일반인 중 아무도 법체계를 이루는 규칙들에 대해 수락하지 아니하고, 법공무원들만 수락한다 하더라도 여

---

52 하트는 재판의 규칙에 재판분만 아니라 집행이나 행형에 관한 규칙도 포함시킨다.
53 위의 책, 133면.

전히 법체계가 존재하는 것으로 볼 수 있을까? 하트는 이에 대해 긍정적으로
답변한다.

> 일차적 규칙과 이차적 규칙의 결합이 있는 곳에서는 규칙을 집단의 공통적 표준으로 수락
> 하는 것과 보통 사람들이 규칙에 복종함으로써 규칙을 묵인하는 상대적으로 수동적인 사
> 태로 나누어질 수 있다. 극단적인 경우에 <이것이 유효한 규칙이다>라고 법적 언어를 특징
> 적으로 사용하는 내적 관점은 공무담당자의 세계에만 한정되어 있을지도 모른다. 이와 같
> 은 더 복잡한 체계에서는 오직 공무담당자만이 체계의 법적 효력의 판단 기준을 수락하고
> 사용하고 있을지 모른다. 이러한 상황을 가지게 되는 사회는 도살장으로 끌려가는 양과 같
> 이 비참한 모습을 띨지 모른다. 그러나 그와 같은 사회가 존재할 수 있다고 생각하지 않거
> 나 또는 그것을 법체계라고 부르는 것을 거부할 이유는 없다.[54]

(3) 포용적 법실증주의 대 배제적 법실증주의

이미 보았듯이 하트의 이론에 따르면 무엇이 우리의 법인가라는 문제는
승인의 규칙에 따라 정해진다. 따라서 승인의 규칙 중에는 도덕적 원리나 실질
적인 가치에 부합하지 않는 법규칙의 효력을 부정하는 규칙이 존재할 수도 있
을 것이다. 그러나 하트는 그러한 승인의 규칙에 대해 상세히 기술하지는 않는
다. 그 대신 하트는 사악한 법의 효력문제를 다룬다. 이에 대하여는 후술하기
로 한다. 그 대신 배제적 법실증주의자로 알려진 라즈의 입장을 살피기로 한
다. 그는 "법의 효력"이라는 논문에서 법의 효력과 도덕적 효력을 대립시킨
다.[55] X라는 법규칙이 법적 효력이 있다는 말은 X가 체계적 효력systemic validity
이 있다는 말이다. 이는 X가 법체계의 일원이라는 말이다. 따라서 법적 효력에
대한 평가는 초연한 입장에서의 평가이다. 초연하다는detached 것은 투신하다는
committed 것의 반대말일 것이다.

이제 X라는 법규칙에 대한 법적 평가를 떠나 도덕적인 평가에 대해 알아
보자. 라즈는 독자의 이해를 위해 다음과 같은 예를 들어 설명한다. 여기서의

---

54 위의 책, 153면.
55 라즈(권경휘 역), "법의 효력" 『법철학연구』 제13권 제 2 호 (2010), 231-32면.

가톨릭교도의 유대교리에 따른 설명은 초연한 설명이 될 것이다. 결코 그것은 투신적인 설명은 아니다. 그것은 법적 설명은 될지언정 도덕적 설명은 될 수 없다.

이제 예를 들어 강한 자연법론, 하트의 포용적 법실증주의와 라즈의 배제적 법실증주의 간의 차이를 설명하기로 한다. 헌법재판소는 X라는 법률을 평등조항에 위배된다는 이유로 위헌으로 결정하였다. 강한 자연법론자라고 한다면, X라는 법률이 자연법에 반하기 때문에 위헌으로 확인하였다고 말할 것이다. 포용적 법실증주의자라면, 당해 법체계는 헌법에 도덕원리를 선언하고 있고, 따라서 X라는 법률이 헌법이 규정한 도덕원리에 반하기 때문에 위헌임을 확인하였다고 말할 것이다. 배제적 법실증주의자라면 X라는 법률이 헌법에 반하였기에 헌법재판소가 X를 폐지하였다고 설명할 것이다. 자연법론자나 포용적 법실증주의자는 위헌심판결정의 본질에 대해 확인결정이라고 설명하고, 배제적 법실증주의자는 그에 대해 폐지결정이라고 설명한다. 그러면서 배제적 법실증주의자는 소급효가 인정된다고 하더라도 결정의 본질이 달라지는 것이 아니라, 다만 폐지에 소급효를 인정한 것이라고 말할 것이다. 하트는 미국의 예를 들어 설명하지만, 그 설명의 내용은 필자의 설명과 다르지 아니하다.[56]

(4) 법과 도덕 간의 필연적 연관성 부인

하트는 다음과 같이 자연법론을 필연적 연관성을 긍정하는 견해로, 법실증주의를 그 연관성을 부정하는 견해로 분류한다.

자연법론은 법과 도덕 사이에는 어떤 의미에서 필연적 연관성이 있으며 이 연결성이 바로 법의 개념을 분석하거나 해명하고자 할 경우에 당연히 중심적인 것으로 취급되어야 한다는 일반적인 주장이다.[57]

법실증주의는 법이 가끔 도덕성의 어떤 요구를 재현하거나 또는 충족시키기는 하지만 그렇게 하는 것이 반드시 필연적인 진리는 아니라는 단순한 주장을 의미하는 것으로 보자.[58]

---

56 오병선 역, 『법의 개념』, 96-97, 325-326면.
57 위의 책, 202면. 하트는 자연법론을 사악한 법의 효력을 부인하는 이론으로 이해한다.
58 위의 책, 242면.

　　필연적 연관성 긍정설과 부정설은 무엇이 법인가에 대한 답변이다. 전자의 견해는 사악한 법은 법 또는 효력 있는 법이 될 수 없다는 입장이고, 후자의 견해는 사악한 법이라도 법 또는 효력 있는 법이 될 수 있다는 입장이다. 이를 승인의 규칙과 연관지어 보자. X라는 국가와 Y라는 국가에서 매우 사악한 법률인 Z가 제정되었다고 하자. X국은 도덕적인 내용을 규정한 헌법과 위헌법률심판제도를 가지고 있다. Y국은 의회에서 제정된 법률이면 그 내용이 아무리 사악하더라도 법이라는 승인의 규칙을 가지고 있다. 필연적 연관성 긍정설을 취하면 X국이든 Y국이든 간에 Z는 무조건적으로 법이 아니다. 필연적 연관성을 부정하는 하트의 입장에서는 Z는 X국에서는 법이 아닐 것이고, Y국에서는 법일 것이다. 그것은 결국 승인의 규칙에 의존하기 때문이다. 라즈와 같은 배제적 법실증주의자는 사악한 법이라도 권위 있는 연원에서 나온 것이라면 법이라고 인정할 것이다.

(5) 사악한 법의 효력과 준수의 문제

　　하트는 사악한 법에 대해 승인의 규칙에 부합하는 한 그것은 효력 있는 법이지만,[59] 복종해서는 안 된다는 입장을 취한다. 그는 이와 같은 해법이 자신만의 견해가 아니라 오스틴, 그레이, 켈젠과 같이 법실증주의자로 분류되는 학자들과 공유하는 견해이기도 하다고 주장한다.

　　법실증주의의 커다란 함성은 무엇을 목표로 하는 것일까? 즉 <법이 존재하는 것과 그 법의 장점 또는 단점과는 전연 별개의 문제이다. ― 오스틴> <국가의 법은 이상이 아니고 실제로 존재하는 그 무엇이다. ― 그레이> <법규범은 어떠한 내용이라도 가질 수 있다. ― 켈젠> 이 사상가들이 주로 추진하려고 한 것은 도덕적으로는 사악하지만 적당한 형태로 제정되고, 의미도 명백하며, 체계의 효력의 모든 인정된 판단 기준을 충족하고 있는 특정한 법의 존재로 인하여 제기되는 이론적이고 도덕적인 문제를 어떻게 명백하고 정직하게 정립하는가에 대한 것이었다. 그들의 견해에 따르면, 그와 같은 법을 생각할 때 이론가와 그 법을 적용하거나 또는 그 법에 복종해야 할 불행한 공무담당자나 사적 시민이 그 법들에 <법>이나 <유효한>이라는 명칭을 거부하도록 요청받음으로써 혼란에 빠질 수 있다는 것이다. 그들은 이러한 문제에 대처하려면 더 단순하고 더 솔직한 방법을 이용할 수 있어서 그것으로 인하여 모든

59　위의 책, 272면.

관련된 지적 및 도덕적 고려사항에 더 잘 초점을 맞추는 것이라고 생각하였다. 즉 우리들은 <이것이 법이다. 그러나 그것은 너무나 사악하기 때문에 적용하거나 복종해서는 안 된다>라고 말해야 한다는 것이다.[60]

하트는 승인의 규칙에 따라 효력 있는 것으로 인정된 법에 대해 효력이 없다고 말하는 것은 혼란을 야기하며, 솔직한 것도 아니고, 지적이고 도덕적인 고려에 잘 부합하는 것도 아니라고 한다. 예를 들어, 어떤 국가에 양민 학살을 명하는 법이 있고, 그 국가의 승인의 규칙에 비추어 보더라도 법이라고 하자. 이에 대해 하트는 "그런 것은 법도 아니다"라고 말하는 것보다는 "그래 그것도 법이야, 하지만 너무 사악하여 적용하거나 복종해서는 안 되지"라고 말하는 것이 더 낫다는 것이다.

4. 규칙의 특성과 재판

(1) 법의 개방구조

법은 일반어로 제정된다. 예를 들어, "미성년자를 약취 또는 유인한 자는 …에 처한다"라고 할 때 미성년자, 약취, 유인은 일반어이다. 미성년자는 다양한 사람들로 구성되고, 약취나 유인도 다양한 방식으로 행해질 것이다. 이렇듯 그 단어가 지시하는 것들의 집합이 특정되지 않는 경우 일반어라고 한다.

하트는 법에 사용된 단어는 개방구조를 가진다고 말하였다.[61] 단어의 개방구조에 관한 논의는 법의 해석과 관련된다. 하트는 공원에 탈 것vehicle 금지라는 규정을 예로 들어 단어의 개방구조가 어떻게 작용하는지를 설명한다.[62] 탈 것에는 자동차와 롤러 스케이트가 포함될 수 있는데, 자동차는 탈 것의 중심적인 경우이고, 롤러 스케이트는 주변적인 경우이다. 롤러 스케이트는 경우에 따라서는 탈 것에 포함될 수도 있고 포함되지 않을 수도 있는 것이다. 따라서 자동차를 타고 들어간 사람은 그 규정을 확실히 위반하였지만, 롤러 스

---

60 위의 책, 270-271면.
61 하트는 법의 개방구조를 『법의 개념』 제 7 장 1절에서 다룬다.
62 장영민, "실증주의와 법·도덕 구별론," 292-302면.

케이트를 타고 들어간 사람이 그 규정을 위반하였는가에 대해서는 의문의 여지가 있는 것이다. 왜냐하면 롤러 스케이트는 탈 것의 주연^{가장자리}에 있기 때문이다.

(2) 형식주의 및 규칙회의주의 비판

형식주의와 규칙회의주의는 재판이론에 관련된다. 하트에 따르면 "형식주의 또는 개념주의 법이론의 악폐는 언어로 이루어진 규칙에 대한 일정한 태도를 말하는 것으로, 일반적 규칙이 일단 설정되면 선택의 필요성이 없다고 위장하거나 그 필요성을 최소화하려는 것을 말한다. 그 한 가지 방법은 규칙의 의미를 동결하여 그 일반적 용어의 적용이 문제되는 모든 경우에 동일한 의미를 가져야 한다"는 것이다.[63] 규칙회의주의란 규칙이 독자적으로 의미를 가진다는 주장에 대한 회의적인 입장을 지칭한다.

결국 이 두 가지 입장은 재판에 재량이 존재하는가에 대해 다른 답변을 제시할 것이다. 전자는 없다거나 거의 없다고 답하고, 후자는 전부 또는 대부분의 경우에 재량이 존재한다고 답한다. 하트는 이 두 가지 입장 모두 재판에 대해 과장하는 것이고, "진리는 그 사이에 놓여 있다"고 답한다.[64] 결국 그는 법의 개방구조론이 해결의 실마리를 제시한다고 본다.

(3) 하트의 재판이론

앞에서 보았듯이 하트는 형식주의와 규칙회의주의 모두에 비판적이며, 진리는 양자 사이에 있다고 하였다. 그의 입장이 무엇인지에 대해 좀 더 알아보기로 한다. 흔히 재판이론이라고 할 때 이는 재판을 어떻게 해야 할 것인가라는 문제에 대해 답변을 제시하는 이론을 말한다. 그러나 하트는 재판 또는 재판의 본질은 무엇인가라는 문제에 대해 답변을 제시하려고 한다.

하트는 법에 사용되는 단어는 개방구조를 가지고 있고, 또한 "법이 부분적으로 불확정적이거나 불완전하게 되어 법적으로 규율되지 않는 사례들이 항상

---

63 Hart, 『법의 개념』, 168면.
64 위의 책, 192면.

있을 수 있다"고 본다.[65] 이를 하트의 법실증주의적 재판이론이라고 부를 수
있을까? 하트는 법실증주의란 법개념에 한정된 이론이라고 보기 때문에 재판
이론에까지 법실증주의라는 명칭을 붙이는 데는 반대할 것이다.

제2장 ◤◢ 생각해 볼 문제

❶ 법실증주의를 법의 여러 영역에 걸친 주장으로 성격 규정한다면, 어떤 영역을 연상해 볼 수 있
   는지 예를 들어 보시오. 또한 법치주의 개념이 그러한 예에 해당될 수 있는지에 대해서도 생각
   해 보시오. 법치주의는 법이 지배해야 한다는 정치적 이상이라고 간략하게 정의할 수 있다. 형
   식적 법치주의는 일정한 형식form을 갖춘 법이 지배해야 한다고 주장하며, 실질적 법치주의는
   일정한 형식뿐만 아니라 일정한 실질substance을 갖춘 법이 지배해야 한다고 주장한다. 이와 같
   은 실질적 법치주의와 형식적 법치주의의 대립을 법치주의 개념에 관한 자연법론과 법실증주
   의의 대립으로 이해해도 무방할 것인가? 또한 영미권처럼 법실증주의를 전자와 같이 이해한다
   면 충분한 규제적 이상으로 부족할까? 그 예를 들어 보시오.

❷ 라드브루흐는 '법률은 법률'이라는 확신이 독일의 법률가계층을 무기력한 존재로 만들었다고
   평하였다. 이에 대해 하트는 영국 같으면 이 명제를 달리 해석하였을 것이라고 하였다. 하트는
   영국인은 이 명제를 어떻게 해석했을 것이라고 보았는가? 하트는 이러한 영국적인 전통에 따
   라 그의 사악한 법에 대한 명제를 만들어 내었다고 보면 될 것이다.

❸ 하트는 내적 관점에 따라 법에 대해 서술했고, 드워킨은 하트의 평제2판의 후기에 따르면 사법참
   여자의 관점에 따라 법의 제국을 서술하였다고 한다. 이렇게 옥스퍼드에 관련된 학자들은 관점
   에 따른 기술을 연구방법론으로 채택한다. 피니스는 그의 저서 Natural Law and Natural
   Rights를 누구의 관점을 따라 서술한 것인가?

---

65 위의 책, 353면.

❹ 자연법론과 법실증주의는 대립적인 개념이다. 양자를 어떻게 구분하는 것이 좋을까? 눈여겨
볼 만한 구분은 Leslie Green의 구분이다. 그는 Stanford Encyclopedia of Philosophy에
서도 아담스Thomas Adams와 함께 Legal Positivism2019. 12. 17 개정을 작성하였고, "Positivism
and the Inseparability of Law and Morals"N.Y.U.L. Rev. 83 (2008)이란 논문도 적었다. 그가
주장한 양자의 구분기준은 무엇인가?

제3장
자연법론

I. 서 론

제 2 장과 유사하게 이 장에서도 자연법론이 무엇인지에 대해 다루고 그 대표자들에 대해 다룰 것이다. 그리고 마지막 부분에서는 법실증주의와 자연법론을 정리하는 의미에서 법실증주의와 자연법론을 비교할 것이다.

정통적인 자연법론자로 거론되는 피니스에 대해서는 독립된 장을 두지는 않지만, 군데군데에서 그를 언급하게 될 것이다. 시작에 앞서 피니스의 중요성에 대해 세 가지만 언급하기로 한다. 첫째, 피니스는 기본적인 선의 형태들을 제시하려고 하였다. 이것은 도덕철학이나 윤리학의 차원에서 실천적으로 합당한 삶을 살기 위해 마땅히 존중되어야 할 것이고, 자연법의 원칙이라고 부를 수 있다. 둘째, 그는 연구방법론의 차원에서 검토할 때 가장 모범적인 자연법론자라고 할 수 있을 것이다. 왜냐하면 합당한 삶이 무엇인가를 제시하고, 그것을 법이라는 제도를 통해 실현시키려는 목표를 추구하고 있기 때문이다. 셋째, 그는 아퀴나스를 충실하게 따르면서 자연법론을 새로이 해석하고, 법실증주의와 쟁점을 만들어 간다. 아래에서 말하겠지만 그의 자연법론은 약한 자연법론으로 불리고, 그가 만들어 낸 법실증주의에 대한 도전은 "이론가가 인간을 위한 선이 무엇이고 실천적 합당성이 요청하는 것이 무엇인가에 대해 평가를 내려 보지 않거나 이해하지 못한다면 그는 사회적 사실에 대해 이론적으

로 기술할 수 없고, 분석할 수도 없다는 사실을 확인할 수 있다"는 명제로 요
약된다.[1]

Ⅱ. 자연법론

1. 자연법론의 적용영역

제 2 장에서 법실증주의에 관해 논한 바를 떠올려 보자. 하트는 법실증주
의를 법의 본성 내지 법의 개념에 관한 이론이라고 보았지만, 심헌섭 교수는
법의 여러 영역에 걸쳐 자신의 주장을 펴는 이론으로 보았다. 자연법론도 마찬
가지이다. 혹자는 자연법론을 법의 본성 내지 법의 개념에 한정된 이론으로 이
해하고자 하는 반면에, 혹자는 법의 여러 영역에 걸쳐 자신의 주장을 펴는 이
론으로 이해하고자 할 것이다.

2. 자연법론의 법개념

"부정의한 법은 법이 아니다"lex iniusta non est lex라는 슬로건은 자연법론을
대변해 왔다. 피니스는 이 슬로건의 출발점을 아우구스티누스가 주장했던
"부정의한 법은 법이 아닌 것 같다"는 말에서 찾는다.[2] 우선적으로 이 슬로건
에 대한 평을 들어보자. 하트는 이 슬로건에 대해 "오류는 아닐지라도 '제정
법은 법이 아니다' 또는 '헌법은 법이 아니다'라는 말과 똑같이 과장과 역설을
담고 있다"라고 평하였다.[3] 피니스는 이 표현에 대해 오해의 소지가 있다는
점에서 그리 탐탁하지 않게 생각하지만, 드라마틱한 표현으로 볼 수 있다고

---

1 J. Finnis, *Natural Law and Natural Rights*, 2nd ed. (Oxford University Press, 2012), 3면.

2 De libero arbitrio I, v, 11. 크레츠만은 아우구스티누스의 원전을 "부정의한 법은 내가 보기에는 법이 아닌 것이
명백하다"로 번역한다. 그는 아퀴나스가 "나에게는"을 생략하였고, 라틴어 *vidutur*는 "seem"이 아니라 "is evi-
dently"로 새기는 것이 낫다고 주장한다. N. Kretzmann, "LEX INIUSTA NON EST LEX : Laws on Trial in
Aquinas' Court of Conscience," *AM. J. Juris.* vol. 33 (1988), 101-102면.

3 H. L. A. Hart(오병선 역), 『법의 개념』(아카넷, 2001), 10-11면.

하였다.4 크레츠먼도 이러한 표현은 우리가 종종 사용하는 다른 표현과 마찬가지로 아무런 문제가 없는 표현이라고 평하였다.5

　이 슬로건을 꺼낸 이유는 두 가지 종류의 자연법론을 설명하기 위함이다. 첫째, 아무런 뉘앙스를 두지 않고 그대로 해석하는 것이다. 그렇다면 이 슬로건의 의미는 부정의한 법의 법으로서의 존재나 효력을 부정하는 것으로 읽히게 된다. 둘째, 뉘앙스를 두고 읽는 것이다. 이에 따르면 부정의한 법은 진정한 의미의 법은 아니라고 하는 것이다. 부연하면, 부정의한 법도 효력 있는 법이지만, 진정한 의미의 법은 아니라는 것이다.

　크레츠먼이 지적하듯이 우리도 이러한 표현을 종종 사용한다. 예를 들어, 지극히 불효자인 막내아들에 대해 막내아들은 내 아들이 아니라고 말할 때 그런 말을 하는 아버지는 자신의 막내아들이 아들이 아니라고 말하는 것이 아니라 일정한 질적인 요건을 갖추고 있지 않다고 말하는 것이다. 다른 예를 하나 더 들어보자. 동료 교수들은 모 교수는 교수가 아니라고 말한다. 이 표현은 동료 교수들이 모 교수가 정식으로 교수로 발령을 받았다는 사실에 대해 이의를 제기하는 것이 아니라, 그들이 생각하는 교수로서의 질적 요건에 미치지 못한다는 것을 말하는 것이다.

　lex iniusta non est lex를 전자처럼 해석하는 자연법론을 강한 자연법론, 후자처럼 해석하는 자연법론을 약한 자연법론이라고 부른다. 강한 자연법론은 부정의한 법에 대해 법으로서의 존재나 효력을 부정하는 견해이며, 약한 자연법론은 부정의한 법이라도 법이기는 하지만 그에 대한 복종의무 또는 도덕적 효력을 부정하는 견해이다. 여기서 강한 자연법론과 약한 자연법론의 예를 들어보기로 한다. 전자의 예는 성 오거스틴354-430이다. 그는 현재는 알제리에 속하는 타가스테에서 태어났다. 후자의 예는 성 토마스 아퀴나스1225-1274로 현재의 교회법의 기틀을 마련하였다.

　이쯤에서 효력이 있다는 말이 무엇을 의미하는지 약간의 설명을 덧붙이기로 한다. 효력이 있다는 말은 준수해야 한다, 적용해야 한다, 집행해야 한다는

4 Finnis, *Natural Law and Natural Rights*, 363-364면.
5 Kretzmann, "LEX INIUSTA NON EST LEX : Laws on Trial in Aquinas' Court of Conscience," 102-103면.

말이다. 법적인 효력이 있다는 말은, 법의 세계에서 볼 때 준수해야 한다, 적용해야 한다, 집행해야 한다는 것을 의미한다. 또한 도덕적 효력이 있다고 한다면, 도덕의 세계에서 볼 때, 준수해야 한다, 적용해야 한다, 집행해야 한다는 것을 의미한다. 여기서 법적 효력과 도덕적 효력의 충돌을 떠올릴 수 있을 것이다. 법은 준수를 요구하지만, 도덕이 준수하지 말 것을 요구하는 경우가 있다. 이러한 경우에 어느 쪽 손을 들어주어야 할까? 당연히 도덕의 손을 들어주어야 할 것이다.

피니스는 자신이 아는 한 고전적인 자연법론자 중에서 강한 자연법론을 주장하는 사람은 없다고 한다. 학자들은 종종 블랙스톤이 강한 자연법론을 주장하였다고 한다.[6] 그러나 피니스는 그에 대해 다음과 같이 반론을 제기한다.

> 블랙스톤은 "만약 자연법에 반한다면 인간의 법은 효력이 없다"라고 했다. 그러나 블랙스톤은 그가 여기서 말한 바를 의미하지는 않았다. 바로 다음 페이지에서, 그는 "어떠한 인간의 <법>도 자연법이나 계시된 법에 모순되어서는 안 된다. … 만약 인간의 <법>이 살인처럼 자연법에 의해 확실히 금지된 것을 행하는 것을 허용하거나 명령한다면 우리는 그 인간의 <법>을 위반해야 한다 …"라고 말한다.[7]

우리가 고전적 자연법론자라고 부르지는 않지만, 라드브루흐는 1946년에 발표한 글에서 정의의 핵심인 평등을 의식적으로 부인하고 제정된 법은 법이 아니라고 하였다.

> 정의와 법적 안정성 사이의 갈등은 다음과 같이 해결할 수 있을 것이다. 즉 규정과 권력에 의해 보장된 실정법은 그 내용이 정의롭지 못하고 합목적성이 없다고 하더라도 일단은 우선권을 갖는다. 그러나 실정법률의 정의에 대한 위반이 참을 수 없는 정도에 이르렀다면, "부정당한 법"인 그 법률은 정의에게 자리를 물려주어야 할 것이다. 물론 어떠한 경우에 법률적 불법이며 어떠한 경우에 비록 부정당한 내용을 지녔지만 그럼에도 효력을 갖는 법률인지를 확연하게 구별하는 것은 불가능하다.

6　Seow Hon Tan, "Validity and Obligation in Natural Law Theory : Does Finnis Come Too Close to Positivism?," *Regent U. L. Rev.* vol. 15 (2002-2003), 203면.

7　Finnis, *Natural Law and Natural Rights*, 50면.

그러나 한 가지 경계선만은 명백하게 확정할 수 있다. 즉 정의를 추구하지 않은 경우, 다시 말해서 실정법을 제정하면서 정의의 핵심을 이루는 평등을 의식적으로 부정한 경우, 그 법률은 단순히 "불법"에 그치지 않고, 법의 성질 자체를 갖고 있지 않다. 왜냐하면 실정법을 포함한 모든 법은 정의에 봉사하는 의미를 갖는 질서와 규정이라고 개념 정의할 수밖에 없기 때문이다. 이러한 기준에 비추어 보면, 나치의 법은 결코 효력을 갖는 법이라고 말할 자격을 갖추고 있지 않다.[8]

이와 관련하여 라드브루흐의 입장이 나치즘 이전과 이후에 변화했는가 아니면 동일성을 가지는가라는 질문이 제기된다. 이에 대해서는 다양한 견해가 대립한다.[9] 여기서는 폴슨이라는 학자의 해석만을 언급하기로 한다. 폴슨은 라드브루흐의 견해는 전쟁 전이나 후를 막론하고 변함이 없지만, 다만 한 가지를 수정하였다는 것이다. 수정되어 폐기된 것은 1932년 법철학에 등장하는 법관의 임무에 관한 주장이라는 것이다.[10]

법관은 법규의 효력의지를 효력으로 실현시키고 자기의 법감정을 권위적인 법명령에 희생시키며, 다만 무엇이 법인지를 물을 뿐이며, 결코 그것이 정당한가를 묻지 말아야 한다. 물론 사람들은 다음과 같이 물을 수 있을 것이다. 법관의 임무란 지성을 희생시키는 것인가라고. 자기의 인격을 백지위임하는 것이 윤리적으로 올바른가라고. 그러나 내용적으로 아무리 부정의한 법이 만들어진다고 하더라도 그러한 법도 이미 그 존재에 의하여 하나의 목적, 즉 법적 안정성이라는 목적을 충족시킨다는 점은 이미 말하였다. 그리하여 법관은 정의를 고려하지 않고 법규에 봉사하는데, 그것은 단지 자의적인 목적에 봉사하는 것은 아니다. 법규가 원하기 때문에 재판관은 정의에 대한 봉사자가 되지 못할 때일지라도 그는 여전히 법적 안정성에 봉사하는 것이다.[11]

---

8 F. Zaliger(윤재왕 역), 『라드브루흐의 공식과 법치국가』 제 2 판(길안사, 2011), 147-148면. 이 논문의 제목은 Gesetzliches Unrecht und übergesetzliches Recht(법률적 불법과 초법률적 법)이고, 1946년 남독일 법률신문에 게재되었다.

9 S. Paulson, "Radbruch on Unjust Laws : Competing Earlier and Later Views?" *Oxford J. Legal Stud.* vol. 15 (1995), 489-500면.

10 위의 글, 500면.

11 G. Radbruch(최종고 역), 『법철학』(삼영사, 1975), 125면.

이 인용문만을 본다면, 라드브루흐는 법적 안정성에 최고의 가치를 부여하고, 법관은 실정법의 내용이 아무리 정의롭지 못하다고 하더라도 그대로 사안에 적용해야 한다고 주장하는 것으로 보인다. 그러나 1946년의 글에서는 법이란 정의를 실현하려는 의미를 가진 규정과 질서라고 하며, 정의를 부정하고자 하는 의도로 제정된 법은 법이 아니라고 하였다. 이러한 법개념은 1932년의 법철학에도 "법은 법이념에 봉사한다는 의미를 가진 현실"이라고 표현되어 있다.[12] 따라서 폴슨은 1932년 책에서 주장한 법관의 임무에 관한 주장은 과도한 것으로 보아야 하고, 라드브루흐는 비법실증주의자로 분류되는 것이 타당하다고 주장한다.[13]

3. 자연법론의 재판이론

자연법론의 재판이론이라는 문제에 대해 생각해 보자. 혹자는 법개념론에서의 자연법론을 취하는 학자들 간에 수렴될 만한 재판이론이 있는가를 찾으려 한다면 실패할 가능성이 크다고 한다.[14] 그러나 법개념에서 자연법론을 취하는 학자라면 재판이론에서도 당연히 자연법론을 취할 것이라고 예상하는 것은 틀렸을 수 있다. 자연법론을 법학의 여러 영역에서 취할 수 있는 입장이라고 한다면, 자연법론의 재판이론이란 성립가능하며, 그것은 법만으로 재판한다는 것은 사실상 불가능하고, 도덕적인 판단이 개재될 수밖에 없다는 입장일 것이다.

물론 법실증주의자들도 극단적인 형식주의자나 개념법학자를 제외하고는 판사의 재량의 여지를 긍정하며, 도덕이나 기타 법 이외의 요인이 작용한다고 본다. 재판이론에서의 자연법론자는 법실증주의자들보다 재판과정에서 도덕이 담당하는 역할을 넓게 인정할 것이다. 이회창 전대법관의 다음과 같은 주장은

---

12 위의 책, 62면.

13 S. Paulson, "Statutory Positivism," *Legisprudence* vol. 1 (2007), 28-29면.

14 마크 머피는 자연법론적 법개념을 취하고 있는 학자들을 대상으로 자연법론적 재판이론을 구성하려고 한다. 그 결과 그는 자연법론적인 재판이론이라고 부를 만한 이론이 없다고 결론내린다. M. Murphy, "Natural Law Jurisprudence," *Legal Theory* vol. 9 (2003), 264면.

자연법론적인 재판이론을 대변한다고 말할 수 있을 것이다.

> 법관은 법을 해석·적용함에 있어서 형식적이고 개념적인 자구해석에 얽매이지 말고 그 법이 담보하는 정의가 무엇인가를 헤아려서 그 정의실현의 방향으로 법의 의미를 부여하여야 하며, 정의실현을 위하여 필요한 한도 내에서 성문규정의 의미를 확대해석하거나 또는 축소·제한해석을 함으로써 실질적인 법창조적 기능을 발휘해야 한다.[15]

이회창 전 대법관의 주장은 법과 정의의 관계는 동전의 앞뒷면과 같기 때문에 법관은 법을 해석·적용함에 있어서도 이면의 정의의 원리를 지도원리로 삼아 법조문에 얽매이지 말고 법창조적 기능을 발휘해야 한다는 것이다.

4. 자연법론의 연구방법론

법실증주의는 실정법^{lex}을 연구대상으로 삼으며, 자연법론은 도덕적으로 구속력을 가진 법^{ius}을 탐구대상으로 삼는 이론분과라고 가드너는 말한다.[16] 달리 말한다면 법실증주의는 실정법을 연구대상으로 삼는 반면에 자연법론은 정법을 연구대상으로 삼는다고 할 수 있다. 자연법론은 정법을 연구대상으로 삼기 때문에 법이 추구해야 하는 목표, 정법을 어떻게 실현시킬 것인가와 같은 정법의 실현방법, 부정의한 법의 구별 등을 주된 연구대상으로 여길 것이다.

Ⅲ. 토마스 아퀴나스의 법이론

1. 법의 분류

토마스 아퀴나스$_{1224-1274}$는 이탈리아에서 태어나 도미니크 교단의 수사로 일생을 보냈다. 그가 살았던 시절은 중세의 전성기였다. 그가 서거할 즈음부터

---

15 이회창, "사법의 적극주의," 『법과 정의 : 경사 이회창선생화갑논문집』(박영사, 1995), 913면.
16 J. Gardner, "Legal Positivism: 5½Myths," *Am J. Juris.* vol. 46 (2001), 226-227면.

중세는 쇠퇴기를 맞이하게 된다. 흑사병으로 병사하기도 하고, 흉작으로 인해 아사하기도 하는 등 중세 유럽의 사람들은 비참하게 죽어갔다. 역사책에 따라 추산하는 바가 다르지만 보수적으로 말한다고 하더라도 세 명 중 한 명꼴로 병사하거나, 아사하였다. 아퀴나스는 좋은 시절을 살았기 때문에 그런지 모르지만, 그의 사상적 기조는 물론 원죄를 인정하지만 프란체스코 교단의 신학자들에 비해 인간의 선한 판단능력에 대해 신뢰를 보낸다.

그는 법에는 자연법을 포함하여 영구법, 인정법, 신법이 있다고 하였다. 영구법은 신의 예지叡智의 계획에 해당한다. 이는 모든 피조물의 활동을 규율한다. 또한 그는 인정법을 "공동체를 돌보는 권위자에 의해 제정되어 공포된 공동선을 위한 이성의 명령"이라고 정의했다.[17] 인정법이란 요즘의 용어로는 실정법이라고 할 수 있을 것이다. 아퀴나스는 인정법이 되기 위한 여러 가지 조건을 담고 있다. 인정법은 공동체 최고권위자의 의지적인 명령이지만 공포되어야 하고, 공동선을 위한 것이어야 하며, 합리적이어야 한다는 것이다. 따라서 비록 그것이 공동체의 최고권위자의 명령이라고 할지라도 인정법이 갖추어야 할 질적인 요건을 결여한다면 진정한 의미에서 법이라고 할 수는 없다.[18] 신법은 신이 성서 등을 통하여 인간에게 직접적으로 계시한 법이다. 자연법은 인간이 자신의 성향에 비추어 판단할 수 있는 올바른 규범으로, 영구법의 일부라고 할 수 있다.[19]

2. 부정의한 법

(1) 정의로운 법과 부정의한 법

아퀴나스는 정의로운 법과 부정의한 법에 대해 명확하게 정리하여 말한다. 우선 정의로운 법은 다음과 같은 것이다.

---

17 T. Aquinas, *Summa Theologiae* (Blackfriars, 1966), Ia2ae, 90, 4.
18 simpliciter에 대해서 피니스는 straightfowardly(단순명료하게) 또는 in the focal sense(핵심적 의미에서)로 번역하였고, 크레츠먼은 unconditionally(무조건적으로)로 번역한다. Finnis, *Natural Law and Natural Rights*, 363면. Kretzmann, "LEX INIUSTA NON EST LEX : Laws on Trial in Aquinas' Court of Conscience," 114-115면.
19 Aquinas, 위의 책, Ia2ae, 91, 2.

법은 세 가지 면에서 정의롭다고 말할 수 있다. 법이 공동선을 위해 명령되었을 때 그 목적은 정당하며, 제정된 법이 입법자의 권한을 유탈하지 않았을 때 그 권한은 정당하며, 전체의 선을 위해 법이 신민에게 형평에 따라 부담을 지게 했을 때 그 형식은 정당하다. 왜냐하면 개인은 집단의 일부이므로, 마치 각 부분은 전체로 인해 존재하듯이, 개인은 전체 중 각자로 공동체에 속한다. 따라서 적정한 방식에 따라 책임의 부담을 지우는 법은 정의롭고, 정당하며, 양심의 법정을 구속한다.[20]

그리고 부정의한 법은 다음과 같다고 말한다. 그는 부정의한 법을 두 가지 종류로 나눈다. 하나는 인간적 견지에서 공정성에 반한 법이고, 다른 하나는 신의 권리를 침해한 법이다.

법은 두 가지 방식으로 정의롭지 않다. ① 하나는 인간적 견지에서 공정성에 반하는 경우이며, 다른 하나는 신의 권리에 반하는 경우이다. 법은 위에 지적한 바 세 가지 면에서 인간적인 선에 반하는 경우가 있다. 통치자가 공동의 혜택보다는 자신의 탐욕이나 허욕을 충족하기 위해 자신의 신민에게 세금을 부과하는 것처럼 그 목적이 인간적인 선에 반하는 경우이며, 통치자가 자신에게 주어진 권력을 넘어 법을 제정하는 것처럼 그 (법의) 저자로 인해 인간적인 선에 반하는 경우이며, 공동선을 위한 것이기는 하지만 법이 형평에 맞지 않게 부담을 지우는 것과 같이 그 형식이 인간적인 선에 반하는 경우이다. … ② 법은 신의 권리에 반하기 때문에 정의롭지 않을 수 있다. 그러한 법은 예를 들어 우상숭배를 조장한다거나 여하튼 신법에 반하는 폭군의 법이다.[21]

(2) 부정의한 법과 복종의 문제

아퀴나스는 ①에 대해서는 "만약 스캔들이나 폭동을 회피하기 위한 경우가 아니라면 양심의 법정을 구속하지 않는다. 이러한 이유로 사람들은 자신의 권리를 양보하도록 요구받을 수 있다. 마태복음에 따르면, '어떤 이가 당신에게 1마일을 가자고 하면, 그와 2마일을 가고, 어떤 이가 당신을 고소하여 윗옷을 가져가면, 당신의 외투까지 가지도록 하라'고 한다"라고 말한다. 그리고 ②에 대해서

---

20 Aquinas, *Summa Theologiae*, Ia2ae. 96. 4.
21 위의 책, Ia2ae. 96. 4.

는 "그러한 법을 준수하는 것은 결코 허용될 수 없다. 사도행전에는 '우리는 사람이 아니라 하느님에게 복종해야 한다'고 되어 있다"라고 말한다.[22]

다시 말하자면, ①에 대해서는 스캔들이나 폭동의 위험이 예상되지 않는다면 복종할 의무가 없지만, 그러한 위험이 예상된다면 복종할 의무가 있다는 것이고, ②에 대해서는 복종해서는 안 될 의무가 있다는 것이다. 여기서의 복종의 의무란 신학적인 의미에서의 복종의 의무를 말할 것이지만, 세속적인 관점에서 말한다면 도덕적인 의무를 말하는 것으로 해석해도 무방할 것이다.

(3) 부정의한 법의 법적 지위

아퀴나스는 부정의한 법에 대해 법이 아니라고 하지 않고, 폭력,[23] 법의 부패,[24] 법의 도착[25]이라고 불렀다. 다음은 한 가지 예이다.

> 폭군의 법은 이성에 따른 것이 아니기 때문에 단순명료하게(또는 무조건적으로) 법이라고 할 수는 없지만, 일종의 법의 도착(또는 왜곡)이다. 그럼에도 불구하고 그것은 신민들을 선하게 하려고 하는 점에서 일면 법의 성격을 가진다. 그것이 법의 성격을 가지는 이유는 신민들을 유순하게 하려는(amenable) 권위자의 명령이기 때문이다. 따라서 폭군의 법은 무조건적으로 선한 것은 아니지만 통치의 관점에서는 선한 것이다.[26]

아퀴나스는 폭군의 법에 대해 논하면서 법의 성격을 가진다고 하며, 그 이유로 신민들을 선하게 만들기 때문이라고 하였다. 어떻게 사리사욕을 추구하는 폭군의 법이 신민들을 선하게 하는가? 그는 아리스토텔레스를 따라 신민의 미덕은 지배자의 요구에 부응하는 데 있다고 보았다. 다시 말해 신민은 폭군의 법이라고 하더라도 이에 저항하는 것보다는 순종함으로써 미덕을 배양하게 된다고 생각했다.[27]

---

22 위의 책, Ia2ae, 96, 4.
23 위의 책, Ia2ae, 96, 4.
24 위의 책, Ia2ae, 95, 2.
25 위의 책, Ia2ae, 92, 1.
26 위의 책, Ia2ae, 92, 1.
27 위의 책, Ia2ae, 92, 1.

아퀴나스 연구자들은 이구동성으로 아퀴나스는 부정의한 법일지라도 법으로 보았다고 한다.[28] 이들 중 대표적인 법철학자인 피니스도 아퀴나스에 따르면 부정의한 법은 법이라는 용어의 핵심적 의미에서simpliciter, in the focal sense 법은 아니지만 적어도 부차적인 의미에서secundum quid, in the secondary sense는 법으로 인정했다고 설명한다.[29]

Ⅳ. 풀러의 자연법론

1. 절차적 자연법론과 내재적 도덕성의 원칙

풀러1902-1978는 20세기 중반 미국을 대표하는 법철학자로 오랫동안 하버드 로스쿨의 교수로 지냈다. 그는 여러 권의 저서를 출간했지만, 그중 『법의 도덕성』이 가장 널리 알려져 있는데, 이 책은 개정판 출간 이후 약 2년 만에 고 강구진 교수에 의해 번역된 바 있고, 2015년에는 박은정 교수가 재번역한 바 있다. 개정판이라고 하여 초판의 본문을 수정한 것은 아니며, 초판에다가 자신의 비판자들에 대한 반론을 후기로 첨부한 것이다.

그는 자연법이라는 이름으로 실질적인 정의의 원칙들을 제시하는 자연법론에 반대했다. 그는 자신의 자연법론은 "천상에서 우리와 늘 함께 하시는" 상위법이라는 은유와는 아무런 관계가 없다고 하였다.[30] 그는 과거의 자연법론자들이 자연법이라고 불렀던 외재적 도덕성external morality of law의 개념에 반대하며, 내재적 도덕성이라는 개념을 채용하여 내재적 도덕성에 근거한 자연법론을 제시하였다.

외재적 도덕성으로부터 내재적 도덕성으로의 발상의 전환은 참신하다. 첫째, 이러한 발상의 전환의 배경에는 독일의 철학자 짐멜이 있다고 한다. 이는 법을 주권자나 입법자의 일방적인 명령으로 보아서는 안 되며, 입법자와 수범자 간의 계약으로 보아야 한다는 발상에 근거한 것이다. 풀러는 다음과 같이

---

28 이들에는 G. Grisez, J. Boyle, R. George, N. Kretzmann, M. Murphy 등이 포함된다.
29 Finnis, *Natural Law and Natural Rights*, 364면.
30 L. Fuller, *The Morality of Law*, Revised ed. (Harvard University Press, 1969), 96면.

말한다.

> 짐멜은 법제도의 바탕에는 입법자와 수범자 간의 계약이 있다는 점을 시사한다. 법률의 제
> 정에 의하여 국가는 국민에게 "이것이 우리가 당신들에게 따를 것을 요구하는 규칙이다. 만
> 약 당신들이 이를 준수하면, 우리는 당신들의 행위에 대하여 이 규칙만을 적용하겠다고 약
> 속하는 바다."[31]

둘째, 풀러는 사회에 존재하는 여러 가지 과정이나 절차를 분석하면서 입법과정도 그 연구대상으로 삼았던 것이다. 사실상 사회란 여러 가지 과정이나 절차로 구성된다고 말할 수 있다. 몇 가지 예를 들자면 선거과정, 재판과정, 입법과정, 중재과정 등 여러 가지 과정이 있을 것이고, 수업을 담당하는 교수의 입장에서 본다면 수업 준비과정, 수업과정, 출제과정, 채점과정이 있다. 채점과정을 예로 들어보자. 교수가 채점기준을 어떻게 잡았든지 간에, 수강자를 염두에 둔다면 교수는 채점에서 어떤 의무를 지게 될 것이다. 점수를 이기移記하는 과정에서 실수가 없도록 신중해야 할 것이며, 평소의 친소親疏관계에 입각하여 채점을 해서도 안 될 것이다. 풀러는 과정이 합리적이라면 결과가 그렇게 나쁘지는 않을 것이라는 판단을 내리고 있다고 볼 수 있다.

그는 입법과정에서 반드시 지켜야 할 도덕을 거론한다. 이러한 도덕은 외재적 도덕성과는 관련이 없고, 입법이라는 행위 그 자체에 내재된 도덕이다. 그는 법의 내재적 도덕을 여덟 가지로 정리해서 말하지만, 그중 일곱 가지는 입법과정에서 준수되어야 할 도덕이다.

(가) 법은 일반적이어야 한다
(나) 법은 공포하여야 한다
(다) 소급입법은 가급적 최소화하여야 한다
(라) 법은 이해할 수 있어야 한다
(마) 법은 모순이 없어야 한다
(바) 법은 불가능한 것을 요구해서는 안 된다

---

31 위의 책, 217면.

(사) 법은 비교적 지속성을 가져야 한다

(아) 법은 정해진 대로 집행되어야 한다32

풀러는 이 여덟 가지 원칙을 합법성의 원칙principles of legality이라 부른다. 그렇다면 합법성의 원칙이란 무슨 의미일까? 합법성 여부에 대한 심사 대상으로 통상적으로 생각하는 것은 행위이지만, 그가 합법성의 심사대상으로 삼는 것은 법이나 법체계이다. 풀러는 영어로 legality라는 단어를 썼지만 이를 독일어로 번역한다면 Gesetzlichkeit와 Rechtsmäßigkeit의 두 단어 중에서 선택해야 할 것이다. 우리가 주로 행위를 대상으로 실정법에 부합하는가를 판단할 때 사용하는 기준은 전자이며, 법이나 법체계를 대상으로 판단할 때 사용하는 기준은 후자이다. 따라서 우리는 이 경우 합법성이라는 번역 대신에 법다움이재승 교수의 번역이라는 용어를 사용할 수도 있을 것이다. 또한 풀러는 합법성에 대한 판단은 정도의 판단이라고 본다. 따라서 그 판단은 매우 합법적, 상당히 합법적, 약간 합법적, 완전히 불법적이라는 등의 단어로 표현될 수 있을 것이다.

풀러의 자연법론에 대한 이해를 위해 몇 마디 덧붙이기로 하자. 풀러는 절차 또는 과정에서 준수해야 할 도덕을 제시하였다는 의미에서 자신의 자연법론은 절차적 자연법론이라고 부를 수 있다고 하였다.33 또한 그는 절차와 관련하여 절차 자체에서 준수되어야 할 도덕인 내재적 도덕을 제시했다는 점에서 다른 자연법론과 대조된다.

2. 사악한 지배와 합법성의 원칙

풀러는 극히 사악한 지배와 합법성의 원칙의 준수는 양립불가능하다는 경험적인 주장을 제기하였다.34 앞에서 말했지만, 과정이 합리적이라면 결과가

---

32 영어로 표기하면 generality, promulgation, non-retroactivity, clarity, non-contradiction, possibility of compliance, constancy over time, congruence between official action and declared rule이다.

33 위의 책, 96면.

34 예를 들어, 풀러는 다음과 같이 주장한다. "나는 법의 내재적 도덕성을 분석해 가는 데 있어서 이 도덕이 법의 실체적 목표에 대하여서는 무관심하다는 것, 또한 이 도덕은 다양한 실체적 목표에 대하여 동일하게 공헌할 수 있다는 것을 주장했었다." 이는 내재적 도덕성을 가진 법이라고 하여 그것이 정의로운 법을 담보하는 것은 아니라고 주장하

그렇게 나쁘지는 않을 것이라고 보는 것이다. 이에 대해 부연설명을 하면 다음과 같다. 합법성의 원칙만으로는 정의를 실현하는 데 충분하지 않으며, 합법성의 원칙은 정의 실현에 필요조건일 뿐이다. 따라서 합법성의 원칙이 준수되는 극히 사악한 지배는 역사적으로 존재하지 않았으며 미래에도 존재하지 않을 것이라는 주장이다. 그는 다음과 같이 말한다.

> 나는 내재적 도덕성의 추구가 정의의 실현에 충분하지는 않지만 필수적이라는 점을 보이려고 했다. 법규칙을 통해 맹목적인 증오를 표현하려는 시도가 행해질 때 이 내재적 도덕성이 침해된다. 결국 이 내재적 도덕성은 법과 도덕에 필수불가결한 인간본성에 대한 견해를 우리 앞에 표현하며 확인한다.[35]

풀러는 나치의 지배를 예로 들어 합법성의 원칙을 지극히 훼손한 지배이기 때문에 아예 불법적인 지배라고 주장한다. 그는 합법성의 원칙 중 두 가지가 심히 훼손되었다고 판단한다. 하나는 소급입법의 문제이고, 다른 하나는 공포의 문제이다. 나치정권은 소급입법으로 시작하였고, 그 후로도 빈번히 소급입법을 행했다고 주장한다. 70명 이상이 살상된 나치당 내부의 권력투쟁인 로엠 숙청Roehm Purge사건에 대해 히틀러가 정권을 쟁취한 직후 소급입법을 통해 이들에게 면죄부를 준 사건이 그것이다.[36] 또한 그는 라드브루흐의 주장에 의거하여 공포의 원칙을 무시했다는 점을 지적한다. 라드브루흐는 "유대인 수용소에서의 집단학살이 공포되지 않은 비밀스런 법률에 근거하여 이루어졌다는 소문이 있다"고 말했다고 한다.[37]

는 것이다(위의 책, 153면). 그러나 "법의 내재적 도덕과 법의 외재적 도덕 사이의 상호 관련성을 [하트처럼] 부인하기는 어려울 것이다. 나는 정직하게 말하여 그의 진의를 알 수 없다. 하트가 말하고 싶은 것은 상상력을 발휘하여 비견할 수 없는 사악한(the most iniquitous) 목적을 추구해 가면서도, 합법성의 원칙을 지키려는 노력을 한시도 게을리하지 않는 나쁜 군주, 이와 같은 사례를 생각할 수 있다는 것일까 … 하트는 한편으로는 법의 내재적 도덕에 충실하면서도 다른 한편으로는 정의나 인간의 복지를 전적으로 무시한(brutal) 정치체계가 역사적으로 실재했다고 주장하려는 것인가? 만약 그렇다면 진지한 토론의 기초가 될 수 있는 예를 들어 놓았더라면 더욱 고마웠을 것이라고 생각한다"(위의 책, 154면). 이는 내재적 도덕성을 가진 법은 극히 사악하거나 인간의 복지를 전적으로 무시하는 법을 방지할 수 있다고 주장하는 것이다.

35 위의 책, 168면.

36 L. Fuller, "Positivism and the Fidelity to Law," *Harv. L. Rev.* vol. 71 (1958), 650면.

37 위의 글, 651면.

3. 풀러의 절차적 자연법론에 대한 평가

풀러는 내재적 도덕성 또는 합법성의 원칙을 완전히 결여한 법체계는 법체계가 아니라고 하였고 그 예로 위와 같이 나치즘을 들었다. 이처럼 내재적 도덕성을 갖추지 못한 법체계는 정도에 따라 법체계라고 부를 수 없는 경우도 있고, 진정한 법체계가 되기 어려운 경우도 있을 것이다. 이러한 주장은 법체계의 성립 내지 진정성을 도덕적인 요건과 결부짓기 때문에 자연법론적인 주장이라고 할 수 있다.

그러나 다르게 볼 여지도 충분히 존재한다. 우선 법체계라는 용어 대신에 법의 지배라는 용어로 바꾸어 풀러의 주장을 표현해 보자. 법의 지배가 성립하기 위해서 또는 상당한 정도로 법의 지배가 이루어지기 위해서는 도덕적인 요건이 충족되어야 한다는 것이다. 그러나 그가 말한 도덕적 요건은 실질적인 요건이 아니라 형식적인 요건이다. 여덟 가지 요건인 일반성, 공포, 소급입법의 최소화, 이해가능성, 무모순성, 불가능한 요구금지, 지속성, 제정과 집행의 일치는 형식적인 요건이다.[38] 실질적인 요건이라고 한다면 예를 들어, 인권의 존중, 인간존엄성의 존중과 같은 것이 될 것이다.

단적으로 풀러의 주장은 형식적 법치주의와 지극히 사악한 법체계는 경험상으로 볼 때 양립불가능하다는 것이다. 풀러의 이론을 법치주의의 문제로 바라본다면 풀러는 형식적 법치주의가 가지는 위력을 강조한다고 말할 수 있다. 이에 대해 하트나 라즈는 반론을 제기한다. 그들의 반론은 형식적 법치주의가 사악한 법의 지배를 억제하는 효력을 가지지 못하고 오로지 효율적인 지배로 이끈다는 것이다.[39] 필자는 풀러의 합법성의 원칙이 가지는 위력을 부인하기는 힘들 것으로 생각한다. 적어도 우리의 경험상 제정과 집행의 일치가 이루어지

---

[38] 월드론은 풀러의 법치주의의 개념은 절차적이라는 말로 묘사되기도 하지만, 이는 잘못이고 형식적 내지 구조적인 것이라고 말한다. J. Waldron, "The Concept and the Rule the Law" *Georgia L. Rev.* vol. 43 (2008), 7면. 풀러는 사회의 여러 절차 내지 과정에서 지켜야 할 원칙이 있다고 제시한 점에서 절차적 자연법론이라고 할 수 있지만, 주로 입법과정에서 준수되어야 할 원칙으로 제시한 합법성의 원칙은 형식적인 내용의 것이다. 월드론의 주장은 타당하다.

[39] H. L. A. Hart, "Lon Fuller : The Morality of Law," *Hart, Essays in Jurisprudence and Philosophy* (Clarendon Press, 1983), 349-350면; J. Raz, *The Authority of Law : Essays on Law and Morality* (Clarendon Press, 1979), 225-226면; 최봉철, "풀러의 합법성론," 『법철학연구』 제7권 제2호(2004), 24-31면.

지 않는 면이 있었다.

V. 드워킨의 자연법론

1. 드워킨의 법철학계 내에서의 지위

드워킨1931-2013 은 2008년 사단법인 한국학술협의회의 초청으로 한국을 방문하였고 닷새 만에 두 차례의 공개강연과 네 차례의 전문가세미나를 소화하였다. 그리고 그의 방한기념으로 우리나라에서는 그와의 인터뷰가 담긴『자유주의의 가치들』이라는 책이 발간되었다.[40] 미국인으로 예일 로스쿨의 교수이던 그는 옥스퍼드 대학 법철학 왕립석좌교수자리옥스퍼드 대학 법철학 주임교수를 하트로부터 물려받았다. 이 자리는 법철학자로는 매우 영광스러운 자리이다. 그러나 전임자와 후임자 간의 관계는 순탄치 않았다. 여러 가지 점에서 두 사람은 잘 어울리지 않았으며, 더 나아가 그는 전임자인 하트의 이론을 철저하게 비판·배격하였다.

이로 인해 20세기 후반 영어권 법철학계에는 하트와 드워킨의 대립구도가 형성되었으며, 아마도 이 시기는 양자의 이론적 대립의 시기로 기억될지도 모른다. 영어권 법철학계의 동향을 보면, 하트계열이 다수파를 형성하고, 드워킨계는 미미한 소수파이다. 하트는 서거했지만, 그의 추종자들 중에는 라즈를 비롯하여 수많은 맹장들이 활약하고 있다. 그에 반해 드워킨의 진영에는 몇 명의 장수만이 있을 뿐이다. 어찌 보면 생존시에도 드워킨은 거의 단기필마單騎匹馬로 힘겨운 싸움을 했다.

2. 드워킨의 법개념

드워킨의 법개념론은 그의 이론의 핵심을 이루고 있다. 그 핵심적 개념은 법은 해석적 개념이라는 것이다. 이는 쉽게 말해 해석의 결과가 법이라는 것이

---

40 김비환·김정오 외, 『자유주의의 가치들』(아카넷, 2011).

다. 그렇다면 법전 속에 담겨져 있는 법은 무엇인가? 이는 선해석적인 의미의 법에 불과한 것이다.[41] 내가 법적인 분쟁에 휘말렸다고 하자. 나는 법에 대해 지식이 있는 사람들과 상식을 동원하여 관련 법규와 판결들을 수집하였다. 그로부터 나의 사건을 해결할 법명제를 알아낸다. 이럴 경우 수집된 관련 법규와 판결들은 선해석적인 의미의 법에 불과하고 그에 대한 해석으로부터 구성된 법명제가 법인 것이다. 그러나 우리가 법해석을 일반적인 규범으로부터 구체적인 법명제를 구성해내는 활동이라고 정의한다면, 선해석적인 의미의 법을 그냥 법이라고 불러도 될 것이다.

우리는 법의 세계에는 학설의 대립도 있고, 다수의견과 소수의견의 대립도 있다는 것을 알고 있다. 따라서 선해석적인 의미의 법에 대한 해석의 결과 역시 단 하나의 결론을 가져오지는 않을 것이라는 사실을 익히 알고 있다. 드워킨은 이러한 대립의 성격을 이론적인 입장의 차이로 본다. 우리는 서로 다른 이론적인 입장에서 상대방을 잘못되었다 또는 틀렸다고 지적하지만, 그것은 사실상 수학적인 질문에 대해 맞는 답을 맞추었는가의 문제와는 다르다.

드워킨은 선해석적인 법에 대한 해석관을 세 가지로 분류할 수 있다고 주장한다. 그것은 관례주의 법관法觀, 실용주의 법관과 더불어 자신의 입장인 정합성으로서의 법관이다. 관례주의 법관은 관행 내지 관례를 중시하는 입장으로 결국 이 입장은 과거와의 일관성을 중시하게 된다. 실용주의 법관은 법이라는 제도도 더 나은 미래를 이룩하는 데 일조해야 한다고 보는 입장이다. 실용주의적 법관을 가진 판사는 판결 시에도 어떤 판결을 해야 더 나은 미래에 도움이 될 수 있을 것인가에 대해 고민할 것이다. 이 입장은 결과주의적인 사고를 지향하게 된다.

이제 드워킨이 이론적으로 가장 타당하다고 옹호하는 정합성으로서의 법관을 살펴보도록 하자필자는 integrity에 대한 번역어로 정합성을 선택했지만, 다른 용어가 선택되기도 한다.[42] 드워킨은 정합성의 이념을 선해석적인 의미의 법을 해석하는 원리로 본

---

41 "선해석적인 의미에서의 법"이란 개념에 대한 비판으로는 Hart, 『법의 개념』, 349~352면.

42 예를 들어, *Law's Empire*를 번역한 장영민 교수는 통합성이라고 번역하였고, 김도균 교수는 통일성이라는 번역을 선호한다고 생각된다. 예를 들어, 김도균, "우리 대법원 법해석론의 전환 : 로널드 드워킨의 눈으로 읽기 — 법의 통일성(Law's Intergrity)을 향하여 —," 『법철학연구』 제13권 제1호 (2010).

다. 즉, 법의 목적이자 지도원리로 보는 것이다. 정합성이라는 용어가 사용되고 있는 맥락을 살펴보면 이 개념은 적어도 어떤 핵심적인 개념요소를 가진다. 우선, 일관성이다. 일관성이라는 덕목의 중요성에 대해 드워킨은 다음과 같이 말한다.

> 일상의 정치는 이러한[공정성과 정의와 같이] 잘 알려진 이념에다가, 보편적인 진리가 통용되는 유토피아적인 이론 속에서는 아무런 독자적인 자리를 차지하지 못하는 또 하나의 것을 추가한다. 이것은 때때로 유사한 것은 유사하게 다루어야 한다는 표어로 표현된다. 이것은 국가에 대하여 모든 시민들을 원칙에 입각하여 일관성 있게 다루어야 한다고, 다시 말해 한 목소리로 다루어야 한다는 것을 요구한다.[43]

일관성이라는 개념요소는 하나의 덕목이기는 하지만, 도덕적인 가치와는 무관하다. 예를 들어, 골수 남녀차별론자도 일관성이라는 덕목을 가질 수 있다. 단지 우리가 일관성을 가진 사람을 대하는 데 편리한 점은 그가 기회주의적으로 행동하거나 표리부동하게 행동하지 않을 것이라고 예상할 수 있다는 점이다.

드워킨은 일관성이라는 덕목에 정의와 공정성이라는 도덕적인 가치를 추가하여 정합성이라고 부른다. 그러나 정합성의 개념요소로서 정의가 무엇이고, 공정성이 무엇인가에 대해 그는 상세히 다루고 있지는 않다. 이에 대한 그의 간략한 설명은 다음과 같다.

> 정치에서 공정성은 정치권력을 올바르게 배분하는 정치적 절차를 찾는 문제이다 — 공직자를 선출하는 방법과 그 결정이 선거인에게 반응하게 하는 방법. 이것은 오늘날 미국과 영국에서는 적어도 모든 시민이 자신을 지배하는 결정을 함에 있어서 대체로 평등한 영향력을 갖게 하는 절차와 제도를 의미한다는 것이 오늘날의 일반적인 이해이다. 반면에 정의는 기존의 정치기구가 — 공정하게 선출되었는가와는 상관없이 — 내리는 결정에 관한 것이다. 정의를 정치적 덕성으로 받아들인다면, 우리는 입법자와 기타 공직자가 물질적 재화와 자원을 배분하고, 민권을 확보하여 도덕적으로 옹호할만한 결과를 확립하기를 바랄 것이다.[44]

---

43 R. Dworkin(장영민 역), 『법의 제국』 (아카넷, 2004), 243면.

드워킨은 일관성, 정의, 공정성으로 구성된 정합성의 원리에 따라 선해석적인 의미의 법으로부터 법 또는 법명제를 구성해낼 것을 판사에게 요구한다. 이는 정합성의 원리가 사법원리로 사용될 경우이며, 입법원리로 작용할 때에는 의원에게 정합성의 원리를 준수하도록 요구할 것이다. 아래의 인용문 ②에서 보듯이 그는 정합성의 원리의 구성요소로 일관성, 정의와 공정성 이외에 적법절차의 원리를 추가하기도 한다.

① 정합성은 그 공동체가 가진 공적 기준이 가능한 한 정의와 공정성이 올바른 관계(in right relation)를 맺은 단일하고 일관된(coherent) 체계를 표현하도록 만들어지고 보여질 것을 요구한다.45
② 정합성으로서의 법관념은 판사에게 가능한 한 법이 정의와 공정성 그리고 적법절차에 관한 일단의 일관된 원리들(coherent principles)에 의해서 조직화되어 있는 것으로 생각하라고 하며, 판사로 하여금 이를 자신이 맡은 새로운 사안에서 시행해서 각각의 결론이 동일한 기준에 따라 공정하고 정의롭게 되게 하라고 한다.46

정합성의 원리는 그 구성요소 간의 충돌을 예상할 수 있다. 일관성과 정의의 충돌에 대해 생각해 보자. 예를 들어, 법원은 선해석적인 의미의 법을 남녀 간의 차별을 인정하는 방향으로 해석해 왔다. 그러나 현시점에서 정의의 원리를 고려할 때 일관성을 유지하는 것은 허용될 수 없다고 생각된다. 이러할 경우 일관성의 원칙과 정의의 원칙의 선후관계를 어떻게 설정하는 것이 정답일까? 드워킨의 답변은 사건을 떠나 이 관계는 미리 정해져 있다고 보지 않고, 그 사건에 관해 정합적인 답변을 발견해야 하며, 그것이 정답이라고 한다. 다시 말해 정답이 있다는 것이다.

정합성은 자동적으로 관철되지 않는다. 판단이 필요한 것이다. 그 판단은 해석의 상이한 여러 차원과 그 차원이 갖는 상이한 측면들로 구성되어 있다. 우리는 부합에 관한 신념이 얼마

44 위의 책, 240-241면.
45 위의 책, 313면.
46 위의 책, 344면.

나 실질적인 내용에 대한 판단과 경합하고 제약하는가를 알게 되었고, 공정성과 정의 그리고 적법절차에 대한 신념이 얼마나 서로 경합하는가를 알게 되었다. 해석적 판단은 이러한 여러 차원을 인식해야 하고 또 고려해야 한다. 그렇지 않다면 그것은 부적격하거나 불성실한 것이 되며, 위장된 일상의 정치적 판단이 된다. 또 해석적 판단은 이 차원들을 융합시켜 하나의 전반적인 의견으로 만들어야 한다. 모든 것을 고려할 때 어떤 해석이 그 사회의 법적 기록을 정치적 도덕성의 관점에서 최선의 것이 될 수 있게 하는가에 관하여 전반적인 의견을 만들어야 한다.[47]

이 인용문에서는 선해석적인 의미의 법으로부터 법을 찾아내는 과정에는 부합fit의 차원과 도덕적 가치moral value의 차원이 있다는 것을 말하고 있다. 부합이란 종적이고 횡적인 일관성을 말하고 도덕적 가치의 차원이란 공정성과 정의의 차원을 말한다. 법명제를 구성할 때 우리는 그 법명제가 종적이고 횡적인 일관성을 가지는가 또한 공정하고 정의로운가의 문제를 생각해야 한다.

위의 인용문을 보면 "부합에 대한 신념이 얼마나 실질적인 내용에 대한 판단을 … 제약하는가를 알게 되고"라고 하여 부합과 도덕적인 가치가 경합할 때 부합의 차원이 도덕적인 가치를 제약하는 것처럼 기술하고 있다. 그러나 이것이 드워킨이 의도하는 것은 아니다. 그는 다른 곳에서 도덕적인 가치의 차원이 부합의 차원을 제약하는 경우도 있다고 분명하게 말한다.[48]

3. 드워킨과 자연법론

강한 자연법론자들은 법에 대해 도덕적 논의를 거쳐 극히 부정의한 법은 법이 아니라고 한다. 설혹 강한 자연법론자가 아니더라도 법이론가는 사악한 법의 효력과 도덕적 효력의 갈등으로 보아 사악한 법의 효력을 물리치기도 한다. 근거는 법관도 도덕적인 인간이기 때문이다. 그러나 드워킨은 이와는 다른 입장을 취한다. 그는 선해석적인 법을 정합성의 색안경을 끼고 보아 구성된 법명제들을 법으로 본다. 즉 그는 정합성의 원리를 법명제 또는 법을 구성하는

---

47 위의 책, 571면.
48 J. Burley, *Dworkin and His Critics With Replies by Dworkin* (Blackwell Publishing, 2004), 381–382면.

원리로 사용하는 점에서 차이가 있다.

VI. 법실증주의와 자연법론의 비교

1. 법개념론에서의 양자의 수렴

앞에서 말한 아퀴나스의 약한 자연법론을 생각할 때 법실증주의와 자연법론은 법개념론에서 거의 동일한 입장을 취한다고 보아야 할 것이다. 하트의 법실증주의 법개념을 예로 든다면 그것은 약한 자연법론의 법개념과 전혀 차이가 없다. 양자 모두 사악한 법에 대해서도 법으로서의 효력은 인정하지만 그 법에 대한 복종의무, 즉 도덕적 효력은 부정한다.

법실증주의 법개념을 취하는 김영환 교수의 주장을 살펴보자. 김영환 교수는 법실증주의 법개념을 선호하는 이유로 다음의 세 가지 이유를 든다. 첫째, "있는 법과 있어야 할 법을 서로 분리해야 개념의 혼동을 방지할 수 있다." 둘째, "나쁜 날씨도 날씨이기는 하지만 단지 나쁘다는 것뿐이다." 셋째, "법의 도덕성은 법개념의 필연적인 요소이며, 따라서 이 요소는 — 비록 실정법을 구성하는 요소가 아니라, 단지 그것에 대한 규제적인 요소이기는 하지만 — 항상 함께 고려되어야 한다."[49] 그렇다면 약한 자연법론자도 김영환 교수의 법개념에 대해 긍정하며, 자신이 취하는 법개념과 동일하다고 말할 것이다. 필자가 제 2 장 서두에서 언급한 것처럼 자연법론과 법실증주의의 구분에 대해서는 더 연구가 필요할 것이다.

2. 연구방법론에서의 상호인정

실정법을 연구대상으로 삼는 입장이 법실증주의의 입장이고 정법의 실체를 연구하고 그것을 실현시키는 방법을 찾는 입장이 자연법론의 입장이라고 하자. 전자는 법 그 자체에 대한 연구에 관심을 가지는 반면에, 후자는 법학

---

49 김영환, 『법철학의 근본문제』 제 3 판 (홍문사, 2012), 48면.

연구에서 정의에 대한 연구에 관심을 가진다.

제2장에서 살펴보았지만 켈젠은 라드브루흐의 공격에 대해 "실정법을 그것에 대한 어떠한 평가도 함이 없이, 있어야만 하는 대로가 아니라, 있는 그대로 기술하여야 하며, 그리고 이러한 객관적 기술에 필요한 개념들을 정의하는" 연구가 있고, 반면에 "'법이 어떠하여야 하며, 정당한, 정의로운 법은 무엇인가에 관한" 연구가 있다고 하며, 이 두 가지 연구는 분업의 관계를 가진다고 답하였다. 즉, 자연법론적인 연구와 실증주의적인 연구 모두 의의를 가진다는 것이다.

그러나 제3장의 서두에서 언급했던 피니스의 주장을 떠올려 보자. 그것은 법에 대한 기술을 하려는 이론가라 할지라도 선과 실천적 합당성에 대한 이해 없이는 법에 대해 기술할 수 없다는 주장이었다. 이 주장은 맞다. 왜냐하면 선에 대한 이해가 없다면 무엇이 선한 법이고 무엇이 악한 법인지에 대해 기술할 수는 없다. 또한 합당성에 대한 이해가 없다면 무엇이 합당한 행위이고 아닌지에 대해 기술할 수 없다. 그러나 진정한 분업이란 협업으로 이어진다는 점을 생각한다면, 그와 같은 연구는 자연법론자가 맡아야 할 부분이라고 말할 수도 있을 것이다.[50]

3. 양자의 대립

법실증주의나 자연법론이 법의 여러 영역에 걸친 이론들이라고 한다면, 법의 개념에 있어서는 대립의 소지가 크게 줄었지만, 여전히 대립되는 영역이 남아 있다. 예를 들어, 제2장에서 살핀 법실증주의 재판이론과 제3장에서 살핀 자연법론의 재판이론은 일면 대립된다.

하트는 법이 다하는 곳에서는 법관의 재량이 행사된다고 보지만, 드워킨은 법은 무궁무진하므로 법관은 재량을 행사할 것이 아니라 법을 올바르게 적용하여 정답을 찾아내어야 한다고 주장한다.

---

50 머피는 피니스의 주장에 입각하여 선과 합당성에 대한 이해 없이 법에 대해 기술하고자 하는 연구를 자동차나 간에 대해 설명한다고 하면서 자동차의 고장이나 간의 이상에 대해 설명하지 못하는 연구와 다를 것이 없다고 주장한다. Murphy, "Natural Law Jurisprudence," 263-264면.

제3장 ◣ 생각해 볼 문제

❶ 브라이언 라이터Brian Leiter라는 미국 시카고 대학 교수가 운영하는 블로그가 있다. 그 블로그에 실린 기사 중에는 1945년 이후 최고의 영어권 법철학자들을 선정한 것이 있다. 이에 따르면 하트가 부동의 1위였고, 4위를 차지한 학자로 존 피니스가 있었다. 피니스는 호주 태생으로 법실증주의가 대세인 오늘날 보기 드문 자연법론자이다. 그 역시 옥스퍼드에서 학위를 했고, 거기서 가르치던 교수로 옥스퍼드 학파의 학자라고 할 수 있다. 그는 자연법과 자연권론Natural Law and Natural Rights이라는 책을 적었다. 위의 책 제1장을 읽고 그의 자연법론에 대해 약 2장 정도로 요약해 보시오.

❷ 풀러는 합법성의 원칙을 침해한 지배란 사악한 지배라고 말하였다. 즉 8가지 합법성의 요건 중 일부라도 침해하면 그 지배는 사악한 지배가 되는 것이다. 이러한 풀러의 주장이 우리나라 헌정사에 비추어 설득력을 가진다고 할 수 있는가? 만약 그러하다면 8가지 요건 중 어떠한 요건을 침해하였는가? 또한 합법성의 원칙에 따른 지배와 형식적 법치주의는 별로 다를 것이 없다고 말할 수 있는가? 또한 형식적 법치주의에 대해 재평가해 보는 것은 어떠한가?

❸ 하트의 『법의 개념』은 나치패망 이후 밀고자에 대한 판결 하나를 담고 있다. 밤베르크 주 고등법원의 판결이다. 이 사건의 내용은 제1장의 생각해 볼 문제와 관련된다. 나치시절 남편이 히틀러와 나치당 간부를 욕하였고, 부인이 이를 밀고하여 남편은 사형선고를 받았다. 나치 패망 후 밀고자 사건들은 독일법원에 의해 다루어졌다. 이 사건은 그러한 사건들 중 하나이다. ① 하트는 이 재판의 내용을 오해하였다. 하트는 1958년 논문과 1961년 책에서 재판부가 나치지도자에 대해 욕하는 것을 처벌하는 법을 자연법 위반으로 무효라고 했다고 하지만, 이는 오해이다. 그렇다면 밀고자를 처벌한 법리는 무엇이었는지에 대해 적으시오. 이 사건의 판결문은 다이젠하우스David Dyzenhaus 교수가 번역하여 2008년 발간된 NYU Law Review의 83권에 실렸다. 이를 읽어 보시오. ② 나치 시절 히틀러를 비난한 자에게 중형을 선고한 법관들 중에 나치정권 패망 이후 처벌받은 예가 있는지 조사해 보시오. 라드브루흐는 법왜곡죄를 적용할 여지가 있다고 보았다. 예를 들어 법관이 정의에 대한 의지를 완전히 조롱했다면 객관적으로는 법왜곡이 존재한다고 보았다. 한편으로 법관은 생명의 위협을 피하기 위해 긴급피난의 법리를 원용하는 방법이 있을 것이라고 보았지만, 다른 한편으로 법관의 직업윤리에는 반할 것이라고

주장하였다. ③ 김도균 교수는 유신헌법과 긴급조치 시대의 법관 중에는 상황논리로 자신을 변명하는 법관이 대다수라고 한다.["한국 법체계에서 자연법론의 형성과 발전," 법철학연구 제11권 제 2 호 (2008)] 법관과 사악한 법률 적용에 관해 생각해 보시오.

제4장
법과 도덕

I. 법과 도덕의 관계

법과 도덕의 관계는 "법이란 무엇인가" 하는 물음만큼이나 법철학에서 핵심적인 주제 중 하나이다. 그 이유는 법규범과 도덕규범이 모두 인간의 행위를 제어한다는 데 있으며, 내용적으로 볼 때에도 두 규범의 내용이 겹치는 부분이 많이 있기 때문이다. 하지만 법과 도덕의 관계가 법철학적 논의의 대상이 될 때, 대단히 복합적인 논제들이 제기되며, 법 자체의 근본적인 물음이 제기된다.

법과 도덕의 관계에 대해서 하트는 그 논의가 다음과 같이 네 가지 정도로 진행될 수 있다고 지적하고 있다.[1]

첫 번째는 역사적이고 인과적인 문제이다. 이것은 "도덕이 법의 발달에 영향을 미치는가?" 혹은 "반대로 법이 도덕의 발달에 영향을 미치는가?"라는 질문이다. 전자에 대해서는 긍정적인 답변을 하는 것이 당연하겠지만, 어떤 측면에서는 부정적인 답변을 하는 것도 가능할 것이다. 후자는 아직까지 제대로 연구가 이루어지지 않은 영역의 문제이다.

두 번째는 분석에 관한 문제 혹은 정의定義에 관한 문제이다. 즉, "법체계 또는 법에 관한 적절한 정의는 도덕에 관한 언급을 포함해야만 하는가?"라는

---

1 H. L. A. Hart, *Law, Liberty, and Morality* (Standford University Press, 1963); 한국어 번역본으로는 H. L. A. Hart(이영란 역), 『법, 자유, 도덕』(나남, 1996) 참조.

질문이다. 다시 말하자면, "법과 도덕이 비슷한 것을 말하는 경우가 많고, 그것들이 권리, 의무, 책임 등과 같은 공통된 어휘들을 사용하는 것은 단지 우연의 문제인가?"라는 물음이다.

세 번째는 법에 대하여 도덕적인 비판을 할 수 있는가 그리고 가능하다면 어떠한 형태로 이루어지는가라는 문제이다. 즉, 법은 도덕적인 비판을 받아들이는가 아니면 도덕적인 비판을 배제하는가? 이것은 본서 제2장과 제3장에서 살펴본 것처럼 법실증주의와 자연법론이 첨예한 대립적인 관점을 보이는 논제이기도 하다.

네 번째는 법이 도덕을 강제할 수 있는가라는 문제이다. 즉, "부도덕하다는 이유로 법을 통하여 처벌할 수 있는가?"라는 물음이다. 서구의 근대사회가 탄생하면서 형성된 근대국가는 사회의 물리력을 합법적으로 사용할 수 있는 유일한 주체가 되었고, 이러한 국가의 독점적 권력에 의해 개인들의 자율적인 삶의 영역이 점점 협소해졌다. 이 물음이 제기하는 바는 과연 국가가 개인의 행동에 간섭할 수 있는 범위는 어느 정도인가 하는 문제이다.

19세기 사상가들은 자유주의가 발달함에 따라 국가권력을 제한할 수 있는 기준을 마련하고자 하였고, 개인의 자유가 보장되는 영역을 확보하고자 하였다. 이러한 문제를 처음으로 제기한 밀은 그 중요성에 대해서 다음과 같이 역설했다.

> 이 문제는 거의 제기된 적이 없고 일반적인 관점에서 논의된 적도 거의 없지만, 우리 배후에 보이지 않게 존재하면서 이 시대의 실천적 논쟁에 깊은 영향을 미치고 있고, 또 곧 미래의 중대한 문제로 인식될 가능성이 높다. 이 문제는 전혀 새로운 것이 아닌데, 어떤 의미에서 그것은 거의 가장 먼 옛날부터 인류를 분열시켜 왔다. 그러나 인류의 보다 문명화된 사람들이 지금 도달한 이 진보단계에서, 이 문제는 새로운 조건들 아래에서 제기되고 있고, 다르면서도 좀 더 근본적으로 취급되기를 요구하고 있다.[2]

이 장에서는 하트가 제시한 네 가지 논제 중 마지막 논제를 중점적으로 다루고자 한다. 두 번째와 세 번째 논제에 대해서는 다른 장들에서 다루어지기 때문에 과연 부도덕한 행위에 대해서 국가가 어떠한 근거로 강제력을 행사할 수 있는지, 그리고 만일 그러한 근거가 타당하지 못하다면, 우리는 어떠한 근

---

2 J. S. Mill(권기문 역), 『자유론』(펭귄클래식, 2009), 69면.

거로 국가의 강제력을 제어할 수 있는지의 물음을 중점적으로 살펴볼 것이다.

현대법철학자들 사이에 법과 도덕의 관계에 관한 심도 있는 공방이 처음 일어난 것은 19세기 말 밀과 스티븐J. F. Stephen 간의 논쟁이었다. 밀이 그의 주저 『자유론』에서 국가가 도덕을 법적으로 강제할 수 없다는 주장을 펼치자, 이에 대하여 스티븐은 도덕적으로 추악한 것을 처벌하는 것은 입법의 정당한 목적이고, 대다수의 시민들은 그것을 제약으로 느끼지 않는다고 반박하면서 오히려 입법을 통한 부도덕한 행위의 제재가 시민들의 악에 대한 혐오감을 충족시키고 무질서한 복수를 대체하는 적합한 대안으로 받아들여진다고 주장하였다.

이러한 밀과 스티븐의 논쟁은 20세기에 이르러 하트와 데블린P. Devlin에 의해 재현되었다. 1954년 영국의 올펜덴 위원회Wolfenden Committee에서 매춘과 동성애에 관한 형법규정을 재검토하고 권고안을 제출하였는데, 그 권고안에 대해서 데블린이 전면적으로 반박을 하였고, 이에 대해 하트가 데블린의 주장을 비판하는 논문을 발표하면서 이 주제에 대한 논쟁이 다시 촉발되었다.

또한 1970-80년대에 법과 도덕에 관한 논쟁이 다시 벌어졌는데, 이때에는 음란물이 주된 쟁점이 되었다. 논쟁의 발단은 1970년대 후반 영국에서 음란물에 관한 위원회가 설치되었고 이 위원회에서 음란물에 대한 규제와 제한의 필요성과 그 범위에 관해서 방대한 보고서를 제출한 것이다. 이에 대해 로널드 드워킨 교수가 비판적인 논문을 발표하면서 법과 도덕에 관한 논쟁이 재발하게 되었다.

한편, 법과 도덕에 관한 우리나라의 논의는 주로 헌법재판소의 결정과 관련하여 제기되었다. 즉, 형법 조항을 통해서 간통행위 또는 혼인빙자 간음행위를 처벌하는 것이 과연 헌법에서 보장하고 있는 인간 존엄성의 규정과 사생활의 비밀보장 규정을 위배하는 것이 아닌가 하는 의견 제기와 이에 대한 헌법재판소의 응답이 주된 논쟁거리가 되었다.

이 장에서는 앞에서 언급한 법과 도덕의 관계에 대한 법철학자들의 논쟁을 검토한 뒤에, 헌법재판소의 결정들을 간략하게 살펴보고자 한다.

Ⅱ. 밀과 스티븐의 논쟁

1. 밀의 주장

(1) 해악의 원리

밀은 국가와 개인 사이의 경계선을 가장 명확하게 설정한 이론가라고 할
수 있다. 그는 자신의 입장을 다음과 같이 밝히고 있다.

> 이 논문의 목적은 하나의 아주 단순한 원칙을 주장하는 것인데, 이 원칙은 사회가 강제와
> 통제의 방법, 그 수단이 법적 처벌의 형태로 가해지는 물리적 힘이건, 아니면 공론의 도덕적
> 강제이건, 개인을 다루는 방식을 절대적으로 억제할 자격이 있다. 이 원칙이란, 인간이 개인
> 적으로나 집단적으로 어느 한 사람의 자유에 정당하게 개입할 수 있는 유일한 경우는 자기
> 보호를 위한 경우밖에 없다는 것이다. 또 문명화된 공동체의 어느 한 구성원에게 그의 의지
> 에 반해서 권력이 정당하게 행사될 수 있는 유일한 경우는 타인들에게 해를 가하는 것을
> 막기 위한 경우밖에 없다는 것이다. 물리적 이익이든 도덕적 이익이든 그 자신의 이익은 충
> 분한 근거가 되지 못한다. … 이를 정당화하기 위해서는, 그의 행동이 제지되지 않으면 다른
> 누군가에게 해를 낳을 것임이 예측되어야 한다. 한 사람의 행동 가운데 그가 사회에 책임
> 을 지는 유일한 부분은 타인들과 관련된 부분이다. 단지 그 자신만 관련되는 부분에서는
> 그의 독립성은 당연히 절대적이다. 그 자신에 대해서는, 그 자신의 신체와 정신에 대해서는
> 그 개인이 주권자이다.[3]

이러한 밀의 주장은 "해악의 원리"harm principle라고 불린다. 해악의 원리는
다음과 같은 두 가지 격률로 정리될 수 있다.

> 첫 번째 격률은, 개인은 그의 행위가 그 자신을 제외한 어떤 사람의 이익과도 관련되지 않
> 는 한, 그의 행위에 대해 사회에 책임을 지지 않는다는 것이다. 타인들이 그들 자신의 이익
> 을 위해 필요하다고 생각할 경우, 그들의 충고나 지시·설득·회피가, 사회가 개인의 행동에
> 대해 혐오나 불찬성을 정당하게 표현할 수 있는 유일한 수단이다.[4]

---

3 Mill, 『자유론』, 81–82면.
4 위의 책, 207면.

두 번째 격률은, 타인들의 이익에 해를 끼치는 행위들에 대해 개인은 책임이 있으며, 사회가 사회적 처벌이나 법적 처벌이 사회 보호를 위해 필요하다는 의견을 가질 경우, 둘 중 한 가지 처벌을 받을 수 있다는 것이다.[5]

이러한 해악의 원리에 따르면, 국가는 개인에게 도덕을 강제해서는 안 된다. 즉, 개인의 부도덕한 행동이 타인의 이익과 관련되지 않는 한, 국가는 그것에 개입할 수 없다.

(2) 해악의 원리의 구체적인 적용

이제 이 원칙이 구체적으로 어떻게 적용될 수 있는가를 살펴보도록 하자. 우선 타인에게 해를 끼친다는 것은 무엇을 의미하는가? 밀이 지적하듯이, 이것은 남에게 손실이나 고통을 끼치는 모든 행위를 포함하는 것이 아니다. 많은 경우에 사람들은 정당한 목적을 추구할 때 타인에게 필연적으로 해악을 끼치기 마련이다. 예컨대, 마라톤에서 1등으로 달리는 선수는 다른 사람이 획득할 가능성이 꽤 높은 이익을 가로챈 것이고 타인에게 고통이나 손실을 초래한 것이다. 그러한 경우에도 국가가 개입할 수 있다는 것은 불합리할 것이다. 바꾸어 말하자면, 타인에게 해악을 미치는 것이 "일반적인 이익에 어긋나는 성공수단, 즉 사기나 배신, 혹은 힘이 사용될 때에만" 국가나 사회가 개입할 필요가 있다.

또한 다른 사람의 이익과 관련된 행위라고 할 때, "거래"의 경우는 주의해야 한다. 물론 거래의 경우도 역시 다른 사람의 이익과 관련된 행위이다. 그러나 이러한 거래의 경우 그것의 자유가 보장되어야 하는 이유는 염가와 양질의 상품이 효과적으로 공급되기 위해서이고, 이러한 이유는 개인의 자유가 보호되어야 하는 이유와 다르다. 따라서 개인의 자유의 원칙은 거래의 자유의 원칙과 대체로 연관성이 없다. 마찬가지로 거래의 제한에 관한 논의는 이 장에서 다루는 주제와 직접적으로 관련이 없다는 점에 주의하여야 한다. 예외적으로 거래에 대한 개입과 관련된 문제들 가운데 자유에 관한 것들이 있다. 예컨대, 금주

---

5 위의 책, 207-208면.

법, 아편수입금지, 독약의 판매 제한과 같은 것들이 그러하다. 이러한 경우 생산자나 판매자의 자유에 대한 침해가 문제되는 것이 아니라 구매자의 자유에 대한 침해가 문제된다.[6]

이것은 국가가 개인에게 옳은 일을 하게 하거나 위험으로부터 구해주어야한다는 후견주의paternalism에 관한 문제이다. 이에 대해서 밀은 두 경우를 구별하는데, 이는 위험이 확실한 경우와 위험할 가능성이 있는 경우이다.

위험이 확실한 경우 사고를 방지하기 위해 개입하는 경우는 어떠할까? 예컨대, 어떤 사람이 불안전하다고 확인된 다리를 건너려는 것을 공무담당자나 다른 누군가가 보았을 때, 그를 붙잡아서 건너지 못하게 하는 것이 정당화될 수 있는가? 이에 대하여 밀은 이 경우는 자유를 제한하는 것이라고 볼 수 없고, 사고를 방지하는 것이 공적 권위의 당연한 임무이기 때문에 받아들일 수 있다고 본다. 자유란 본질적으로 그가 하고 싶은 것을 하는 것이고, 그가 강에 빠지고 싶어 하는 것은 아니기 때문에 자유를 제한하였다고 볼 수 없다는 것이다.

반면에 만약 그 다리가 위험할 가능성이 있을 뿐인 경우라면 어떠할까? 이 경우에 대해서 밀은 다리를 건너려는 사람을 강제로 붙잡을 수 없다고 주장한다. 즉, 그 사람에게 다리가 위험하다는 것을 경고할 수 있을 뿐이다.

이러한 결론은 독약의 판매 문제에도 그대로 적용될 수 있다. 만약 살인을 저지르기 위한 경우 외의 다른 용도로는 독약을 구매하거나 사용하는 경우가 없다면, 독약의 판매를 금지하는 것이 옳다. 그러나 그러한 용도 외에도 구매하거나 사용하는 경우가 있다면, 독약의 판매를 전적으로 금지하는 것은 옳지 않다. 이때에는 위험할 가능성이 있는 다리의 사례와 동일한 것이다. 따라서 국가는 그것의 위험성에 대해서 경고만 할 수 있을 것이다. 예컨대, 약에 그 위험성을 경고하는 문구를 부착하여 판매할 수 있을 것이다. 밀은 이러한 원칙을 제시하면서 범죄의 용도로 독약을 구매하는 것을 막는 제도적인 장치를 제안한다. 그것은 벤담J. Bentham이 말하였던 "미리 예비된 증거"preappointed evidence이다. 즉, 판매자에게 판매일시, 구입자의 이름과 주소, 판매된 품목의 정확한 질과 양, 구입목적을 기

---

6 위의 책, 209-210면.

록하도록 의무화하는 것이다. 이러한 규제는 그것을 구매하는 것을 방해하지 않지만, 그것을 부정한 목적으로 사용하는 것을 어느 정도 막아줄 수 있을 것이다.[7]

2. 스티븐의 비판

스티븐은 밀의 『자유론』에 대한 서평과 자신의 저서 『자유, 평등, 우애』에서 밀의 주장에 대하여 비판하였다.[8] 『자유, 평등, 우애』는 밀의 여러 저서들을 비판하고 있는데, 그중 제4장 "도덕의 적용에 있어서 자유의 교의"에서 밀의 『자유론』을 비판하고 있다.[9]

스티븐은 국가가 법을 통하여 도덕을 강제할 수 있다고 주장하면서 그 근거로 공리주의를 내세웠다. 스티븐의 입장은 다음과 같이 정리될 수 있다.

인간의 행동을 지배하는 동기들은 고통과 쾌락, 공포와 희망이기 때문에, 사회는 모든 자원을 이용해 이 동기들을 사회적으로 바람직한 목적으로 이끌어야 한다. 사회는 자신이 이용할 수 있는 모든 사회적·종교적 제재, 곧 법률적 처벌과 저주의 공포, 사회적 인정과 구원의 희망 등에 호소할 권리를 가지고 있다. 밀의 학설은 도덕적 방임주의의 한 형태로서 여기서 각 개인은 타인을 해치지 않는 한 자신이 하고 싶은 것을 하도록 장려되니, 이는 선과 악의 구분에 효력을 주는 것은 고사하고 선과 악 그 자체도 구분하지 못하는 것이다. 이 학설은 또 역사 전체에 대한 부정이기도 한데, 역사에서 문명의 진보는 도덕적·종교적·법률적 강제를 형편에 따라 이용하면서 이루어졌다. … 밀은 자유와 개성을 실용적으로, 편의적으로, 특정한 조건 아래에서 그 효용이라는 측면으로 판단하는 대신, 절대적인 목적의 지위로 격상했다. … 자유가 그 자체로 저절로 선하지 않은 것은 불이 그 자체로 저절로 선하지 않은 것과 마찬가지이다. 불처럼 자유는 "시간, 장소, 상황에 따라 선하기도 하고 악하기도" 하다.[10]

---

7 위의 책, 210-212면.

8 J. F. Stephen, *Liberty, Equality, Fraternity*, R. J. White ed. (Cambridge University Press, 1967) 참조. 이 책은 원래 1872년에 출간되었으나 1967년에 재출간되었다.

9 나머지 부분들에서 스티븐은 밀의 『공리주의』와 『여성의 종속』을 주로 비판하고 있다.

10 Mill, 『자유론』, 49-50면(이 책의 문맥에 맞게 시제 등을 일부 수정하였다).

이러한 밀과 스티븐의 논쟁은 사실 스티븐의 비판으로 끝나고 말았다. 스티븐의 비판 후 얼마 지나지 않아서 밀이 사망하였기 때문이다. 그래서 스티븐은 밀의 반박을 들을 수가 없었다.

스티븐의 저서는 동시대인들이 보기에 납득하기 힘든 주장들을 많이 내포하고 있었기 때문에 시간이 지나자 점점 사람들은 스티븐의 비판을 잊어버리게 되었고, 밀의 『자유론』만 대중의 기억 속에 남게 되었다. 그러다가 20세기에 이르러 하트가 데블린의 주장을 비판하면서 데블린의 주장이 스티븐의 것과 유사하다고 지적함으로써 밀과 스티븐의 논쟁이 다시 부각되게 되었다.

Ⅲ. 하트와 데블린의 논쟁

1. 올펜덴 보고서

1954년 영국에서는 매춘과 동성애에 관한 형법규정을 새롭게 검토하기 위하여 올펜덴 남작을 위원장으로 하는 15인 위원회가 구성되었다. 그리고 올펜덴 위원회는 1957년 매춘과 동성애에 관한 형법규정을 개정할 것을 권고하는 보고서를 제출하였다.[11]

올펜덴 위원회가 제출한 보고서의 주요 권고안은 다음과 같다. 첫째, 매춘 그 자체는 처벌되어서는 안 된다. 다만, 매춘부들의 길거리 호객행위는 범죄를 구성하므로 엄격하게 처벌해야 한다. 반면에 사적으로 은밀히 행해지는 매춘은 당사자 이외의 어느 누구에게도 해를 끼치는 것이 아니므로 처벌되어서는 안 된다. 둘째, 상호 간의 동의에 의해서 성인 간에 사적으로 행해지는 동성애는 형사적 범죄가 아니다.

이러한 권고안의 근거를 올펜덴 위원회는 다음과 같이 제시하였다.

형법의 기능은 공공질서와 풍속을 보존하고 시민들을 범죄와 권리침해로부터 보호하는 것

---

11 Wolfenden Committee: Report of the Committee on Homosexual Offences and Prostitution (Cmnd 247, 1957).

이며, 타인들의 착취나 타락에 대해서 충분한 안전을 제공하는 것이다. 특히 미성년자, 심신미약자, 미숙자, 혹은 육체적·경제적·직무상 의존상태에 있기 때문에 쉽게 침해받을 수 있는 사람들에게 안전을 보장하는 것이다.

법의 작용을 통해서 범죄의 영역과 죄악의 영역을 동일시할 만큼 사회에 의해 신중한 조치가 취해져야 할 필요가 없는 한, 사적 도덕과 부도덕의 영역은 남아 있어야 한다. 간략히 말해서 그 영역은 법의 관심영역이 아니다.12

결국 올펜덴 보고서는 밀의 "해악의 원리"에 근거한 것이었다. 이러한 올펜덴 보고서와 유사한 취지가 1959년 음란물 출판법에서도 나타난다. 음란물 출판법은 음란물을 정의하면서 "사람들을 타락시키기 쉬운 출판물"로 규정하였다. 이것은 그 자체로 음란한가 여부를 판단하는 것이 아니라 타인에게 피해를 입힐 수 있는가 여부로 판단해야 한다는 것이다.

2. 데블린의 비판

올펜덴 보고서는 1959년 데블린에 의해 전면적으로 반박되었다.13 올펜덴 보고서를 비판하면서 먼저 그는 자신의 주된 의도가 단순히 신념이나 일반인들의 생각에 근거해서 논거를 제시하는 것이 아니라 사회가 비도덕적인 행위를 처벌할 수 있는 일반적인 원리를 밝히는 것이라고 주장한다. 이러한 원리에 비추어 우리는 사회의 부도덕한 행위에 대해서 법적인 판단을 내릴 수 있다는 것이다. 데블린은 올펜덴 보고서를 비판하고 도덕의 법적 강제를 정당화하는 논증을 다음과 같은 세 가지 질문을 통해 전개한다.

첫째, 사회는 도덕의 문제들에 대해서 판단을 내릴 권리를 가지는가? 다시 말하자면, 공적 도덕은 존재하는가 혹은 도덕은 항상 사적 판단의 문제인가?

둘째, 만약 사회가 판단을 내릴 권리를 가진다면, 사회는 그것을 강제하기 위해 법적 수단

---

12 Wolfenden Report; J. W. Harris, *Legal Philosophies* (Butterworths, 1997), 132-133면에서 재인용.
13 법과 도덕의 관계, 특히 데블린-하트, 하트-드워킨의 논쟁 및 이 장에서 분석된 헌법판례의 분석 등에 관한 상세한 논의에 관해서는, 김정오, "성담론과 법담론의 접점에 나타난 법논증구조," 한국법철학회 편, 『응용법철학』(아카넷, 2002), 49-118면 참조.

을 사용할 권리를 가지는가?

셋째, 만약 사회가 법적 수단을 사용할 권리를 가진다면, 사회는 그 수단을 모든 사안에 대
　　해서 적용할 수 있는가 아니면 일부 사안에 대해서만 사용해야 하는가? 만약 일부
　　사안에 대해서만 사용해야 한다면, 어떤 원리에 의하여 구별할 수 있는가?[14]

이러한 질문들에 따라 데블린의 논증을 분석해 보도록 하자.

(1) 첫 번째 논증

데블린은 "사회는 도덕의 문제들에 대해서 판단을 내릴 권리를 가지는가?"
라는 질문이 다음과 같은 논증에 의해 답해질 수 있다고 주장한다.

> 사회는 이념들의 공동체를 의미하며, 정치, 도덕, 윤리에 대한 공유된 이념들이 없이는 어떠
> 한 사회도 존재할 수 없다. 우리들 각자는 어떤 것이 선한 것이고 어떤 것이 악한 것인지에
> 대한 생각들을 가지고 있다. 그러나 이러한 생각들이 우리가 살고 있는 사회로부터 분리되
> 어 사적 영역으로 격리될 수는 없다. 만약 선과 악에 대한 근본적인 합의가 존재하지 않는
> 사회를 만들고자 한다면, 이러한 시도는 실패할 것이다. 그리고 만약 사회가 선과 악에 대
> 한 근본적인 합의에 기초하지 않는다면, 사회는 붕괴되고 말 것이다. … 공통의 도덕은 예속
> 의 일부이다. 그러한 예속은 사회가 치러야 할 대가의 일부이며, 사회를 필요로 하는 인류
> 가 반드시 지불해야 하는 대가인 것이다.[15]

이 논증에 따르면, 도덕은 사회가 존재하기 위해서 필수적인 것이고, 이러
한 도덕은 개인적인 차원사적 영역이 아니라 사회적인 차원공적 영역에서 형성되는
것이다. 그러므로 당연히 사회는 도덕의 문제들에 대해서 판단을 내릴 권리를
가진다고 할 수 있다.

한 사회가 도덕규범을 가지고 있는 것은 그 도덕이 절대적으로 옳기 때문
이 아니다. 그러한 도덕이 그 사회에서 강제력을 갖는 것은 그것이 절대적인
가치를 갖기 때문이 아니라, 그 사회의 구성원들이 그것을 하나의 진실로 생각

14　P. Devlin, *The Enforcement of Morals* (Oxford University Press, 1965), 7-8면.
15　위의 책, 10면.

하고 또한 그것이 자신들의 삶을 보다 윤택하게 해 준다고 믿고 있기 때문이다. 따라서 사회가 준수하도록 요구하는 행동의 기준이나 도덕원리들을 위반하는 것은 단순히 그러한 위반으로부터 손해를 입는 타인에 대한 범죄에 그치는 것이 아니라 사회 전체에 대한 범죄인 것이다.[16]

이러한 데블린의 설명에 따르면, "공적 도덕은 존재하는가 혹은 도덕은 항상 사적 판단의 문제인가?"라는 질문에 대하여 단순히 공적 도덕이 존재하기 때문에 도덕이 항상 사적 판단의 문제인 것만은 아니라는 수준의 논증을 넘어서게 된다. 도덕은 전적으로 공적인 판단이지 결코 사적 판단의 문제가 아닌 것이다. 즉, 사적 도덕이란 존재하지 않으며 모든 도덕은 공적 도덕이다.

모든 도덕이 공적인 판단이라고 할 때, "공적인 판단"의 의미는 무엇인가? 이에 대해 데블린은 다수의 판단과 집단적 판단을 구별한다. 그는 선과 악의 판단이 다수결에 의하여 결정되는 것이 아니라 그 고유의 판단방법에 의하여 결정된다고 말한다. 다시 말해서 선과 악에 대한 판단은 개인적인 견해들의 많고 적음과는 무관한 집단적인 판단에 의해 이루어진다는 것이다.[17]

(2) 두 번째 논증

데블린은 도덕의 사회성을 강조함으로써 도덕과 법의 관계를 유기적으로 설명한다. 즉, 그는 공적 영역과 사적 영역이 분리되어야 한다는 생각에 반대하면서 사적 영역에서 일어나는 부도덕한 행위에 대해서 법이 개입할 수 있다고 주장한다. 다시 말해서 국가가 부도덕에 대해서 입법을 하는 것에는 제한이 없다는 것이다.

> 만약 질서와 풍속을 유지하거나 시민들을 보호하기 위하여 제정된 규정들이 모두 형법에서 제거되어야 한다면, 그것은 형법의 근본원리를 뒤집는 것이다. 또한 만약 그렇게 된다면, 많은 범죄들이 성립되지 않게 될 것이다. 안락사, 동의에 의한 살인, 자살, 자살미수, 동반자살, 결투, 낙태, 형제자매간의 근친상간 등은 모두 타인에 대한 침해 없이 사적으로 일어날 수 있는 행위들이며, 다른 사람들을 타락시키거나 착취하지 않는 행위들이다. 많은 사람들

---

16 위의 책, 6면.
17 위의 책, 8면.

이 이러한 규정들 중 몇몇에 관하여 법이 개정될 필요가 있다고 생각하지만, 지금까지 어느 누구도 이러한 범죄들이 사적 도덕의 문제이기 때문에 형법에서 배제되어야 한다고 주장하지는 않았다. … 법에 의해서 처벌되지 않는 무수한 부도덕이 존재하지만, 법에 의해서 용인되는 부도덕은 없다는 점에 주의해야 한다.[18]

특히 그는 정치에 대한 반역과 도덕에 대한 전복이 그 폐해가 유사하다고 설명함으로써 부도덕한 행위에 대한 법적 수단의 사용 가능성을 보다 강력하게 정당화한다.

반역에 관한 법은 왕에게 대항하는 적들을 돕는 행위와 내부의 선동행위를 처벌한다. 이 법의 정당성은 사회의 존속을 위해서는 확립된 정부가 필요하고 폭력적인 전복으로부터 안전해야 한다는 사실에 있다. 확립된 도덕은 사회복지를 위해서 훌륭한 정부 못지않게 필수적이다. 사회는 외부의 힘보다는 내부의 요인에 의하여 더 자주 붕괴된다. 공유되는 도덕이 유지되지 못할 때 사회는 붕괴된다. 사회가 도덕규범을 보전하기 위해서 정부와 다른 핵심적인 제도들을 유지하기 위해서 취하는 것과 동일한 조치를 취하는 것은 정당하다.[19]

따라서 데블린은 만약 사회가 판단을 내릴 권리를 가지고 있고 확립된 도덕이 확립된 정부 못지않게 필요하다면, 사회는 그 존속에 필수적인 것들을 보호하기 위해 법을 사용하듯이 도덕을 보전하기 위해서도 법을 사용할 수 있다는 결론에 도달한다.

(3) 세 번째 논증

이러한 데블린의 논리에 따르면, 도덕을 보전하기 위해 법을 사용하는 데 어떤 한계가 존재할 수 없다. 데블린은 원칙적으로 그리고 이론적으로 어떠한 한계가 있을 수 없다고 주장한다.

하지만 데블린은 원칙적으로는 한계가 없더라도 실천적인 한계가 있을 수 있다고 주장한다. 즉, 어떤 부도덕에 대하여 우리가 혐오감을 느끼는데 그

---

18 위의 책, 7면.
19 위의 책, 13-14면.

혐오감이 관용될 수 있는 수준의 것이라면 법으로 강제하지 않게 된다는 것이다.

> 동성애에 관한 기존의 법규정에 대해서 불만족스러운 사람들은 그러한 법의 개혁에 반대하는 사람들이 혐오감에 휘둘리고 있다고 말한다. … 나는 만약 그러한 혐오감이 조작된 것이 아니라 마음속에서 우러나오는 감정이라면 그 사람들의 혐오감을 무시해서는 안 된다고 생각한다. 그러한 혐오감이 존재한다는 것은 관용의 범위를 확인해 주는 훌륭한 지표이다. 모든 것이 관용될 수는 없다. 관용할 수 없다는 느낌, 의분, 혐오가 없는 사회는 어떠한 것도 할 수가 없다. 이러한 것들은 도덕의 배후에 놓여 있는 힘이다. 따라서 이러한 감정이나 유사한 것들이 존재하지 않는다면, 사회의 정서가 개인에게서 선택을 박탈할 정도는 아니라고 할 수 있다. … 예를 들어, 동성애에 대해서 일반적인 혐오감이 존재한다고 하자. 우리들은 먼저 침착하고 냉정하게 동성애를 고찰하면서 과연 그것이 너무 혐오스럽기 때문에 그것의 존재 자체를 침해가 되는 악으로 간주해야 할 것인지 자문해야만 한다. 만약 그것이 우리가 살고 있는 사회의 진정한 정서라면, 나는 그것을 박멸할 사회의 권리가 거부되어야 할 이유란 있을 수 없다고 생각한다. 우리의 정서가 그 정도까지 심각하지 않을 수도 있다. 우리들은 동성애에 대해서 다음과 같이 느낄 수도 있다. 만약 그것이 제한적이라면 관용될 수 있다. 그러나 만약 그것이 확산된다면 대단히 위험할 수 있다. 대부분의 사회들은 간통에 대해서 이와 같이 생각한다. 즉, 간통에 대하여 일정한 범위 내에서 제한되어야 하지만 박멸할 수 없는 자연적인 유약함으로 이해하는 것이다.[20]

사회가 부도덕한 것을 법으로 처벌하지 않는 것은 이와 같은 실천적인 한계를 가지기 때문이다. 예컨대, 간통이 동성애나 중혼만큼이나 사회에 해롭지만 영국에서 그것을 법으로 처벌하지 않는 이유는 다음과 같이 설명된다. 즉, 영국 사람들은 간통에 대해서 그것을 완전히 박멸할 수 없는 인간의 유약함으로 이해하고 따라서 그것을 법으로 처벌하는 것은 과도하다고 생각하는 것이다.

---

20 위의 책, 17면.

3. 하트의 비판적 입장

하트가 스스로 다음과 같이 밝히고 있듯이 기본적으로 그는 밀의 "해악의 원리"에 동의한다.

오해를 막기 위하여 먼저 단서를 단다. 나는 밀의 주장 전체를 옹호하려고 하지는 않는다. 왜냐하면 타인에 대한 해악의 방지 이외에도 개인에 대하여 법적 강제력을 행사할 정당한 근거가 있을 수 있다고 생각하기 때문이다. 그러나 도덕의 법적 강제와 관련된 문제에 관한 밀의 입장이 옳다고 생각한다.21

이처럼 하트는 도덕의 법적 강제에 대해서는 밀의 입장에서 데블린을 비판한다. 하지만 그는 밀의 "해악의 원리"가 도덕의 법적 강제에 관해서는 타당하지만, 후견주의에 관해서는 부당하다고 생각한다. 그래서 밀의 "해악의 원리"를 후견주의와 관련해서는 수정할 필요가 있다는 점을 지적한다.

(1) 데블린의 이론에 대한 비판

하트는 데블린이 "사회는 도덕의 문제들에 대해서 판단을 내릴 권리를 가지는가?"라는 질문에 답하기 위하여 제시했던 논증을 검토한다. 데블린은 공유된 도덕이 사회의 존재에 필수적이기 때문에 부도덕이 사회를 위태롭게 하고 약화시킨다고 주장한다. 그러나 사회의 분열이 일어날 때 도덕적 결속이 연약해져 있다고 하더라도 그것 사이의 인과관계는 불분명하다. 더욱이 사적 영역에서 한 개인이 성적으로 부도덕한 것이 사회의 붕괴를 가져올 만큼 위협적이라는 데블린의 주장은 일견 그럴듯해 보일지 몰라도 어떠한 역사적 증거도 없는 억측에 불과하다. 그래서 하트는 다음과 같이 비판한다.

이 테제를 지지하는 저명한 역사가는 아무도 없으며, 실제로 이 테제에 반대되는 증거가 많이 존재한다. 사실에 대한 진술이라는 측면에서 그러한 테제는 "동성애가 지진의 원인이다"라는 유스티니아 황제의 진술보다 더 존중받지 못한다.22

---

21 Hart, *Law, Liberty, and Morality*, 5면.

또한 하트는 이러한 데블린의 논증에 전제가 숨겨져 있다고 지적한다. 그 것은 바로 도덕의 변화가 사회의 붕괴라는 전제이다. 그렇기 때문에 기존의 도 덕에서 벗어난 행동을 하는 것이 사회를 전복시킬 수 있는 위협적인 행동을 하는 것이라고 간주한다. 이러한 전제에 대하여 하트는 다음과 같이 반박한다.

> 관습적인 도덕은 동성애를 허락하는 쪽으로 변화될 수 있다. 그리고 그렇게 변화된다고 해서 그 사회가 무너지거나 전복되지는 않을 것이다. 우리는 그러한 발전을 정부의 폭력적인 전복 이 아니라 (사회의 보존뿐만 아니라 진보와도 조화되는) 평화적인 합헌적 변화와 비교해야 한다.[23]

(2) 밀의 "해악의 원리" 수정

하트는 데블린의 입장을 비판하면서 동시에 밀의 "해악의 원리"가 후견주 의paternalism와 관련해서는 수정될 필요가 있음을 분명히 하고 있다.[24] 밀은 위험 가능성이 있는 경우에도 후견주의를 이유로 처벌하는 것에 대하여 반대하였지 만, 하트 자신은 후견주의가 법적 처벌의 정당한 근거일 수 있다고 주장한다. 예를 들어 살인죄나 폭행죄의 면책사유로 피해자의 동의를 제외하는 규정은 국가가 개인의 의사에 반하여 개인을 보호하는 것으로 이러한 규정들은 후견 주의에 근거해서 정당화될 수 있다는 것이다. 밀이 후견주의를 반대하는 이유 는 그가 인간을 합리적 존재로 이해하는 근대적 인간관을 공유하고 있기 때문 이다. 밀이 생각하는 인간은 "중년에 접어든 사람, 즉 그다지 기복이 없는 욕 구를 가지고, 외부의 자극에 휩쓸리지 않고, 자신이 원하는 것 내지 자신을 행 복하게 해 주는 것에 대하여 잘 알고 있고, 가능한 경우에만 그것을 추구하는 인간"이다.[25] 만약 모든 인간이 이러한 존재라면, 후견주의는 불필요할 것이다. 다시 말해서 국가와 사회는 개인에게 무엇이 옳은가를 가르쳐주고 그것을 강

---

22 위의 책, 50면.

23 위의 책, 52면.

24 후견주의에 관해서는, 오세혁, "법적 후견주의," 『법철학연구』 제12권 제1호(2009), 153-182; 윤재왕, "자기결정 권과 후견주의," 『고려법학』 제67호 (2012), 115-162면, 참조.

25 Hart, 위의 책, 33면.

요할 필요가 없다. 그러나 하트는 현실의 인간이 그러한 존재이지 않다는 점을 지적한다. 따라서 하트는 기본적으로 밀의 입장을 받아들이면서도 동시에 경우에 따라서는 후견주의가 법적 처벌의 근거가 될 수 있음을 인정한다.

Ⅳ. 포르노에 관한 윌리엄스 위원회와 드워킨의 논쟁

1. 윌리엄스 위원회

1970년대 후반 영국에서는 "외설성과 필름 검열에 관한 위원회"[26]이하 '윌리엄스 위원회'가 설치되었으며, 철학자인 버나드 윌리엄스Bernard Williams가 위원장을 맡았다. 윌리엄스 위원회에서는 외설에 관한 영국의 각종 규제법규들과 앞으로 나아가야 할 방향에 대한 연구를 진행하였으며, 1979년 최종적으로 보고서일명 윌리엄스 보고서를 제출하였다.[27] 이 보고서는 세 파트로 구성되었는데, 첫 번째 파트에서는 연구의 배경으로 당시의 검열 상황과 검열법에 관해서 개괄하고 있으며, 연구의 방법을 다루었다. 두 번째 파트에서는 외설물을 판단하고 규제해야 할 이론적, 철학적 근거들을 다루었으며, 세 번째 파트에서는 외설에 대한 앞으로의 규제 방안을 제시하였다.

윌리엄스 보고서가 외설의 문제에 대해서 근거로 삼았던 이론적 출발점은 밀이 자유론에서 설파했던 '표현의 자유'였다. 밀에 의하면, 만일 어떤 사회가 사상의 자유로운 시장을 허용한다면, 그 사회는 과학적 진실뿐만 아니라 인간 번영의 최상의 조건에 관한 진실을 발견할 수 있는 보다 풍부한 기회를 갖게 된다는 것이다.

밀이 시장모델에 부가한 보다 기본적인 생각은 여전히 옳고 심오한 생각으로 남아 있다. 우리들은 어떤 사회적, 도덕적 혹은 지적 발전이 일어날 것인지, 그리고 어떤 것이 인류와 그

---

26 Committee on Obscenity and Film Censorship
27 여기에서는 윌리엄스 리포트를 축약해서 재출간한 다음의 책을 참고하였다. Bernard Williams (ed.), Obscenity and Film Censorship: An Abridgement of the Williams Report (Cambridge Univ. Press, 2015).

들의 미래에 필요하거나 바람직할지 미리 알지 못한다. 지식과 예술의 자유로운 표현은 인류의 발전에 필수적이다. 물론 어떤 것은 단순히 허용되는 것을 넘어서 더욱 조성되고 보호될 필요가 있을 것이다. … 더욱이 표현의 자유는 사회의 수단으로서가 아니라 그 구성요소로서 사회에 필수적이다. 인류는 자신들의 역사에 복종할 뿐만 아니라 그것을 의식하고자 열망하기 때문에 각 개인과 사회 그리고 휴머니티의 전반적인 발전은 자유로운 표현과 인간의 의사소통에 의해서 적절하게 구성되는 과정이다.28

월리엄스 위원회의 핵심적인 결론은 크게 세 가지이다. 첫째는 포르노의 소비와 성폭력 간의 인과관계가 있다고 보기에는 그 증거가 불충분하다는 것이었다. 둘째는 포르노를 제작하는 데 고용된 성인들이 타락되거나 착취되었다고 보아야 하는 문제와 관련하여 그러한 일에 자발적으로 동의한 성인들에 대해서 반드시 착취되거나 타락하였다고 추정해서는 안 된다는 것이다. 셋째는 포르노가 문화적 오염인가라는 물음에 관하여 장기적인 관점에서 과연 어떤 선택이 사회에 최상인가를 확신할 수 없기 때문에 성문제에 있어서 실험의 자유를 최대한 허용하는 것이 더 낫다는 것이다. 이러한 결론을 토대로 월리엄스 위원회는 '외설'obscene과 '추잡함'indecent이라는 법률 용어들이 제거되어야 한다는 급진적인 주장을 피력하였다.29

하지만 월리엄스 위원회는 비록 포르노물이 표현의 자유에 의거해서 보장된다고 하더라도 밀의 해악의 원리에 따라 그것이 다른 사람들에게 해악을 끼친다면 제한될 수 있다는 규제 원칙을 제시하였다. 월리엄스 위원회는 외설물을 크게 전면적으로 금지되어야 할 포르노물과 제한적으로 허용되는 포르노물로 구분하였다. 라이브 섹스 쇼, 아동착취를 통해서 만들어진 영화나 사진은 전면적으로 금지되어야 할 포르노물로 분류되었으며, 그 밖의 포르노물들은 전면 금지되는 것이 아니라 다양한 방법으로 제한되어야 한다고 권고하였다. 월리엄스 위원회는 제한 방법으로 공공장소에서의 공개적인 전시나 광고에 대한 규제, 포르노 판매를 특정 상점으로 제한하거나, 영화들을 사전에 검열하고 허

---

28 위의 책, 76면.

29 포르노와 성범죄의 관계에 대해서는 위의 책, 96, 104면; 포르노 출연자에 대해서는 120면; 문화적 오염에 대해서는 121-125면 참조.

가하는 보다 정교한 체제를 도입할 것을 제안하였다.[30]

2. 드워킨의 비판

1981년에 로널드 드워킨은 이러한 윌리엄스 보고서의 논증전략, 공리주의적 관점, 제한의 근거 등에 대하여 비판하는 논문을 발표하였다.[31] 여기에서 그는 윌리엄스 위원회가 목적, 공리 등에 근거하여 논의를 전개하고 있는 것을 비판하고 권리에 근거하여 ① 포르노에 관한 문제를 다루기 위한 올바른 논증전략은 무엇인가, ② 포르노를 허용하거나 혹은 금지하는 근거가 무엇인가, ③ 만일 제한된 형태의 포르노만을 허용한다고 했을 때, 그 제한의 근거는 무엇인가 하는 질문을 고찰하였다.

(1) 논증전략

드워킨은 윌리엄스 위원회가 택한 논증 전략을 '목표기반 전략'goal-based strategy이라고 규정한다.[32] 문제는 이 전략에 의해서 도출된 결론이 지나치게 보수적이냐 진보적이냐 하는 것이 아니라, 사용된 전략이 그 결론을 지지하기에 전반적으로 취약점이 많다는 데 있다.

목표기반 전략은 만일 우리들이 지금 당장은 내키지 않는다 하더라도 그것을 받아들인다면, 장기적으로는 모든 사람들에게 보다 나은 결과를 가져올 것이라는 전제에서 출발한다. 문제는 포르노에 대한 개방적인 태도를 옹호하기 위해서 이러한 전제를 사용할 때 심각한 취약점이 드러날 뿐만 아니라, 거짓이나 혐오스런 정치적 발언과 같이 대중의 지지를 얻지 못하는 활동을 보호하기 위해서 사용될 때에도 그 취약점이 잠재적으로 나타난다는 것이다. 예를 들어 아프가니스탄에 대한 러시아의 침공을 옹호하는 공산주의자들의 주장이나 히

30 위의 책, 212-219면.

31 Ronald Dworkin, "Do We Have a Right to Pornography?" *Oxford Journal of Legal Studies*, Vol. 1, pp. 177-212 (1981). 여기에서는 이 논문이 포함된 드워킨의 저서, A Matter of Principle (Harvard Univ. Press, 1985)를 사용하였다. 드워킨의 입장을 다룬 한국 논문으로는 김정오, "우리는 포르노그라피에 대한 권리를 갖고 있는가?: 로널드 드워킨의 법이론을 중심으로" 『연세행정논총』 제24집 (1999), 135-155면 참조.

32 Dworkin, 위의 책, 351면.

틀러를 칭송하는 팸플릿을 출판하는 신나치주의자들의 행위를 금지하는 것이
잘못되었다고 느낄 수 있다. 이러한 그릇된 정치적 신념들에 대해서 목표기반
논증전략은 비록 우리들이 혐오스런 정치적 표현을 관용함으로써 정신적 고통
을 겪거나 그러한 정치적 주장에 다른 사람들이 설득당하는 경우가 발생함으
로써 단기적으로는 더욱 사태가 악화될 수도 있지만, 우리들이 그러한 담론을
허용할 경우 장기적으로는 사회가 보다 나아질 것이라는 충분한 이유들이 존
재한다고 주장한다.

드워킨은 이러한 목표기반 논증전략이 표현의 자유의 본질적인 특성과 그
사회적 의미를 제대로 반영하지는 못하지만 정치적 표현의 자유가 각각의 정
치적 신념을 발전시키는 데 중요한 역할을 한다는 점은 충분히 설명할 수 있
다는 것을 인정한다. 정치적 신념은 각 개인의 개성의 산물이자 핵심적인 구성
부분이고, 혐오스러운 견해까지도 포함하여 다양한 견해들을 인정함으로써 정
치적 활동들이 더욱 활기를 띠게 될 것이기 때문이다. 예컨대, 나치당원이 자
신들의 정치적 입장을 표명하도록 허용한다 하더라도 어떤 측면에서는 개인이
나 공동체 모두가 보다 나아질 수 있다.

그러나 드워킨은 표현의 자유에 대한 이러한 논의를 포르노그라피에 그대
로 원용하는 것은 타당하지 못하다고 지적한다. 그릇된 정치적 의사와 달리 사
적으로 포르노를 즐길 권리를 옹호하는 사람들 중 어느 누구도 포르노의 양이
많아질수록 공동체나 개인이 보다 나아질 것이라고 주장하지는 않는다는 것이
다. 즉, 드워킨은 윌리엄스 보고서는 표현의 자유를 옹호할 때 그 전제가 되는
"보다 많을수록 보다 좋다"를 포르노에 그대로 원용함으로써 포르노를 허용해
야 할 명쾌한 근거를 제시하는 데 실패하였다고 비판한다.

(2) 허용의 근거

드워킨은 윌리엄스 위원회가 채택한 목표기반 논증전략에서 벗어나 자신이
옹호해온 '권리기반'right-based 전략에 근거해서 논의를 전개해 나간다.[33] 그에 따
르면, 포르노에 대한 권리는 "사람들은 사회적 재화나 기회의 분배에 있어서 불

---

33 위의 책, 353-359면.

이익을 받지 않을 권리를 갖는다."는 동등한 취급을 받을 권리로부터 도출된다.[34] 여기에서 말하는 불이익에는 공적 관리나 동료시민들이 특정한 사람들의 살아가는 방식에 관해서 그들의 견해가 비천하다거나 잘못되었다고 생각한다는 근거로 법에 의해서 허용된 자유를 제한당하는 불이익이 포함된다. 드워킨은 이러한 불이익을 받지 않을 권리를 '도덕적 독립성의 권리'right to moral independence라고 명명한다.[35]

드워킨에 따르면, 포르노에 표현되거나 조장된 성에 관한 태도가 비열하거나 추잡하다거나 혹은 인류의 최상의 조건에 부적합하다는 주장을 포르노규제를 정당화하기 위해서 활용하는 것은 설령 그러한 주장이 진실이라고 할지라도 도덕적 독립성의 권리를 침해한다. 또한 포르노규제를 정당화하기 위해서 대부분의 사람들이 그러한 주장을 받아들인다는 사실이나 공동체의 일부 구성원들이 추잡한 책을 읽거나 추한 그림들을 볼 때 자신들이 고통을 받거나 혐오감을 느낀다는 사실을 근거로 제시할 때에도 도덕적 독립성의 권리가 침해된다. 그러므로 도덕적 독립성의 권리는 포르노규제에 대해서 강력한 대응책이 된다.

(3) 제한과 그 근거

그렇다면 이러한 도덕적 독립성의 권리에 근거한 포르노를 즐길 권리는 무제한적인가? 다시 말해서 도덕적 독립성의 권리를 침해하지 않고서 포르노의 공개적인 전시를 제한할 수는 없는가?

드워킨은 '도덕적 독립성에 대한 권리'라는 추상적인 권리를 방어하고자 하는 사회는 다음의 두 가지 중 하나를 선택해야만 한다고 지적한다. 하나는 만일 소수의 행동에 대한 대중의 태도가 대단히 복잡하게 혼합되어 있고 상반되는 도덕적 신념들의 영향력을 배제하거나 측정할 수 없다면, 대중의 태도는 특정한 신념에 의해서 오염되어 있다고 간주할 수밖에 없다는 것이다. 따라서 어떠한 규제도 허용될 수 없다고 선택하는 것이다. 다른 하나는 대중의 태도가

---

34 위의 책, 353면.

35 위의 책.

혼재되어 있는 것은 추상적인 권리를 집행하는 데 있어서 특수한 경우라는 사실을 인정하는 것이다. 그리고 그 권리하에서 사람들은 어떠한 권한을 가질 자격이 있는가에 대한 보다 구체적인 진술 속에서 대중의 혼재된 태도를 신중히 고려해야 한다. 즉 보다 구체적인 차원에서 어떠한 누구도 법적 제약에 의해서 심각한 손상을 입지 않아야 한다. 드워킨은 두 가지 선택 중 후자를 선택해야 한다고 주장한다. 이러한 선택이 이루어졌을 경우에 공무담당자는 포르노를 출판하거나 즐기는 사람들에 대한 침해 중 어느 것이 심각한 것인지 혹은 어떤 것이 사소한 것인지를 판단해야 한다고 제안한다.[36]

드워킨은 포르노를 규제하는 법체제가 그 생산자와 소비자에게 부과하는 것으로 불편함, 고비용, 감정상의 난처함 등을 들고 있다. 예를 들어 포르노물을 특정지역에서만 팔거나 상영할 것을 요구하는 지역제한제, 일반적으로 외설스럽다고 여겨지는 선전물을 공공장소에서 금지시키는 선전규제, 그리고 외설스러운 내용을 공연하는 극장이나 판매하는 상점에 들어가는 사람들에게 경고하는 낙인체제 등이다. 드워킨은 지역을 제한함으로써 발생할 수 있는 고비용이나 불편함은 오디오나 다이아몬드 혹은 중고책을 구입하려는 사람들이 특정지역에 가서 원하는 것을 구입해야 하는 것처럼 포르노를 판매하거나 상영하는 것을 지역적으로 제한하는 것이 그렇게 치명적인 권리의 손상은 아니라는 것이다. 그리고 선전을 제한하여 판매량을 감소시킴으로써 단가를 올리는 결과를 야기할 수도 있지만, 이러한 효과 역시 그렇게 심각한 것은 아니라는 것이다. 심리적 당혹감을 부과하는 것이 규제체제의 목적이라기보다는 부산물이고, 규제의 특정한 목적이 허용하는 만큼 자발적이라면 허용될 수 있다는 것이다.

만일 포르노 상점이 익명을 원하는 소비자들을 위해서 평범한 우편봉투를 사용하는 것을 허용하지 않는다면, 그러한 규제는 도덕적 독립권을 침해하는 것이다. 왜냐하면 이 경우 심리적 곤경은 규제의 부산물이기보다는 그 목적이 되기 때문이다. 다시 말해서 정부는 낙인을 찍음으로써 포르노 소비자에게 심각한 손실을 야기하지 않도록 규제 조치를 취할 의무가 있다는 것이다.

요컨대, 우리가 도덕적 독립성의 권리를 진정한 권리로 받아들인다면, 그

---

36 위의 책, 357면.

것은 포르노를 개인적으로 소비하는 것을 허용하는 법적 태도를 요구한다. 그 럼에도 불구하고 그 권리는 윌리엄스 위원회가 권고한 것과 같은 규제체계를 허용한다.[37]

V. 판례에 나타난 법과 도덕의 문제

앞에서 살펴본 법과 도덕의 관계에 관한 외국의 논쟁에서 핵심적인 논제가 성과 관련된 것이었다. 우리 사회에서도 민주주의가 정착되면서 시민들의 권리의식이 고양되고 개방적인 풍조가 확산되면서 성과 관련된 법률규정과 관련해서 첨예한 의견 대립이 형성되기 시작하였다. 특히 헌법재판소가 설치되면서 이를 둘러싼 위헌소송이 제기되게 되었다. 가장 쟁점이 된 것은 간통죄와 혼인빙자간음죄를 규정하는 법률이었으며 개인들의 성적 행위를 형벌로 처벌하는 것이 정당한가 하는 문제가 제기되었다.

(1) 간통죄를 둘러싼 논란

우리나라 법정에서 법과 도덕의 관계에 대해서 가장 첨예하고도 장기간 논란이 지속되어온 문제는 형법 제241조에서 규정하고 있는 간통죄의 위헌 여부였다. 헌법재판소가 설치된 지 얼마 되지 않아 제기된 위헌소송 중 하나가 이 조항에 대한 이의제기였다.

1990년[38] 헌법재판소가 처음으로 이 사건에 대해서 합헌 결정을 내린 뒤 1993년,[39] 2001년,[40] 2008년[41] 세 차례 합헌 결정을 이어 갔지만, 결국 2015년[42]에 이르러서는 위헌 결정을 내렸다.

---

37 위의 책, 358면.
38 89헌마82(1990).
39 90헌가70(1993).
40 2000헌바60(2001).
41 2007헌가17(2008).
42 2009헌바17(2015).

1990년 결정에서 헌법재판소는 "일부일처제의 유지와 부부간의 성에 대한 성실의무는 우리 사회의 도덕기준으로 정립되어 있어서 형법 제241조에 규정된 간통죄는 사회상황·국민의식변화에 따라 그 규범력이 약화되었음에도 불구하고 아직은 범죄적 반사회성을 띠고 있는 것으로 보고 있기 때문에 헌법에 위반되지 아니한다고 판단된다. 간통이 헌법 제37조 제2항의 제한범위 안에서 법률에 의한 제한을 받을 수 있다고 보나 이에 대하여 형사적 제재를 할 것인지의 여부는 입법정책의 문제로 입법권자의 입법형성의 자유에 속한다."[43]고 판시하였다. 이 결정에서 한 재판관은 다음과 같이 반대의견을 피력하였다.[44]

간통은 … 윤리도덕적으로 비난받을 행위인 점에는 이론이 있을 수 없다고 할 것이나 도덕적으로 비난받을 만한 행위 모두가 형사처벌의 대상이 된다면 아마도 과잉범죄화의 사회가 될 우려가 있어 그것이 반드시 정의사회라고 할 수는 없을 것이고 법률과 도덕은 각각 그 규율 분야를 달리해야 할 것이기 때문에 간통의 형사처벌에 대하여서는 부정적인 견해가 있을 수 있는 것이다. … 사회의 윤리도덕 중 그 위반행위가 범죄화되어 형벌로서 보호되고 있는 윤리도덕만이 중시되고 그렇지 않은 전통윤리도덕의 가치는 평가절하될 우려가 있다. … 처벌에 대한 두려움이 윤리도덕을 지키는 주요동기가 된다면 그것은 오히려 윤리의식의 퇴보를 의미하는 것이며 그것은 예컨대 불효를 형벌로서 다스려 효도를 강요할 때 그 효도는 이미 참의미의 효도가 아닌 것과 같이 형벌로서 강요된 정절은 이미 정절이 아닌 것이다. 그리고 윤리도덕이라는 것은 시대와 장소에 따라 내용이 가변적인 것인데 그것을 법률로 획일적으로 다스리는 것은 다양한 가치와 개성을 중시하는 민주사회에서는 적절하지 못한 때가 있는 것이다.

2008년 결정에서는 합헌의견 4인, 위헌의견 4인, 헌법불합치 의견 1인으로 나뉘어 비록 합헌결정이 내려졌지만, 1990년의 결정을 유지하기가 힘든 상황으로 바뀌었다. 이 결정에서 성적자기결정권과 사생활의 비밀 보장에 대한 논거가 강력하게 주장되었다.

2015년 결정에서 헌법재판소는 위헌 결정을 하면서 다음과 같은 논거를 제시하였다.[45]

---

43 89헌마82.
44 위의 글.

개인의 성행위와 같은 사생활의 내밀영역에 속하는 부분에 대하여는 그 권리와 자유의 성질상 국가는 최대한 간섭과 규제를 자제하여 개인의 자기결정권에 맡겨야 한다. 국가형벌권의 행사는 중대한 법익에 대한 위험이 명백한 경우에 한하여 최후의 수단으로 필요 최소한의 범위에 그쳐야 한다. 성인이 서로 자발적으로 만나 성행위를 하는 것은 개인의 자유 영역에 속하고, 다만 그것이 외부에 표출되어 사회의 건전한 성풍속을 해칠 때 비로소 법률의 규제를 필요로 한다. 그런데 성도덕에 맡겨 사회 스스로 질서를 잡아야 할 내밀한 성생활의 영역에 국가가 개입하여 형벌의 대상으로 삼는 것은, 성적 자기결정권과 사생활의 비밀과 자유를 침해하는 것이다.

비록 비도덕적인 행위라 할지라도 본질적으로 개인의 사생활에 속하고 사회에 끼치는 해악이 크지 않거나 구체적 법익에 대한 명백한 침해가 없는 경우에는 국가권력이 개입해서는 안 된다는 것이 현대 형법의 추세이다. 이에 따라 전세계적으로 간통죄는 폐지되고 있다.

(2) 혼인빙자간음죄

간통죄에 대한 형사적 처벌과 함께 문제되기 시작한 것이 혼인빙자간음죄에 의한 처벌이었다. 이 조항에 대해서는 2002년 처음으로 위헌소송이 제기되었다. 2002년 결정에서 헌법재판소는 그 범죄의 보호법익을 "음행의 상습 없는 부녀의 성적자기결정권"으로 설정하였다. 그 주요 취지로 헌법재판소는 "남성이 오로지 여성의 성만을 한낱 쾌락의 성으로만 여기고 계획적으로 접근한 뒤 가장된 결혼의 무기를 사용하여 성을 편취할 경우, 그 평가는 전혀 달라져야 하고 또 달라야 한다. 성의 순결성을 믿고 있는 여성에게도 상대방을 평생의 반려자로 받아들이겠다는 엄숙한 혼인의 다짐 앞에서는 쉽사리 무너질 수밖에 없다. 따라서 혼인을 빙자하는 이와 같은 교활한 무기에 의한 여성의 성에 대한 공략은 이미 사생활 영역의 자유로운 성적결정의 문제라거나 동기의 비도덕성에 그치는 차원을 벗어난 것이다. 이러한 행위는 마땅히 형법적 평가의 대상이 되어야 하고, 조심스럽기는 하나 국가형벌권이 개입할 지평을 열어야 한다고 생각한다."[46]

---

45 2009헌바17.

46 99헌바40.

특히 법과 도덕의 관계에 대해서 헌법재판소는 "어떠한 특정 행위를 범죄로 규정하고 국가가 형벌권으로 이를 규제할 것인지, 아니면 단순히 도덕률에 맡길 것인지의 문제는 우리의 역사와 문화, 입법 당시의 시대적 상황, 국민 일반의 가치관 내지 법감정, 범죄예방을 위한 형사정책적인 측면 등 여러 가지 요소를 종합적으로 고려하여 결정될 수밖에 없다. 따라서 혼인빙자간음행위에 대하여 형사적 제재를 가할 것인지, 어떠한 제재방법을 선택할 것인지는 기본적으로 입법자의 의지 즉 입법정책의 과제로서 입법자의 입법재량의 자유에 속한다"[47]고 판시하고 있다.

이러한 다수의견에 대해서 "혼인을 빙자하는 것은 물론 순수하지 못하다. 그러나 그것은 누구나 쉽게 의지할 수 있는 자연스럽고 일반적인 구애의 수단이므로 혼인을 빙자한 그 시점을 기준으로 하여 판단할 때에, '지키지 않을 또는 지키지 못할 혼인의 약속을 내세워 상대를 속이지 말라'는 도덕률의 준수에 대한 기대가능성은 매우 작을 수밖에 없다. 더구나 앞에서 설명한 바와 같이 근접관찰을 통한 최종적인 상대 선택권이 여자에게 있다는 점을 함께 고려한다면 그 기대가능성은 더욱 작을 수밖에 없다. 혼인빙자의 자제自制에 대한 기대가능성이 이처럼 작은 것이라면 그 위반에 대한 비난의 가능성도 역시 작을 수밖에 없다. 비난가능성이 작은 잘못에 대하여는 도의적 책임을 묻는 정도로 그치고 비난가능성이 높은 잘못에 대하여만 형사책임을 함께 과하는 것이 일반적으로 정의와 형평에 부합하고 비례의 원칙에 부합하므로, 앞에서 본 바와 같이 비난가능성이 높을 수 없는 혼인빙자의 잘못에 대하여 형사처벌을 가하는 것은 과도한 처벌이 되어 헌법상의 과잉금지의 원칙에 어긋난다"[48]는 반대의견이 제시되었다.

2009년 결정에서 헌법재판소는 혼인빙자간음죄 규정에 대해서 위헌 결정을 내렸다. 그 결정문에서는 법과 도덕의 관계에 대해서 다음과 같이 밝히고 있다.[49]

---

47 위의 글.
48 위의 글.
49 2008헌바58.

우리의 생활영역에는 법률이 직접 규율할 영역도 있지만 도덕률에 맡겨두어야 할 영역도 있다. 법률을 도덕의 최소한이라 하듯이 법률규범은 그보다 상층규범에 속하는 도덕규범에 맡겨두어야 할 영역까지 함부로 침범해서는 안 된다. 법률이 도덕의 영역을 침범하면 그 사회는 법률만능에 빠져서 품격있는 사회발전을 기약할 수 없게 되는 것이다. 따라서 성인이 어떤 종류의 성행위와 사랑을 하건, 그것은 원칙적으로 개인의 자유 영역에 속하고, 다만 그것이 외부에 표출되어 명백히 사회에 해악을 끼칠 때에만 법률이 이를 규제하면 충분하다. …

그러므로, 성인 부녀자의 성적인 의사결정에 폭행·협박·위력의 강압적 요인이 개입하는 등 사회적 해악을 초래할 때에만 가해자를 강간죄 또는 업무상 위력등에 의한 간음죄 등으로 처벌받게 하면 족할 것이고, 그 외의 경우는 여성 자신의 책임에 맡겨야 하고 형법이 개입할 분야가 아니라 할 것이다.

제4장   생각해 볼 문제

❶ 법과 도덕의 관계에 관한 이론적 논의들을 토대로 간통죄와 혼인빙자간음죄에 관한 헌법재판소의 결정문들의 논증을 비교, 검토해 보시오.

❷ 미국의 절주 운동가 닐 도우Neal Dow의 주도하에 1851년 미국의 메인 주에서는 "의학, 기계설비 또는 상품 제조를 위한 목적들medicinal, mechanical or manufacturing purposes"을 제외하고는 모든 알코올류의 매매를 금지하는 법을 만들었다. 이후 미국의 여러 주들은 이러한 메인법을 채택하였다. 그러나 메인법은 미국 시민들의 반대에 의해 결국 폐지되었다. 만약 우리나라에서 음주가 가져오는 부작용을 이유로 이러한 메인법을 채택하여 술을 거래하는 것을 금지하는 법을 만든다면, 그것은 후견주의의 입장에서 정당화될 수 있을까? 또한 건강에 나쁜 것이 확실하다는 이유로 담배를 금지하는 경우는 후견주의의 입장에서 정당화될 수 있을까?

제5장
정 의

I. 들어가는 말

법학도이건 일반인이건 대부분의 사람들은 법이 정의를 실현하는 것이라는 생각을 갖고 있다. 또한 법적 판결에 대해서 이를 공정하다거나 공정치 못하다고 평가를 내리기도 한다. 그렇다면 과연 법은 모두 정의로운 것인가, 아니면 정의롭지 않은 법은 법이 아닌가?

이러한 물음들은 앞의 장들에서 살펴보았던 법과 도덕의 문제나 법실증주의와 자연법론의 대립 등과 매우 유사한 양상을 보인다. 이처럼 상이한 주제임에도 그 논의의 양상이 유사한 가장 큰 이유는 법과 도덕의 관계에서 살펴본 것처럼 두 규범이 동일한 것이 아니고, 도덕이 법에 대한 평가의 척도로 작용하고 있으며, 자연법론에서도 실정법에 대한 평가 척도로 자연법이 전제되기 때문이다. 법과 정의 역시 두 개념이 동일한 것이 아니고 법규범 그 자체나 법적용의 결과에 대한 평가 척도로서 정의의 개념이 작용하기 때문에 위의 대립적인 구도들과 유사성을 띤다.

정의에 관한 논의를 전개하기 전에 도덕과 정의의 개념이 어떻게 다른지를 파악할 필요가 있다. 흔히 우리는 "정의"와 "도덕"의 외연이 일치하는 것으로 생각하기 쉽다. 특히 법률가의 경우에는 법규범 자체나 법의 집행에 대하여 평가할 때, "정당하다"just와 "부정당하다"unjust라는 용어를 사용하기 때문에 두 관념이 동일한 적용범위를 갖는 것으로 생각하기 쉽다. 하지만 우리는 "정의"와 "도덕"의 외연이 일치하지 않는다는 점에 주의해야 한다. 이에 대해 하트는 다음과 같이 지적한다.

> 정의(justice)의 독특한 특징과 법과의 특별한 연관성은 정당한(just) 및 부정당한(unjust)이라는 용어로 표현된 대부분의 비판들을 "공정한"(fair) 및 "불공정한"(unfair)이라는 용어로 거의 동등하게 전달될 수 있음을 관찰할 때 나타난다. 공정성은 일반적으로 통용되는 도덕성과는 동일한 적용 범위를 갖고 있지 않음이 명백하다. 공정성은 주로 사회생활의 두 가지 상황에 관계가 있다. 그 첫 번째는 어느 개인의 행동에 관한 것이 아니고 어느 부류의 개인들이 그에게 어떤 부담 또는 이익을 배분하려는 상황에서 어떻게 취급되는가의 방법에 관한 것이다. 따라서 무엇이 전형적으로 공정한가 또는 불공정한가의 경우는 "몫"(share)의 문제이다. 그 두 번째의 상황은 어떤 침해가 발생하였을 때 보상 또는 구제를 청구하는 경우이다. 이들만이 정의 또는 공정이라는 용어로 평가가 이루어지는 유일한 상황은 아니다. 우리는 분배 또는 보상이 정당하거나 또는 공정하다고 말할 뿐만 아니라 법관이 정당하거나 부정당하다고 말하며 재판이 공정하거나 불공정하다고 하고 또한 어느 사람이 정당하게 또는 부당하게 유죄 판결을 받았다고 말을 하기도 한다. 일단 "분배"(distribution)와 "보상"(compensation)의 문제에 정의가 일차적으로 적용된다는 것을 이해하면 이들은 그 정의의 관념이 파생적으로 적용되는 경우라고 설명할 수 있다.[1]

이처럼 우리는 정의의 개념이 적용되는 영역을 제한함으로써 구체적인 논의를 펼칠 수 있을 것이다. 이 장에서는 법과 정의의 관계에 대한 대립적인 입장들을 살펴보고, "정의란 무엇인가" 하는 문제를 구체적으로 다루어 보고자 한다. 이러한 논의를 통해 우리는 법 혹은 법적 판결이 정의로운지 아니면 정의롭지 않은지를 판단하는 근거에 대한 지식을 얻을 수 있을 것이다. 비록 두 개념이 동일한 것은 아니지만, 밀접하게 연결되어 있기 때문에 법철학에서는 그 관계에 대해서 그리고 정의 그 자체에 대해서 끊임없이 탐구를 해 왔다. 우리는 정의가 무엇인지를 살펴봄으로써 법을 통해 구현되는 법집행과 법적 판단이 과연 정의로운가를 판단할 수 있는 지적 토대를 얻을 수 있을 것이다.

---

1 H. L. A. Hart(오병선 역), 『법의 개념』(아카넷, 2001), 205-206면.

Ⅱ. 법과 정의의 관계

법과 정의의 관계에 대해서는 크게 두 가지 입장이 있다. 하나는 법은 정의로울 때 그것이 법이라는 것이고, 다른 하나는 법은 정의와 무관하게 법이라는 것이다. 각 입장을 대표하는 두 사상가의 생각들을 살펴보기로 하자.

1. 아우구스티누스 : 법은 정의로워야 한다

『신국론』에서 아우구스티누스는 켈젠, 하트 등 후대의 많은 학자들이 인용한 법과 정의의 관계에 대한 유명한 논거를 제시하였다.

정의가 없는 왕국이란 거대한 강도 집단이 아니고 무엇인가? 강도 집단도 나름대로 작은 왕국이 아닌가? 강도 집단도 사람들로 구성되어 있다. 그 집단도 두목 한 사람의 지배를 받고, 공동체의 규약에 의해 조직되며, 약탈물은 일정한 원리에 따라 배분된다.[2]

이처럼 아우구스티누스는 법이 정의롭지 못하다면 그것은 강도집단의 규칙에 지나지 않는다고 역설하면서 법은 정의로워야 한다고 주장한다.

2. 켈젠 : 법은 정의와 무관하다

켈젠은 우리가 흔히 말하는 의미의 "정의"와 법은 무관하다고 주장한다. 이러한 켈젠의 생각은 정의라는 것은 우리가 실제로 경험하는 실정법 너머에 존재한다는 이원론에 기반한 것이다.

정의개념은 법개념과 구분되어야 한다. 정의규범은 인간의 행위에 의해 정립되고 대체적으로 실효성 있는, 인간의 행위를 규율하는 규범들의 체계인 법, 즉 실정법이 내용적으로 어떻게 형성되어야 하는지를 규정한다. 정의규범은 인간에 대한 일정한 취급을 규정하기 때문에, 그것은 … 법정립행위와 관련된다. 따라서 정의는 법과 일치할 수 없다.

---

2   A. Augustinus(성염 역주), 『신국론 제1-10권』(분도출판사, 2004), IV. 4.

(중 략)

실정법은 그것이 정의롭기 때문에, 즉 그 정립이 정의규범에 합치되기 때문에 효력을 갖는
것이 아니라 그것이 부정의한 경우에도 효력을 가지며, 그 효력은 정의규범의 효력과는 무
관하다. 이것은 법실증주의의 견해이며, 관념주의적 법이론과 대립되는 실증주의적 또는 현
실주의적 법이론의 귀결이다.[3]

켈젠의 주장에 따르면, 결국 법은 그 내용이 정의롭지 못하더라도 여전히
법인 것이 된다.

3. 재판규범으로서의 법과 정의

앞의 두 입장은 법의 내용과 정의와의 관계에 관한 것이라고 할 수 있다.
하지만 법은 입법부에서 제정하고 행정부에서 집행하는 기능만 갖고 있는 것
이 아니라 재판과정을 통해서 적용되고 판결의 근거로서 작용한다. 근대 이후
서구 국가들에서 형성된 사법적 정의는 크게 형식적 정의, 절차적 정의, 실질
적 정의로 구분된다.

권위 있는 기관에 의해서 법이 제정되고 정상적으로 준수된다면, 그 법의
실질적인 내용이 어떤 것이든 공정하고 일관되게 운용되는 것을 가리켜 형식
적 정의라고 부른다.[4] 이러한 형식적 정의를 한마디로 표현한다면, "같은 것은
같게, 다른 것은 다르게 대우하라"는 것이다. 이 원리는 사회의 각 계층에 속
하는 모든 사람에게 법이 평등하게 적용되어야 한다는 요청을 함축하고 있다.
이 정의의 원리는 사법과정에서 절차적 정의나 실질적 정의보다 우선적으로
적용되어야 하는 1차적인 원리이며, 특히 "법 앞의 평등" 이념을 실현하는 원
리로 받아들여져 왔다.

법의 중요한 사회적 역할 중 하나는 재판이나 중재를 통해서 분쟁을 해결
하는 것이다. 이러한 분쟁해결 절차에는 공정성, 객관성, 중립성 등이 강력하게
요청되며, 이러한 가치들을 포괄해서 절차적 정의라고 한다. 마틴 골딩 교수는

---

3 H. Kelsen(변종필·최희수 역), 『순수법학』(길안사, 1999), 588면.
4 존 롤즈 (황경식 역), 『정의론』(이학사, 2003), 102면.

영국의 법관들에 의해서 받아들여져 온 절차적 정의의 내용을 다음과 같이 정리하고 있다. ① 아무도 자기 자신의 송사에서 재판관이 될 수 없다. ② 분쟁해결자는 결과에 대해서 아무런 사적 이해관계가 없어야 한다. ③ 분쟁해결자는 한 당사자에게 유리하게든 불리하게든 기울어져서는 안 된다. ④ 각 당사자에게 절차에 대한 공정한 지식이 주어져야 한다. ⑤ 분쟁해결자는 양 당사자에게서 주장과 증거를 청문하여야 한다. ⑥ 분쟁해결자는 타방 당사자의 면전에서만 일방 당사자의 진술을 청문해야 한다. ⑦ 각 당사자는 타방 당사자의 증거와 주장에 대해서 대처할 공정한 기회가 주어져야 한다. ⑧ 해결의 내용은 타당한 근거에 의해서 지지될 수 있어야 한다. ⑨ 판결 이유에서는 제출된 주장과 증거들이 지적되어야 한다.[5]

실질적 정의라는 말이 의미하는 바는 광의의 의미를 갖고 있다. 예를 들어 고용주가 근로자들에게 임금을 줄 때, 어떤 원칙에 따라서 분배하는 것이 더 실질적인 정의에 부합하는가 하는 물음에 대해서, "각자에게 그의 공과에 따라서" 또는 "각자에게 그의 필요에 따라서" 분배해야 한다는 두 원칙이 대립되기도 한다. 이처럼 실질적 정의는 "정의가 무엇인가" 하는 물음과 직접적으로 연결되고, 이에 대해서 하나의 답변을 이끌어낸다는 것은 거의 불가능하다.

실질적 정의를 어떻게 규정할 것인가와는 달리 재판 과정에서 형식적 정의나 절차적 정의로 해결할 수 없는 사태들이 발생한다. 예를 들어 채권자가 1억원을 채무자에게 빌려주었고, 그 당시 1억원은 집 한채를 살 수 있는 가치였다. 그런데 엄청난 인플레로 인해서 화폐의 가치가 급락하여서 1억원으로는 겨우 쌀 한 포대를 살 수밖에 없게 되었을 때, 채무자가 채권자에게 1억원의 빚을 갚는다면 그것이 정의로운 것인가? 이처럼 부당한 결과가 발생했을 때, 이를 시정하는 원리를 실질적 정의라고 할 수 있으며, 근대의 사법제도에서는 이러한 문제들을 형평이라는 개념을 통해서 해결해 왔다. 아리스토텔레스가 이 개념을 제시한 이래, 서구 국가의 법원들은 형식적 정의를 준수했을 때 나타나는 부당한 결과를 교정하는 방법으로 사용해 왔다. 그는 형평에 대해서 다음과 같이 설명하고 있다.[6]

---

5 마틴 골딩(장영민 역), 『법철학』(세창출판사, 2004), 230-231면.
6 카임 페를만(심헌섭, 강경선, 장영민 옮김), 『법과 정의의 철학』(종로서적, 1986), 92면.

형평은 정당한 것이지만 법적 정의는 아니며 법적 정의의 수정이다. 그 이유는 법률은 항상 일반적 문언인데, 그것으로는 포섭할 수 없는 사건들이 존재하기 때문이다. 따라서 일반적 문구로 규정하는 것이 필요하지만 그렇게 정확하게 할 수 없는 문제에 있어서 법률은 잘못이 있는 줄 알면서도 사건의 다수를 고려한다. … 법률이 일반적 규칙을 설정하고, 그 후 그 규칙에 대한 예외가 발생했을 때, 입법자의 선언에 그 절대성으로 인하여 흠결과 오류가 있는 곳에서는 입법자가 그 상황에 있다면 스스로 판결할 바에 따라 또 입법자가 문제의 사건을 인지했다면 제정했을 바에 따라 판단함으로써 결함을 수정하는 것은 정당하다.

페를만은 선례와 정의의 규칙에 따라 법률을 엄격하게 적용하는 것이 오히려 정의롭지 못한 결과를 낳을 때 재판관이 형평에 호소해야만 하는 이유들에 대해서 다음과 같이 들고 있다. 첫째, 재판관은 입법자가 예상치 못한 이례적 사건에도 법을 적용할 의무가 있다. 둘째, 통화가치의 폭락이나 전쟁 또는 재난과 같은 외부적 조건으로 인하여 제약 조건이 변하여 이를 엄격하게 집행하면 한쪽 당사자의 권리나 이익이 심각할 정도로 침해될 때 작용한다. 셋째, 도덕 감정의 변화로 말미암아 입법자나 재판관이 무시한 어떤 구별이 현재의 사실 판단에 있어서 필수적인 것으로 등장하는 경우가 있다.[7]

4. 검토

법과 정의의 관계에 대해서 두 상이한 입장과 근대 이후 재판과정에서 형성되어 온 정의의 개념들을 살펴보았다. 하지만 법이 정의로워야 한다고 할 때 그 정의라는 것이 무엇인가에 대해서는 상세히 검토할 필요가 있다. 분명 정의는 다른 덕 내지 가치와 구별되는 어떤 것이다. 그러므로 우리가 법은 정의로워야 한다고 말할 때, 그것은 단순히 법이 도덕적으로 타당해야 한다는 것을 이야기하는 것이 아니라 그 이상으로 어떠해야 한다고 이야기하는 것이 분명하다. 뿐만 아니라 법과 정의의 관계를 넘어서 우리 사회가 지향해야 할 정의로운 사회는 어떠한 것인가에 대해서 심도 있게 생각해 볼 필요가 있다. 다음 절에서는 고대, 중세, 근대의 대표적인 사상가들의 정의관에 대해서 살펴보고,

---

7 위의 책, 93면.

현대 사상가들인 롤즈와 드워킨이 제시하는 정의론에 대해서 살펴보고자 한다.

Ⅲ. 정의란 무엇인가?

1. 예비적 고찰

(1) 정의란 무엇인가?

켈젠은 "정의란 무엇인가"라는 질문에 대해서 성경을 인용하여 상당히 독특한 설명을 제시하였다.

> 나사렛 예수가 로마의 총독 빌라도 앞에 끌려나와 심문을 받자 예수는 자신이 왕이라는 것을 인정하면서 총독을 향하여 "나는 진리를 증거하기 위하여 태어났으며 또 그것을 위해 이 세상에 왔다"고 했다. 그러자 빌라도는 "진리란 무엇인가?"하고 물었다. 이 회의적인 로마인은 그렇게 물으면서도 분명히 이 질문에 대한 답을 기대하지 않았고 예수도 이에 대해서 아무런 답도 하지 않았다. 그것은 진리를 증거한다는 것이 구세주의 주요한 사명이 아니었기 때문이다. 예수는 사실 정의를 증거하기 위해서 태어났고 정의를 신의 나라에 실현하려 하였고 그리하여 이 정의의 실현을 위해서 십자가 위에서 죽었다. 빌라도의 물음, 즉 "진리란 무엇인가"라는 질문 뒤에 십자가에 달린 그리스도의 피에서 그것보다 한층 중요한 질문이, 즉 인류의 영원한 질문이 일어났다. 그것은 바로 "정의란 무엇인가"라는 질문이다.[8]

그는 "정의란 무엇인가"라는 질문만큼 격렬하게 논란이 된 질문이 없었다고 하면서 수많은 사상가들이 깊이 고찰하고 괴로워한 것이 바로 이 질문이라고 말한다.

플라톤, 아리스토텔레스, 아우구스티누스, 토마스 아퀴나스, 칸트, 롤즈 등 다양한 사상가들은 각자 정의에 대해서 자신의 생각들을 제시하였다. 이 사상가들의 이해방식 중에서 특히 주목할 만한 것들을 차례로 살펴보기 전에 먼저 다음과 같은 질문에 대하여 생각해 보자.

즉, 정의에 대한 논의들에서 공통적으로 전제되는 것은 무엇인가? 다시 말

---

8 H. Kelsen(김영수 역), 『정의란 무엇인가?』(삼중당, 1982), 11면(번역은 일부 수정하였다).

해서 정의에 대한 논의들을 가능하게 해 주는 최소한의 합의점 내지 정의의
기본적인 특성은 무엇인가?

(2) 정의의 기본적인 특성

우리 언어에는 좋음, 선함, 옳음, 정의, 합법, 정당성 등 비슷한 단어들이
많이 있다. 이 중에서 "정의"라는 말이 특별히 가지는 의미는 무엇인가? 즉, 모
든 "덕"virtue 내지 "가치"value 중에서 정의를 구별해 주는 특징이 무엇인가? 아
리스토텔레스에 따르면, 정의는 "다른 사람과의 관계"를 요건으로 한다는 점에
서 다른 것과 구별된다고 한다.

> … 모든 덕 가운데 정의만은 "타인에 대한 선"(allotrion agathon)으로 생각된다. 정의는 다른
> 사람과 관계하기 때문이다. 정의는 지배자이든 공동체의 다른 구성원이든 다른 사람에게
> 유익한 일을 행하는 것이다. 그리하여 최악의 사람이란 자기의 사악함을 자기 자신에게뿐만
> 아니라 자기의 친구들에게도 미치는 사람이요, 최선의 사람이란 자기의 덕을 자기 자신에게
> 미치는 자가 아니라 타인에게 미치는 사람이다.[9]

정의가 "타인과의 관계"의 문제라는 이러한 아리스토텔레스의 주장은 상
당히 설득력이 있어서 오늘날에 이르기까지 정의에 대한 논의에서 전제가 되
고 있다. 정의의 이러한 특성 때문에 정의에 대한 논의는 두 가지 차원을 갖는
다. 하나는 인간의 상호관계를 조절하는 사회 질서, 구조 내지 제도의 차원이
고, 다른 하나는 덕의 차원이다. 이러한 점에서 정의는 개인적인 선善만을 추
구하는 것이 아니다.

플라톤은 정의와 행복을 동일시하여 정의로운 사람만이 행복하며 부정의
한 사람은 불행하다고 주장하였다. 그러나 행복이란 사회질서가 충족시켜 줄
수 없는 욕구의 만족에 달려 있다. 정의는 사회질서의 차원과 덕의 차원을 동
시에 갖고 있기 때문에 정의에 관한 논의는 사회질서가 충족시켜 줄 수 없는
욕구를 다루지 않는다.[10]

---

9 Aristoteles(최명관 역), 『니코마코스 윤리학』(서광사, 1990), 145-146면(번역은 일부 수정하였다).
10 이에 대해서는, Kelsen, 『정의란 무엇인가?』, 12-13면.

만일 정의가 개인의 행복을 뜻하는 것이라면, 정의로운 사회질서란 존재할 수 없다. 즉, 모든 사람의 개인적인 행복을 뜻한다면, 그것은 충족될 수 없을 것이기 때문이다. 또한 공리주의 역시 자신들이 말하는 행복이 주관적인 행복이라면, "최대 다수의 최대 행복"이라는 공식에 부합하는 사회질서란 존재할 수 없을 것이다.[11] 그러므로 정의라는 것은 사회화되고 객관화된 행복과 관련되어야 한다. 정의에 관련된 행복이란 그것을 충족시킬 만한 가치가 있다고 사회적으로 인정된 일정한 욕구의 만족을 뜻한다.

그렇다면 정의는 행복 내지 이익과 어떻게 연결되는가? 이 물음은 다음과 같은 물음들로 전환될 때, 그 연결점이 명확해진다. "어떠한 이익이 사회에 의하여 보호 받을 가치가 있는가, 또 그러한 가치의 순위는 어떠한가?," "두 개 이상의 이익이 충돌했을 때, 어떠한 이익이 보호받아야 하는가?" 즉, 이익의 충돌이 생기는 곳에서 정의가 문제시된다. 어떠한 이익의 충돌도 일어나지 않는 곳에서는 정의가 문제될 여지가 없다.[12]

2. 아리스토텔레스의 정의론

아리스토텔레스는 정의를 넓은 의미의 정의와 덕의 한 부분으로서의 정의로 구분한다. 그리고 덕의 한 부분으로서의 정의를 다시 분배적 정의, 시정적 정의, 교환적 정의로 구분한다.

이러한 아리스토텔레스의 덕에 대한 구분을 도식화해 보면 다음과 같다.

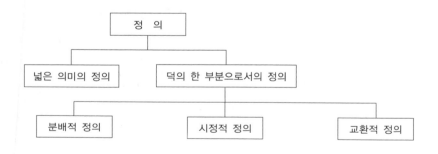

---

11 위의 책, 14면.
12 위의 책, 16면.

아리스토텔레스는 넓은 의미의 정의를 완전한 덕이라고 주장한다.

> 이러한 의미로서의 정의는 완전한 덕이다. 그러나 그것은 무조건적으로는 아니고, 우리의 이웃에 대한 관계에 있어서만 그렇다. 그리하여 정의는 가끔 모든 덕 가운데 가장 큰 덕이라 생각되며, 또 저녁의 별도 새벽별도 그만큼 놀라운 것은 못 된다. 그래서 "정의 속에는 모든 덕이 다 들어 있다"고 하는 속담이 있는 것이다. 그리고 그것은 완전한 덕의 활용이기 때문에 충만한 의미에 있어서의 완전한 덕이다.[13]

넓은 의미의 정의가 완전한 것은 정의를 가진 사람이라면 그것을 자기 자신뿐만 아니라 타인에게도 활용할 수 있기 때문이다. 반면 다른 덕들은 그러하지 못하다고 한다.

그러나 아리스토텔레스가 집중적으로 탐구하고자 한 정의는 덕의 한 부분으로서의 정의이다. 아리스토텔레스는 이것을 적용 대상에 따라 분배적 정의, 시정적 정의, 교환적 정의로 구분한다.

분배적 정의란 "명예나 금전이나 이 밖에 국가의 공민 간에 분배될 수 있는 것들의 분배에 있어서"의 정의이다.[14] 분배적 정의란 동등함이다. 즉, 동등한 사람들에게 동등하게 분배하고 동등하지 않은 사람들에게 동등하지 않게 분배하는 것이 바로 분배적 정의이다. 이것은 "공적에 따라 분배해야 한다는 생각"으로 표현될 수 있다.

시정적 정의란 "사람과 사람 사이의 상호 교섭에서 시정하는 역할"을 하는 정의이다.[15] 또한 이것은 상호 교섭의 성격에 따라 두 종류로 구별된다. 상호 교섭 가운데 어떤 것은 자발적이고 어떤 것은 비자발적이다. 자발적인 것으로는 판매, 구매, 대금, 전당, 대여, 위탁, 대가 같은 것이 있고, 비자발적인 것으로는 절도, 간음, 독살, 유괴, 암살, 구타, 감금, 살인, 강탈, 치상 등과 같은 것이 있다. 이것은 다음과 같은 역할을 한다. 어떤 사람은 때리고 다른 사람이 맞은 경우, 혹은 어떤 사람은 죽이고 다른 사람이 살해된 경우라면, 그 당한

---

13 Aristoteles, 『니코마코스 윤리학』, 145면.

14 위의 책, 148면.

15 위의 책, 148면.

것과 가한 것을 시정함으로써 정의롭게 하는 것이다. 즉, 가해자의 이익을 삭 감하여 피해자의 손해와 동등하게 만들기 위해 노력하는 것이다. 시정적 의미 에서의 정의는 이익과 손해의 중간인 것이다.

교환적 정의란 거래관계의 공정성 및 거래의 규범에 대한 정의이다.[16] 이 경우 거래는 균등한 것을 제공함으로써 정의롭게 된다.

아리스토텔레스의 정의론의 의의는 바로 정의의 문제를 이렇게 세분화하 였다는 데 있다. 이러한 정의의 구분은 중세 시대를 거치면서 분배적 정의와 평균적 정의의 구분으로 이해되었다. 즉, 시정적 정의와 교환적 정의가 평균적 정의로 합쳐져서 이해되었는데, 이러한 전통은 오늘날까지 이어지고 있다.

현대의 법철학자인 라드브루흐 역시 이러한 전통에서 정의를 구분한다. 그는 정의를 분배적 정의와 평균적 정의로 구분하면서, 분배적 정의를 수직적 질서를 규율하는 원리로, 평균적 정의를 수평적 질서를 규율하는 원리로 이해 한다. 이렇게 볼 때 분배적 정의는 분배를 하는 사람과 분배되는 두 명 이상의 사람이 필요하기 때문에 적어도 세 명 이상이 있어야만 하고, 평균적 정의는 일대일의 관계이기 때문에 두 명만 있어도 된다. 또한 라드브루흐는 분배적 정 의를 공법의 지도원리로, 평균적 정의를 사법의 지도원리로 이해한다.[17]

3. 아우구스티누스의 정의론

아우구스티누스의 정의론을 이해하려면, 우선 그가 전제하고 있는 생각을 이해해야만 한다. 그는 하나님의 나라civitas dei와 지상의 나라civitas terrena를 대조 함으로써 자신의 논의를 전개해 나간다.[18] 그에 따르면, 하나님을 멸시하기까 지 자신을 사랑하는 마음이 지상의 나라를 이루었고, 자기를 멸시하기까지 하 나님을 사랑하는 마음이 하나님의 나라를 이루었다. 지상의 나라에서는 사람들 이 스스로를 자랑하며 권력자들이 자신의 권력을 자랑한다. 하나님의 나라에서

---

16 위의 책, 154면.

17 G. Radbruch(엄민영·서동각 역), 『법철학입문』(육문사, 1982), 56면.

18 Augustinus, 『신국론 제1-10권』, I. 서문.

는 사람들이 주님 안에서 자랑하며 하나님이 자신의 힘이라고 고백한다.[19]

현실에 나타나는 것은 하나님의 나라와 지상의 나라가 아니다. 현실에 나타나는 것은 하나님의 나라를 추구하는 교회ecclesia와 지상의 나라를 추구하는 국가res publica이다. 여기에서 주의해야 할 것은 교회가 하나님의 나라에 친화적이며 국가가 지상의 나라에 친화적이기는 하지만, 각각 완전히 일치하는 것은 아니라는 점이다. 비록 아우구스티누스는 교회와 로마로부터 하나님의 나라와 지상의 나라라는 모델을 이끌어 내기는 했지만, 인간의 제도들인 교회와 로마가 완전히 선하거나 악하지 않다고 생각했기 때문이다.

비록 신의 의지에 의해서이기는 하지만, 인간의 노력에 의해 만들어졌다는 점에서 교회 역시 인간의 제도들 중 하나이다. 그래서 교회 내에서도 타락한 자가 존재하고 구원받지 못할 자가 존재하는 것이다.

아우구스티누스가 보기에 국가는 인간의 지배하려는 욕망에 의해 구성된 조직이기 때문에 본질적으로 악하다. 그러한 국가에서 지배에 따른 강제는 필수적인 요소이다. 그러나 아우구스티누스는 국가가 비록 악하지만 강도 집단과는 구별되는 정의를 가지고 있다고 주장한다. 아우구스티누스는 정의를 실현하지 않는 국가를 강도떼와 비유함으로써 국가의 이념으로서의 정의를 강조하였다. 그는 정의가 없이는 국가가 유지될 수가 없다고 주장한다.[20]

이렇게 볼 때 아우구스티누스가 생각하는 정의의 개념은 단순히 각자에게 자기 몫을 돌려주는 정의가 아니다. 왜냐하면 그러한 정의는 강도 집단에도 존재하기 때문이다. 아우구스티누스가 보기에 참된 정의는 그리스도가 창건자이며 통치자인 그러한 공화국이 아니면 존재하지 않는다.[21] 이러한 곳에서의 정의는 하나님만을 섬기는 사랑이며 그리하여 인간에게 복속되는 다른 사물들을 잘 다스리는 것이다.[22] 이러한 아우구스티누스의 정의론은 신학적인 정의론의 전형적인 모습을 보여준다고 할 수 있다.

---

19 Augustinus, 『신국론 제1-10권』, XIV. 28.
20 A. Augustinus(성염 역주), 『신국론 제19-22권』, XIX. 21.
21 Augustinus, 『신국론 제1-10권』, II. 21.
22 Augustinus, 『신국론 제19-22권』, XIX. 21.

4. 칸트의 정의론

칸트가 정의에 대하여 어떻게 설명하였는지에 관해서는 이론異論이 있다. 그중 한 입장은 칸트의 『윤리형이상학 정초』에서의 논의를 토대로 칸트의 정의론을 설명한다. 예컨대, 켈젠은 이러한 입장에서 칸트의 정의론에 대해 다음과 같이 설명한다.

> ["네가 받고 싶은 대로 남에게 베풀라"는] 황금률의 문구 속에 내포되어 있는 옳은 행동에 관한 주관적인 판단을 … 객관적인 판단으로 바꾸어 놓는다면, 즉 황금률의 의미가 각 사람은 다른 사람이 자신에게 행해 주기를 바라는 것과 같이 다른 사람에게 행하라는 것이라면, 황금률은 결국 "사회질서의 보편법칙에 따라서 행동하라"고 하는 요구로 귀착된다. 독일의 철학자 임마누엘 칸트는 이렇게 해석된 황금률은 자신의 도덕철학의 중요한 성과이며, 또 정의의 문제에 대한 그의 해결이기도 한 유명한 정언명령으로 정식화하고 있다. 그것은 "그 준칙이 보편적 법칙이 될 것을, 그 준칙을 통해 네가 동시에 의욕할 수 있는, 오직 그런 준칙에 따라서만 행위하라"는 것이다. 바꿔 말하면 "사람의 행동이 그것을 행하는 사람이 모든 사람에게 적용되게끔 바랄 수 있고, 또 바랄 수 있는 그 규범에 따라서 행하게 될 때에는 좋은, 또 옳은 행동이 된다"고 하는 것이다.23

그러나 이러한 설명은 "정언명제"에 대한 설명을 "정의"에 대한 설명으로 확장시킨 것인데, 이러한 확장은 분명 과도한 것이다.

칸트의 정의론을 설명하는 또 다른 입장은 칸트의 『윤리형이상학 정초』보다는 『윤리형이상학』의 제1부 법론에 집중하는 것이다.24 이러한 입장으로는 예컨대 다루이 마사요시樽井正義를 들 수 있다.25

『윤리형이상학』에서 정의에 대한 칸트의 논의는 사법私法과 공법公法의 영역으로 나뉘어서 이루어진다. 사법의 영역에서는 세 가지의 정의가 논의된다.26 첫째는 "보호적 정의"로서 자신의 권리를 정당하게 주장하는 것을 한 사

---

23 Kelsen, 『정의란 무엇인가?』, 35-36면(번역은 일부 수정하였다). 칸트의 정언명령에 대한 정식화는 I. Kant(백종현 역), 『윤리형이상학 정초』(아카넷, 2005), 132면을 참조.

24 I. Kant(백종현 역), 『윤리형이상학』(아카넷, 2012).

25 樽井正義(이신철 역), 『칸트사전』(도서출판 b, 2009), 371-372면.

람 한 사람에게 인정하는 것이다. 둘째는 "교환적 정의"로서 인격들 사이의 상호교호적인 거래에서의 정의를 말한다.[27] 교환적 정의는 계약 등에 의한 상호관계에서 타인의 권리를 서로 부당하게 침해하는 것이 없는 것이다. 셋째는 "배분적 정의"로서 각인에게 각각의 권리를 나누어 주고 그것을 보증하는 것이다.

반면에 공법의 영역에서는 "형벌의 정의," 즉 "응보의 정의"가 논의된다. 응보의 정의에 따르면, 형벌은 응보의 법칙에 따라 부과되어야 한다.[28] 다시 말하자면, 형벌은 질과 양 모두에서 범죄와 동등한 것이어야 한다. 예컨대, 살인에 대해서는 사형을, 강간에 대해서는 거세를 부과해야만 한다.[29]

5. 롤즈의 정의론

롤즈는 로크, 루소, 그리고 칸트에게서 흔히 알려져 있는 사회계약설을 고도로 추상화함으로써 일반적인 정의관을 제시한다. 그래서 그는 사회계약설에서 제시하는 계약이 특정 사회나 특정 형태의 정부를 구성하는 것으로 이해하지 않고 사회의 기본구조에 관한 정의의 원칙들을 구성하는 것으로 이해한다.

롤즈는 사람들이 선택하는 정의의 원칙들이 공정성을 확보하도록 하기 위하여 "원초적 입장"original position이라는 개념을 도입하는데, 이것은 고전 사회계약설에서 "자연 상태"에 해당한다. 이러한 원초적 입장에 대해서 롤즈는 역사상에 실재했던 상태 내지는 문화적 원시 상태로 이해해서는 안 된다고 지적한다. 그것은 하나의 순수한 "가상적 상황"일 뿐이라는 것이다.[30] 그러나 원초적 입장은 우리가 언제라도 관점을 취할 수 있는 것으로 해석되어야 한다. 또한 그러한 입장을 취하는 이상 언제나 동일한 원리를 선택할 수 있어야 한다.

그렇다면, 원초적 입장은 어떠한 상태이기에 공정성을 확보할 수 있도록

---

26 Kant, 『윤리형이상학』, 255-256면.

27 위의 책, 243면.

28 칸트의 이러한 주장은 사형제의 근거가 되기도 한다.

29 위의 책, 292-293면.

30 J. Rawls(황경식 역), 『정의론』(이학사, 2003), 46면.

해 주는가? 원초적 입장은 "무지의 베일"veil of ignorance로 가려진 상태이기 때문에 공정성을 확보할 수 있다. 롤즈는 무지의 베일 속에 있는 상태에 대하여 다음과 같이 설명한다.

> 당사자들은 어떤 종류의 특정 사실을 알지 못한다고 가정된다. 무엇보다도 각자는 사회에 있어서 자기의 지위나 계층을 모르며, 천부적 자산과 능력, 지능과 체력 등등을 어떻게 타고났는지 자신의 운수를 모른다. 또한 누구든지 선에 대한 자신의 생각, 자신의 합리적 인생 계획의 세목을 알지 못하며, 또는 심지어 모험을 몹시 싫어한다든가 비관적 혹은 낙관적인 경향과 같은 자신의 심리적인 특징까지도 모르고 있다. 또한 나는 당사자들이 그들이 속한 사회의 특수사정도 모른다고 가정한다. 다시 말해서 그들은 그 사회의 경제적·정치적 상황이나 그것이 지금까지 이룩해온 문명이나 문화의 수준도 모르고 있다.[31]

원초적 입장에서 모든 사람들은 자신들의 재산, 계급이나 지위 심지어 자신의 소질, 능력, 재능 등을 몰라야만 한다. 더 나아가 그들은 자신들의 가치관이나 심리적 성향마저도 알지 못해야만 한다. 다시 말해서 원초적 입장의 사람들은 "무지의 베일" 속에서 정의의 원칙들을 선택함으로써 그러한 선택이 자신들에게 어떠한 영향을 미칠지 모르게 된다. 따라서 그들은 자신에게 유리한 원칙을 구성할 수 없고 공정한 원칙을 선택하게 된다. 그들은 자신에게 유리한 원칙만을 고집하지 않게 되고, 따라서 특정한 정의관에 대하여 만장일치의 선택을 할 수 있게 된다. 그렇기 때문에 롤즈는 이러한 원초적 입장에서 합의되는 정의의 원칙들을 "공정으로서의 정의"라고 부를 수 있다고 한다.[32]

그러나 원초적 입장에 있는 사람들도 인간 사회에 대한 일반적인 사실들은 알아야만 한다. 왜냐하면 그러한 것들을 알지 못한다면, 자신들이 선택한 정의의 원칙들이 사회를 어떻게 규제하는지 알 수 없을 것이기 때문이다.

또한 롤즈는 원초적 입장에 있는 사람들이 합리적이고 상호 무관심한 인간이라고 상정한다. 이때 합리적이라는 말은 원초적 입장에 있는 사람들은 자신들의 더 많은 몫을 원한다는 의미이다. 이것은 일반적인 의미, 즉 경제이론

---

31 위의 책, 195-196면.
32 위의 책, 47면.

에서 나타나는 합리적인 인간과 대체로 유사하다. 차이점이 있다면, 롤즈는 이러한 일반적인 의미에다 질투, 수치심, 치욕감 등과 같은 감정들에 의해서 좌지우지되지 않는다는 의미를 추가한다는 것이다. 그리고 상호 무관심하다는 것은 그들이 이기주의자여서 재산, 지배권 등에만 관심을 가진다는 의미가 아니라 서로가 다른 사람의 이해관계에는 관심이 없다는 의미이다. 다시 말해서 그들은 다른 사람에게 이익을 주려고 하지도 않고 손해를 끼치려 하지도 않는다. 그들은 오직 자신의 이익의 증진에만 관심을 가진다.[33]

원초적 입장에 있는 사람들의 관점에서 보면, 자신에게 특별히 유리하게 할 수 있는 방법이 없다. 그러므로 당연히 원초적 입장의 사람들은 각자에게 자유가 있어야 하고 그 자유에 따른 평등한 분배를 요구하는 원칙을 정의의 제1원칙으로 선택할 것이다. 그리고 그들은 이러한 제1원칙을 우선적으로 추구하면서도 이러한 자유에 따른 분배가 사회의 기본구조 내에서 허용될 수 있는 범위 안에서 불평등을 허용해야만 한다고 생각할 것이다. 그래서 원초적 입장의 사람들은 다음과 같은 두 가지 정의의 원칙을 선택할 것이다.[34]

제1원칙   각자는 모든 사람의 유사한 자유 체계와 양립할 수 있는 평등한 기본적 자유의 가장 광범위한 전체 체계에 대해 평등한 권리를 가져야 한다.

제2원칙   사회적·경제적 불평등은 다음 두 가지, 즉 (a) 그것이 정의로운 저축 원칙과 양립하면서 최소수혜자에게 최대 이득이 되고, (b) 공정한 기회 균등의 조건 아래 모든 사람들에게 개방된 직책과 직위가 결부되게끔 편성되어야 한다.

롤즈는 원초적 입장의 사람들이 선택할 것이 틀림없는 이러한 정의의 원칙들을 "공정으로서의 정의"라고 부를 수 있다고 주장한다.

---

33   위의 책, 47-48, 202-205면.
34   위의 책, 400면.

6. 드워킨의 정의론

(1) 드워킨의 평등관

드워킨은 자유주의 체계의 최고의 덕목이 평등이라고 본다. 그는 자유주의 정부에 요구되는 정치적 도덕성을 다음과 같이 기술하고 있다. "정부가 통치하는 사람들은 고통과 좌절을 겪을 수 있는 인간들로서 정부는 그들에게 배려를 보여주어야 하며, 자신의 삶을 어떻게 살아야 하는가에 대해 지적인 견해를 형성하고 그 견해에 따라 행동할 수 있는 인간으로서 그들에게 존중을 보여주어야 한다."35

이러한 정치적 도덕관에 근거해서 드워킨은 모든 시민들이 갖는 핵심적인 권리로 "평등한 배려와 존중을 받을 권리"a right to equal concern and respect를 제시한다. 이 권리는 두 개의 권리로 구분될 수 있는데, 하나는 "평등한 대우"equal treatment의 권리이며, 다른 하나는 "평등한 자로서 대우받을 권리"treatment as an equal이다. 평등한 대우의 권리는 다른 사람들이 갖거나 받는 것과 동일한 만큼의 권한이나 기회를 받을 권리를 의미하며, 그 대표적인 예가 헌법에 의해서 국민들에게 부여되는 투표권이다. 이와 달리 평등한 자로서 대우받을 권리는 재산이나 기회를 동일하게 부여받을 권리가 아니라 그러한 것들이 어떻게 분배되어야 하는가를 정치적으로 결정할 때 평등한 배려와 존중을 받을 권리를 의미한다.36

드워킨은 자유주의 체계에서 보다 근본적인 평등권은 평등한 자로서 대우받을 권리라고 주장한다. 부의 분배에 대해서 두 번째의 평등권을 형식적인 것에 불과하다고 비판하면서 첫 번째 평등권에 따라야 한다고 주장하는 좌파적 입장에 대해 드워킨은 다음과 같이 지적하고 있다. "신좌파가 생각하는 구좌파의 평등에 대한 견해는 각각의 시민들이 요람에서 무덤까지 일을 하든지 말든지 또한 어떤 일을 하든지에 관계없이 동일한 재산을 갖는 것이며, 정부는 항상 개미에게서 떼어 내서 베짱이에게 주어야 한다는 것이다. 그렇지만 내가 생

---

35 로널드 드워킨(염수균 옮김), 『법과 권리』(한길사, 2010), 508면.
36 위의 책.

각하기에 이런 평등을 정치적 이상으로 진지하게 제안하는 사람은 아무도 없을 것이다. 그처럼 단조롭고 무분별한 평등은 단순히 약한 정치적 가치 또는 다른 가치들에 의해서 쉽게 무시될 수 있는 가치가 아니라 아무런 가치도 아니다. 일을 할 수는 있지만 일을 하지 않기로 선택한 사람들이 근면한 사람들의 생산물을 보답으로 받는 세계를 옹호하기 위해서 할 수 있는 말은 없다."37

드워킨은 사회에서 부를 분배하는 원리는 두 번째의 평등권에 근거해서 이루어져야 한다고 본다. 그는 자유주의 체제하에서 부의 분배는 보다 근본적인 자유주의 원리에 근거해야 한다고 전제하면서 다음의 두 원리를 제시한다.38 첫째는 평등한 중요성의 원리the principle of equal importance이다. 객관적인 관점에서 볼 때 인간의 삶은 낭비적이기보다는 성공적이어야 하며, 이것은 모든 인간의 삶에서 평등하게 중요하다. 둘째는 특별한 책임의 원리the principle of special respon-sibility이다. 우리 모두는 인간의 삶의 성공이 객관적으로 평등하게 중요하다는 점을 인정해야 하지만, 그 삶에 대해서는 삶의 주인인 한 사람만이 성공에 대해서 특별하고 최종적인 책임을 지는 것으로 봐야 한다. 드워킨은 두 원리에 기초해서 자유주의 사회가 추구해야 할 평등의 이념을 보다 구체적인 체계로 발전시킨다.

(2) 자원의 평등

드워킨은 자유주의 사회에서 부의 불평등은 개인의 능력의 차이에서 발생하기도 하지만, 오히려 재산의 분배는 법질서의 산물이라고 지적한다. "한 시민의 재산은 그가 속한 공동체가 어떤 법을 제정하느냐에 따라 상당 부분 달라진다. 그 법에는 소유, 절도, 계약, 그리고 불법행위를 다스리는 법뿐만 아니라 복지법, 세법, 노동법, 시민권법, 환경규제법, 그리고 다른 모든 실제적인 것들에 대한 법들이 포함되어 있다. 정부가 그런 법들 가운데 일부를 제정하거나 유지할 때, 정부의 그 선택에 의해서 일부 시민들은 더 불행해질 것이라고 예견할 수 있을 뿐만 아니라 그 시민들이 어떤 사람들인지도 어느 정도는 예

---

37 로널드 드워킨(염수균 옮김), 『자유주의적 평등』(한길사, 2005), 50면.

38 위의 책, 55면.

견할 수 있다. 잘 사는 민주주의 국가에서 정부가 복지 프로그램을 삭감하거나 확장하는 것을 거부할 때마다 그 결정이 가난한 사람들의 삶을 처량하게 만들 것임을 예상할 수 있다."[39]

그렇다면 자유주의 원리에 따른 부의 평등은 어떻게 이뤄져야 하는가? 드워킨은 롤즈가 제시한 정의론을 매우 진지하게 검토하고서 자신의 정의론을 제시한다. 드워킨은 롤즈의 정의론을 복지의 평등론으로 규정한다. 복지의 평등론은 정부가 국민들을 평등한 사람으로 대우하기 위해서는 한 공동체의 구성원들의 복지가 가능한 한 동일하도록 자원을 분배해야 한다고 주장한다.[40] 다시 말해서 자유주의 사회에서 끊임없이 불평등이 발생하고 있는데, 그러한 불평등을 발생시키고 있는 구조나 제도가 정당화되기 위해서는 최소한으로 혜택을 입는 사람들에게 복지를 제공해야 한다는 것이다.

롤즈의 제2의 정의 원리인 차등원칙에 대해서 드워킨은 "차등의 원칙은 자원의 평등이 인정하는 평등의 여러 차원들 가운데 오직 하나에만 향해 있다. 차등의 원칙은 육체적 조건이나 장애에서의 차이는 말할 것도 없이 소망, 기호, 직업 또는 소비에서의 차이를 고려하지 않고 기본적 가치들primary goods에서의 획일적인 평등flat equality이 기본적 또는 진정한 평등이라고 가정한다"고 평가한다.[41] 특히 차등원칙이 안고 있는 문제점에 대해 드워킨은 다음과 같이 지적하고 있다. 첫째, 각 개인이 선택한 삶에 대한 책임을 고려하지 않는다는 것이다. 어떤 사람은 자신이 선택한 삶을 위해서 열심히 노력하지만, 어떤 사람은 그러한 노력을 기울이지 않고 게으름을 피워 최소수혜자에 속하기도 한다. 이처럼 획일적인 평등의 개념은 자유주의의 근본적인 원리를 반영하지 못한다. 둘째, 사회구성원이 삶을 선택할 때, 그 삶에 필요한 자원이 없기 때문에 다른 삶을 선택할 수밖에 없는 상황에 놓이게 되는데, 사후적 평등인 차등원칙은 이러한 중대한 문제를 해결하지 못한다는 것이다.[42]

---

39 위의 책, 49-50면.
40 위의 책, 226면. 드워킨의 평등론에 대해서는, 염수균, "드워킨의 자원의 평등론," 『범한철학』 제35집(2004), 99-132면; 오병선, "분배적 평등의 실현형태와 그 평등화의 척도," 『법철학연구』 제11권2호(2008), 451-480면 참조.
41 로널드 드워킨, 『자유주의적 평등』, 206면.
42 위의 책,

드워킨은 이러한 복지 평등론에 대한 대안으로서 자원 평등론을 제시한다. 즉 각각의 사람들이 삶에서 이용할 수 있는 자원이 평등해야 한다는 것이다. 특히 드워킨은 복지의 평등을 사후적ex post 평등으로, 자원의 평등을 사전적ex ante 평등으로 특징짓는다.[43] 예를 들어 어떤 사람이 고소득 직종에서 일할 능력을 갖추지 못했기 때문에 혹은 병에 걸려 일할 수 없기 때문에 혹은 자신의 잘못 없이 엄청난 의료비용을 지불해야 하기 때문에 다른 사람들보다 가난해졌다면, 사후 평등을 추구하는 정부는 가능한 한 최대로 그 사람이 이런 장애나 사고가 없었을 경우 얻을 수 있었을 지위로 돌려놓으려고 한다. 반면 사전 평등을 추구하는 정부는 사람들이 불평등해질 수 있는 운의 부침 이전에, 곧 좋은 운이나 나쁜 운이라고 할 수 있는 사건이나 상황이 발생하기 전에 사람들을 동등한 위치에 놓으려고 최선을 다한다. 예를 들면 모든 시민이 낮은 생산력이나 나쁜 운에 대비하는 적절한 보험을 같은 조건으로 구입할 기회를 줌으로써 사전 평등을 확대할 수 있다는 것이다.[44]

(3) 자원의 분배

드워킨은 한 사회가 가지고 있는 자원을 분배하는 방식을 설명하기 위해서 일종의 사고실험과 같은 가상적인 상황을 설정한다.[45] 그것은 난파된 배의 선원들이 자원이 풍부한 무인도에 표류했고 몇 년 이내에는 그들을 구조할 수 없는 상황이다. 이주자들은 자신들 가운데 어느 누구도 무인도의 자원 어떤 것에도 선행적 권리를 갖고 있지 않으며, 무인도의 자원을 자신들에게 평등하게 분배해야 한다는 원칙을 받아들인다. 이 상황에 대해 드워킨은 또 하나의 가정을 설정한다. 선원들이 향후 자신들이 만들 수 있는 국가가 특정한 자원을 공동으로 소유하는 것이 현명할 수 있다는 점을 깨닫지 못한다고 가정하자는 것이다.

그렇다면 이 섬의 자원을 어떻게 분배하는 것이 자유주의 평등의 이념에 가장 잘 어울릴 것인가? 드워킨은 그 방법으로 경매를 제시한다. 그 섬에 있는

---

43 로널드 드워킨(홍한별 옮김), 『민주주의는 가능한가』(문학과지성사, 2012), 143-149면.

44 위의 책, 146면.

45 로널드 드워킨, 『자유주의적 평등』, 138면.

모든 자원들이 균등하게 나뉠 수 없는 성질(예를 들어 젖소의 경우 1/n로 구분될
수 없다)을 가진 것들이 있기 때문에 이주자들에게 동일한 양의 패각을 나눠주
고 그것을 이용해서 경매에 붙여진 재화들을 구입하도록 하는 것이다.

드워킨은 경매를 통해 자원을 평등하게 분배하는 기준으로 선망검사envy test
를 제안한다.[46] 선망검사란 자원이 분배되었을 때, 어떤 사람도 다른 사람의 자
원을 자신의 것보다 더 좋아하지 않아야 그 분배가 평등한 분배라는 것이다. 사
람들이 평등한 입장으로 참여해서 이루어진 경매를 통해 모든 자원이 분배되었
을 때, 어느 누구도 자신이 배당받은 자원보다 다른 사람의 자원을 더 좋아하지
않게 된다. 그렇다면 그 분배의 결과는 선망검사를 통과한 것으로 볼 수 있다.

또한 드워킨은 자원이 평등하게 분배되었는가를 측정하는 기준으로 기회비용
opportunity cost을 제시한다.[47] 그것은 어떤 사람이 갖고 있는 이전 가능한transferable
자원의 가치를 그가 그것을 가짐으로써 다른 사람들은 포기하게 되는 가치로
정한다.[48] 그것은 각각의 사람들이 갖는 이전 가능한 자원들 전체를 그런 방식
으로 측정해서 기회비용의 총합이 동일할 때, 자원들이 평등하게 분할된 것으
로 간주한다. 이때 드워킨은 롤즈가 상정하는 무지의 베일과 같은 장치를 설정
하지 않는다. 오히려 그는 개인적 선호, 취향, 능력 등 거의 모든 정보가 제공
된 상태에서 자원의 분배가 이뤄져야 한다고 주장한다.

드워킨은 사람들의 운명은 그들의 선택과 여건에 따라 결정된다고 본다.
각 개인들의 선택은 그들의 인성을 반영하는데, 인성personality은 크게 두 구성요
소, 즉 소망ambition과 성품character으로 구성된다. 소망에는 그의 전반적 인생 계
획뿐 아니라 그의 모든 기호, 선호, 신념을 포함하며, 성품에는 열성, 정력, 근
면, 완고함, 장기적 안목으로 일할 수 있는 능력 등을 포함한다. 한 사람의 여
건endowment은 그의 개인적 자원과 비개인적 자원으로 구성된다. 개인적 자원에
는 육체적·정신적 능력, 건강, 재산 축적 재능 등을 포함하며, 비개인적 자원
에는 재분배될 수 있는 자원들, 부모의 재산 또는 그 재산을 사용할 수 있는
기회 등이 포함된다. 이러한 구분을 토대로 드워킨은 자원의 분배가 소망에는

---

46 위의 책.
47 위의 책, 253면.
48 위의 책.

민감하지만, 여건에는 둔감하게 되어야 한다는 원칙을 제시한다.[49]

드워킨은 어떤 사람이 이러한 경매를 통해서 자신의 신념이나 선호 혹은 인성에 의거해서 선택하는 결과에 대해서는 그 자신이 책임을 져야 한다는 윤리를 전제하고 있으며,[50] 경매야말로 자원의 평등이라는 이상을 추구하는 윤리학의 중심에 있는 발견과 적용 과정의 하나의 제도적 형식이라고 강조한다.[51] 다시 말해서 시초의 자원의 평등을 확립하기 위한 장치로서의 경매의 개념 속에 사람들은 자신들이 영위하기로 결정한 삶의 대가를 지불해야 한다는 의미가 함축되어 있다는 것이다.

(4) 경매 이후에 발생하는 불평등

앞에서 기술한 것처럼 경매가 성공적으로 끝난다면, 이주자들 사이에 자원의 평등이 성립하게 된다. 하지만 자원의 평등이 유지되는 시간은 매우 짧을 것이다. 이주자들 사이에 능력의 차이 또는 뜻하지 않은 불운으로 인해서 부의 불평등이 발생하게 된다. 시초에 자원이 평등하게 분배된 사회는 평등을 실현한 사회라고 할 수 있다. 하지만 자원이 평등하게 분배된 사회에서도 부의 불평등이 발생할 수밖에 없다. 어떤 사람들은 자신이 선택한 자원을 열심히 활용해서 부를 더욱 증가시키지만, 어떤 사람들은 능력 부족으로 인해 자신이 가진 자원을 점점 축소시킨다.

그렇다면 이러한 부의 불평등의 현상에 대해서 시초에 모든 자원이 동등하게 분배되었고 그 자원을 선택한 것은 각 개인이기 때문에 정부나 사회는 아무런 대책을 세울 필요가 없는 것인가? 드워킨은 경매 이후에 발생하는 불평등을 운luck의 개념으로 설명하고자 시도한다.[52] 운에는 두 종류가 있는데, 하나는 선택적 운option luck이고, 다른 하나는 눈먼 운brute luck이다. 선택적 운은 어떤 사람이 자신이 예측했고 그 결과를 피했을 수도 있는 위험을 받아들임으로써 이익을 보느냐 아니면 손실을 보느냐의 문제이다. 눈먼 운은 내 자신이 선택하

---

49 위의 책, 500면.
50 위의 책, 57면.
51 위의 책, 143면.
52 위의 책, 147-160면.

지 않은 위험에 의해서 발생한 결과의 문제다. 만일 내가 주가가 상승할 때 주식을 샀다면 나의 선택적 운은 좋은 것이다. 만일 내가 경로를 예측할 수 없었던 운석에 맞았다면 나의 불운은 눈먼 것이다.

자원평등론이 제일 먼저 부딪치는 사안은, 비록 시초에 자원이 평등하게 분배되었지만, 그 자원을 분배받은 사람이 태어나면서부터 장애를 갖고 있는 경우이다. 만일 우리가 자원의 평등을 시초의 분배로만 만족한다면, 장애를 갖고 있는 사람에게도 다른 사람과 동일한 자원을 분배하는 것으로 충분하다고 할 수 있다. 하지만 앞에서 살펴본 바와 같이 드워킨은 시초에 각 개인이 가지고 있는 육체적·정신적 능력도 그의 자원의 한 부분으로 간주하기 때문에 이를 시정할 수 있는 메커니즘이 요구된다고 지적한다. 이 문제에 대해서 드워킨은 심각한 장애를 갖고 태어난 사람은 바로 그것 때문에 다른 사람보다 더 적은 자원을 갖고 자신의 인생을 맞이하는 것이며, 이 상황은 자원의 평등을 추구하는 체계 아래서 보상이 정당화된다고 주장한다.[53]

재능이나 기술의 차이로 인해서 발생하는 불평등의 문제는 자원평등론이 직면하게 되는 가장 어려운 문제라고 할 수 있다. 가상 상황인 무인도에 상륙한 사람들이 모두 만족하도록 경매를 통해서 자원이 평등하게 분배되었다 하더라도, 각 사람이 갖고 있는 능력과 성향에 따라서 동일한 자원을 분배받은 사람들 사이에서도 소득의 차이가 발생하게 된다. 예를 들어 A와 B가 농사를 짓기로 결정하고 경매를 통해서 동일한 크기와 조건의 토지를 할당받았다. A는 농사에 탁월한 재능이 있어서 많은 수입을 올리게 되었다. 반면 B는 A와 거의 비슷한 노력을 기울였지만, 농사의 능력이 뒤떨어지는 바람에 수입이 점점 줄게 되었다.

그렇다면 이처럼 능력의 차이로 인해서 발생하게 되는 부의 불평등에 대해서 사회는 어떻게 해야 하는가? 자원의 평등이 사람들이 삶을 시작하면서 동등한 자원을 갖고서 출발하도록 하는 것을 목표로 삼는다면, 자원의 동등한 분배 이후에 나타나는 불평등의 문제를 해결하는 장치도 사후적으로 보완하는 것이 아니라 사전적으로 그러한 사태를 예비할 수 있어야 한다는 것이 드워킨의 생각이다. 드워킨은 자원이 분배된 이후에 발생하는 부의 불평등을 해결하

---

53 위의 책, 158면.

기 위해서 자원의 평등 원칙에 가장 잘 어울리는 제도적 장치로 가설적 보험시장을 제안한다.

무인도의 사례에서 이주민들은 자신들이 어떠한 삶을 살 것인가를 정하고 자신의 결정에 가장 적합한 자원들을 분배받았다. 그런데 이들은 향후 자신들이 어떠한 운눈면 운이트, 선택적 운이트을 맞이하게 될 것인지에 대해서는 전혀 예상할 수가 없다. 이러한 상황에서 만일 그 사람들이 향후 겪을지도 모를 장애, 질병, 실업, 저소득, 재해 등을 대비할 수 있는 보험이 있다면, 이들이 시초에 받은 자원 또는 이후 자신들의 수입 중 일부를 이러한 보험을 구입하는 데 투자할 수 있을 것이다.

드워킨은 가설적 보험시장에서 구성될 수 있는 보험의 다양한 형태들을 검토하면서 보험이 어떻게 불평등의 문제에 대한 대비책이 될 수 있는가를 논증한다. 예를 들어 장애의 예상 위험이 똑같을 경우 평균의 사람들이 샀을 보험을 토대로 모든 사람에게 정해진 보험료로 보험을 들게 하는 강제 보험을 구축할 수 있다.[54] 그리고 실업이나 수입의 감소 등의 문제들에 대처하기 위해서, 드워킨은 가설적 보험접근법에 근거한 방안을 제시한다. 모든 사람들이 실업 상태가 되거나 약정된 수입보다 낮은 임금을 받을 때, 약정된 수입을 보장해주는 보험을 살 기회를 제공받고, 또한 그런 보험이 집단율로, 즉 모든 사람을 대상으로 동일한 보장 범위에 대해서 동일한 보험료로 제공된다면, 사람들은 현명하게 자신들의 개별적인 보험결정을 할 것이다.[55]

드워킨은 보험접근법이 모든 사람들에게아마도 현명하지 못한 시민들을 제외하고는 사전적으로 더 좋다고 주장한다. 왜냐하면 그것은 어느 누구도 하려고 하지 않을 집단적 결정을 강요하는 대신에 보험료 형태로 그들이 지금 하려고 하는 희생수입의 일부를 떼어서 보험료를 지불하는 것 그리고 그들이 지금 하는 것이 옳다고 생각하는 희생의 정도를 기준으로 해서 얼마나 많은 미래의 보호를 선택할 것인지를 그들 각자에게 맡기기 때문이다.[56] 다시 말해서 보험접근법은 사람들이 다양한 위험의 상대적 중요성에 대해서 스스로 판단할 수 있도록 허용하고 그렇게 해

---

54 위의 책, 157면.
55 위의 책, 512면.
56 위의 책, 526면.

서 그들이 자신들의 자원을 스스로의 판단, 소망, 기호, 확신 그리고 신념에 맞춰서 결정할 수 있도록 하는 것이다.[57]

드워킨은 이러한 방안이 자신이 제시한 평등한 배려에 보다 부합하는 것이라고 본다. 공동체가 사람들 모두에게 동일한 조건으로 그리고 각각이 선택하는 수준에서 보험을 드는 것을 허락할 때, 그들을 동일한 배려로 대우하는 것이다.[58] 드워킨은 가설적 보험접근법의 결과에 대해서, 그것은 눈먼 나쁜 운의 결과를 제거하는 것이 아니라 다만 그것을 현명한 보험이 하는 정도와 방식으로 완화하는 것뿐이며, 사람들이 악운을 당할 사전적 위험에서 평등하게 만드는 것을 목적으로 한다고 밝히고 있다.[59]

(5) 가설적 보험시장에 근거한 조세제도

경매와 가설적 보험시장이라는 제도적 장치들을 통해서 정립된 자원평등론이 과연 현실세계에서 어떻게 적용될 수 있는가? 현실 세계에서는 이미 엄청난 부의 불평등이 팽배해 있고, 드워킨이 제시한 가설적 보험시장에 의해서 보호받지 못하는 사람들이 너무나 많다. 이러한 문제를 해결할 수 있는 차선책으로 드워킨은 가상적 보험틀에 근거한 조세제도로 전환할 것을 제안한다. 자원의 평등은 조세와 복지 체제를 통해서 개인들을 비참한 경제적 실패로부터 보호해야 한다는 것이다. 그 체제는 만일 모든 사람들이 동등한 조건으로 가입할 수 있는 보험이 있다면, 신중하게 행동하는 공동체의 평균인들이 구입하게 될 보험을 모델로 만들어진다. 모든 사회구성원이 그 정도 수준의 보험을 구매했다면 총 보험료가 얼마일지를 생각해 보고, 이 가상적 보험료 총액과 같은 양으로 연간총세수를 결정하면, 받아들일 수 없는 불평등을 시정하는 조세제도를 설계할 수 있다는 것이다. 이러한 가정에 따라, 이 보험료 총액은 모든 사람이 그 수준의 보험을 구매했을 때 불운을 겪은 사람이 받을 수 있는 만큼의 보상을 제공하기에 충분한 수입이 될 것이다. 보상은 의료비 변제나 실업급여 같은 직접 지불의 형태를 띨 수도 있고, 전 국민건강보험을 통해 사람들이 보험으로

---

57 위의 책, 529면.
58 위의 책, 527면.
59 위의 책, 524-25면.

보장할 정도의 혜택을 제공하는 공공지출의 형태를 띨 수도 있다.[60]

또한 이 조세제도는 사회구성원의 소득에 따라 다르게 책정되는 누진적인 조세제도로 구축된다. 수입이 적은 사람들은 이미 자원의 평등이 상정하는 것보다 훨씬 적은 부를 갖고 있기 때문에 현실 세계에서 최소한이나마 자원의 평등을 이루기 위해서는 이들이 자신들의 미래를 위해서 지출하는 보험료로서의 세금의 수준은 낮아야 한다. 반면 소득이 높은 사람들은 고세율의 세금을 납부해야 한다. 드워킨은 이러한 누진적인 조세제도가 사전 평등으로서의 자원의 평등을 실현하는 제도라고 본다. 자원의 평등은 한 사람이 그의 삶에서 이용할 수 있는 자원이 평등해야 한다는 것을 전제하기 때문에, 실제 세계에서 자원의 평등을 실현하기 위해서는 누진적인 조세제도에 의거할 수밖에 없다는 것이다.

제5장 ◢ 생각해 볼 문제

❶ 다음의 「제대군인지원에 관한 법률」 제 8 조에 관한 헌법재판소의 판례[헌법재판소 1999. 12. 23. 98헌마363 전원재판부 결정]의 논거를 분석해 보고 이를 바탕으로 이 법이 정의의 관점에서 어떻게 평가될 수 있는지 논의해 보자.

> 제대군인지원에 관한 법률 제 8 조 [채용시험의 가점] ① 제 7 조 제 2 항의 규정에 의한 취업보호실시기관이 그 직원을 채용하기 위한 시험을 실시할 경우 제대군인이 그 시험에 응시한 때에는 필기시험의 각 과목별 득점에 각 과목별 만점의 5퍼센트의 범위 안에서 대통령령이 정하는 바에 따라 가산한다. 이 경우 취업보호실시기관이 필기시험을 실시하지 아니한 때에는 그에 갈음하여 실시하는 실기시험·서류전형 또는 면접시험의 득점에 이를 가산한다.

❷ 사회에서 형성되는 부에 관해서 롤즈는 "최소수혜자에게 최대 이익이 되도록" 부의 분배가 이루어져야 한다고 주장한다. 이에 비해 드워킨의 정의론은 좀 더 복합적인 이론적 구조를 갖고

---

60 드워킨, 「민주주의는 가능한가」, 155면.

있다. 각 사람이 인생을 시작할 때 동등한 자원을 갖고 출발할 수 있도록 자원이 분배되어야 하지만, 그의 인생의 성공 여부에 대해서는 그 자신이 책임을 져야 한다고 주장한다. 두 정의론 중 과연 어떤 것이 우리 사회의 현실에 더 적합한지 논의해 보자.

제6장
자유주의와
공동체주의

Ⅰ. 법에 있어서 자유주의와 공동체주의

제5장에서 우리는 정의에 대한 다양한 입장을 살펴보았다. 그런데 오늘날 정의에 대한 논의는 많은 부분 '자유주의 vs 공동체주의'라는 틀에서 다루어지고 있다. 이는 정의의 실현 자체가 인간 삶의 이원적 구조 속에서 이루어질 수밖에 없기 때문이다. 인간은 실존적으로 개인적 삶과 공동체적 삶 속에서 자신의 행복을 추구한다. 문제는 개인의 이익과 공동체의 가치가 서로 충돌할 수 있다는 점이다. 특히 개인화와 다원주의적 경향이 강화되면서 이러한 충돌의 양상은 점점 커지고 있다. 양심적 병역거부의 문제를 비롯하여 간통죄와 동성애, 안락사 또는 존엄사 등의 문제를 둘러싼 사회 구성원들 사이의 갈등은 이에 대한 대표적인 예이다. 이러한 충돌은 통약불가능한 가치충돌 현상으로 나아가고 있으며, 궁극적으로 법적 문제로 표출되고 있다.

우리나라는 헌법 제10조의 "인간의 존엄성과 행복추구권"을 정점으로 다양한 개인의 기본권을 인정한다. 양심적 병역거부자는 양심의 자유에, 동성애 옹호론자는 성적 자기 결정권에, 안락사 또는 존엄사는 죽음의 시기 및 존엄한 죽음에 대한 자기 결정권 등의 형태로 자기 이익을 실현하고자 한다. 그러나 국가는 헌법 제37조 제2항에 따라 모든 국민의 자유와 권리를 국가안전보장, 질서유지 또는 공공복리를 위해 필요한 경우 제한할 수 있다. 양심적 병역거부 행위는 국방의 의무이행을 강제하는 병역법과 충돌할 수 있으며, 안락사, 낙태 및 존엄사의 경우 생명의 가치를 수호하려는 형법의 제한을 받을 수 있다. 물론 이러한 법적 문제들은 법해석과 법논증을 통해 해결될 수 있겠지만, 결국 개인의 권리와 공동체 가치 사이에 어느 것을 우선적으로 보호해야 할 것인가의 문제로 귀결될 수밖에 없다.

양심적 병역거부의 사례에 대한 논쟁은 이를 잘 보여준다. 제청법원이 제청이유에서 밝히고 있는 바와 같이 "사상이나 양심 또는 종교적 교리를 이유로 병역의무의 이행을 거부하는 이른바 양심적·종교적 병역거부의 경우에는 헌법상 국민의 기본적 의무인 병역의무와 자유민주적 기본질서의 핵심적 기본권인 사상·양심의 자유 및 종교의 자유 사이에 충돌을 일으키므로 그 본질적 내용들을 훼손하지 않는 범위 내에서 양자를 조화·병존시킬 필요가 있다." 이에 대해 헌법재판소의 별개의견합헌은 다음과 같은 의견을 제시하고 있다.

> 자기의 부모, 형제, 처자가 살상되는 것을 보고도 가만히 있는다면 이는 측은지심(惻隱之心)이 없어 인(仁)하지 못한 것이 아닌가 의심[된다].… 인(仁), 의(義), 예(禮), 지(智)가 이처럼 의심스러운 행위는 그 보편타당성을 인정받기 어렵다. 그러므로 침략전쟁을 방어하거나 방어를 준비하기 위하여 필요한 집총을 거부한다는 것은 보편타당성을 가진 양심의 소리라고 인정하기 어렵다. … 보편타당성이 없기 때문에 헌법상의 보호가 제한될 수 있는 것이고 따라서 국가안전보장·질서유지·공공복리를 위하여 필요한 경우에는 법률로 이를 제한할 수 있는 것이다.[1]

위의 의견은 양심의 자유의 본질을 인·의·예·지와 같은 전통적인 공동체 가치에 근거한 보편타당한 자유로 해석하면서, 이를 개인의 주관적 가치관에 토대를 둔 양심보다 우선시하고 있다. 하지만 다수의견합헌 및 소수의견위헌처럼 "양심실현의 자유의 보장문제는 '국가가 민주적 공동체의 다수결정과 달리 생각하고 달리 행동하고자 하는 소수의 국민을 어떻게 배려하는가'의 문제, 소수에 대한 국가적·사회적 관용의 문제"로서 이해할 수도 있을 것이다. 이는 공

동체의 가치보다는 양심에 있어서 각 개인의 동등한 배려와 존중을 받을 권리를 우선시하면서 병역법에 대한 합헌 또는 위헌 의견을 제시하는 것이다. 이처럼 법적 결정에는 권리의 본질적 내용은 무엇인가? 무엇이 공동체 가치인가? 개인의 권리와 공동체 가치가 충돌할 때 어떤 것이 우선하는가에 대한 관점들이 항상 전제되어 있다. 자유주의와 공동체주의 논쟁은 이러한 법적 결정을 이해하는데 있어서 주요한 시사점을 제공할 수 있을 것이다.[2]

우리는 통상 개인의 이익을 더 중요시할 경우를 자유주의적 관점, 공동체 가치를 더 강조할 경우를 공동체주의적 관점이라고 한다. 양자의 논쟁은 아리스토텔레스-아퀴나스-헤겔로 이어지는 공동체주의적 전통과 홉스-로크-벤담-밀-칸트에 이르는 자유주의적 전통 사이의 논쟁에 뿌리를 두고 있다. 그러나 오늘날 자유주의와 공동체주의 논쟁은 롤즈의 『정의론』 및 『정치적 자유주의』에 대한 공동체주의자들인 샌델M. Sandel, 바버B. Baber, 매킨타이어A. MacIntyre, 테일러C. Taylor와 왈쩌M. Walzer 등의 비판으로 본격화되었다. 아래에서는 오늘날의 자유주의와 공동체주의 논쟁의 구체적 모습을 살펴볼 것이다.

Ⅱ. 롤즈의 정의론에 대한 공동체주의의 비판

롤즈는 제5장에서 설명하였듯이 『정의론』에서 특정한 사회나 특정한 정부형태를 전제하지 않는 일반화된 정의관을 전개하였다. 그는 자유롭고 합리적이며 평등한 사람들이 자신의 이익을 증진시키고자 할 때 선택하게 되는 원리들을 보여주고자 했다. 이 원리들은 자신들의 연합체가 갖추어야 할 사회의 기본 원리이다. 롤즈는 이를 위해 사회보다 앞서 존재하는 또는 사회와 분리된 개인들을 전제로 하는 사회계약론을 취하였다. 롤즈가 『정의론』에서 제시하고 있는 "원초적 입장," "무지의 베일," "합리적이고 상호무관심한 인간"이라는 개념들에

2 이에 대한 논의로 김정오, "헌법판례에 나타난 법적 논증의 구조적, 비판적 분석 ― 간통죄의 위헌여부에 관한 헌법판례(89헌마82)를 중심으로," 『법철학연구』 제 4 권 제 2 호(2001); 오병선, "권리담론의 자유공동체주의적 접근," 『서강법학연구』 제 1 권(1999); 신동룡, "법담론에 있어서 자유주의와 공동체주의", 『법철학연구』 제19권 제 3 호(2010)을 참조.

의해 도출되는 정의의 원칙들은 이러한 점을 반영하고 있다.[3]

공동체주의자라고 일컬어지는 샌델과 왈쩌 등은 롤즈가 원초적 입장에서 전제한 인간관을 비판한다. 우리는 사회보다 앞서 존재하거나 분리된 개인들이 아니라 이미 사회 속에서 사회화된 개인들이라는 것이다. 또한 공동체주의자들은 원초적 입장에서 다루는 개념들의 비맥락성을 비판한다. 롤즈는 어떤 사람, 물건, 규범이 가지는 의미, 가치, 평가를 객관적이고 보편적인 시각에서 다루고 있지만, 이것들은 사회적 맥락을 전제하지 않고서는 존재하지 않는다는 것이다.[4]

1. 샌델의 상황적 자아와 구성적 공동체

샌델은 롤즈가 인간은 주어진 가치체계 속에서 이해, 판단, 행동한다는 사실을 간과하거나 무시한다고 지적한다. 그는 "다양한 사회적 관계들에 의해 규정되는 연고 있는"encumberred 인간이란 개념을 제시한다. "사회에 뿌리내리지 않고,"unembeded "연고가 없는"unencumbered 독립적 존재로 인간을 파악하는 것은 인간의 사회적 역할이 인격의 한 부분이라는 사실을 망각하는 것이다. 인간은 부분적으로 그들이 살고 있는 공동체에 의해서 규정되는 존재이다. 그 공동체의 특정한 목적과 목표 속에 연루되지 않고 인간을 정의한다는 것은 현실을 무시한 것이다.[5] 상황에 지배받지 않는 인간 또는 윤리적으로 중립적인 인간을 상정하는 것은 잘못이다.

이와 함께 샌델은 자신의 "상호주관적 자아"intersubjective self 개념과 "상황적 자아"situated self 개념을 제시한다. 자아는 사회적인 상호관계들에 의해 규정된다. 상호주관적 자아란 이러한 관계로부터 자신의 정체성을 이룰 수 있다는 의미를 내포한 개념이다. 마찬가지로 상황적 자아도 개인이 처한 사회적 상황과 조건들에 의해서 각 개인의 정체성이 규정되거나 변화될 수 있다는 점을 전제하는 개념이다.

---

3 롤즈의 정의의 원칙에 대한 구체적 내용은 본서의 제5장 III. 7. "롤즈의 정의론"을 참조.
4 김정오, 『현대사회사상과 법』(나남, 2007), 249면.
5 아래의 설명들은 M. Sandel(이양수 역), 『정의의 한계』(멜론, 2012), 83면 이하 참조.

샌델은 원초적 입장과 무지의 베일 속에서 독립적으로 자신의 이해관계를 추산하는 "절대 개인"에 비판적 입장을 보인다. 그는 정치이론이나 철학의 출발점으로 추상적이고 독립된 개인보다는 "상호주관적 자아"와 "상황적 자아"를 토대로 그들이 담지하고 있는 정의와 권리에 대한 관념을 좀 더 구체적으로 파악할 수 있다고 주장한다. 샌델이 말하는 정의와 권리는 롤즈의 자유주의가 전제하는 것처럼 형식만으로 구성되는 것이 아니며 또한 공동체 전체에 의해 개인에게 강압되는 전제주의도 아니다. 그것은 다층적이고 다양한 공동체의 구성원으로서 살아가는 상황적인 각 개인들에 의해 상호주관적으로 구성되는 것이다. 센델은 이러한 "구성적 공동체" 안에서 자신의 자아를 형성할 수 있는 자유, 즉 함께 하는 참여로서의 자치를 가장 기본적인 자유라고 주장하면서, 형성적 정치를 강조한다. 공동체적 삶의 의미에 대한 담론을 활성화시킴으로써 자기 통치에 필요한 성품을 스스로 형성하는 정치를 실현해야 한다는 것이다.[6]

구성적 공동체에서는 개인의 자발성이 무시되지 않는다. 샌델에 따르면 한 사회의 구성원이 공동체적 의미에서 서로 묶여 있다는 것은 그들이 공동의 정서와 공동의 목적만을 추구한다는 것을 의미하지 않는다. 공동체란 동료시민으로서 가져야 하는 의무와 함께 그들 자신의 독립성을 의미하기도 한다. 그것은 그들이 발견한 자발적 결합관계이면서 또한 그들이 선택한 관계인 것이다. 이것이 바로 그들을 나타내는 특징이며 동시에 그들의 정체성을 구성한다.

---

6 M. Sandel(김은희 역), "자유주의와 무연고적 자아," 『공동체주의와 공공성』(철학과현실사, 2008), 37-38면. 샌델의 관점은 단순한 "권리의 정치"가 아닌 자치를 통한 "공동선의 정치"를 강조하는 것이다. 공동선의 정치와 관련하여 벤자민 바버는 강고한 민주주의를 주장한다. 바버는 자유주의가 인간의 삶을 공적인 삶과 사적인 삶으로 구분한 후, 공적인 삶을 사적 이익의 최대화를 위한 것으로 축소시켰다고 설명한다. 때문에 공적인 삶에서의 정치란 단순히 이익충돌의 조율과정으로서 이익집단의 정치참여나 투표와 같은 것이 되어 버렸다. 이 과정에서 많은 공적인 것들이 사적인 영역으로 점점 전락해감에 따라 정치적 불감증이 높아졌고, 이로 인해서 전체주의 또는 다수의 횡포와 같은 순수한 획일적 민주주의라는 민주주의의 위기가 발생한 것이다. 즉, 우리는 민주주의의 과다가 아닌 민주주의의 결핍으로 인해 고통 받고 있는 것이다. 만약 현대 국가에서 고대 아테네의 직접 민주주의가 현실적으로 불가능할지라도, 우리에게 대의민주주의가 대안은 아닌 것이다. 여기서 바버는 시민사회의 체질개선을 위해 강고한 민주주의를 주장한다. 그에 따르면 시민사회는 계약적으로 구성된 것이 아니라 생래적인 것이며, 시장이 아니라 공동체를 통해 결속되며 공동체적 유대를 통해 결합되는 것이다. 강고한 민주주의의 구성원인 시민은 집단이나 공동체의 책임감 있는 자유로운 구성원이어야 한다. 그들은 가치들이 충돌하고 이익들이 갈등하였을 때 공동의 관계를 추구함으로써 이러한 충돌의 차이를 조화롭게 해결하기 위해 노력하는 존재이다. 바버는 이러한 노력들이 강제성 없는 자치적 자유와 가치의 공유 과정 속에서 이루어져야 한다고 설명한다. B. R. Barber, "시민의식과 공동체," 한흥수·황주홍 편역, 『현대정치와 국가』(연세대학교 출판부, 1994), 222-246면 참조.

2. 왈쩌의 복합 평등론

왈쩌는 각각의 공동체가 겪어 온 역사를 강조하면서, 롤즈가 기획하는 보편적 원리와 이를 위한 가정들을 비판한다. 그는 "구성원들이 그들 자신의 제도와 법을 만드는 모든 역사적 공동체는 필연적으로 삶의 특수한 양식을 생성한다"[7]고 하면서 도덕규범에 공동체적 규범이 깊이 각인되어 있음을 강조한다. 따라서 그는 보편주의적인 입장에서 도덕을 논하는 관점이나 시도에 반대하면서 자신의 입장을 다음과 같이 정리하고 있다.

> 나의 논의는 급진적으로 개별적이다. 나는 내가 살고 있는 사회 세계로부터 멀리 떨어져 있다고 생각하지 않는다. 철학적 기획을 시작하는 가장 본유적인 방법은 동굴 밖으로 나와 도시를 떠나 산을 오르는 것, 즉 (일반적인 사람들이 결코 할 수 없는) 소위 객관적이며 보편적인 관점을 채택하는 것이다. 그런 다음 한 사람은 멀리서부터 일상적인 삶의 영역을 묘사하는데 이로써 일상적인 삶의 영역은 그것의 특수한 윤곽을 잃어버리고 일반적인 형상만을 얻게 된다. 그러나 나는 동굴 속에, 도시 속에, 이 땅 위에 서 있고자 한다. 철학을 하는 다른 방법은 자신의 동료 시민들에게 우리가 공유하고 있는 의미의 세계를 해석해 주는 것이다. 철학적 가공물로서 정의와 평등은 쉽게 만들어지고 무난히 작동될 수 있지만, 하나의 정의롭거나 평등한 사회는 그렇게 될 수가 없는 것이다. 만약 그와 같은 사회가 이미 여기에 존재하지 아니한다면, 혹은 우리의 개념들과 범주들 속에 숨겨져 있다면, 우리는 결코 그것을 구체적으로 알 수도 없거니와 실현시킬 수도 없다.[8]

왈쩌의 주장에 따르면, 모든 정의와 권리들에 대한 구체적인 해답들은 각각의 공동체 내에 존재하고 있는 것이며, 롤즈가 가정하고 있는 것처럼 인간 사회의 어느 곳에나 보편타당한 유일무이의 정답은 있을 수가 없다.[9]

왈쩌는 이러한 상대주의적인 정의관을 영역론으로 발전시킨다. 그는 현대

---

7 M. Walzer, "Philosophy and Democracy," *Political Theory* vol. 9 (1981), 395면(이하에서는 "Philosophy and Democracy"로 인용함).

8 M. Walzer, *spheres of Justice : A Defense of Pluralism and Equality* (Basic Books, 1983), xiv면(이하에서는 *Spheres of Justice*로 인용하였다). 번역본으로는, M. Walzer(정원섭 외 역), 『정의와 다원적 평등』(철학과현실사, 1999).

9 Walzer, "Philosophy and Democracy," 393면.

사회가 다원적이고 복합적으로 다변화된 하위영역들로 구성되어 있다는 사실을 볼 때, 분배적 정의는 보편적인 원리에 의해 집행될 수 없다고 주장한다. 『정의의 영역들』에서 왈쩌는 구성원 자격, 안전과 복지, 돈과 상품, 공직, 노역, 여가, 교육, 혈연과 사랑, 은총, 명성, 정치권력 등의 영역들을 세분화하면서 각각의 영역들 내에서 어떻게 재화가 분배되고 정의가 실현되는가를 탐구하였다. 이를 통해 왈쩌는 현실 사회에서 분배적 정의는 "복합 평등"complex equality이라는 개념과 결부되어 파악되어야 한다고 결론짓는다.

> 나는 분배적 정의의 문제에 있어서 통일성(unity)을 추구하는 것은 그 문제 자체를 오해하는 것이라고 주장할 것이다. … 가장 중대한 문제는 역사와 문화 그리고 구성원 자격의 특수성에 관련된 것이다. 설령 일반적인 인간들이 불편부당함을 추구한다고 할지라도 정치적 공동체의 구성원들의 생각에 가장 먼저 떠오르는 것은 이러저러한 종류의 보편적인 상황 아래에서 합리적인 개인이 어떠한 선택을 할 것인가가 아니다. 그와 반대로 우리와 같은 인간, 즉 우리와 같은 문화를 공유하고 계속적으로 공유할 인간이 지금 우리가 처한 상황에 놓여 있다면, 어떠한 선택을 할 것인가이다. 그리고 이러한 질문은 쉽게 다음과 같은 질문으로 전환된다. 우리의 일상적이고 공통된 삶의 과정에서 우리는 어떠한 선택들을 이미 해왔던가? 우리가 진정으로 공유하고 있는 이해란 무엇인가?[10]

여기서 왈쩌는 구체적인 사안이나 상황 혹은 영역에서 정의와 평등은 차별적으로 규정되고 실행되며 또 그렇게 되어야 한다고 주장한다.[11] 왈쩌가 주장하는 복합 평등론에 따르면, 정의는 모든 재화의 평등한 분배를 요구하는 것이 아니라, 각 재화가 그 특수한 영역 속에서 획득한 사회적 의미 기준에 의해서 분배될 것을 요구한다.[12] 예컨대, 의료와 같은 복지는 필요에 의해, 처벌과 명예는 공과에 의해, 교육은 재능에 의해, 부는 자유교환에 의해, 정치권력은 논쟁과 투표에 의해 분배됨으로써 각각의 영역들이 자신들의 가치를 전유하면

---

10 Walzer, *Spheres of Justice*, 5면.

11 M. Walzer, "Response," in D. Miller & M. Walzer ed., *Pluralism, Justice, and Equality* (Oxford University Press, 1995), 281-297면.

12 이러한 왈쩌의 주장은 최근 사법적 정의에 대한 주장과 매우 유사하다. 전통적으로 받아들여져 온 사법적 정의인 "유사한 것은 유사하게 취급하라"(Treat similar cases similarly)를 "다른 것은 다르게 취급하라"(Treat different case differently)는 말로 바꾸어야 한다는 주장이 대두되고 있다.

서도 상호발전적인 작용을 가능케 한다. 이러한 점에서 왈쩌의 복합 평등론은 한 영역의 고유한 가치가 타 영역의 가치를 침해함으로써 발생할 수 있는 불평등 관계를 개선할 수 있으며, 동시에 모든 영역에서 권리를 상실하는 경우를 예방할 수도 있다.[13] 따라서 복합 평등론에 입각한 체제는 하나의 유일한 원리에 의해 모든 것을 포괄해 버리는 전제주의와는 정반대되는 체제가 된다. 그것은 독단적이고 불공평한 지배가 영속화되거나 고착화되는 상황을 제어하는 초석이 된다.[14]

Ⅲ. 롤즈의 정치적 자유주의에 대한 공동체주의의 비판

1. 롤즈의 정치적 자유주의

롤즈는 칸트의 선험적 주체의 문제를 제거하여 좋음에 대한 옳음과 정의의 우위성을 확보하려고 하였다. 그러나 공동체주의의 비판에서 볼 수 있듯이, 롤즈의 자아는 현실에 매어있지 않은 자아로서 아직 그 선험성이 완전히 제거되지 않았다. 이러한 문제점을 극복하기 위해 롤즈는 의무론적 자유주의에서 정치적 자유주의로 전환하였다.

정치적 자유주의는 도덕적, 종교적, 철학적 교리들에 입각하여 이미 삶을 영위하는 자유롭고 평등한 개인들을 전제로 한다. 즉, 사회보다 먼저 존재하는 개인들이 아닌 이미 사회 속에서 존재하고 있는 개인들을 이론의 전제로 내세운 것이다. 문제는 이러한 다원화된 개인들이 어떻게 하나의 정치사회 속에서 자유롭고 평등한 삶을 영위하려 할 것인가, 다시 말해 단순히 공정함과 관련된 것이 아니라 정치적 자유와 관련된 정의의 원칙을 어떻게 도출할 것인가에 있다.

우선 롤즈는 자유주의가 평등하고 자유로운 시민들을 전제한다고 생각한

---

13 왈쩌가 말하는 "전제정"(tyranny)의 단적인 예는 다음과 같은 경우를 의미한다. 즉, 경제적인 영역에서 나름의 가치를 누리는 부의 축적의 문제가 정치적인 영역에까지 침범한다면, 이는 동등한 정치참여라는 시민으로서의 본질적인 권리를 파괴함으로써 경제적인 가치에 의한 "전제"가 된다. Walzer, *Spheres of Justice*, 11면.

14 위의 책, 19면.

다. 시민들은 자신의 자율성에 입각하여 자신의 신념을 선택할 수 있어야 하고, 사회 내에서 그러한 신념들이 공존할 수 있어야 한다. 하지만 개개의 신념이 모든 시민들로부터 인정받을 수 없음은 인정하더라도, 낙태를 둘러싼 사회적 갈등처럼 양립불가능할 수도 있다. 나아가 이들의 분열이 사회를 심각한 분쟁상황으로 몰아넣을 수도 있다. 『정치적 자유주의』는 이러한 화해 불가능한 잠재적 갈등 상황을 다룬다. 롤즈는 합당하지만 양립불가능한 도덕적, 종교적 그리고 철학적 교리들로 심원하게 나누어진 자유롭고 평등한 시민들 상호 간에, 안정된 정의로운 사회를 상당 기간 동안 지속시키는 것이 어떻게 가능한가를 문제 삼는다.[15]

칸트적 자유주의, 공리주의적 자유주의, 그리고 기타의 종교적, 철학적 이상을 전제로 하는 여타의 자유주의 등은 자율성, 공리성 및 여타의 도덕성을 자기만의 포괄적 교의로 주장한다. 롤즈는 이러한 입장들을 '포괄적 자유주의'라고 부른다. 롤즈는 모든 문제에 대해 포괄적이고 단순한 합의를 전제하는 포괄적 자유주의는 사회의 안정성을 확보하는 데 충분하지 않다고 본다. 반면 롤즈의 정치적 자유주의는 각각의 포괄적인 교의가 지지하는 도덕적, 종교적, 철학적 이상들 사이에 어느 것이 옳은 것인지에 대해서는 중립적 입장을 취한다. 롤즈는 어떠한 도덕적 판단이 참인가에 대해서는 정치적 자유주의의 주제가 아니라고 전제한다.

이러한 전제하에 롤즈는 『정의론』의 방법론이었던 사회계약론적 관점을 『정치적 자유주의』에서 계속 유지한다. 만약 모든 사람들이 자신의 도덕적, 종교적 그리고 철학적 교리들을 무지의 베일로 인하여 인식할 수 없다고 한다면, 합리적 관점에서 볼 때 어느 누구도 모든 문제에 대해 포괄적 합의를 이끌어내는 사회를 구성하겠다는 내용으로 계약을 체결하지 않으려 할 것이다. 오히려 시민들은 포괄적 합의가 아니라 공적 이성에 입각하여 다양한 신념들과 가치관들이 중첩되어 합의할 수 있는 정치제도를 구성하게 될 것이다. 다만 "중첩된 합의"overlapping consensus는 모두가 함께 공유할 수 있는 가치들, 즉 정치적 가치들이 정의관에 포함되어 있음을 전제로 한다. 중첩된 합의에 기초한 정치

---

15 J. Rawls(장동진 역), 『정치적 자유주의』(동명사, 1998), xxiii면.

적 정의관들을 구체적으로 설명하면 다음과 같다.

먼저 자유롭고 평등한 개인들은 누구나 선에 대해서 상이하고 때로는 상반된 도덕적, 종교적, 철학적 확신을 가질 수 있음을 인정해야 한다. 이는 두 가지 의미를 지닌다. 첫째, 어느 누구나 일방적으로 타인에게 자신의 선관善觀을 강요할 수 없다. 둘째, 시민들은 자신들의 가치관을 수정하고 변경할 수 있어야 한다. 그들은 언제나 자신의 선택에 의해 어떤 특정한 가치관과 신념들로부터 독립적이라고 주장할 수 있는 권리를 가져야 한다. 이를 토대로 자유롭고 평등한 시민들은 각자가 자신들의 가치관을 실현할 수 있도록 공적 이성에 입각하여 정치적 토론장 속에 자신들의 요구를 반영할 수 있는 권리를 가져야 한다.[16] 공적 이성과 관련하여 롤즈는 다음과 같이 설명한다.

> 민주적 사회에서 공적 이성은 평등한 시민들의 이성이다. 그리고 이 시민들은 집합체로서 법을 제정하고 자신의 헌법을 수정함으로써 서로에 대해 최종적인 정치적 강제력을 행사한다. … 공적 이성이 부과하는 한계는 모든 정치적 질문들에 적용되는 것이 아니라 "헌법의 본질적 요건들"이라고 부르는 것과 기본적 정의의 문제들과 관련된 사항들에만 적용된다. … 그러므로 공적 이성의 이상은 사안이 그러한 기본적인 질문들을 포함하고 있는 경우에 한하여 선거의 공적 담론을 지배할 뿐만 아니라 시민들이 이러한 질문들에 대하여 어떻게 그들의 표를 던져야 하는지도 지배한다.[17]

때문에 시민들은 공적인 정치적 토론장에 언제든지 참여할 수 있어야 한다. 사람들은 이러한 공적 토론의 합리적 숙고과정을 통해 협력적이고 질서정연한 사회의 시민이 된다. 그들은 공적인 정치적 토론장에서 상호공존의 규칙을 세울 수 있다. 단, 이러한 일련의 권리, 즉 가치관을 실현시키거나, 수정할 수 있는 권리, 공적 이성에 기반한 토론과 결정의 과정에 참여할 수 있는 권리 등은 무엇보다 권리행사에 있어서 합당하고reasonable 합리적인rational 근거를 갖

16 위의 책, 37-44면. 여기서 공적 이성이란, "다양하고 합당한 포괄적인 교리의 선관을 가지고 있는 각각의 사회의 구성원들이 사회의 결속을 위해 가지고 있어야 할 것으로서, 모두가 정당하게 받아들일 수 있는 추론과 행동을 할 수 있는 능력"을 뜻한다. 장동진·유인태, "존 롤즈의 공적 이성과 관용의 한계,"『사회과학논집』제35집(2005), 7면.
17 Rawls,『정치적 자유주의』, 264-266면.

추어야 한다. 여기서 합당함이란 다른 사회구성원들과 충분히 협력할 수 있어야 하며 정의관에 따라 행동할 수 있어야 함을 의미한다. 나아가 각자의 신념을 가진 사람들은 자신들의 견해를 표명할 때, 입헌 민주주의 사회의 가치를 존중하는 타당한 공적 근거들을 제시해야 한다. 그렇게 함으로써 합당한 다른 신념을 가진 사람들이 이를 지지할 수 있도록 해야 한다. 이러한 조건들 하에서 모든 시민들은 정의의 원칙에 따라 동등한 보호를 받게 되며, 이를 바탕으로 합리적으로 숙고할 수 있게 되는 것이다.

때문에 시민들은 자신의 가치관을 실현할 수 있는 타인들의 정치적 권리를 동등하게 상호 존중해 주어야 하며, 그들의 가치관에 대해 관용적 자세를 취해야 한다. 관용을 통해 사회적 협동을 달성할 수 있으며 공정한 경기가 이루어질 수 있는 것이다. 이러한 정치적 자유가 실현됨이 없이 법과 국가권력이 특정한 선을 구현하려는 노력은 배제되어야 한다. 정치적 자유주의 입장에서 국가는 선에 있어서 중립적 자세를 유지해야 한다. 국가가 중립성을 포기하면 결국 누군가의 동등한 배려와 존중을 받을 권리와 관용의 가능성, 그리고 안정적 사회질서가 무너지게 된다.

롤즈는 이러한 관점에 입각할 때, 국가는 특정한 종교적, 도덕적 신념에 따라 낙태를 금지하거나 동성애를 금지해서는 안 된다고 주장한다. 낙태와 관련하여 롤즈는 그의 『정치적 자유주의』에서 다음과 같은 해법을 제시한다.

> 우선 당면한 사회가 질서정연하며 우리는 성숙한 성인여자의 정상적인 경우를 다룬다고 가정하자. … 다음과 같은 세 가지 중요한 정치적 가치의 견지에서 이 문제를 고려한다고 가정해 보자 : 인간생명에 대한 충분한 존경, 특정형태의 가족을 포함하는 장시간에 걸친 정치사회의 질서화된 재생산, 마지막으로 평등한 시민으로서의 여성의 평등(물론 이 이외에도 다른 중요한 가치들도 있다). 이제 나는 이러한 세 가지 가치간의 합당한 비교평가가 여성에게 수임 첫 1/3 기간 동안에 여성이 낙태할 것인지 아닌지를 결정할 수 있는 정당한 자격의 권리를 주리라고 믿는다. 그 이유는 임신의 초기단계에서는 여성의 평등이라는 정치적 가치가 우선적인 것이며, 이 권리가 이것에 실체와 힘을 부여하도록 요구한다. 다른 정치적 가치는, 관련되어 있다고 할지라도, 이러한 결론에 영향을 주지 못할 것이라고 생각된다. … 수임 첫 1/3기간 동안의 정당한 자격의 권리를 배제하는 정치적 가치의 비교평가로 유도하

는 포괄적 교리들은 그렇게 하는 한 합당하지 않다. … 이것은 또한 잔인하고 억압적일 수 있다. … 만약 우리가 이 권리를 거부하는 포괄적인 교리에 입각하여 투표한다면, 우리는 공적 이성의 이상에 반하게 된다.[18]

　　롤즈는 낙태를 할 수 있는 권리를 특정한 윤리적 또는 종교적 신념과 분리하여 순수하게 정치적인 영역에서 다루고 있다. 정치적 자유주의에 충실하다면, 법관은 어떠한 특정한 신념에 따라 낙태를 금지할 수 없으며, 단지 헌법을 공적 이성에 따라 해석하여 판결해야 한다. 즉 국가는 다양한 좋음에 있어서 중립적이어야 한다.

2. 공동체주의의 비판

(1) 샌델의 비판

　　샌델은 정치적 자유주의가 칸트적 인간관으로부터 정치적 인간관을 분리함으로써 옳음의 우선성과 국가의 중립성을 지지한다고 하더라도, 다음과 같은 반론에 직면한다고 주장한다.

　　첫째, 포괄적인 도덕적 교의들이 주장하는 정치적 목적들을 괄호치거나 제외하는 것은 항상 합당한 것은 아니다. 예를 들어 낙태에 대한 논쟁은 삶이 시작되는 시기에 관한 종교적, 도덕적 논쟁이다. 물론 오늘날 낙태의 도덕적 허용 가능성이 격렬하게 불일치되고 있음을 고려한다면 경쟁적인 도덕적, 종교적 쟁점들을 괄호에 넣고 중립적인 정치적 해결을 추구하는 것이 합당하게 보일 것이다.[19] 하지만 샌델은 다음과 같이 주장한다.

　　정치적 자유주의는 이렇게 응답할 수도 있다. 관용 및 여성의 동등한 시민권은 정치적 가치들이다. 이 정치적 가치들은 여성이 낙태 여부를 자유롭게 선택해야 한다고 결론짓는 충분한 근거라는 것이다. 또 인간 생명의 시작에 대한 도덕적·종교적 논란에서 정부가 한쪽으로 치우쳐서는 안 된다고 결론짓는 충분한 근거이기도 하다는 것이다. 그러나 태아의 도덕

18　위의 책, 302-303면 각주 32번.
19　Sandel, 『정의의 한계』, 393면.

적 지위에 관한 가톨릭교회의 견해가 옳다고 전제해 보자. 낙태가 살인과 도덕적으로 동일한 것이라고 생각해 보자. 이 경우 관용 및 여성의 평등이라는 정치적 가치가 중요하긴 하지만, 그 가치가 우세해야 할 이유는 분명하지 않게 된다. 만일 가톨릭 교설이 참이라면, 정치적 가치에 대한 정치적 자유주의의 우선성 옹호는 정의로운 전쟁론의 실례가 되어야만 한다. 해마다 150만 명에 달하는 시민의 죽음이라는 대가를 치르면서 이 가치를 지켜야 할 이유를 누군가는 설명해야 할 것이다.[20]

샌델은 각각의 도덕적, 종교적 교의들 내에서 제기되는 요구들을 괄호치기하거나 혹은 협력적 사회의 유지라는 정치적 목적을 위해 이러한 교의들에 대한 주장을 무시한다고 해서 롤즈가 요청하는 국가의 중립성이 달성되는 것은 아니라고 분석한다. 사실상 낙태에 대한 논쟁은 단순히 인간 삶의 시기에 대한 논쟁에만 국한되지 않는다. 그것은 다시 정치적 목적상 이 논쟁들을 괄호에 넣는 것이 왜 합당한가에 대한 논쟁으로 전환될 수밖에 없다. 예를 들어, 낙태 반대론자들은 괄호치기 후에 낙태의 문제가 왜 정치적 가치로 변환되는가에 대해 의문을 제기할 것이다. 역으로 낙태 옹호론자들은 이러한 변환을 지지하게 될 것이다. 왜냐하면 낙태 옹호론자들은 자신의 도덕적 교의에 따라 낙태가 허용될 수 있다는 사실과 그것이 정치적 문제로 전환되어 여성이 스스로 자유롭게 결정해야만 한다는 것 사이에는 차이가 없기 때문이다.[21] 이렇게 확장된 논쟁은 분명 도덕적 주장들과 연결될 수밖에 없다. 때문에 국가의 중립성을 논한다는 것은 문제의 본질을 외면한 것이다. 어떠한 결정을 내리든 국가의 중립성은 불가능하다.

둘째, 정치적 자유주의는 공적인 삶 속에서 포괄적 도덕들의 타당성 여부를 검증하기 위한 공적인 숙고의 여지를 남겨두지 않는다. 샌델의 이러한 비판은 롤즈가 공적 이성의 적용을 헌법상의 필수조항과 기본적인 정의의 문제들에 국한하고 있다는 점에서 기인한다. 롤즈에 따른다면, 이 두 가지 문제 영역을 제외하고는 정치적 문제들에 관한 우리의 개인적인 숙고와 반성들, 혹은 배

---

20   위의 책, 393-394면.

21   M. Sandel, *Democracy's Discontent. American in Search of a Public Philosophy* (Harvard University Press, 1996), 20-23면에 해당하는 내용임. 이에 대한 설명으로 홍성우, "롤즈의 정치적 자유주의에 대한 샌델의 비판," 『범한철학』 제33집(2004), 13면.

법철학: 이론과 쟁점

136

경문화의 불가결한 부분들에 관한 추론 등은 공적 이성의 영역에 해당하지 않게 된다. 롤즈에게 있어서 공적 이성이 담지하고 있는 제한사항은 정의로운 사회의 유지를 위해 필수적인 것으로 정당화된다. 그리고 이것은 특히 정치적 정의관의 일부를 구성하고 있는 시민성과 상호 존중과 같은 정치적 가치들에 의해서 정당화된다. 다시 말해 동등한 배려와 존중 그리고 관용의 정신에 입각해서 공적 이성의 내용이 설정되는 것이다.

그러나 샌델은 이러한 관점이 공적 숙고의 차원들을 배제하는 것으로서 정치적 담론을 피폐시킨다고 주장한다. 샌델은 미국의 노예제도에 대한 1858년 링컨A. Lincoln과 더글러스S. Douglas 간의 논쟁을 예로 들면서 이에 대한 설득력 있는 근거를 제시한다.

더글러스는 노예제도의 도덕성에 관해 당시 국민들의 의견이 불일치하는 상태에 있으므로, 국가의 정책은 그 문제에 관하여 중립적이어야 한다고 주장하였다. 더글러스의 주장은 노예제도가 옳다거나 그르다는 것을 판단하는 것이 아니라 국민 각자가 스스로 자유롭게 판단할 수 있도록 해야 한다는 것이다. 자유로운 상태이든 혹은 노예상태이든 어느 쪽에 호의적이든 간에 연방정부가 권력으로 자신의 주장을 관철하려고 하는 것은 헌법의 기본적인 원칙들을 침해하는 것이며, 시민전쟁의 위험을 무릅쓰는 것이다. 반면 링컨은 더글러스의 이러한 관점에 반대하였다. 링컨은 국가의 정책은 노예제도에 관한 실질적인 도덕 판단을 회피해서는 안 되고 오히려 그것을 표현해야만 한다고 주장했다. 비록 링컨이 노예제도 폐지론자는 아니었지만, 정부는 노예제도를 그릇된 것으로 취급하고 각 지방에 노예제도가 확산되는 것을 금지해야 한다고 믿었다.[22]

샌델에 의하면, 링컨과 더글러스 간의 논쟁은 노예제도의 도덕성에 관한 논쟁이 아니라 정치적 합의를 위하여 도덕적 논쟁을 괄호에 넣을 수 있는지에 대한 것이었다. 더글러스는 괄호에 넣어야 한다고 주장한 반면, 링컨은 적어도 중대한 도덕적 문제가 제기되는 경우에는 넣을 수 없다고 보았다. 정치적 자유

22 Sandel, 『정의의 한계』, 395-396면. 샌델이 인용하고 있는 책은 P. M. Angle ed., *Created Equal? : The Complete Lincoln-Douglas Debates of 1858* (Chicago University Press, 1958), 374-392면.

주의의 관점에서 보자면 그것은 공적 이성의 적용대상이 될 수 있는가의 문제이다.

사실 롤즈의 정치적 정의관은 예컨대 종교적 관용에 대한 믿음과 노예제도의 거부와 같은 확립된 신념들의 기본적 이상과 원칙을 정식화함으로써 체계화된 것들이었다. 때문에 정치적 자유주의의 관점에서 보자면, 더글러스의 주장과는 반대로 노예제도는 인권을 침해하기 때문에 금지되어야 할 것이다.

그러나 샌델은 1858년 당시의 맥락에서 본다면 정치적 자유주의의 관점에서 이러한 주장이 가능하였을지에 대해 의문을 제기한다. 19세기 중반의 미국의 정치문화에 내재된 평등한 시민권 개념은 논란의 여지는 있지만 노예제도에 매우 호의적이었다. 즉 당시의 정치적 정의관을 고려한다면, 정치적 자유주의가 어떻게 노예제도를 반대할 수 있는가를 설명해 주지 못한다. 만약 당시의 정치적 자유주의가 포괄적인 도덕적 이상에 호소하는 것을 거부하고 정치문화에 내재하는 시민권 개념에 의존하였다면, 다시 말해 노예제도에 대한 도덕적, 철학적 주장들을 공적 이성의 적용 영역에서 배제하였다면, 왜 링컨이 옳았고, 더글러스가 잘못이었는가에 대한 이유를 설명하기 어렵게 된다.[23]

샌델은 이러한 배제들이 결국 자유주의적 공적 이성의 도덕적·정치적 손실을 초래한다고 주장한다. 샌델에 따르면 낙태, 동성애 등과 관련된 도덕적, 종교적 교의 간의 충돌 상황에서 정치적 손실을 입지 않기 위해서는 그것들을 공적 이성의 제한영역으로 묶어 두는 것이 아니라 적극적으로 개진될 수 있도록 해야 한다.[24]

(2) 테일러와 왈쩌의 비판

테일러C. Taylor는 샌델과 마찬가지로 자유주의자들이 생각하는 것만큼 공정한 절차가 중립적이지 않다고 주장한다. 테일러는 언어가 다른 두 신념체계 또는 문화주체들이 절차적 요건을 충족시키기 위해 대화를 나눌 때, 어떤 언어를

---

23 Sandel, 『정의의 한계』, 397-400면.
24 위의 책, 418-422면.

사용하는가 자체가 이미 문화적 선호가 개입될 수밖에 없다고 설명한다. 절차주의에 내재된 형식성 자체가 비중립적인 선관을 반영하게 되는 아이러니가 발생하는 것이다.

테일러에 따르면, 롤즈의 중립적인 절차모델은 참여자들의 차이를 추상화시키고 오로지 공적 이성에 따른 대화만을 강조한다. 때문에 이러한 과정 속에서 각자는 타자의 정체성과 특수성을 간과하거나 외면할 수 있으며, 나의 특수성과 정체성을 설명하기도 어렵게 된다. 정치적 자유주의에서의 공적 이성에 대한 중첩합의는 참여자들의 차이를 고려하지 않기 때문에 단순히 동화를 의미할 가능성이 있다. 하지만 그러한 동화적 연대는 오히려 자아의 정체성을 혼란케 하며 갈등을 야기시키거나, 나아가 서로가 인정에 대한 욕구를 표출함으로써 공정성에 대한 시비와 불화를 일으킬 수 있다. 요컨대 정치적 자유주의는 시민들 상호 간의 안정된 정의로운 사회를 달성할 수 없다.[25]

이러한 이유로 테일러는 다양한 문화적 차이에 의해 발생하는 갈등에 있어서 서로의 문화적 차이를 제거하면 안 된다고 본다. 오히려 소통의 과정 속에 자신의 정체성을 드러내 보이는 것만이 상호이해의 가능성을 열어 줄 수 있다. 그는 가다머H. G. Gadamer의 지평융합 개념이 이러한 가능성을 열어 준다고 설명한다. 예를 들어, 다문화주의 논쟁과 관련하여 테일러는 보편적 권리가 아닌 문화특수적 권리에 관심을 기울인다. 보편적 권리로 주장되는 서구의 권리는 사실상 자신의 문화역사적 맥락 속에서 전근대성의 모순을 깨고 형성된 것이다. 서구 이외의 문화권에서는 이와 비슷하게 그들의 맥락에서 새로운 사회를 모색하면서 그들 자신만의 문화적·역사적으로 특수한 권리개념을 도출하고 있다. 만약 중첩합의가 인권을 매개로 이루어진다면 그것은 그러한 권리들의 특수성과 차이를 인정하면서 서로 접근해 가는 지평융합의 차원이어야 한다.

> 규범에 대한 합의는 이루어질 수 있다. 그러나 이런 규범들을 우리의 신념의 대상으로 만드는 준거점, 수사학적 어구, 인간의 수월성에 대한 생각에 대해서는 차이나 낯선 느낌을 여전히 갖게 된다. 우리가 모든 것을 공유하는 사람들과의 합의만을 인정한다면, 합의는 결코

---

25 홍영두, "공동선의 연대 정치와 민주주의의 배제의 동학 : 차알스 테일러의 철학을 중심으로"; 송재룡, "다문화주의와 인정의 정치학, 그리고 그 너머 : 찰스 테일러를 중심으로," 『사회이론』(2009, 봄)을 참조.

이루어지지 않을 것이다. 그리고 합의는 강제로 이루어질 것이다. 이것은 합의가 시작되는 초기상황이다. 이 상황은 인권에 대한 일부분만이 합의에 도달한 그런 상황이다. 이 상황 이후에는 가다머의 표현대로 지평융합을 향해 움직이면서 상호 학습의 과정이 계속된다. 그리고 그런 융합이 이루어지는 정도에 따라 타자의 도덕적 세계는 점점 낯선 것이 된다. 이렇게 되면 차용도 늘게 되고 새로운 혼합형태를 창조하게 된다.[26]

왈쩌도 테일러와 유사한 견해를 제시한다. 왈쩌는 분배적 양태를 결정하는 사회적 의미는 언제나 비판가능한 담론에 놓여져 있다고 설명한다. 만약 사회적 의미가 체계적인 불평등을 고착화시키는 맥락에 근거하고 있다면, 이에 대해 분개하는 비판적 담론이 존재할 수 있다. 정치는 사회적 의미의 해석인 것이다.[27] 사회적 의미에 대한 해석과정은 서로 다른 가치관들에 대한 지속적 비판과 설득의 과정에 놓여져 있어야 한다.

우선 왈쩌는 이러한 맥락에서 하나의 문화는 다른 문화의 가치에 대해 평가하고 비판할 수 있다고 본다. 이를 위해 왈쩌는 "살인, 사기 그리고 극심한 잔인성에 대한 금지"와 "최소한의 공정성 및 상호성"을 최소한의 보편적인 기초적 도덕으로 설정한다. 그리고 그는 이러한 도덕적 기준을 통해 타 문화를 비판할 수 있다고 본다.

반면 최소한의 도덕 이외의 문화 특수적 도덕들과 관련된 가치들에 있어서는 각자의 판단을 통해 상대방이 그의 가치를 변경할 것을 설득해야 한다.[28] 우리 모두는 문화창조적 존재로서 자기 고유의 이상과 가치판단의 체계를 세울 수 있는 자로 존중받아야 한다. 상대방은 나와 이질적이지만 이질적 문화를 영위할 수 있는 자이다. 때문에 설득은 이질적 문화에 대한 존중에 기반한 것이어야 한다. 그러한 존중과 인정이 없이는, 다시 말해 상대방이 타방으로부터 이해받지 못하고 인정받지 못하고 있음을 느끼는 한, 설득적 대화는 불가능하다. 설득 혹은 비판의 성공은 상대편의 문화와 언어에 이미 존재하는 이상들에 얼마나 호소할 수 있는지와 밀접하게 관련되어 있는 것이다.[29]

---

26 C. Taylor, "인권의 비강제적 합의," 72면.
27 M. Walzer(정원섭 외 역), 『정의와 다원적 평등』(철학과현실사, 1999), 478-481면.
28 M. Walzer(김은희 역), 『해석과 사회비평』(철학과현실사, 2007), 41-42면.

왈쩌는 사회적 의미에 대한 비판적 담론들은 그 문화와 전혀 동떨어진 외재적이고 보편적인 관점에서 도출되는 것이 아님을 강조한다. 외재적 관점은 사회변화를 요구하는 공동체 구성원들로부터 설득을 얻지 못할 가능성이 크기 때문이다. 진정한 사회비판은 마치 마틴 루터 킹 목사가 흑인 민권운동을 정당화하기 위해 미국의 독립선언문에 호소한 것처럼, 억압받고 착취당하고 피폐화되고 망각된 사람들에게 충실하여 그들의 역경을 국민적 역사와 문화의 구조 안에서 바라보고 그 해결책을 제시하는 것이다.[30]

이와 같은 이유로 테일러와 왈쩌 등 현대 공동체주의자들은 정치적 자유주의가 주장하는 한계 지워진 관용이 아니라, 아예 정체성의 차이 자체를 인정해야 한다고 본다. 롤즈의 정치적 자유주의는 공적 이성에 따른 중립적 대화절차 속에서 각자는 자신의 선관을 변경할 수 있음을 인정해야 한다고 주장했다. 그러나 현대 공동체주의자들은 이러한 선관의 변경은 정체성의 차이를 인정하는 대화의 과정 속에서 각자의 정체성이 변화될 수 있다는 관점으로 수정한다. 그들에게 있어 차이의 인정은 가치상대주의를 의미하지 않기 때문이다. 나의 정체성은 자기애에 기반한 나르시즘에 의해 구성되는 것은 아니다. 나의 정체성은 타자와 함께 하는 공동선의 정치를 통해 구성적이고 변경가능한 것이다.

제6장 생각해 볼 문제

❶ 우리나라에서도 성전환과 동성애와 같은 성정체성 논쟁이 이루어지고 있다. 특히 동성혼의 합법화 문제는 앞으로 중요한 쟁점이 될 것으로 보인다. 동성애 자체보다 동성혼의 문제는 해결하기 어려운 사안이다. 이는 동성혼이 우리나라의 '혼인제도'가 갖는 공동체적 인식관념과 충돌하기 때문이다. 전통적으로 혼인은 사회의 가장 최소단위인 가정을 이루는 행위로서 남녀간

---

29 Mulhall & Swift, 『자유주의와 공동체주의』, 195면.
30 M. Walzer(김용환 외 역), 『자유주의를 넘어서』(철학과현실사, 2001), 264면.

의 결합을 기본적 관념으로 하고 있었다. 우리는 '가정'의 공동체적 가치를 사회구성원을 재생산하고 사회화하는 것에 있다고 믿어 왔다. 동성혼은 행복추구권 및 성적자기결정권에 근거하여 이러한 전통적인 공동체 관념에 도전을 가한다. 그런데 헌법 제36조 제 1 항은 "혼인과 가족생활은 개인의 존엄과 양성의 평등을 기초로 성립되고 유지되어야 하며, 국가는 이를 보장한다"고 규정하고 있을 뿐이다. 혼인은 '양성의 평등을 기초로 성립된다'로부터 헌법이 동성혼을 허용하는지 여부를 판단할 수는 없는 것이다. 동성혼의 허용여부와 관련하여 개인은 어떠한 권리를 주장할 수 있는지, 혼인과 관련하여 우리사회가 추구해야 할 공동체적 가치가 있는지, 있다면 그것은 무엇인지, 국가는 이를 적극적으로 구현해야 할 의무가 있는지 등에 대해 생각하시오.

❷ 법률 해석은 법문의 의미를 추구하는 것으로서 법문에 내재된 사실관계, 가치관념들을 확정하는 것을 뜻한다. 그러나 법률용어는 언어의 속성상 모호성을 가질 수밖에 없다. 특히 "공공의 안녕질서," "미풍양속," "음란한"과 같은 가치충전을 필요로 하는 개념들은 더더욱 그렇다. 이러한 개념들이 명확성의 원칙을 주요한 요소로 하고 있는 형법에서 사용될 때 긴장관계가 발생하게 된다. 언어의 속성을 무시할 수는 없지만 명확성의 원칙에 반해서는 안 되는 것이다. 때문에 양자 간의 화해가 시도되는데, 이러한 시도는 이를 판단하는 사람의 선先 이해와 밀접한 관련을 갖는다. 특히 자유주의 또는 공동체주의적 인식관점에 기초한 선이해는 가치충전을 필요로 하는 개념들을 해석할 때 중요한 역할을 한다. 이와 관련하여 전기통신사업법 제53조와 관련된 헌법재판소 결정헌법재판소 2002. 6. 27. 99헌마480 결정의 다수의견과 소수의견이 자유주의 및 공동체주의적 인식관점과 어떻게 연결될 수 있는지를 분석해 보시오. 더불어 위 결정문에서 표현의 자유가 자유주의 또는 공동체주의적 관점에서 어떻게 이해될 수 있는지를 검토해 보시오.

제7장
권 리

法哲學
Philosophy of Law: Theory and Issue

Ⅰ. 권리의 의의와 역사적 맥락

권리는 법 영역뿐만 아니라 정치, 도덕 등의 각 영역에서도 중요하게 사용되는 개념이다. 법 영역에서 권리는 헌법의 기본권, 행정법의 공권, 민사법의 물권이나 채권, 그리고 소송법의 여러 절차적 권리에 이르기까지 다양하게 쓰인다. 그리고 권리는 법과 제도의 영역을 넘어 인권 혹은 자연권의 이름으로 바람직한 권리 보호의 상을 제시하고 이에 대한 보장을 요구할 때 사용되기도 한다.

현대 사회는 지역적, 역사적, 문화적 다양성에도 불구하고 대체로 근대 서구 사회에서 유래한 공통적인 제도와 문명을 공유하고 있다. 19세기 서구 자본주의 경제의 확장으로 제국주의라는 역사적 흐름을 만들었고, 이 흐름 속에서 동아시아를 비롯한 여러 나라들이 급속히 서구화되었다. 오늘날 서구 근대의 권리 개념이 전세계에서 일반적으로 통용될 수 있었던 것은 이런 전 지구적 흐름이 있었기 때문이다.

그런데 근대 서구 문명의 발전에서는 "개인의 발견"이 중요한 계기로 작용하였다. 근대 서구 사회의 사상적 기반을 제시한 데카르트가 "나는 생각한다, 고로 존재한다"라고 말했을 때, 그것은 인식의 근본적 계기가 나의 사유 능력에 있을 뿐 다른 것에 의존하지 않는다는 뜻이었고, 독립된 사유 능력을 가진 개인은 인식의 주체로서 그리고 삶의 주체로서 당당하게 나서야 한다는 생각을 함축하고 있었다. 이러한 인식의 변화는 근대의 "개인주의"라는 이념을 형성시키는 원동력이 되었다. 이 개인주의는 개인을 기존의 제도와 관습의 틀 속에서 해방시키는 기능을 수행하였다. 이렇게 해방된 개인은 자율적인 경제활동을 통해 부를 축적할 수 있게 되었고, 이 부에 기반하여 새로운 정치적 역할을 담당할 수 있게 되었다. 바로 이 흐름 속에 한 개인은 삶의 주체로서 중요한 단위가 되며, 개인의 자율적인 의사결정은 사회생활에서 핵심적인 기능을 수행하게 되었다. 그리고 이런 개인의 존엄과 자율에 대한 생각이 바로 권리라는 개념을 근대적으로 형성하고 일반화하는 데 큰 공헌을 하게 된 것이다.

동양의 경우, 서구화가 진행되기 이전에는 서구적인 의미의 권리 개념을 갖고 있지 않았다. 물론 권리라는 개념이 갖고 있는 이념 혹은 정신과 비견될 수 있는 어떤 것은 갖고 있었을 것이다. 예를 들어, 토지나 물건에 대한 개인의 소유는 나름대로의 방식으로 존중되고 보호되었을 것이다. 그러나 그것이 근대 이후에 일반적으로 통용되는 권리 개념의 핵심적인 징표를 가지고 있는 것은 아니었다. 왜냐하면 권리 개념의 핵심적인 징표는 "권리를 가진다"라는 표현이 가지는 실질적 "정당성"에 있기 때문이다. 그리고 그 "정당성"의 근원은 서구 근대의 경우 개별적 존재로서 인간을 존중한다는 개인주의와 자유주의의 이념 속에 존재한다.

그러나 때로 서구의 권리담론들은 다른 지역의 문화적 차이를 고려하지 않은 채, 어떤 행위를 자기들의 문화적 척도로 판단하면서도 인권의 이름으로 평가하려는 경향이 있다. 그러나 서로 다른 문화를 가진 어떤 문화권에서도 권리는 보편적인 담론으로 존재할 수 있는지 그리고 존재해야만 하는지는 여전히 논란이다. 그리고 이러한 문제 제기로 말미암아 인권과 권리의 기본적 전제들에 대한 반성과 재음미가 요구되었다. 이에 따라 권리 개념이 가지고 있는 개인주의적 기초가 과연 보편적 가치로서의 의의를 가지고 있는가에 대한 회의가 나타나게 되었다.

이런 권리 개념이 가지고 있는 이념적 기초에 대한 회의는 서구에서도 제기되고 있다. 서구에서도 평등 분배의 문제에서 환경문제에 이르기까지 단순히 개인주의적 가치관으로서는 해결할 수 없는 복잡다단한 문제들이 발생한 것이다. 이런 과정에서 이제는 권리의 시대는 지났으며 권리는 그 역사적 사명을 다한 게 아닌가 하는 반성이 일어나게 되었다. 즉, 개인주의적 가치보다 공동 체주의적 가치를 중요시하는 사람들에게 권리는 더 이상 매력적인 개념이 될 수 없는 것이다. 그들은 당면한 다양한 문제들을 해결하기 위해서는 권리 개념 에 더 이상 매여서는 안 되며 오히려 덕virtue이나 의무duty, 책무obligation 혹은 책 임responsibility의 개념으로 해결해야 한다고 주장한다. 더구나 근대의 개인주의는 인간의 이성 개념에 기반을 두고, 이성을 가진 인간을 주체로 상정함으로써 성 립된다. 그러나 그러한 이성을 가진 주체로서의 인간은 검증되지 않은 하나의 허구에 불과하다는 근대에 대한 비판이론포스트모더니즘이 대두됨에 따라 또 다시 주체로서의 개인에 근거를 둔 권리 개념은 큰 도전에 직면하게 된 것이다.

그렇다면 우리는 권리를 어떻게 이해하여야 할까? 이하에서는 권리를 이 해하기 위한 법철학적인 논의를 소개하고, 권리 개념이 가지고 있는 중요한 함 의를 성찰해 보고자 한다.

II. 권리 개념의 형성

1. 근대와 권리

권리 담론은 근대적인 현상이다. 인간이 자신의 행위를 정당화하기 위해 권리라는 언어를 사용하기 시작한 것은 근대에 들어와서이다. 턱R. Tuck은 권리 라는 담론이 근대적인 의미를 갖기 시작한 것은 이미 12세기부터 시작된다고 주장한다.31 그러나 실제로 권리가 가장 중요한 도덕적, 정치적, 법적 담론으로 나타나기 시작한 것은 16-17세기에 이르러서이다.

16-17세기에 사용된 권리라는 개념은 인간의 자유와 자기 지배를 뜻하는 것이었다. 그러나 그 시대의 실존적인 과제라고 할 수 있는 교회의 청빈 논쟁, 노예 계약의 유효성 문제, 정부의 정당성 문제 그리고 정부 권한의 범위에 대

---

31 R. Tuck, *Natural Rights Theories* (Cambridge University Press, 1979), 13면, 권리의 기원에 대한 논의는 최봉 철, 『현대법철학』(법문사, 2007), 318-323면 참조.

한 문제 등을 논의하는 과정에서, 공통적으로 "권리"라는 개념을 동원하여 설명하기는 하였지만, 자유와 자기 지배의 구체적인 결론에 있어서는 서로 다른 경우가 많았다. 예를 들어, 교회의 청빈 논쟁에서 교회가 재산을 가지는 것을 부인한 오컴은 자연 상태에서는 재산에 대한 권리가 없으며 오로지 정치 공동체civil society에 와서야 권리가 가능하다고 주장하였지만,[32] 이에 반해 제르송Jean de Gerson은 교회는 하느님의 은총으로 재산을 가질 수 있다고 한다. 제르송은 이런 재산에 대한 권리는 정치 공동체와 결부되기 이전에 인간에게 주어질 수 있는 일종의 속성이며, 그 본질은 자유로운 지배를 할 수 있는 도덕적 권능facultas moralis이라고 주장한다.[33] 또 홉스와 로크는 둘 다 정부가 자연 상태에서 개인이 가지고 있는 권리에 의해 수립되었다는 사회계약론을 인정하면서도, 정부의 권한에 대해 홉스는 절대적인 권한을 그리고 로크는 제한된 권한만을 인정한 점에서 서로 다른 결론을 내렸던 것이다.

2. ius와 권리

이러한 권리 개념의 내용을 이해하는 데 있어 주목해야 할 것은 근대 이전까지 권리에 해당하는 용어는 라틴어 ius였다는 점이다. ius라는 단어에는 오늘날의 법이라는 말에 해당하는 뜻과 권리라는 말에 해당하는 뜻이 동시에 존재한다. 그중 법이라는 말에 해당하던 ius의 개념에서 권리라는 뜻의 ius 개념이 어떻게 나왔는가 하는 점이 권리 개념의 형성 과정에서 중요한 쟁점이 된다.

물론 법에 해당하는 ius의 개념도 분명하지 못한 점이 없지 않다. 왜냐하면 라틴어 lex도 일반적으로 법을 가리킨다고 이해되고 있기 때문이다. 새먼드는 ius와 lex의 관계에 대해 ius가 옳음과 정의의 관점에서 본 법인 반면에 lex는 권위와 힘의 관점에서 본 법이라고 구별하고 있다. 그리고 ius와 같은 다중적인 의미를 가지는 단어는 윤리적 의미로서 먼저 사용되다가 법적인 의미를 파생적으로 가지게 되었다고 파악한다. 즉, ius의 경우 옳음이나 정의와 같은

---

32 Tuck, *Natural Rights Theories*, 20-24면.
33 위의 책, 24-29면.

윤리적 의미를 먼저 가지고 있다가 법이라는 법적인 의미를 가지게 되었으며 마지막으로 양자의 의미 모두를 가지는 권리라는 의미를 가지게 된 것이다. 이는 독일어의 Recht, 프랑스어의 droit, 이탈리아어의 diritto 등에도 동일하게 적용된다. 이 단어들은 라틴어 directus에서 파생된 것이며 원뜻은 "물리적으로 곧다"는 것을 의미한다고 한다. 이것이 비유적으로 사용되어 도덕적으로 승인하는 것, 즉 윤리적인 옳음의 의미로 파생되었다는 것이다. 그리고 이 윤리적 옳음으로부터 법률적인 의미가 파생되어 법이 되었으며 이 윤리적인 의미와 법률적인 의미 양자로부터 파생된 것이 최후로 권리가 되었다는 것이다.[34]

그런데 라틴어 ius는 윤리적인 의미에서 시작된 것이라는 점 이외에 권리 개념과 관련하여 주목할 만한 특징을 가지고 있다. 그것은 권리는 기본적으로 개별적인 주체에게 부여되는 것이라는 점이다. 윤리적인 옳음이나 법의 문제는 개별적인 차원이 아니라 보편적이고 일반적인 차원에서 다루어지는 것이다. 그러나 권리는 그런 보편성과 일반성이 아니라 "누가," "누구에게," "무엇에 관하여" 주어지는 개별성을 그 중요한 특징으로 하고 있다. 그것은 권리가 가지고 있는 윤리적인 의미가 충분히 개별 주체에게 부여될 만큼, 그 시대의 일반적인 사고 속에서 개별 주체, 즉 개인을 중요한 단위로 취급한다는 것을 의미한다. 그렇다면 근대에 권리 개념이 일반화되었다는 것은 이렇게 개인 단위로 사고하는 의식의 성장이 적어도 중세 후기에는 상당히 진행되고 있었다는 것을 뜻하는 것이다.

3. 칸트와 벤담의 권리 철학

이런 권리 개념을 근대 철학의 관점에서 명확하게 제시한 사람이 칸트와 벤담이다. 칸트는 권리에 관한 의사설을, 벤담은 이익설을 정당화하고 있는데, 이 두 학설은 오늘날 권리의 본질에 관한 가장 유력한 학설들이다.[35]

칸트는 특히 의사설의 기본적인 이념을 철학적으로 제공하고 있다. 칸트

---

34 J. Salmond, *Jurisprudence*, 7th ed. (Stevens and Haynes, 1924), Appendix1, 513-523면.
35 의사설과 이익설에 대해서는 최봉철, 『현대법철학』, 291-316면; 김도균, 『권리의 문법』(박영사, 2008), 45-61면 참조.

는 법론에서 "권리란 타인에게 의무를 지우는 도덕적 권능"이라고 정의하고 있다.36 그리고 칸트는 권리 개념이 기본적으로 옳음iustum의 문제에서 출발하여 법칙의 체계인 객관적인 법das Recht의 문제를 거쳐 타인을 구속하는 의사의 능력ein Recht으로 연결된다고 주장하는데, 이는 그로티우스 이후 근대 이론가들의 일반적인 생각과 동일하다.

칸트는 권리의 본질을 인간의 자유에서 찾았다. 칸트에 따르면 공동체에 의해 주어진 시민적 권리법적 권리는 도덕적 권리와 마찬가지로 자율로서의 자유가 본질이다. 그런데 자율은 자기 입법, 즉 스스로 규범을 정립하고 준수한다는 것을 의미하는데, 칸트에 따르면 이는 오로지 선의지의 작용이다. 따라서 권리의 본질은 선의지, 즉 자율적이고 자유로운 의지가 발현되는 데 있다. 이런 관점에서 칸트는 의지설, 즉 의사설을 철학적으로 정당화한다.

이에 대해 벤담은 이익설의 기본적인 관점을 제공하고 있다. 벤담은 인간에게 쾌락을 주는 것은 좋은 것이라는 개인적 차원의 공리주의 원칙을 사회에 확장하여 최대 다수의 최대 행복이 좋은 것이라는 사회적 공리의 원칙을 주장하였다. 이 공리의 원칙은 최대 다수의 대표자인 의회에 의해 가장 잘 대표될 수 있다. 따라서 의회에서 제정된 실정법은 최대 다수의 의사가 표현된 것으로서 사회적 공리주의의 원칙에 의해 정당화된다.

벤담의 관점에서 보면 의회에서 제정한 실정법은 최대 다수의 의사에 따라 시민들에게 일정한 행위를 하거나 하지 말 것을 강제하는 역할을 한다. 즉, 의회 제정법은 기본적으로 시민들에게 의무를 부과한다. 그런데 만일 누군가가 실정법으로부터 부과된 의무를 이행한다면, 그때 그 의무의 이행으로 인해 반사적으로 혜택을 받는 사람이 그 의무의 상대방으로 존재할 수 있다. 예를 들어, 실정법이 타인에게 상해를 입힌 사람에게 피해자의 손해를 배상하라고 명령한다고 가정하자. 이 경우 실정법으로부터 손해를 배상할 의무를 부과 받은 사람은 가해자이다. 그런데 피해자는 이 실정법으로부터 직접 명령을 받는 사람은 아니지만, 가해자가 실정법에서 명령한 의무를 이행한 결과 손해배상이라

---

36 I. Kant, *Metaphysik der Sitten (Erster Theil), Rechtslehre* (Wissenschaftliche Buchgesellschaft, 1983), 345면; "Das Rechte, als (moralischer) Vermögen, andere zu verpflichten."

는 일정한 혜택, 즉 이익을 얻을 수 있다. 이때 손해배상의 혜택을 얻는 피해자가 벤담의 관점에서는 권리자가 된다. 따라서 벤담에게 권리란 독자적인 의의를 가지는 개념이 아니다. 권리는 의무자가 의무를 이행함에 따라 반사적으로 이익을 얻을 수 있는 어떤 상태를 뜻할 뿐이다.

칸트와 벤담의 생각을 비교해 보면, 여러 면에서 차이가 있다는 것을 발견하게 된다. 칸트가 인간의 자율이라는 형이상학적 속성 속에서 권리를 적극적으로 개념화하고 있는 데 반해, 벤담은 인간의 쾌락과 행복이라는 경험적 속성에서 의무를 적극적으로 개념화하고 있다. 벤담에게 인간은 쾌락에 대한 욕구 때문에 최대 다수가 결정한 사항을 따르지 않을 수도 있는 못 믿을 존재인 것이다. 따라서 최대 다수가 결정한 사항이 실현될 수 있도록 법을 통해 강제하지 않을 수 없다. 벤담에게 권리는 그 과정 중에 법을 통한 강제가 실현되는 바람에 반사적으로 이익을 얻게 되는 경우, 그 사태를 의미하는 소극적인 의의를 가질 뿐이다.

4. 법실증주의의 법적 권리론

칸트와 벤담의 이론은 모두 독일과 영국의 법실증주의의 권리론에 큰 영향을 주었다. 우선 칸트의 의사설은 19세기 초의 독일 법학자들의 철학적, 이론적 기반이 되었다. 사비니에 의하면 권리는 개인의 의사가 지배하는 법률관계의 한 축이다. 그리고 이것은 칸트가 표현했던 이념과 동일하다. 사비니에 의하면 현실의 삶을 고찰했을 때 가장 먼저 나타나는 것은 권리, 즉 주관적 의미의 법이다. 그리고 이 개별 권리에 대한 판결은 객관적 의미의 법과 관련지어 가능해 진다.[37] 즉, 논의의 순서가 권리에서 법으로 진행되고 있다.

이렇게 실정법상의 권리들을 중심으로 이론을 전개하는 것은 독일의 법실증주의 법학자들에게 두드러진 특징이었다. 법실증주의 법학자들은 어떻게 권리를 정당화할 것인가라는 철학적 문제보다, 법적 권리는 구체적으로 어떤 권

---

37 독일어 Recht가 법이라는 뜻과 권리라는 뜻을 동시에 갖고 있다는 것을 유의해야 한다. 권리는 보통 주관적 Recht라고 불리며, 법은 객관적 Recht라고 불린다.

능을 가져야 하는가라는 실천적인 문제에 더 관심을 두었다. 그들이 보기에 권리의 권능은 국가의 법질서에 의해 보장되며, 따라서 주관적 의미의 법인 권리는 객관적 의미의 법인 국가 법질서를 통해 정의될 수 있다.[38]

벤담의 이익설도 영국의 법실증주의에 큰 영향을 주었는데, 벤담의 이론은 칸트의 이론과는 달리 그 자체로 실정법을 지향하는 법실증주의 이론이다. 특히 오스틴, 다이시 등은 벤담의 공리주의에 바탕을 두고 영국의 법학을 체계화하는데, 이들은 실정법을 중요시하기 때문에, 실정법상의 권리를 중심으로 논의를 진행하였다.

이런 벤담의 논의는 독일에도 영향을 주어서, 공리주의 원칙에 입각하여 권리를 설명하는 예링의 견해가 등장하기도 하였다.[39] 예링 이후로 이익설은 독일에서도 의사설과 함께 권리의 본질에 대한 중요한 학설로 받아들여졌다. 에넥케루스는 양설을 종합하여 "권리란 개인의 이익을 보호할 수단이 되는 것을 목적으로 하는, 법질서를 통해 개인에게 부여된 법적 힘"이라고 정의하고 있으며,[40] 우리나라 대부분의 교과서들은 실정법적 권리의 개념으로 이 설을 채택하고 있다.

Ⅲ. 권리의 본질

1. 의사설

위에서 설명한 역사적 과정을 거쳐 서구에서 권리 개념이 확고하게 정립되게 되었다. 그럼에도 불구하고 권리의 본질이 무엇인지에 대해서는 여전히 다양한 견해가 존재하고 있다. 그중 가장 대표적인 것이 칸트에게서 유래한 의사설과 벤담에게서 유래한 이익설의 대립이다. 이하에서는 권리 개념의 본질을 둘러싸고 전개된 현대 권리 논쟁을 살펴보기로 한다.

---

38 특히 E. Bierling, *Zur Kritik der Juristischen Grundbegriffe*, Zweiter Theil (Nabu, 1883), 32–33면.
39 R. Jhering, *Geist des Römischen Rechts*, Dritter Theil (Leipzig, 1871), 325면.
40 Enneccerus·Nipperdey, *Allgemeinen Teil des Bürgerlichen Rechts*, (Tübingen, 1959), 428–429면.

(1) 하트의 의사설

의사설과 이익설의 논쟁을 새롭게 야기시킨 사람은 영국의 법철학자 하트이다. 하트는 의무로부터 이익을 얻는다는 것은 권리를 보유하기 위한 필요조건도 충분조건도 되지 않는다고 주장하며 이익설을 비판했다. 오히려 그에게 권리는 권리자의 의사에 기반한 일종의 선택이다. 권리의 본질적인 특성은 의무를 부과하는 사람, 즉 권리자가 그 의무의 실행을 통제할 수 있다는 점이다. 예를 들어, 채권자는 채무자의 변제의무에 상응하는 권리를 가지고 있다. 이 경우 채권자는 채무자에게 변제할 것을 요구할 수도 있고, 채무자의 변제의무를 면제해 줄 수도 있다. 채권자가 변제의무를 면제해 줌으로써 사실상 이익의 수혜자가 되지 못할 수도 있지만, 그에 상관없이 채권자가 채무자의 변제의무를 통제하고 그 이행 여부를 선택할 수 있다는 것 자체가 바로 권리의 본질이 된다는 것이다. 따라서 상대방의 의무 이행에 의해 이익을 얻게 되는 사람이라 할지라도 그 의무이행 여부를 선택하는 통제력을 갖지 못한다면 그를 의무에 상응하는 권리를 가진 자라고 부를 수는 없는 것이다. 이런 의무이행 여부의 통제권한은 법이나 관습과 같은 제도에 의해 뒷받침된다. 따라서 실정법적 권리를 가진다는 것은 "법적으로 존중된 선택권"legally respected choice을 갖는다는 말과 동일한 뜻이 된다.[41]

(나의) 생각은 한 개인은 다소간 외적으로 타인의 의무에 대한 배타적인 통제권을 법에 의해 부여받았다는 것이며, 따라서 그 의무에 의해 포괄되는 행위의 영역에서는 권리를 가진 자가 의무를 지는 자에게 소규모의 주권자(small-scale sovereign)가 된다는 것이다.[42]

하트에 따르면 의사설, 즉 선택설은 주로 사법私法의 측면에서 권리를 살펴볼 때 적절한 이론이 된다. 왜냐하면 사법私法의 영역에서는 대체로 권리자가 의무자의 의무이행을 통제할 수 있는 권한을 가지고 있기 때문이다. 하트는 권

---

41 하트의 권리론에 대한 자세한 설명은 다음 저서에 주로 수록되어 있다. H. L. A. Hart, *Essays on Bentham*, (Clanrendon Press, 1982).
42 위의 책, 183면.

리자의 의무이행에 대한 통제는 세 가지 요소를 포함하고 있다고 한다. 첫째, 권리보유자는 의무를 면제 혹은 소멸시킬 수도 있고 존속시킬 수도 있다. 둘째, 의무의 위반 혹은 의무위반의 위험이 있을 경우에 권리보유자는 그 의무위반을 내버려 둘 수도 있고 보상을 요구할 수도 있다. 셋째, 권리보유자는 의무자의 의무위반으로 발생한 배상의 의무 역시 면제하거나 소멸시킬 수 있다.

그리고 하트는 처음에 권리는 선택을 행할 수 있는 능력을 가진 성인들에게만 귀속될 수 있다고 주장하였다. 하트에 따르면 사람들은 동물이나 아동을 학대하지 않을 의무를 지고 있지만, 그렇다고 해서 동물이나 아동이 학대당하지 않을 권리를 가진다고 말하는 것은 권리라는 개념을 남용한 것이다.[43] 나중에 하트는 도덕적 권리와 관련하여 근본적 자유 또는 이익에 대한 필요need도 정당화 근거가 될 수 있다고[44] 자신의 입장을 변경하였지만, 여전히 대리인이 선택권을 대신 행사할 수 있는 경우에만 아동의 권리를 인정하였다.

(2) 의사설의 논거

의사설을 지지하는 논거들은 많이 있다. 그 논거들은 의사설의 타당성을 직접적으로 지지하는 것과 이익설의 부당성을 지적함으로써 의사설이 타당함을 간접적으로 지지하는 것으로 구분할 수 있다.

의사설을 직접적으로 지지하는 대표적인 논거로는 다음 세 가지를 들 수 있다. 첫째, 의사설은 권리 담론의 중요한 요소를 잘 보여주며, 의무 개념만으로는 완전히 설명될 수 없는 법체계의 특성을 잘 지적해 준다.

둘째, 의사설은 제3자를 위한 계약을 설명하기 용이하다. 갑과 을이 '갑이 병을 돌봐주는' 내용의 계약을 맺었다고 할 때, 의사설에 따르면 갑의 의무에 대한 권리자는 을이며 그 계약의 수익자인 병은 권리자가 아니다. 왜냐하면 병은 갑의 의무이행을 요구할 통제권을 갖고 있지 않기 때문이다. 물론 갑과 을의 계약에 의해 병이 갑의 의무이행을 요구할 수 있도록 한다면 이때는 병이 갑의 의무에 대한 권리자가 될 것이다.[45]

---

43 H. L. A. Hart, "Are there any natural rights," *Philosophical Rev.* vol. 64 no. 2 (Duke University Press, 1955), 175-191면 참조.
44 위의 책(주 11), 192면

셋째, 의사설은 단순히 개념의 문제를 넘어 중요한 이념적 기초를 가지고 있다는 것이다. 시몬즈는 보다 정치적이고 도덕적인 관점에서 의사설을 바라본다. 의사설은 국가권력으로부터 개인의 자유를 보장하는 법치국가의 원리를 가장 잘 실현할 수 있는 반면, 이익설은 그 이익의 보호를 결국 국가의 권력에 의존하는 것이기 때문에 개인의 자유가 충분히 보장되지 못할 우려가 있다는 것이다.

의사설을 간접적으로 지지하는 대표적인 논거로는 다음을 들 수 있다. 즉, 이익설이 말하는 이익 개념은 문제가 있다는 것이다. 스톨자는 이익을 주관적 의미와 객관적 의미로 구별한다.[46] 주관적 의미의 이익이라고 하는 것은 궁극적으로 그의 욕구가 실현되고 결핍이 보충되는 것을 의미한다. 그렇다면 그것은 권리의 본질이 될 수가 없다. 마약을 하고 강간을 하고 싶은 욕구가 있다고 해서, 그 욕구를 실현하기 위한 이익이 권리라고 말할 수는 없기 때문이다. 즉, 마약할 권리 혹은 강간할 권리라는 것은 있을 수 없다. 따라서 이익설의 이익을 주관적 의미의 이익으로 파악하는 것은 바람직하지 못하다. 그렇다면 이익의 객관적 의미는 어떠한가? 그것은 개인의 주관적인 욕구나 결핍과 독립되어 있는 이익이다. 이를 테면 쓴 약을 먹는 것은 개인들이 바라지 않는 것이지만 객관적으로 그에게 이익이 되는 것이다. 그러나 이렇게 객관적으로 자신에게 이익이 되는 것만을 권리라고 불러야 한다면 많은 권리들이 포기되어야 할 것이다. 이처럼 이익 개념은 주관적으로 해석하든 아니면 객관적으로 해석하든 결국 문제가 있는 개념이므로 이익설은 타당하지 못하다는 것이다.

(3) 의사설의 문제점

의사설에 대해 제기되는 가장 주요한 비판은 의사설이 지나치게 배타적이라는 것이다. 아무런 선택권이 없는 가치들은 모두 권리의 목록에서 제외되어야만 하는가? 강도를 당하지 않을 권리는 강도당할 선택권을 가지고 있어야만 중요하게 고려되는가? 자유로운 의사를 전제로 하는 사법私法에 의한 보호는 나

---

45 Hart, *Essays on Bentham*, 187면; 이에 대해서는 N. MacCormick, "Rights in legislation," *Law, Morality and Society* (Oxford University Press, 1977), 189-209면을 참조.

46 D. Stoljar, *An Analysis of Rights* (St. Martin's Press, 1984), 31-34면.

에게 권리를 주는 반면에, 자유로운 의사에 의한 법률관계와 관계없는 형법에 의해 부여되는 보호가 권리를 부여하지 않는다면 그건 이상하지 않은가? 선택이 권리의 가장 공통적인 특성이라는 것은 분명하다. 그러나 우리가 선택을 권리의 필수불가결한 특성으로 받아들여야 한다는 것은 꼭 분명한 것은 아니다. 심지어 우리가 보통은 선택의 권한을 주는 것을 선호한다 할지라도, 선택만이 유일한 가치는 아니며 우리가 선택할 수 없을지라도 권리의 대상이 되기에 정당하다고 느끼는 경우들이 있을 수 있다.[47]

또한 선택설은 누가 혹은 무엇이 권리를 갖는가에 대해 진입장벽을 가지고 있다. 동물들은 선택을 할 수 없으므로 동물들의 권리animal rights란 개념은 분명히 배제된다. 그러나 권리보유자가 선택할 수 있어야만 한다는 요구조건은 많은 인간들을 권리자의 범위에서 배제하게 된다. 어린이들뿐만 아니라 정신장애자, 혼수상태에 빠진 사람, 죽은 사람과 미래세대들도 권리보유자가 될 수 없다. 그러나 이런 범주의 사람들에게 권리를 부여한다는 것이 이상하거나 터무니없는 것은 아닌 것으로 보인다.

2. 이익설

(1) 벤담이론의 극복

벤담의 이익설이 가지는 가장 큰 난점은 실정법이 부과하는 의무에 의해 이익을 얻기만 하면 그 사람은 권리자가 될 수 있다는 것이었다. 그러므로 현재 이익설을 지지하는 대부분의 이론가들은 오로지 특정개인의 이익을 특별히 지향하는 의무만이 권리를 발생시킨다고 주장함으로써 그 난점을 벗어나려고 한다. 의무는 사회의 모든 구성원에 대한 의무이면서도 권리를 발생시킬 수 있다. 중요한 것은 그 의무가 개인에게 개별적으로 이익을 주는 의무예를 들어, 빌린 돈을 갚을 의무와 빌려준 돈을 받을 상응하는 권리로서 권리를 발생시키는 의무인가 혹은 전체 구성원으로서만 이익을 주도록 하는 의무예를 들어, 조세의 의무로서 권리를 발생시키지 않는 의무인가를 구별하는 것이다. 그러므로 맥코믹은 "권리를 수여하는 규

칙의 본질적인 특징은 개인의 이익이나 가치의 보호 혹은 증진을 구체적인 목적으로 갖고 있다"는 점이라고 주장한다.[48] 강도하지 않을, 강간하지 않을, 절도하지 않을 의무들 그리고 모욕하지 않을, 불법침입하지 않을, 손해를 끼치지 않을 의무들에 상응하는 권리들을 말할 수 있게 하는 것은 바로 이익에 확정성determinacy이나 의도성intentionality이라는 속성을 결합했기 때문이다.

(2) 새로운 이익설의 등장

이익설의 관점에서 권리에 대한 법철학적 논쟁을 점화시킨 것은 맥코믹의 "아동의 권리"에 대한 논문이었다.[49] 맥코믹은 "모든 아동은 양육되고, 보살핌을 받고, 나아가 가능하다면 사랑을 받을 권리를 가지고 있다"는 자명한 사실로부터 출발한다. 그런데 의사설에 의하면 이 아동의 권리는 권리로서의 자격을 갖지 못한다. 그것은 의사설이 권리자는 의무자의 의무를 실현하거나 면제해 줄 수 있는 선택권을 가지고 있다는 것을 핵심으로 하기 때문이다. 즉, 아동의 권리에 대응하는 의무자는 부모인데 아동은 사실적으로도, 도덕적으로도, 법적으로도, 그의 부모의 의무를 면제해 줄 수 없기 때문에 아동의 권리는 진정한 권리가 아니라는 것이다. 물론 이것은 아동의 권리라는 자명한 직관적 사실과 배치되는 것이다. 그래서 의사설을 주장하는 사람은 부모나 후견인이 대신 아동의 선택권을 행사할 수 있다는 의미로 아동의 권리를 간접적으로 인정한다. 그러나 이런 식으로 이론을 구성하는 것은 엄밀히 말해 부모와 후견인의 권리를 인정하는 것이지 아동의 권리를 인정하는 것은 아니다. 따라서 맥코믹은 의사설이 권리론으로 근본적인 결함이 있다고 주장한다. 이런 아동의 권리를 설명하기 위해서는 아동의 이익이라는 관점에서 권리를 보아야 하며, 이 점에서 이익설이 의사설보다 더 타당한 권리 학설이 된다고 주장한다.

라즈도 이익설의 관점을 채택한다. "오로지 개인 X가 권리를 가질 능력이 되고, 다른 사정이 동일할 때 X의 복지이익가 타인에게 의무를 지도록 주장하기에 충분한 조건이 될 경우 그때에만 개인 X는 권리를 가진다"라고 주장한다.[50]

---

48 MacCormick, "Rights in Legislation," 192면.
49 N. MacCormick, "Children's Rights : A Test — Case for Theories of Rights," *Legal Right and Social Democracy* (Clarendon Press, 1982), 154-166면.

맥코믹처럼 이익을 얻는다는 개념이 라즈가 권리를 정의하는 데 핵심이 된다. 그런데 그의 정의는 특별한 두 가지 요소가 포함되어 있다.

첫째, 라즈는 권리가 그 권리에 상응하는 의무를 함축하지 않는다는 점을 강조한다. 일반적인 이익설은 의무의 부과에서 권리를 도출한다. 그러나 라즈는 권리가 의무로부터 도출되는 것이 아니라, 오히려 권리가 의무의 기초grounds가 되는 것으로 이해되어야 한다고 주장한다. 권리와 의무는 동전의 단순한 양면이 아니다. 오히려 권리는 의무에 대한 근거reasons이다. 그렇다고 해서 의무를 발생시키는 것이 오로지 권리라고 말하는 것은 아니다.

둘째, 라즈에 의하면 만일 그가 의도된 수혜자이거나 그의 이익이 타인에게 의무를 지우기에 "충분한" 근거가 된다면 그는 권리를 가지는 것이 된다. 즉, 권리를 보유하려면 어떤 의무가 그의 이익을 직접적이고 의도적으로 증진시켜야 한다는 것으로는 충분하지 못하다. 나아가서 관련 이익이 타인에게 의무를 지울 정도로 정당화할 수 있어야 한다.

(3) 이익설에 대한 비판

이익설은 권리를 단순히 의무의 반사reflex로만 생각하기 때문에 권리와 의무의 관계에 대한 적절한 설명을 하지 못하고 있다고 주장할 수 있다. 이것이 이익설에 대한 첫 번째 비판이다. 그래서 "그런 권리의 용어로 말해질 수 있는 것은 기껏해야 의무란 용어가 필수불가결하다라고 말할 수 있다는 것 혹은 사실상 그렇게 말한다는 점이다."[51] 다시 말해서 이익설은 우리의 법적·도덕적 용법에 있어, 충분히 특징적인 의미와 역할을 권리에게 주지 못한다는 것이다.

이익설에 대한 두 번째 비판은 권리와 이익이 잘 조화되지 않는 경우가 있다는 것이다. 하트는 제3자를 위한 계약에 관한 잘 알려진 예에서 이 점을 강조했다.[52] 만일 갑이 을과 을의 부재중에 을의 노모 병을 돌봐주기로 하는 약속을 했다고 하자. 이익설에 따르면 여기에는 두 가지의 난점이 있다. 첫째, 갑에 대해 권리를 주장하는 사람은 수혜자인 병이 아니라 약속을 받은 을인

---

50 J. Raz, *The Morality of Freedom* (Oxford University Press, 1986), 106면.

51 Hart, *Essays on Bentham*, 182면.

52 위의 책, 187-188면.

듯하다는 것이다. 갑이 의무를 지는 사람도, 그 의무를 소멸시키거나 주장할 수 있는 사람도, 그리고 만일 갑이 약속한 대로 이행하지 않았을 때 부당하다고 주장할 사람도 을인 것이다. 둘째, 비록 을의 노모 병이 갑의 의무에 대한 구체적이고 의도된 수혜자이긴 하지만, 병은 갑에게 권리를 명백히 주장할 수 없다. 왜냐하면 갑과 약속한 사람은 병이 아니라 병의 아들 을이기 때문이다. 그러므로 수혜자가 아닌 권리보유자가 있을 수 있으며, 권리보유자가 아닌 수혜자가 있을 수도 있다.

이익설은 이 사례를 어떻게 다룰까? 제3자를 위한 계약과 관련되는 한, 몇몇 이익설 주장자들은 하트의 주장을 거부하고 약속이나 계약이 명백하게 제3자의 이익을 향한 것일 때에는 그 이익을 받는 사람이 권리를 보유하고 있다고 말할 수 있어야 한다고 주장한다. 그러므로 을의 노모 병은 갑으로부터 보살핌을 받을 권리를 보유하고 있다고 말할 수 있다.[53] 그러나 을이 약속의 수혜자가 아니며 그렇기 때문에 권리자가 아니라는 이 논증은 그럴 듯하지 못하다. 분명히 대부분의 사람은 을이 갑과의 관계에 있어 권리자가 된다는 점에 동의할 것이다.

Ⅳ. 권리의 양상 ─ 호펠드의 이론을 중심으로

이상과 같은 의사설과 이익설의 논쟁은 아직 완전히 해소되고 있지 않다. 어쩌면 권리의 본질이 무엇인가 하는 논쟁은 그 자체로 큰 실익이 없을지도 모른다. 현실적으로 중요한 것은 권리를 갖는다는 것이 함축하는 실천적인 의미이다. 즉, 권리자는 권리를 가지면서 어떤 권능을 행사할 수 있는가? 여기서는 이 문제에 대해 검토할 것이다. 우리 법학에서는 이에 대해 권리의 작용에 따른 분류로서 지배권, 청구권, 형성권, 항변권을 주로 언급한다.[54] 그러나 여기서는 권리 양상에 관하여 현대 법학에 가장 큰 영향을 준 호펠드의 이론을

---

53 G. Marshall, "Rights, options and entitlements," in A. Simpson ed., *Oxford Essays in Jurisprudence*, 2nd Series (Oxford Univercity Press, 1972), 229-231면.

54 대체로 지배권은 호펠드의 특권(자유권)에, 청구권과 항변권은 호펠드의 청구권에, 형성권은 호펠드의 권한에 해당한다.

주로 검토할 것이다.

1. 호펠드의 권리 분석론[55]

법학에는 수많은 개념들이 있다. 법학적 개념들은 언어의 형태로 표시되지만 그 개념이 지시하는 것이 무엇인지 분명하지 않은 경우가 많다. 권리라는 개념은 그 내포와 외연이 불명확함에도 불구하고 마치 명확하게 해명되어 있는 것처럼 법률가들이 사용하는 대표적인 예라 할 것이다. 호펠드는 이런 다의적이고 의미가 한정되어 있지 않은 법적 개념을 사용하여 법적 추론legal reasoning을 할 경우 그 결론은 혼동되고 잘못될 수 있음을 지적하였다. 호펠드는 이런 혼동과 잘못을 시정하기 위해서는 그 법개념의 의미에 대해 상대적으로 분명히 합의할 수 있는 몇 가지 기본개념을 먼저 확정한 다음, 모든 법적 진술legal statements을 그 기본개념으로 구성된 기본문장으로 환원시켜 그 의미를 분명히 하여야 한다고 주장한다. 특히 호펠드는 권리를 이런 입장에 따라 분석하여 당시 법학과 법실무에 많은 찬반양론을 불러일으켰다. 그의 분석은 여러 측면에서 도전 받았지만, 여전히 "권리"라는 단일한 용어가 아주 다른 법적 관계를 기술하는 데 어떻게 쓰이고 있는지에 대한 매우 영향력 있는 설명으로 남아 있다.

2. 권리의 제 양상

호펠드는 권리의 개념을 분석하여 그것이 네 가지의 형태로 쓰인다는 것을 발견했다. 첫째는 청구권claim-right이다. 만일 갑이 을에게 금전을 빌려주기로 하는 내용의 계약을 맺었다고 가정하자. 그렇다면 을은 그 금전을 받을 권리를 갖고, 갑은 을에게 그 금전을 지불할 의무를 지닌다. 호펠드는 이런 종류의 권

---

55 호펠드의 주저인 *Fundamental Legal Conceptions as Applied to Judicial Reasoning*은 사후인 1919년에 발간되었다. 권리분석에 관한 글로는 1913년 *Yale Law Journal*에 실린 "Some Fundamental Legal Conceptions As Applied In Judicial Reasoning"과 1917년 같은 학술지에 실린 "Fundamental Legal Conceptions As Applied In Judicial Reasoning"이 있으며, 사후 발간된 저서에도 같은 글이 실려 있다.

리를 "엄격한 의미"the strict sense의 권리라고 불렀다. 그러나 그것은 일방 당사자가 타방에 대해 갖는 청구를 내용으로 하기 때문에 보다 일반적으로는 "청구권"이라고 불려 왔다. 청구권은 타인에 대한 청구를 내용으로 하기 때문에 항상 의무와 연계되어 존재한다.

두 번째는 자유권liberty-right이다. 호펠드는 이 권리를 특권privilege이라고 불렀지만 그 이후의 학자들은 대체로 자유권이라는 이름을 더 선호하였다. 만일 나는 내가 원하는 대로 옷을 입을 권리를 가졌다고 주장한다고 가정하자. 여기서 "권리"라는 용어는 아주 다른 의미를 갖는다. 그런 주장의 제기는 타인들이 나에게 의무를 진다는 것이 아니고, 오히려 내가 원하는 대로 옷을 입는 것은 어떠한 잘못도 아니라는 것을 뜻할 뿐이다. 나는 어떤 특별한 방식으로 옷을 입을 혹은 입지 않을 어떠한 책무도 지지 않고 있다는 의미에서 내가 원하는 대로 옷을 입을 "자유로운 상태"at liberty에 있다는 것을 얘기하고 있는 것이다. 그러므로 이런 종류의 권리는 "자유권"이라고 이름 붙여지게 되었다.

세 번째는 권한power이다. 이제 유언을 할 권리나 투표할 권리를 생각해 보자. 이것들은 자유권사람들은 유언을 하지 않을 혹은 투표를 하지 않을 책무를 지고 있지 않다으로 혹은 청구권사람들은 누군가가 유언을 하거나 투표하는 것을 방해하지 않을 의무를 지고 있다으로 주장될 수 있다. 그러나 그것들은 "권한"이라는 새로운 범주로 설명하는 것이 훨씬 용이할 것이다. 나는 법이 사후에 나의 재산을 어떻게 처분할 것인지를 내가 결정할 수 있는 법적 권능legal faculty을 주었다는 의미에서 유언을 할 권리를 가지고 있다. 나는 선거에서 투표권을 행사할 수 있도록 법적으로 "권한을 받았다"는 의미에서 투표할 권리를 가지고 있다. 참정권이 없는 사람은 그럴 권한이 없는 것이다.

네 번째는 면제권immunity이다. 나는 타인의 권한에 복종하지 않는다는 의미에서 권리를 누릴 수 있다. 즉, 나는 타인의 권한으로부터 "면제"되어 있다. 예를 들어, 남의 물건을 빌려서 사용하기로 약정한 경우, 나는 그 물건을 사용할 소유자의 권한으로부터 면제권을 얻은 것이다. 그러나 면제권은 계약이나 동의에 의해 자유권을 얻은 경우와 잘 구별되지 않는다. 그래서 호펠트 이후의 학자들은 면제권을 자유권의 특수한 경우로 분류하고 별도의 범주로 파악하지는 않는다.

3. 권리의 특성

이와 같은 호펠드의 권리분석을 통해 우리는 그가 생각한 권리에 대한 기본적인 생각들을 알 수 있다. 먼저 호펠드는 "권리"라는 용어의 네 가지 다른 용법이 혼란을 초래하였다고 생각했다. 그래서 그는 "권리"라는 용어의 용법은 "청구권" 혹은 스스로 "엄격한 의미의 권리"라고 불렀던 것에 한정해야 한다고 주장하였다. 그러나 대부분의 분석가들은 "권리"의 형태로서 네 가지 모두를 계속해서 인정하였다. 왜냐하면 부분적으로는 그 용어를 보다 관대하게 해석하는 것이 일상 언어의 용법에 부합하였기 때문이다.

둘째, 주장된 모든 권리가 호펠드의 네 개의 범주 중 하나에만 귀속되어야 한다고 주장하는 것은 잘못된 것이다. 앞서 보았듯이 투표할 권리를 주장하는 것은 동시에 권한, 청구권, 자유권을 주장하는 것이 될 수 있는 것이다. 또 만일 자동차에 대한 소유권을 생각해 본다면, 그 권리는 호펠드가 분류한 권리들의 복합적 묶음complicated cluster으로 구성되어 있다는 것을 알 수 있을 것이다. 보통은 이 권리들은 내 허락 없이 다른 사람들이 내 차를 손상할 수도 혹은 사용할 수도 없다는 청구권, 소유자로서 차를 마음대로 사용할 나의 자유권, 그 차를 팔거나 다른 사람이 사용하도록 허락해 줄 수 있는 권한, 그리고 다른 사람이 나의 동의 없이 그 차를 처분하는 권한으로부터의 면제권 등을 포함한다. 다른 말로 권리의 단순한 주장도 자세히 보면 여러 형태의 권리들의 묶음으로 판명될 수 있다.[56]

셋째, 권리의 문제를 양당사자 사이의 법률관계로 환원시키는 호펠드의 주장은 양당사자의 관계 사이에는 서로 상관적인correlative 관계가 있다는 주장으로 연결된다. 일반적으로 받아들여지고 있는 법적 상식으로는 권리청구권와 의무가 서로 상관관계에 있다는 것을 인정할 수 있을 것이다. 권리와 의무가 서로 상관관계에 있다는 것은 권리보유자와 의무보유자 사이에는 서로 밀접한 관련이 있다는 것을 뜻한다. 의무자는 권리자에게 자신의 의무를 이행해야 하

---

56 우리 민법학에서는 권리와 권능을 구별한다. 앞에 든 예에서 자동차에 대한 소유권은 권리이지만 호펠드의 권리 양상들은 권능에 불과할 뿐이다. 그러나 권능을 권리가 아니라고 할 이유는 전혀 없다. 오히려 기본적 권리와 파생적 권리라고 관념하는 것이 더 합당할 것이다.

며, 권리자는 의무자에게 자신의 권리를 주장할 수 있는 것이다. 호펠드는 권리청구권와 의무의 상관관계 이외에도 자유권liberty right과 권한power 그리고 면제권immunity에도 상관적인 개념을 적용하고 있다. 그래서 자유권의 상관어로 무권리no-right를, 권한의 상관어로 책임liability을, 면제권의 상관어로 무권한disability57을 상정한다. 이들 상관어의 목록 중 의무와 책임은 이미 기존의 법률가들에게도 익숙한 개념인 반면, 무권리와 무능력이라는 개념은 호펠드가 창안한 새로운 것들이다.58 이런 개념들을 창안함으로써 호펠드는 자신의 권리목록이 상호 간에 상관어와 반대어라는 관계 속에서 유기적으로 조직될 수 있다고 생각했다.59 호펠드는 이 관계를 다음과 같은 형식으로 정리하고 있다.60

법적 상관어(Jural Correlatives)

나	권리(claim-right)	자유권(liberty right)	권한(power)	면제권(immunity)
	↓↑	↓↑	↓↑	↓↑
상대방	의무(duty)	무권리(no-right)	책임(liability)	무권한(disability)

이 상관관계에 의하면 내가 권리를 가지고 있다면 상대방은 권리에 상응하는 의무를 가지고 있을 수 있다. 만약 내가 자유권을 가지고 있다면, 어느 누구도 내 자유를 방해할 권리를 갖고 있지 않다. 즉, 상대방은 권리가 없다no-right. 만약 내가 권한을 가지고 있다면, 누군가는 이 권한을 행사할 수 있도록 할 책임을 갖는다. 즉, 내가 투표할 권한이 있다면 정부는 그 투표를 시행

---

57 disability는 보통 무능력이라고 번역하지만, 여기서는 권한(power)의 반대어라는 점을 부각하기 위해 무권한으로 번역하였다.

58 E. Kent, *Law and Philosophy* (Prentice-Hall Inc., 1970), 116면.

59 법적 반대어(jural opposites)는 권리에 관하여 동시에 한 사람이 가질 수 없는 서로 모순되는 것들을 의미한다. 예를 들어, 권리를 가진 사람은 무권리(no-right)를 동시에 가질 수는 없다. 권리와 무권리는 한 사람에게 양립할 수 없기 때문이다. 자유권을 가진 사람은 특정한 행위를 할 의무가 없는 사람이다. 권한이 있으면서 무권한일 수는 없을 것이고, 다른 의무에서 면제받은 사람은 그 의무를 이행할 책임을 동시에 가질 수는 없는 것이다. 이런 관계는 다음과 같이 표현된다.

권리(claim-right)	자유권(liberty right)	권한(power)	면제권(immunity)
↕	↕	↕	↕
무권리(no-right)	의무(duty)	무권한(disability)	책임(liability)

60 Hohfeld, "Some Fundamental Legal Conceptions As Applied In Judicial Reasoning," 30면.

할 책임을 가질 것이다. 마지막으로 내가 남의 집을 빌려서 사용한다면 그것은 집 주인으로부터 일종의 면제권을 가진 것이다. 따라서 집 주인은 내가 집을 사용하지 못하게 할 수 있는 권한을 갖지 못한다disability.

그러나 이 상관성 명제가 과연 언제나 타당하게 모든 권리의 양상에 들어 맞을 수 있는 것인가에 대해서는 의문이 있을 수 있다. 특히 권리 없는 의무의 존재나 의무 없는 권리의 존재가 입증된다면, 상관성 명제의 시작이라고 할 수 있는 권리청구권와 의무의 상관성도 흔들릴 수 있을 것이다. 또 나아가서는 무권리 혹은 무능력이라는 표현을 창안하면서까지 상관성 명제를 유지할 필요성에 대해서도 회의가 있을 수 있다.

Ⅴ. 권리 개념의 존재 의의

이제 마지막으로 권리 개념이 필요한 이유에 대해 검토해 보자.

파인버그는 만일 권리가 없는 사회가 있다면 어떤 모습일까라는 사고실험을 한 적이 있다.[61] 그는 Nowheresvilles라고 하는 권리가 전혀 존재하지 않으며, 행위의 동기가 모두 의무에 기반하고 있는 가상적 공간을 상정한다. 권리와 의무의 상관관계를 공리axiom로 믿는 전통적인 견해에 의하면 이런 공간은 불가능하다고 생각될 수도 있다. 그러나 두 가지 점에서 이런 가정은 가능할 수 있다. 첫째, 어느 누구도 그 의무이행을 요구할 수 없는 도덕적으로 부과된 의무가 있을 수 있다. 예를 들면, 자선의 의무와 같은 것이다. 둘째, 그 의무가 도덕이 아니라 실정법에 의해 부과된 것이라 할지라도 의무자는 타인에게 그 의무를 지는 것이 아니라 실정법 혹은 법적 권위에만 의무를 진다면, 의무자의 행위로부터 사실상의 이익을 얻는 자가 있다고 할지라도 그 이익을 주장하지 못한다. 따라서 의무자만 있고 권리자가 없는 사회라는 가정은 가능해진다.

파인버그는 이런 사고실험적인 Nowheresvilles와 현실세계의 가장 큰 차이점은 현실세계의 사람들은 권리주장활동activity of claiming을 하지만

---

61 J. Feinberg, "The Nature and Value of Rights," *Journal of Inquiry* vol. 4 (1970), 19~44면.

Nowheresvilles에서는 아무도 타인에게 정당한 요구를 하지 않고 정당한 그들의 것을 갖는다는 인식조차 없다는 점에 있다고 한다. 즉, Nowheresvilles의 사람들은 결코 권리주장claim을 하지 않는다.

파인버그는 이 의미가 권리에 도덕적 중요성을 제공하는 것이라고 생각한다. 즉, 우리는 권리를 갖고 있기에 "인간으로서 서 있을"stand up like men 수 있고 다른 사람과 동등함을 느낄 수 있다. 자기 스스로를 권리보유자로 느낄 때 최소한의 자존감을 가질 수 있고 이러한 자존감은 타인을 사랑하고 동경하는 데 필수적이다. 사람을 존중하는 것은 바로 타인의 권리를 존중함을 의미하고 인간을 존엄성을 갖는 존재로 파악하는 것은 인간을 권리주장의 잠재적인 주체로 인정함을 의미한다.

즉, 우리는 권리를 가짐으로써 단순한 개인이 아니라 존엄성을 가진 인격체로서 존중되며 또 타인을 그런 인격체로 존중하게 된다는 것이다. 결국 타인에 의해 베풀어진 구호물자를 배불리 먹는 포만감이 권리의 핵심이 아니라 스스로 정당한 대우를 요청하고 요청받는 도덕적인 자존감이 권리의 핵심인 것이다.

제7장 생각해 볼 문제

❶ 수년 전에 고속철도 공사와 관련하여 철로가 지나가는 천성산 도룡뇽의 권리가 법적 문제가 된 적이 있었다. 판례는 도룡뇽의 권리를 인정하지는 않았지만 그럼에도 불구하고 이와 같은 동물의 권리를 인정해야 한다는 주장도 있다. 뿐만 아니라 자원의 배분과 관련하여, 아직 태어나지 않은 다음 세대의 권리를 존중하여 지금 세대가 자원을 보존하고 아껴야 하는 의무를 진다는 주장도 있다. 이런 주장들은 권리로서 성립 가능한 것일까? 만일 성립 가능하다면 그 이유는 무엇이고, 성립 불가능하다면 그 이유는 무엇인가?

❷ 인공임신중절의 경우, 태아의 생명권과 산모의 자기결정권은 서로 충돌한다고 흔히 얘기된다.

생명권을 더 존중하자는 사람들은pro-life 태아의 생명권이 우선하며 태아를 인공임신중절하는 것은 정당화되지 못한다고 주장한다. 이에 반해서 산모의 자기결정권을 더 존중해야 한다는 사람들은pro-choice 아직 태어나지 않은 태아의 생명권보다 이미 태어난 여성의 삶이 더 중요하다고 주장한다. 이런 상황을 흔히 권리 충돌이라고 한다. 이런 권리 충돌 상황에서 적절한 법적 해결방안은 무엇일까? 나아가 형법의 자기낙태죄와 동의낙태죄에 관한 헌법재판소 위헌 결정이 적절한 해결방안인지 평가하고, 그 장단점에 대해 생각해 보자.

제8장
법치주의

I. 법치주의의 의의

1. 우리 법체계와 법치주의

법치주의는 근대 이후 서양 법체계가 채택하고 있는 기본 원리 중의 하나이다. 우리나라도 서양으로부터 법체계를 수용했기 때문에, 비록 우리 헌법에 명시적으로 법치주의 개념을 선언하고 있지는 않지만 법치주의가 우리 법체계의 기본 원리라는 점에 대해서는 법학계나 법실무계 모두 인정하고 있다. 다만, 법치주의라는 개념을 사용하는 경우도 있지만, 법치국가라는 개념을 사용하는 경우도 있다.

예를 들어, 헌법재판소는 "오늘날의 법치주의는 국민의 권리·의무에 관한 사항을 법률로써 정해야 한다는 형식적 법치주의에 그치는 것이 아니라 그 법률의 목적과 내용 또한 기본권보장의 헌법이념에 부합되어야 한다는 실질적 법치주의를 의미하며 헌법 제38조, 제59조가 선언하는 조세법률주의도 이러한 실질적 법치주의를 뜻하는 것"[1]이라고 하면서 법치주의의 개념을 인정하고 있다.

---

1 헌법재판소 1992. 2. 25. 90헌가69 결정.

그리고 대법원은 일찍이 "법치국가에 있어서의 행정처분은 법의 근거에 의하여야 하고 법이 인정하는 범위 내에서만 할 수 있다 할 것이므로 결국 모든 행정처분은 넓은 의미에 있어서의 법에 기속된 행정처분이라 할 것이다"[2]라고 하면서 법치국가의 개념을 사용하고 있다. 또 헌법재판소도 "우리 헌법은 국가권력의 남용으로부터 국민의 기본권을 보호하려는 법치국가의 실현을 기본이념으로 하고 있고"[3]라고 하면서 법치국가의 실현이 헌법의 기본이념임을 밝히고 있다.

그러나 우리나라에서 법치주의라는 개념을 사용하는 사람이나 법치국가라는 개념을 사용하는 사람이나 그 개념이 뜻하는 바에 대해서는 거의 비슷하게 이해하고 있다. 대체로 법치주의를 설명할 때 영국의 법의 지배rule of law 개념과 독일의 법치국가Rechtsstaat 개념을 포괄하는 개념으로 이해하는 것이 일반적이다.[4]

2. 법치주의에 대한 불일치와 정당화 기능

그러나 실제로 법치주의가 무엇을 뜻하는지에 대해서는 다양한 견해가 존재한다. 예를 들어, 법치주의를 사회적 안정과 질서유지를 위해 법에 근거한 공권력이 동원되어야 한다는 취지로 이해할 수도 있고, 반대로 법치주의를 공권력으로부터 개인의 자유와 권리를 지킬 수 있도록 하는 공권력 제한의 원리로 이해할 수도 있다. 나아가 법치주의를 실질적 정의를 구현하는 정당한 법에 대한 추구라는 관점에서 이해할 수도 있고, 기존의 법에 대한 수범자의 복종이라는 관점에서 이해할 수도 있다.

타마나하B. Tamanaha는 이러한 법치주의의 개념에 대한 불일치 현상이 오늘날 정치 현실에서 빈번하게 일어난다고 지적하고 있다.

---

2 대법원 1962. 4. 26. 선고 61누115 판결.

3 헌법재판소 1992. 4. 28. 90헌바24 결정.

4 성낙인, 『헌법학』 제 6 판(법문사, 2006), 173-174면 등.

법의 지배에 대한 지지는 서구 세계에만 배타적으로 존재하는 것은 아니다. 법의 지배는 다양한 사회, 문화, 경제, 정치 체계의 지도자들에 의해 승인되어 왔다. (중략) 그들 중에는 민주주의나 개인적 권리를 부정하는 사람들도 있고, 자본주의를 부정하는 사람들도 있으며, 자유주의를 반대하거나 명백히 반서구적인 경향을 가진 사람들도 많다. 그들이 법의 지배를 지지하는 이유는 다양할 수 있다. 어떤 사람은 자유에 대한 관심 때문에, 어떤 사람은 질서유지를 위해, 또 많은 사람들은 경제적 발전을 촉진하려는 이유로 법의 지배를 지지하지만, 그들 모두 법의 지배가 본질적이라는 점에 대해서는 같은 생각을 가지고 있다.[5]

타마나하의 지적대로 전 세계의 다양한 사람들이 법치주의를 서로 다른 의도를 가지고 서로 다르게 이해하면서도 법치주의라는 개념을 지속적으로 주장하는 이유는 무엇일까? 그것은 법치주의가 서구의 법체계에 내재한 본질적인 원리로서 강한 정당화 기능을 가지고 있기 때문일 것이다. 즉, 서구 법체계가 성립해 온 역사와 맥락을 검토해 보면, 법치주의의 이념적인 힘은 법치주의를 실현하는 법체계가 정당한 법체계라는 뿌리 깊은 관념 속에 있음을 알 수 있다. 그리고 동시에 법치주의는 가장 넓은 의미로 파악한다면 "법에 의해 통치"할 것을 뜻한다고 이해할 수 있는데, 이렇게 이해하게 되면 법치주의 개념이 넓고 모호해지기 때문에 현실 통치자들이 자신의 정치적 의도에 맞게 법치주의를 활용하기 쉽다는 점도 그 이유의 하나가 될 수 있을 것이다.

3. 법치주의와 법률가

법치주의가 역사적으로 통치자들의 이해와 밀접한 관계를 맺어 왔는데, 근대 이후에는 통치자 이외의 법률전문직의 기능이나 역할과 관련하여도 지속적으로 언급되고 있다. 왜냐하면 법치주의를 실현하려면 기본적으로 법을 잘 알고 잘 활용할 수 있는 법률가가 사회 저변에 충분히 있어야 하기 때문이다. 그러나 동시에 단순히 법률가가 많다고 바로 법치주의가 실현되는 것이 아니라는 점과 실제로 법을 운영하는 법률가들이 법치주의를 어떻게 이해하는가에 따라 그 사회의 법치주의가 나타나는 모습이 달라질 수도 있다는 점도 지적되

---

5 B. Tamanaha(이헌환 역), 『법치주의란 무엇인가』(박영사, 2014), 5-7면 참고.

어야 한다. 따라서 법률가들이 법치주의의 의미와 맥락을 깊이 이해하고 이에 대해 숙고해 보는 것은 우리 사회의 법치주의의 미래를 위해 대단히 중요한 일이다.

이 장에서는 이런 문제의식을 가지고 법치주의 원리에 대한 법철학적 논의를 소개할 예정이다. 특히 법치주의에 대한 다양한 이해의 배경을 살펴보고, 법치주의가 성립하게 된 역사적 맥락과 법치주의가 서구 지성사에서 어떻게 이해되어 왔는지를 검토한 다음, 우리나라의 법체계에서 법치주의가 가지는 의미를 성찰해 보고자 한다.

Ⅱ. 법치주의에 대한 다양한 이해

1. 동아시아 문화와 법치주의

법치주의를 법철학적으로 숙고해 보려고 할 때 가장 먼저 다가오는 어려움은 용어의 문제이다. 앞서 언급한 대로 우리가 논의하는 법치주의는 서구 법체계에서 발전해 온 개념이며, 우리 사회가 서구 법체계를 수용함에 따라 우리에게도 의미를 가지게 된 개념이다. 그렇다면 법치주의는 서구의 어떤 용어를 번역한 것인가?

우선 법치주의라는 용어가 일종의 " — 주의"이기는 하지만, 그것이 자유주의liberalism, 공화주의republicanism 등과 같이 " — ism"의 형식을 가진 서구의 대응어가 있지 않다는 점을 지적할 수 있다.[6] 그렇다면 법치주의와 거의 같은 뜻으로 이해되고 있는 법의 지배 원리나 법치국가Rechtsstaat 원리를 모두 포괄하는 " — 주의"로서의 법치주의라는 용어는 서구에서 만들어진 것이 아니다. 즉, 법치주의라는 용어는 동아시아에서 서양의 법과 제도를 수용하던 시기에 rule of law 혹은 Rechtsstaat의 개념에 해당하는 번역어로 성립하였던 것이다.

그런데 동아시아에서 서양의 개념어를 번역할 때에는 먼저 그와 유사한

---

6 영어의 legalism이라는 용어가 있기는 하지만 이 용어는 법의 지배나 법치국가 원리와 같은 법치주의의 의미들을 포괄하고 있지는 않다.

01
02
03
04
05
06
07
08
09
10
11
12
13
14
15
16

동아시아 특히 중국의 사례가 있는지를 조사하여 이를 참조하는 관행이 있었다.[7] 그렇다면 법치주의라는 번역어가 성립할 수 있었던 것은 이미 동아시아에 "법치"法治라는 잘 알려진 개념이 있었기 때문이 아닐까 생각해 볼 수 있다. 하지만 이 법치라는 개념을 사용하여 법치주의라는 용어가 만들어졌다면, 우리 사회에서 사람들이 법치주의를 이해하는 데 먼저 동아시아에 널리 알려진 법치 개념을 떠올리게 된다는 점은 문제가 될 수 있다. 왜냐하면, 어떤 개념을 이해하기 위해서는 그 개념이 형성되고 기능하는 맥락을 이해하는 것이 중요한데, 법치주의라는 용어를 채택하는 순간 일반 대중들은 법치주의의 서구적 맥락이 아닌 동아시아적 맥락을 기초로 이 용어를 이해할 가능성이 커지기 때문이다.

　동아시아에서 법치란 대체로 예치禮治에 대비되는 것으로, 법에 따라 통치하는 것을 뜻한다. 그런데 이때 법에 따라 통치한다고 할 때, 그것에는 군주가 법을 이용하여 통치하는 것이 인仁이나 예禮에 의거해서 통치하는 것보다 더 효율적이라는 의미가 담겨 있다.[8] 즉, 법은 군주의 효율적 통치를 위한 수단으로 파악되는 것이다. 따라서 이런 의미에서 동아시아의 법치는 법의 지배가 아니라 사람의 지배의 일종인 것이다.[9]

　일반적으로 어떤 문화권에서 다른 문화권의 개념을 수용한다 하더라도 이를 내면화하여 그 문화권에서 순기능을 할 수 있도록 하기 위해서는 많은 시간과 노력이 필요하다. 그런데 어떤 문화권에 이미 오랫동안 사회적으로 잘 알려진 개념어를 사용하여 다른 문화권의 개념을 이해시키려고 한다면, 더 많은 노력과 시간뿐만 아니라 시행착오가 있을 수밖에 없다. 그런 점에서 우리 사회에 존재하는 법치주의의 개념에 대한 사회적 불일치와 갈등의 원인 중의 하나는 법치라는 용어를 사용한 번역어를 채택했기 때문에 생기는 개념 인식의 괴리일 수도 있다. 즉, 법치는 법치주의와 같은 의미가 아니다.

7　이에 대해서는 마루야마 마사오·가토 슈이치(임성모 역), 『번역과 일본의 근대』(이산, 2000) 참조.

8　이에 대해서는 장국화 편(임대희 외 역), 『중국법률사상사』(아카넷, 2003); 이춘식, 『춘추전국시대의 법치사상과 세·술』(아카넷, 2002) 등 참조.

9　물론 동아시아의 법사상에서 법이 왕권을 제약하는 요소가 전혀 없지는 않았다. 군주는 선조로부터 내려오는 조종성헌(祖宗成憲)을 따라야 했으며, 법을 존중하여야 하고, 그 법은 양법미의(良法美意)를 가져야 했다. 그럼에도 불구하고 군주의 통치권은 근본적으로 스스로 제약하지 않으면 제약되지 않는다는 점에서 서구의 법치주의 전통의 중요한 함의와 근본적인 차이를 가진다. 조선의 법치주의에 대해서는 정긍식, "조선시대의 권력분립과 법치주의," 『법학』 제42권 제4호(서울대학교, 2001) 참조.

2. 법치국가, 법치, 법의 지배

나아가 법치주의 개념과 그 대응어인 법의 지배 그리고 법치국가 원리와의 관계에 대해서도 검토가 필요하다. 왜냐하면 법의 지배와 법치국가 원리는 대체로 유사하지만, 그 맥락과 구체적인 의미에 있어서 완전히 같은 것은 아니기 때문이다. 법의 지배가 주로 중세 이후 영국에서 발달하여 미국의 법체계 등에 영향을 주었다면, 법치국가 원리는 19세기 이후 독일에서 생성되고 발달한 개념이다.

법치국가 원리는 19세기 일련의 독일의 법학자들에 의해 정립된 것으로 알려져 있다. 뵈켄회르데는 "법치국가는 독일어권에 고유한 복합어이며 개념형태로서 다른 언어에서는 여기에 해당되는 것을 결코 찾아볼 수 없다."고 지적한다.[10] 뵈켄회르데에 따르면 법치국가 개념을 처음 사용한 몰v. Mohl 등은 법치국가를 특수한 통치형태로 이해하지 않고, 특정한 국가의 종류로 이해했다고 한다. 이런 이해에 따르면 "법치국가는 이성법국가이며, 이 국가는 인간의 공동생활 속에서, 그리고 인간의 공동생활을 위하여 이성법론의 전통 속에 나타난 이성의 원리들을 실현한다."[11] 이는 법치국가 개념이 처음 형성되었을 때 칸트의 이성철학이 큰 영향을 주었다는 것을 의미한다.[12]

그러나 19세기 중후반 이후 법치국가 원리가 독일 법이론과 법체계에 정식으로 도입되었을 때, 그 의미는 형식적인 법률에 의한 행정과 권리보호라는 좁은 영역으로 한정되었다. 이에는 슈탈F. Stahl의 영향이 크다고 지적된다. 슈탈은 법치국가의 성격에 대해 다음과 같이 정의하였다.

> 법치국가는 법이라는 수단으로 시민의 자유로운 영역과 국가 활동의 한계를 정밀하게 규정해야 하며 확고하게 보장해야 할 뿐 아니라, 국가를 위한 도덕적 이념을 필요한 한도 내에서 관철해야지 법을 떠나 직접 강제해서는 안 된다. 이것이 법치국가의 개념이다. 법치국

---

10 E.-W. Böckenförde(김효전 역), "법치국가 개념의 성립과 변천," 김효전 편역, 『법치국가의 원리』(법원사, 2001), 207면.
11 위의 글, 208면.
12 U. Scheuner, "독일에 있어서 법치국가의 근대적 전개," 김효전 편역, 『법치국가의 원리』(법원사, 2001), 174면; Böckenförde, "법치국가 개념의 성립과 변천," 209-210면.

가는 국가의 목적이나 내용을 의미하는 것이 아니라 국가를 실현하는 방법과 성격을 의미한다.13

법치국가가 국가를 실현하는 방법과 성격을 의미한다는 슈탈의 정의는 마이어O. Mayer에 의해 더 강화된다. 마이어는 법치국가를 국가존립의 기본적 조건으로 법을 수립하는 국가를 의미한다고 생각하였다. 그는 법치국가를 행정에 대한 "법률우위의 원칙," 즉 행정의 법률적합성을 기반으로 하는 국가라고 이해하였으며, 행정은 행정재판이 아니라 사법부에 의해 통제되어야 한다고 생각했다.14 이런 법치국가에 대한 형식적 이해는 19세기 말과 20세기 초까지 독일의 지배적인 사상이었다. 물론 20세기 중반 이후 독일에서도 실질적 법치국가 이론과 사회적 법치국가 이론이 등장하여 법치국가 원리에 대해 대대적인 인식의 전환이 이루어지기는 하였다. 그러나 독일의 법치국가 개념이 확립될 때 그 의미는 행정에 대한 법적 근거를 수립한다는 점에 국한되었다는 점과 이런 법치국가 개념의 형성과정에서 시민혁명과 같은 일반 대중이나 시민의 실질적인 기여나 참여가 없었다는 점은 영국의 법의 지배와 비교해 볼 때 독일적인 특징이라고 할 수 있다.

이렇게 이해된 19세기 후반 독일의 형식적 법치국가 원리는 당시 동아시아적 전통에서 이해하고 있던 "법치"와 서로 연관될 수 있는 점들을 가지고 있었다. 특히 프로이센의 왕정을 부인하지 않으면서 시민의 자유를 확보하려고 했던 당시의 독일 국법학자들의 생각은 동아시아의 전통적인 법치관을 전제로 하면서도 새로운 근대화를 모색하려고 했던 동아시아 근대 법학자들에게 많은 영향을 주었다고 생각된다. 그러나 이런 독일의 법치국가 사상이나 동아시아의 법치 전통은 영국의 법의 지배로 대표되는 또 다른 어떤 전통과는 다른 맥락을 가지고 있다. 무엇보다 법의 지배는 법이 그 자체로 군주의 통치권을 제한하며, 때로는 군주의 통치권보다 더 우위에 있다는 사상을 포함하고 있다. 그렇다면 이런 법의 지배는 어떤 역사적인 뿌리를 가지고 있는가?

---

13 Scheuner, "독일에 있어서 법치국가의 근대적 전개," 180-181면. 번역은 원문과 맥락을 고려하여 필자가 일부 수정하였다.
14 윤황지, "법치국가 사상 및 법의 지배," 『국민윤리연구』 제30호(1991), 316면 등.

Ⅲ. 법의 지배 사상의 역사적 뿌리

1. 법의 지배

법의 지배 사상은 그것이 무엇을 의미하는가에 따라 그 역사적 뿌리를 다양하게 살펴볼 수 있다. 왜냐하면 "법의 지배"라는 용어 그 자체가 법학적으로 본격적으로 정의되고 확립된 것은 근대 특히 19세기 이후이기 때문이다. 특히 다이시는 법의 지배 개념을 본격적으로 정의하고 확립하는 데 큰 공헌을 하였다. 다이시에 의하면 법의 지배는 법의 최고성을 의미하며, 다음과 같은 고전적인 법언 속에 잘 나타나 있다고 한다.

> 법은 국왕이 인정하는 최고의 지상명령이다. 왜냐하면 법 그 자체에 따라 모든 신민들이 통합되어 있기 때문이며, 만약 법이 사라져 버린다면 어떤 왕도 어떤 지상명령권도 존재하지 않게 될 것이다.[15]

다이시는 이런 법의 지배는 다음 세 가지 함의를 담고 있다고 설명한다.

> 법의 지배 원칙은 우선 자의적 권력의 영향과 대립되는 의미로서 일반법의 절대적 우위와 최고성을 의미한다. (중략) 또 법의 지배 원칙은 법 앞의 평등, 즉 일반법원에 의해 실현되는 국가의 일반 법률에 모든 계층이 공히 평등한 적용을 받는다는 의미를 내포한다. (중략) 마지막으로 법의 지배 원칙은 법적 형식의 헌법, 즉 여타의 외국들에서는 본질적으로 헌법전에서 도출되는 법원칙들은 영국에서는 법원(法源)이 아니라 법원(法院)에 의해 실현되고 규정된 개인의 권리의 결과물들이라는 사실을 표현하는 공리로서 사용된다.[16]

다이시는 이 설명을 통해 법의 지배는 법이 통치권력보다 우위에 있으며 나아가 최고성을 가진다고 설명한다. 이 점은 서구의 역사에서 법의 지배가 가지는 가장 일반적인 함의라고 할 수 있다. 그러나 두 번째와 세 번째 함의는 영국의 헌정을 전제로 한 것이라고 할 수 있다. 두 번째 함의는 모든 계층이

---

15 A. Dicey(안경환·김종철 역), 『헌법학입문』(경세원, 1993), 106면.
16 위의 책, 121면.

일반법원에 의해 실현되는 법률에 평등한 적용을 받는다고 설명하고 있는데, 이는 실제적으로 정부 관료의 특권적 지위는 인정되지 않으며 행정부라고 해서 일반법원의 관할을 벗어나서는 안 된다는 것을 의미한다. 다이시는 이런 의미에서 행정법원에 의해 행정상의 분쟁을 처리하는 프랑스의 제도와 영국의 제도를 비교하고 있다. 세 번째 함의는 더욱 영국적인 모습이다. 즉, 불문 헌법을 가진 영국에서는 보통법원에서 판결한 내용들이 누적되어 개인의 권리를 규정하고 보호하게 된다는 점을 설명하고 있는 것이다. 이는 성문 헌법을 가진 나라에서는 법원 판결 이전에 헌법전에 개인의 기본적 자유와 권리의 목록을 두고 이를 보호하는 것과 대비되는 특징이다.

다이시에 의해 이렇게 이해된 법의 지배는 다소간 영국 헌정의 체계와 역사를 전제로 한 개념이다. 그러나 오늘날 법의 지배는 이런 영국 헌정사의 맥락에 한정해서 이해되고 있지 않다. 다이시 이전부터 법의 지배는 그리스 철학 이후 서구의 역사와 사상 속에 면면히 흐르는 원리라고 이해하는 것이 일반적이다. 다만 법의 지배라는 개념은 역사적으로 형성되고 이어오지만 그 개념concept의 구체적인 사상conception은 시대에 따라 공간에 따라 조금씩 다를 수 있다.

대체로 법의 지배에 대한 구체적인 사상은 세 가지 정도로 나누어 볼 수 있을 것이다. 첫째는 군주는 인간이기에 욕망에 의해 자신의 권력을 남용할 수 있으므로 이성의 산물인 법에 의한 통치를 통해 군주를 제약하는 것이 시민들에게 유익하다는 "이성의 우위" 사상을 의미한다. 둘째는 법의 지배는 군주보다 법이 더 우월하며, 군주는 법에 복종해야 한다는 "상위법"higher law 사상을 의미한다. 그리고 마지막으로 법의 지배는 법은 시민에 의해 수립되고 시민에 의해 통치권을 위임받은 통치자를 기속한다는 "시민주권" 사상을 의미한다.[17] 이하에서는 이 세 가지 사상에 대해 역사적 뿌리를 중심으로 살펴보도록 하겠다.

---

17 법의 지배에 대한 역사적 뿌리와 중심 사상을 분류하는 것에는 여러 다른 의견이 가능하다. 예컨대, 김도균 교수는 법치주의를 "권력제한," "자유와 권리보호," "민주주의"라는 세 가지 범주로 나누어 설명하고 있다. 김도균, "근대 법치주의의 사상적 기초," 김도균 외, 『법치주의의 기초』(서울대학교 출판부, 2005).

2. 이성의 우위

법의 지배 원리를 이해하는 첫 번째 방식은 이성의 우위라는 전제로부터 법의 지배를 이끌어 내는 방식이다. 이는 그 연원을 그리스 철학에까지 소급할 수 있다. 플라톤이나 아리스토텔레스 등의 그리스 철학자들은 이성과 욕망혹은 감정을 대비시키고 이성에 따른 삶을 참다운 삶이라고 이해하였다. 그리고 노모스nomos,18 즉 법은 이런 이성의 산물이라고 생각했다.19 따라서 노모스에 따라서 사는 것은 욕망이나 감정에 따라 사는 것보다 훨씬 탁월한 삶이며 이는 통치자라 하더라도 예외일 수는 없는 것이다.20 다음과 같은 아리스토텔레스의 언급은 이런 생각에 대한 훌륭한 예라고 할 수 있다.

> 먼저 물어야 할 것은, 가장 훌륭한 한 사람의 지배를 받는 것이 더 유리하냐 아니면 법의 지배를 받는 것이 더 유리하냐는 것이다. 왕정이 유리하다고 믿는 자들의 주장에 따르면 법은 대략적인 원칙만 말해줄 뿐 그때그때 상황에 맞는 규정을 제공할 수 없으며, 따라서 정치 외의 모든 다른 기술에서도 법조문을 문자 그대로 적용하는 것은 어리석은 짓이라는 것이다. (중략) 하지만 치자들은 분명 보편적인 원칙도 갖고 있어야 한다. 게다가 감정에서 자유로운 것이 감정을 타고난 것보다 나은데, 법은 감정이 없는 반면 인간의 마음은 언제나 감정에 휘둘리기 마련이다. (중략) 따라서 최선의 한 사람은 분명 입법을 하고 법을 제정해 두어야 한다.21

법이 이성의 산물이며 따라서 욕망이나 감정에 휩쓸리기 쉬운 인간 통치자의 지배보다 더 탁월한 것이라는 생각은 그 이후의 중요한 사상에 많은 영

---

18 여기서 말하는 노모스는 현재의 실정 법률보다 훨씬 넓은 범위의 규범이다. 즉, 여기에는 관습법과 같은 불문법도 포함된다. 무엇보다 그리스인들에게 노모스는 로고스(logos), 즉 이성의 산물이며 정당한 법을 의미한다는 것을 기억해야 한다. 이에 반해 정당할 수도 부당할 수도 있는 현실의 실정법규범은 복수형인 노모이(nomoi)로 불리고 있다.

19 그러나 모든 그리스 철학자들이 이성에 따른 삶이 모두 노모스에 의거해야 한다고 의견의 일치를 본 것은 아니다. 만년의 저서인 『법률』에서 법의 지배가 불가피함을 역설했던 플라톤조차 초기 저서인 『국가/정체』 등에서는 법의 지배보다 탁월한 이성적 능력을 지닌 철인(哲人)에 의한 지배가 더 바람직하다고 주장하였다.

20 이에 대해서는 Plato(박종현 역), 『법률』(서광사, 2009); Aristoteles(천병희 역), 『정치학』(숲, 2009); Aristoteles(이창우 외 역), 『니코마코스 윤리학』(EJB, 2006) 등 참조.

21 Aristoteles, 『정치학』, 183면.

향을 미쳤다.22 아리스토텔레스의 강한 영향을 받았으며 이후 서구 정신사에 깊은 영향을 끼친 아퀴나스도 법은 이성의 산물이라고 주장했다.23 그리고 법의 지배의 역사에 큰 영향을 미친 17세기 초 영국의 판사였던 쿠크 경도 법을 인간의 이성natural reason보다 더 뛰어난 인위적 이성artificial reason의 산물이라고 주장하였다.

> 이성은 법의 생명이다. 뿐만 아니라 보통법 그 자체가 이성 밖에 아무것도 아니다. 이성은 모든 인간의 자연적 이성이 아니라, 오랜 연구와 관찰과 경험으로 얻어지는 이성의 인위적인 완성으로 이해해야 한다. 왜냐하면 날 때부터 숙련된 사람은 아무도 없기 때문이다. 이러한 법적 이성은 최고의 이성이다. 따라서 수많은 사람들의 머리 속에 흩어져 있는 모든 이성을 한 사람에게 모은다고 해도 그는 잉글랜드의 법과 같은 법은 만들어 낼 수 없을 것이다. 영국법은 수많은 세대에 걸쳐 무한한 수의 비범하고 박식한 사람들에 의해 정련되고 재정련되어 왔으며, 오랜 경험에 의해 이 왕국의 통치 속에서 완전함에 이르도록 성장하였기 때문이다. *Neminem oportet esse sapientiorem legibus*: 즉, 아무도 자신의 개인적 이성으로는 이성의 완성이라고 하는 법보다 더 지혜로울 수 없다는 옛말은 이로써 진리임이 입증된다.24

법을 이성과 관련짓고 이성의 조망하에서 법을 이해하는 방식은 칸트의 이성철학에 이르게 된다. 칸트는 자신의 이성철학 속에서 법의 개념과 법에 의해 규정되는 공화국의 개념을 명확하게 함으로써 특히 독일의 법치국가 원리가 형성되는 데 큰 영향을 주었다.25

---

22 다만 다음과 같은 점은 주의할 필요가 있다. 타마나하는 법의 지배라는 전통이 지속적으로 이어진 실질적인 시작은 그리스 사상이 재조명된 중세 스콜라 철학 이후라고 주장한다. 특히 로마 왕정기는 법률가가 존중되었고 많은 법문헌도 생산되었지만 로마 황제는 법에 기속되지 않는다는 생각을 발전시켰기 때문에 그 기간 동안 법의 지배가 지속적으로 유지되었다고 평가할 수는 없다고 생각한다. Tamanaha, 『법치주의란 무엇인가』, 23-28면.

23 아퀴나스는 신학대전 제90문 제1절에서 법이 이성에 속하는 것인지에 대해 다루고 있다. "법이란 그것에 따라 어떤 사람이 행위를 하도록 계도하거나 어떤 행위를 하지 않도록 금지하는, 행위의 규칙과 척도다. (중략) 그런데 앞에서 밝힌 바와 같이 인간적 행위의 규칙과 척도는 인간적 행위의 제일원리인 이성이다." T. Aquinas(이진남 역), 『법-토마스 아퀴나스 신학대전 28』(바오로딸, 2020), 7면.

24 Coke, I *Inst.* 97b.

25 I. Kant(백종현 역), 『윤리형이상학』(아카넷, 2012) 참조.

3. 상위법

법의 지배 원리에 포함되어 있는 두 번째 사상은 상위법higher law의 원리이다. 상위법 사상은 몇 가지 함의를 가진다. 첫째는 법에는 여러 종류가 있으며, 여러 종류의 법 사이에는 상위의 법과 하위의 법의 관계가 성립한다는 것이다. 특히 전통적인 자연법론은 상위법 사상을 잘 설명하고 있다. 즉, 전통적인 자연법론에 따르면 법에는 영원법ius/lex aeterna, 자연법ius/lex naturale, 인정법ius/lex humana의 세 가지 종류가 있으며, 영원법은 자연법에 대해 그리고 자연법은 인정법에 대해 상위법이라는 것이다. 이렇게 상위법과 하위법으로 구분하는 것은 그 효력의 범위를 정하기 위해서이다. 즉, 하위법은 상위법에 모순되는 내용을 가질 수 없으며, 상위법과 충돌하는 하위법은 효력을 갖지 못한다는 것이다. 이런 상위법 우위의 사상은 근대 이후 자연법과 자연권의 우위 사상을 거쳐 현대 법체계의 헌법의 우위 사상으로 연결되게 된다.[26]

그런데 이 상위법자연법 사상에서 가장 하위에 위치하는 인정법人定法은 보통 군주가 정하는 법률이나 명령을 의미하였다. 따라서 이는 군주의 뜻에 따라 만들어진 법률이나 명령도 상위법인 자연법과 충돌하면 효력을 잃게 된다는 것을 의미하며, 이를 논리적으로 확장하면 군주는 자연법과 같은 상위법에 복종하여야 한다는 것을 의미한다. 만일 이를 상위법인 자연법이 이성의 산물이라는 점을 강조한다 하더라도, 이것이 이성의 우위 사상이 상위법 사상의 유일한 근원이라는 것을 의미하지는 않는다. 왜냐하면 상위법 사상은 법 사이에 위계가 있다는 바로 그 주장이 핵심이기 때문이다. 따라서 상위법 사상은 이성의 우위 사상과 구별되어야 한다.

상위법 사상의 두 번째 함의는 법은 군주보다 상위에 있다는 생각이다. 이는 달리 말하면 법의 우월성predominance 이론을 말한다. 법의 우월성은 게르만법의 역사에서도 영국 커먼로의 역사에서도 모두 살펴볼 수 있다.

게르만인들에게 법은 민중의 삶 속에서 드러나는 올바른 규범을 의미했

---

26 현대 성문헌법은 보통 기본권 목록을 포함하고 있는데, 이 기본권의 중요한 부분은 자연권에서 유래한 것들이다. 자연권은 군주가 제정한 법률보다 상위에 있고, 헌법은 이 자연권을 품고 있으므로 법률보다 더 우위에 있게 된다.

다. 법은 민중의 삶 속에서 드러나기 때문에 누군가가 인위적으로 제정한 것이 아니고 각 개인의 양심과 모든 이의 확신 속에 살아 있는 것이었다. 무엇보다 게르만인들은 세계는 법의 세계이며, 법에 대해서 신들도 복종한다고 생각하였다.[27] 따라서 게르만 군주도 이미 존재하는 법을 선언하는 자로 이해되었고, 관습법의 내용을 변경하거나 폐지할 권한을 가지고 있다고 이해되지는 않았다. 이런 의미에서 게르만 군주는 법의 수호자는 될 수 있을지라도 법보다 우위에 있는 자는 아닌 것이다.

영국의 커먼로 전통에서도 법의 우월성 이론은 중요한 법적 원리였다. 군주는 절대 군주가 아니었으며, 종족의 관습법의 적용에 대해 일정한 예외를 인정받는 국왕의 자유권king' s liberties이라는 특권을 누릴 뿐이었다. 잘 알려진 마그나카르타가 존 왕과 귀족들 사이에서 만들어지게 된 것도 존 왕이 자신의 자유권을 지나치게 확장하여 교회, 국왕봉신, 자치도시 그리고 자유민 일반의 자유권을 침해했다는 것이었다. 이런 점에서 마그나 카르타는 기본적으로 법의 지배를 표명한 것이었다.[28] 특히 마그나카르타 29장은 다음과 같이 선언하고 있다.

> 어떤 자유민도 그의 동료들에 의한 적법한 판결이나 나라의 법(the law of the land)에 의하지 아니하고는 체포, 구금, 자유보유권이나 자유권 또는 무료관세의 박탈, 법익보호 박탈, 추방, 또는 다른 방식으로 피해를 당하지 아니하며, 짐은 직접 또는 간접적으로 이를 강제하지 않을 것이다. 짐은 권리 또는 정의를 어느 누구에게도 팔지 않을 것이며 어느 누구에게도 이를 거부 또는 연기하지 않을 것이다.

따라서 13세기 중반 브랙튼은 이미 "국왕은 신민 아래에 있어서는 안 되지만 신과 법 아래에under God and the Law 있어야 한다"고 주장한 것은 독특한 자신의 견해가 아니라 당시에 일반적으로 이해되던 내용을 표현한 것에 불과했다. 이는 마그나 카르타에서 언급되는 나라의 법the law of the land 혹은 법의 적

---

27 게르만법의 성격에 대해서는 현승종·조규창, 『게르만법』(박영사, 1988), 9-10면; 최종고, 『서양법제사』(박영사, 1986), 75-78면.

28 I. Jennings(안경환·이동민 역), "마그나 카르타와 그 영향," 『저스티스』 제27권 제2호(한국법학원, 1994), 147-148면.

정절차due process of law29는 군주라 하더라도 어길 수 없는 것이라는 것을 뜻한다. 특히 게르만과 영국의 역사에서 드러나는 법의 우월성 사상은 법의 지배가 서구의 민중들과 시민들 사이에 공유된 오랜 의식과 문화의 산물이라는 것을 느끼게 해 준다.

4. 시민주권

법의 지배를 이해하는 세 번째 방식은 상위법 사상과는 다른 형태로 발전해 온 것으로 군주는 시민이 만든 법에 기속되어야 한다는 함의를 가지고 있다. 이 입장에 따르면 법의 지배에서 말하는 법은 사회의 주인인 시민들에 의해 직접 형성된 것이거나 시민들로부터 권한을 위임받은 군주가 위임의 범위 내에서 제정한 것이다. 따라서 시민들로부터 권한을 위임받아 통치를 하는 군주는 위임의 범위를 넘어 시민들의 자유와 권리를 자의적으로 구속할 수 있는 권한을 갖지 못하며, 그것은 시민들이 만든 법에 의해 제한된다. 예를 들어, 루소는 사회계약 이후 공화국의 법은 모든 인민의 일반 의지general will의 표현으로서 인민들에 의해 제정된다고 설명하였으며,30 로크는 사회계약 이후에도 법률 제정권은 시민들의 대표인 의회에 의해 보유되며 의회는 통치자보다 우위에 있을 뿐만 아니라 의회가 만든 법은 통치자를 구속한다고 주장하였다.31

이런 시민주권의 관점은 서구 근대의 공화주의 사상과 자유주의 사상의 이론적 기초를 이룬다. 공화주의의 관점에서 공화국은 시민들이 공동으로 가지

---

29 법의 적정절차는 1354년 에드워드 3세 시절 제정된 마그나카르타 제 3 장에서 언급되고 있다. "누구도 법의 적정절차에 의해 심리 받지 아니하고는"(without being brought in answer by the process of law).

30 J. Rousseou(박은수 역), 『사회계약론』(인폴리오, 1998).

31 J. Locke(강정인·문지영 역), 『통치론』(까치, 1996). 그런데 이 맥락에서 볼 때 동일한 사회계약론을 주장하고 있지만 홉스의 법의 지배에 대한 관점은 루소나 로크와 완전히 달라진다. 홉스는 *Leviathan*에서 다음과 같이 언급하고 있다. "법은 그 자체로는 무력한 것이어서 인간이 해석하고 적용하며 시행할 때 비로소 생명을 가진다. 인간이 법을 통제하고 지배하는 것이지 그 역은 맞지 않다. 국가의 존재이유가 갈등 해결을 통한 평화와 안정의 보장에 있다면 법만으로는 결코 어떠한 분쟁도 해결할 수 없는 것이다. 왜냐하면 법의 의미와 권능은 법이 인간에 의해서 해석되고 적용되어 시행되는 것의 산물일 뿐이기 때문이다. 최종 결정자가 인간일 때(일인이건 다수이건) 비로소 법은 분쟁을 해결하고 평화를 수호할 수 있다." 이 번역은 김도균 외, 『법치주의의 기초』, 103면.

는 것res publica이며 시민들이 공화국의 진정한 주인인 것이다. 자유는 공화국 시민의 지위에서 비롯하는 것이며, 군주의 자의적인 권력 행사가 아니라 법에 의해 통치될 경우에만 확보할 수 있는 것이다. 이런 의미에서 법의 지배는 공화국의 핵심 원리이며 공화주의의 본질에 속하는 것이다.

> 인민의 일반적 이익과 사고에 체계적으로 응답하는 법은 간섭이라는 형태로 나타나지만, 인민의 자유를 훼손시키지 않는다. 이때의 법은 지배하지 않는 간섭자이다. (중략) 초기 공화주의적 독트린에 따르면 적절한 국가의 법, 특히 공화국의 법은 시민들에 의해서 향유되는 자유를 창조하며 이러한 법은 나중에 자유의 손실을 보상하는 조치에서도 자유를 침해하지 않는다. (중략) 그리고 공화주의 전통에서 자유는 적합한 법적 정체 하에서만 존재하는 상태로 여겨진다. 통치자들이 누리는 권위가 법에 의해 만들어지는 것처럼 시민들이 공유하는 자유 역시 법이 만들어 낸다.[32]

공화주의에서 비롯한 법의 지배 원리는 근대 이후 자유주의 사상과 밀접한 관련을 맺으며 발전해 왔다. 오늘날 이해되고 있는 법의 지배 사상의 핵심적인 내용은 사실상 근대 자유주의 아래에서 형성되었다고 해도 과언이 아니다. 타마나하는 근대 자유주의와 법의 지배 간의 관계를 아주 잘 설명하고 있는데, 이는 다음 네 가지 테제로 이루어져 있다.[33]

첫째, 개인은 법이 민주적으로 창조되는 한 자유롭다. 이는 위에서 언급한 시민주권으로서의 법의 지배와 같은 의미이다. 시민은 스스로 제정한 법에 의해 스스로 구속받을 때에만 자유롭다는 것이다. 타마나하는 이런 의미로 이해되는 자유를 정치적 자유political liberty라고 부른다.

둘째, 개인은 정부 관료가 이미 존재하는 법에 따라 행위하도록 요구되는 한 자유롭다. 이는 공권력을 법의 통제 아래 둠으로써 공권력이 시민의 자유를 자의적으로 제한할 수 있는 가능성을 줄이려고 하는 의도와 관련된다. 타마나하는 이런 의미로 이해되는 자유를 법적 자유legal liberty라고 부른다.

셋째, 개인은 정부가 개인의 자율성이라는 불가침의 영역을 침해하는 것

---

32 P. Pettit(곽준혁 역), 『신공화주의』(나남, 2012) 98-99면
33 이하의 내용은 Tamanaha, 『법치주의란 무엇인가』, 68-72면

이 제한되는 한 자유롭다. 이는 개인의 자율성으로 표현되는 불가침적인 시민적 권리와 자유를 정부가 침해해서는 안 된다는 것을 뜻한다. 이는 사회계약을 한 개인들이 법 아래에서 살아갈 것에 대해 동의했다 하더라도 법으로써 침해할 수 없는 개인적 영역이 존재한다는 것을 의미한다. 여기서 법의 지배는 개인의 불가침적인 영역을 제외한 지배를 의미한다. 타마나하는 이런 의미로 이해되는 자유를 개인적 자유personal liberty라고 부른다.

넷째, 자유는 정부의 권한이 별개의 영역으로 분리되고 독립된 사법부가 법의 적용을 담당할 때 증진된다. 이런 의미에서 근대 자유주의의 관점에서 법의 지배는 권력분립 및 사법부의 독립이라는 제도와 함께 할 때, 시민의 자유를 가장 잘 보호할 수 있다. 타마나하는 이를 자유의 제도적 보존institutional preservation of liberty이라고 부른다.

이런 타마나하의 설명은 근대의 법의 지배 원리가 가지는 함의를 압축적으로 보여 준다. 이런 법의 지배에 대한 이해는 근대 자유주의적인 것이다. 그러나 논리적으로 보자면 법의 지배 원리가 반드시 근대 자유주의와 결합해야 하는 것은 아니다. 그럼에도 불구하고 여러 현대 이론가들은 법의 지배 원리를 자유주의의 관점에서 접근하려는 태도를 보인다. 현대 복지국가의 정책들은 자유주의가 우려하는 광범위한 정부의 재량권을 전제로 하고 있기 때문에, 자유주의적 관점에서 법의 지배를 이해하려는 하이에크와 같은 현대 이론가들은 이런 현상을 법의 지배가 퇴조해 버린 것이라고 평가하기도 한다. 반면에 또 다른 이론가들은 오히려 법이 시민들의 구체적인 권리와 자유를 실질적으로 보호해 주는 것이 정의에 합당한 것이기 때문에, 현대 복지국가 정책은 법의 지배의 후퇴가 아니라 진전이라고 평가하기도 한다. 앞의 입장은 주로 법의 지배에 대한 형식적 접근을 강조한다면, 뒤의 입장은 법의 지배에 대한 실질적 접근을 강조하고 있다. 이하에서는 이를 널리 알려진 형식적 법치주의와 실질적 법치주의라는 용어 아래에서 검토해 보기로 한다.

Ⅳ. 법치주의의 양상

1. 실질적 접근과 형식적 접근

법치주의를 이해하는 잘 알려진 방식 중의 하나가 법치주의를 형식적 법치주의와 실질적 법치주의로 구분하여 이해하는 것이다. 다음 헌법재판소의 결정문은 이런 법치주의에 대한 이해 방식을 잘 보여준다.

> 우리 헌법은 국가권력의 남용으로부터 국민의 기본권을 보호하려는 법치국가의 실현을 기본이념으로 하고 있고 그 법치국가의 개념에는 헌법이나 법률에 의하여 명시된 죄형법정주의와 소급효의 금지 및 이에 유래하는 유추해석금지의 원칙 등이 적용되는 일반적인 형식적 법치국가의 이념뿐만 아니라 법정형벌은 행위의 무거움과 행위자의 부책에 상응하는 정당한 비례성이 지켜져야 하며, 적법절차를 무시한 가혹한 형벌을 배제하여야 한다는 자의금지 및 과잉금지의 원칙이 도출되는 실질적 법치국가의 실현이라는 이념도 포함되는 것이다.34

그러나 현대 사회에서 형식적 법치주의와 실질적 법치주의 중에서 어느 것이 더 중요한가를 정하라고 한다면, 현재 우리 사회에서는 실질적 법치주의가 더 중요하다고 평가하고 있는 것으로 보인다. 예를 들어, 헌법재판소는 이렇게 언급하고 있다.

> 오늘날의 법치주의는 국민의 권리·의무에 관한 사항을 법률로써 정해야 한다는 형식적 법치주의에 그치는 것이 아니라 그 법률의 목적과 내용 또한 기본권보장의 헌법이념에 부합되어야 한다는 실질적 법치주의를 의미하며 … 35

그러나 실질적 법치주의가 기본권을 보장하고 정의를 추구하는 내용을 함의하고 있기 때문에 더 정당하다는 주장에 대해서는 그것이 오히려 법치주의, 즉 법의 지배의 후퇴를 의미한다는 반론도 있다.

---

34 헌법재판소 2002. 11. 28. 2002헌가5 결정.
35 헌법재판소 1992. 2. 25. 90헌가69 결정.

2. 형식적 법치주의의 이론

(1) 복지국가와 법의 지배 : 하이에크와 웅거

이런 반론을 펼치는 대표적인 이론가 중의 한 명은 하이에크이다.[36] 하이에크는 사회적 질서를 자생적 질서와 인위적 질서로 구분한다. 그리고 그중 자생적 질서가 인간 사회에 근본적인 모습이라고 생각한다. 자생적 질서는 정부가 의도적으로 조작하는 것이 아니라, 시민들이 일정한 행위준칙이나 일반규칙에 따라 행동할 때 그 결과로 저절로 형성되는 것이다.

하이에크도 법을 두 가지로 구분하는데, 그중 하나는 자유의 법으로서 역사 속의 진화 과정을 거쳐 생성된 법으로 시민뿐만 아니라 통치자도 구속하는 법이다. 하이에크는 이를 노모스라고 부른다. 또 하나는 노모스와 반대되는 법으로서 통치자가 통치를 위하여 제정하고 동원한 것으로 반드시 통치자를 구속하지는 않는 법이다. 하이에크는 이런 법을 테시스thesis라고 부른다.[37] 하이에크는 그중 노모스로서의 법을 법의 지배에서 말하는 법으로 파악한다. 노모스로서의 법은 특정한 가치를 의도적으로 추구하여서 나타나는 것이 아니라, 형식적인 일반 규칙이나 행위 준칙을 준수한 결과로서 자연스럽게 등장하게 된다. 나아가 법의 지배는 자생적으로 진화를 거쳐 생성된 법에 의한 지배로서 여전히 통치자를 제약하는 원리가 된다.

그런데 하이에크의 관점에서 볼 때 현대 사회의 법, 특히 복지국가를 추구하는 나라들의 법은 이런 의미에서 법의 지배를 후퇴시키고 있다. 왜냐하면 복지국가의 법은 법의 일반성과 같은 형식성을 중요하게 여기는 것이 아니라 특정한 가치를 실현하기 위해 인위적으로 법을 형성하고 있기 때문이다. 이렇게 되면 마치 복지정책의 수혜자가 늘어나서 자유가 확대되는 것처럼 보이지만, 오히려 사회조직을 교란하게 되고 정부가 개인의 자유에 간섭할 수 있는 기회를 확충시키게 된다. 그러므로 복지국가의 법은 궁극적으로 시민의 자유를 침

---

36 하이에크의 사상은 F. Hayek(양승두·정순훈 역), 『신자유주의와 법』(연세대학교 출판부, 1991); F. Hayek(김이석 역), 『노예의 길』(나남, 2006); F. Hayek(김균 역), 『자유헌정론』(자유기업센터, 1997) 등 참조.

37 노모스와 테시스의 구분은 고대 스토아 학파 이론가들이 자연법과 인정법을 구분하면서 붙인 이름과 동일하다. 이에 따르면 테시스는 노모스보다 하위의 법으로서 노모스에 모순되어서는 안 된다.

해하게 된다는 것이다.

비판법학자인 웅거는 다른 맥락이긴 하지만 복지국가의 정책은 근대적 의미의 법의 지배의 쇠퇴를 초래할 것이라는 점에서는 하이에크와 의견을 같이 하고 있다.[38]

실질적 정의의 추구는 법의 일반성을 보다 심각할 정도로 붕괴시킨다. 사회 상황들 사이에 허용될 수 없는 불평등의 범위가 확대될 때, 이에 상응하여 개별적인 취급의 필요성이 증가한다. 실질적 정의가 어떻게 규정되든 그것은 단지 상이한 상황들을 상이하게 취급함으로써만 취급될 수 있다. (중략) 적어도 그러한 형태의 합법성이 법의 일반성과 자율성의 언명에 의해 규정되는 한, 앞에서 논의된 흐름들의 축적된 영향력은 법의 지배의 해체를 촉진한다.[39]

그러나 웅거는 형식성과 합법성으로 이해된 법의 지배가 쇠퇴하거나 해체한다는 것은 사실이지만 그것이 잘못된 방향이라고 생각하지는 않는다. 웅거는 법의 형식성만큼이나 형평과 연대라는 가치가 중요하다고 생각하며, 후기 자유사회에서는 그 형평과 연대를 고려한다는 점에서 법의 지배가 아닌 새로운 법체계의 가능성을 보여주기 시작한다는 점을 강조한다.

(2) 법의 형식성에 대한 강조 : 풀러와 라즈

법의 형식성에 대한 강조는 현대 복지사회의 경향과는 다른 관점에서 제시되기도 한다. 유명한 법학자인 풀러는 법의 지배에 대해 형식적인 합법성legality[40]의 관점에서 접근한다.[41] 풀러는 법의 도덕성을 인간의 도덕성과 구분하여 이해한다. 풀러에게 법의 도덕성은 일종의 법의 "법다움"을 뜻하는 것이다. 그는 이러한 "법다움"의 표지로서 여덟 가지를 언급한다. 즉, 법의 일반성, 명확성, 법률의 공포, 안정성, 법규와 실제 행위 사이의 일치, 소급효의 금지, 모

38 R. Unger(김정오 역), 『근대사회에서의 법』(삼영사, 1994).
39 위의 책, 236-238면.
40 풀러는 legality를 보다 넓은 의미의 "법이 법답다"는 의미로 이해하고 있어 단지 법에 일치한다는 의미의 합법성으로 이해해서는 안 된다.
41 L. Fuller(박은정 역), 『법의 도덕성』(서울대학교출판문화원, 2015)

순의 금지, 불가능한 요구의 금지가 그것이다. 이 요건들은 어떤 실질적인 가치를 추구하기보다는 법이 가져야 될 형식적 요건을 의미할 뿐이다.

풀러는 이런 법의 법률성은 특정한 가치에 대해 도덕적으로 중립적이며 법의 지배는 그 자체로 선한 것이라고 생각했다. 법실증주의자인 라즈도 법은 도덕적으로 중립적이며 그 자체로 특정한 가치를 추구하는 것이 아니라고 생각했다.[42] 법은 수단이기 때문에 사회가 어떤 가치를 추구하든 법은 그에 봉사할 수 있어야 한다는 것이다. 그래야 법은 보편적일 수 있고 독자성도 확보할 수 있다는 것이다.

이런 형식적 법치주의는 법이 일반적이고 명확하고 미리 알려져 있다면, 자유로운 시민들은 이에 맞추어 자신의 삶을 제대로 설계할 수 있을 것이라는 자유주의의 관점을 전제로 한다. 풀러가 말한 대로 법의 형식적 요건들이 제대로 지켜진다면 아마도 부정의한 사회보다는 공정한 쪽에 가까운 사회가 성립될 가능성이 높을 것이다. 그렇다고 형식적 법치주의가 논리필연적으로 공정하고 자유로운 사회를 보장하는 것은 아니다. 그렇다면 실질적 법치주의는 형식적 법치주의의 이런 한계를 극복할 수 있을까?

3. 실질적 법치주의의 이론

(1) 형식적 법치주의 비판

실질적 법치주의를 주장하는 사람들은 무엇보다 형식적 법치주의는 논리적으로 자의에 의한 통치를 야기할 수도 있다고 이해한다. 잘 알려져 있듯이 형식적 법치주의에는 법의 지배를 오로지 법적 근거만 있다면 정당화되는 것으로 이해할 가능성이 내포되어 있다. 즉, 법의 일반성이나 명확성 등과 같은 일관된 법의 성격조차도 갖추어지지 않은 부정의한 법을 근거로 자의적인 통치를 정당화할 현실적인 가능성이 존재하는 것이다. 그러나 이는 법의 지배라기보다는 법에 의한 지배rule by law라고 불러야 할 것이다. 이런 법에 의한 지배를 법의 지배의 범주에 포함시킬 수 있다고 주장하는 사람들은 법의 지배가

---

42 J. Raz, "The Rule of Law and Its Virtue," *Authority of Law* (Clarendon Press, 1979).

역사적으로 형성된 개념임을 무시하고 논리적인 가능성만을 주목하고 있는 것으로 보인다. 그러나 법의 지배의 가장 중요한 개념이 자의적인 통치를 제한하는 것이라면, 자의적인 통치를 전제로 하는 법에 의한 지배는 법의 지배가 아니라고 해야 할 것이다.

월드런은 법의 지배는 그것이 가진 역사적인 함의를 고려해야 한다고 얘기한다.[43] 우선 법의 지배는 역사적으로 통치자의 자의를 제한하기 위한 원리였으며, 그것을 통해 시민의 자유와 권리를 보장하려는 원리로 발달해 왔다는 것이다. 이런 역사적 맥락을 놓치고 법의 지배를 단순히 형식적인 원리로만 고찰하는 것은 법의 지배가 가지는 현실적 의미를 놓칠 위험성이 크다는 것이다. 따라서 법의 지배는 형식적 의미로서만 이해되어서는 안 되며 법의 지배에 대한 이해에는 정의와 도덕의 요청을 반영해야 한다.

(2) 권리와 정의의 고려

법의 지배에 개인적 권리의 보장이라는 의미를 부가시킨 대표적인 법학자는 드워킨이다.[44] 드워킨은 법에는 단순한 법적 규칙만 포함되는 것은 아니며, 그 사회의 정치적 도덕성을 반영하고 있는 원리도 포함되어 있다고 주장한다. 그리고 그 원리는 개인의 도덕적·법적 권리의 보장 속에서 반영된다. 따라서 법에는 당연히 개인의 권리 보장이 포함되어야 하며, 법의 지배는 개인의 권리를 보장하는 법의 지배를 의미하게 된다.

롤즈도 정의론의 관점에서 법의 지배를 권리의 보호와 연관시키고 있다.[45]

이제 법의 지배와 자유와의 관련은 아주 분명해졌다. 앞서 언급한 것처럼 자유는 제도에 의해 규정된 권리와 의무들의 복합체이다. 여러 가지 자유는 우리가 원하는 경우에 선택할 수 있는 여러 행위를 명시해주며 자유의 본성에 비추어서 합당한 경우 타인들은 그 행위에 관해서 방해하지 않아야 할 의무를 갖게 된다.[46]

---

43 J. Waldron, "The Rule of Law in Contemporary Liberal Theory" *Ratio Juris* vol. 79 no. 2 (1989).

44 R. Dworkin(염수균 역), 『법과 권리』(한길사, 2010); R. Dworkin(장영민 역), 『법의 제국』(아카넷, 2004).

45 J. Rawls(황경식 역), 『정의론』(이학사, 2002), 특히 318-328면.

46 위의 책, 323면.

그런데 이런 논변은 명확한 것 같지만 여전히 문제점들을 가지고 있다. 먼저 현대 사회의 가치 다원주의라는 현실에서 공통된 정치적 도덕성의 원리를 합의해 낼 수 있을 것인가가 문제이다. 물론 롤즈는 합당한 다원주의의 사실 아래에서도 중첩적 합의가 가능하다고 주장하지만,[47] 그것이 드워킨이 전제하는 "동등한 배려와 존중"과 같은 구체적인 정치적 도덕성의 내용을 담보할 것인지는 미지수이다. 둘째로 어떤 권리를 보장할 것인지가 명확하지도 않다. 현실 사회에서 다양한 권리들이 주장되고 있으며, 심지어는 태아의 생명권과 산모의 자기결정권과 같이 충돌하는 것처럼 보이는 권리들도 있다. 이 경우 어떤 권리 주장을 법이 선택한다면 다른 권리 주장은 좌절하게 된다. 그렇다면 실질적 법치주의가 권리와 자유의 보장을 실질적으로 포함해야 한다는 주장은 현실적으로는 어떤 권리의 승인과 어떤 권리의 배제라는 결과로 귀결될 수 있다.

V. 법치주의의 미래

법치주의는 그 개념의 속성상 누구나 그 의미에 대해 동의할 수 있는 것이 아니다. 법치주의는 서구의 역사적인 형성 과정에서도 현실 권력에 의해 악용된 경우도 많으며, 현재도 법치주의의 이름으로 인권과 정의가 유린되고 있는 나라들이 존재한다. 또한 법치주의에 대한 형식적 접근과 실질적 접근에 대해서도 둘 중 어느 것은 옳고 어느 것은 틀리다는 진리의 관점에서 접근할 수 없다. 두 가지 접근 모두 한계를 가지기 때문이다. 그리고 비록 대부분의 나라에서 법치주의를 앞다투어 주장하고 있지만, 그럼에도 불구하고 법치주의는 언제나 정당화되어야 하는 시공간을 초월한 보편적 사상이라고 할 수도 없다.

법치주의는 무엇보다 역사적이고 맥락적인 개념이며, 특히 근대 이후 서구 법체계의 내재적인 원리로서 작동하고 있는 사상이다. 법치주의가 우리 사회에 의미 있는 것은 그것을 이해함으로써 우리가 수용한 법체계에 대한 이해의 폭을 넓힐 수 있기 때문이다. 물론 법체계에 대한 이해의 폭을 넓힌다고 바

---

47 J. Rawls(장동진 역), 『정치적 자유주의』(동명사, 1998).

로 자유와 평등과 정의가 보장되는 사회로 이어지는 것은 아니지만, 그런 사회를 추구함에 있어 법이 어떤 기여를 할 수 있으며 법률가는 어떤 역할을 할 수 있는지 숙고하는 데는 도움이 된다. 더구나 동아시아적인 법치 의식이 아직 많이 남아 있는 우리 사회에서 법을 주권자인 국민에게 돌려주기 위해서라도 우리 사회에 법치주의 의식을 고양시킬 수 있는 실천은 반드시 필요할 것이다.

제8장 생각해 볼 문제

❶ 법치주의 원리가 법의 지배를 뜻하며 사람의 지배를 뜻하지 않는다고 하더라도 궁극적으로 누군가가 법을 해석하고 적용할 수밖에 없다. 특히 현대 사회에서는 법률가들이 그런 역할을 할 가능성이 높은데, 그렇다면 법치주의는 사실상 법률가의 지배로 귀결되어 버리는 것은 아닌가? 법치주의가 법률가의 지배로 귀결되지 않으려면 어떤 점들을 고려해야 할까?

❷ 우리 사회에서 최근 나타나고 있는 현상 중의 하나는 입법의 과잉이다. 너무 많은 사안에 대해 법으로 규율하고 통제하려고 하는 경향이 있고, 이에 대해서는 그 부작용을 우려하는 목소리도 많다. 이런 입법 과잉 현상은 법치주의가 우리 사회에 진전되고 있다는 것을 의미한다고 생각하는가 아니면 법치주의의 왜곡이 될 수 있다고 생각하는가?

法哲學

Philosophy of Law: Theory and Issue

제9장
법준수의무와
시민불복종

Ⅰ. 법준수의무와 시민불복종의 논점들

우리는 일반적으로 정의로운 법에 복종할 도덕적 또는 법적 의무를 지니고 있다고 생각한다. 그러나 입헌민주주의 체제하에서 제정되는 법은 항상 정의로운 법이라고 할 수 있는가? 만약 정의로운 법이라고 한다면 법준수의무는 당연히 전제될 것이다. 그러나 합법적 절차를 거쳐 제정되었다고 할지라도 부정의한 법이 제정될 수 있다면, 그에 대해서도 복종해야 하는 의무를 지니는가? 부정의한 법도 그 자체가 지니는 합법성을 존중한다면 벤담의 언명, 즉 공리의 관점에서 "확실하게 복종하라, 그리고 자유롭게 비판하라!"obey punctually, censor freely는 언명은 타당할 것이다. 그러나 합법성을 갖추었다면 언제나 복종해야 한다는 주장도 현대 시민민주주의에서는 설득력을 잃을 것이다. 전후 독일의 뉘른베르크 판결은 부정의한 법에 따른 사람에게도 형사처벌을 인정하였다. 이것은 부정의한 법에 대한 절대적 복종을 인정할 수 없다는 것을 간접적으로 강변强辯한다. 동시에 이것은 법에 복종해야 하는 의무, 즉 법준수의무의 근거는 도대체 어디에 있는지에 대한 의문을 제기한다.

또한 법준수의무는 시민불복종의 문제와 연결된다. 부정의한 법에 대한 준법의무를 지나치게 강조할 경우 독재적 법률만능주의에게 길을 비켜줄 위험성이 있다. 그러나 법치국가가 실정법의 준수와 안정성을 실천적 기초로 하고 있음을 상기한다면, 시민불복종을 과도하게 인정할 경우 무정부주의를 양산할 우려도 존재한다. 때문에 "부정의한 법 또는 국가정책에 대한 불복종 행위는 과연 도덕적으로 정당한가? 그렇다면 그 근거가 무엇인가? 만약 시민불복종을 인정할 수 있다면 그 요건은 무엇인가? 시민불복종이 도덕적으로 정당한가의 여부를 별론으로 하더라도 국가는 시민불복종 행위자들을 처벌해야 하는가? 그렇다면 그 근거는 무엇인가?" 등이 문제될 수 있다. 나아가 "5·18 광주 민주화 항쟁의 경우처럼 헌법파괴 상황을 전제한다면 과연 시민불복종만으로 헌법을 수호할 수 있겠는가? 만약 수호할 수 없다면 저항권을 인정해야 하는가? 인정한다면 저항권과 시민불복종은 어떻게 구별되는가?" 등도 살펴볼 필요가 있다.

Ⅱ. 법준수의무

법의 강제성은 시민이 법의 권위에 복종해야 하는 필요조건일 수는 있지만 충분조건은 될 수 없다. 그렇다면 시민은 어떠한 이유와 근거에서 법에 복종해야 할 의무가 있는가? 아래에서는 법준수의무에 대한 대표적 관점인 동의이론에 기초한 견해와 공정한 경기이론에 기초한 견해들을 살펴보겠다.

1. 동의이론과 법준수의무

로크를 비롯한 근대 사회계약론자들은 동의 또는 약속을 법준수의무의 근거로 여겼다. 그들은 정부의 권위가 시민들의 자발적인 동의와 자유로운 선택으로부터 도출된다고 생각하였다. 한 국가의 시민이 그 정부의 권위에 동의한다는 사실에 의해서만 국가는 명령을 내릴 수 있고, 국민은 계약의 구속력에 따라 복종해야 한다. 그러나 현실상 우리는 동의나 약속 행위를 일상적으로 하지 않는다. 때문에 동의에 의해 법준수의무를 논증하려는 사람들에게는 그러한 동의를 어떻게 이해할 것인지가 논점이 되었다.

로크는 국가 내에 단순히 거주한다는 사실로부터 법에 대한 묵시적 동의가 이루어졌다고 설명한다. 즉, 그 국가에 거주하고 있다는 사실, 그리고 그가 국가의 법에 의해 보호받고자 한다는 사실 속에 그가 묵시적으로 법에 복종하겠다는 약속을 했다는 것이다.[1] 그러나 거주와 법복종 동의는 완전히 일치하는 것은 아니다. 우리가 이민가지 않고 거주하는 것은 법에 복종하겠다는 행위에 의해 비롯된 것이 아니라 마지못해 어쩔 수 없이 하는 것일 수 있기 때문이다.[2]

이러한 이유로 묵시적 동의의 근거를 보다 설득력 있게 설명할 필요가 제기된다. 플라메나츠와 지워쓰는 일반사람들이 민주적 절차 속에서 행하는 수행성에 관심을 기울인다.[3]

먼저 플라메나츠는 동의를 두 가지 유형으로 구분한다. 첫째, 지극히 평범한 동의common-garden variety consent로서의 직접적 동의이다. 그러나 이런 방식으로 정부에 동의하는 시민은 거의 없다. 둘째, 간접적 동의이다. 플라메나츠는 간접적 동의가 민주주의 사회에서 광범위하게 이루어지고 있다고 설명한다. 간접적 동의는 우리가 자유롭게 투표하거나 또는 투표에 대해 기권할 때에도 발생한다.[4] 투표라는 간접적 동의 행위가 있기 때문에 우리는 당연히 법에 복종해야 하는 것이다. 플라메나츠는 투표가 자명한 복종의무를 구성하는 이유를 다음과 같이 설명한다.

> 당신이 아무리 그러한 시스템을 싫어하고 그것을 바꾸려고 할지라도, 당신이 하는 투표에 의해 정부는 합법적 힘을 가지게 되며, 당신은 당연히 복종해야 하는 의무를 갖는다. 선출하려는 것은 선거에서 당선된 사람에게 권위를 주는 것이다. 만약 당신이 무엇을 하는지를 알고 투표한다면 그리고 거기에 아무런 강요도 존재하지 않는다면, 당신은 선거에 승리한 자에게 권위를 부여하는 과정에 자발적으로 참여하는 것이다.[5]

---

1 M. B. E. Smith, "Is there a Prima Facie Obligation to Obey the Law?," *Yale L. J.* vol. 82 (1973), 960면.
2 R. Dworkin(장영민 역), 『법의 제국』(아카넷, 2004), 278-279면.
3 아래의 플라메나츠와 지워쓰에 대한 설명은 Smith, "Is there a Prima Facie Obligation to Obey the Law?," 961 -964면을 주로 참조.
4 J. Plamenatz, *Man and Society* (Longmans, 1963), 238-240면.
5 위의 책, 239-240면.

지워쓰의 설명은 플라메나츠와 유사하다. 지워쓰는 공동체 내에 특정한 제도적 합의가 대체로 존재할 때, 그것으로부터 우리는 법에 따를 것을 동의하고 있다고 설명한다. 즉, 분별력이 있는 모든 성인들을 위해 합의의 장치가 제도적으로 유지되고 있으며, 또한 그러한 것을 통하여 정부의 정책에 대해 토론하고 비판하고 찬성하거나 반대하는 등의 기회를 누린다면 묵시적 동의를 인정할 수 있다는 것이다.[6]

> 동의라는 방식은 자유와 질서라는 두 가지 가치를 결합시키고 수호하는 것이다. 그것은 다른 어떤 방법보다 더 효율적으로 선거권자를 보호한다. 또한 그것은 다른 어떤 방법보다도 인간의 잠재적 합리성을 더 정당화시킨다. 왜냐하면 그것은 모든 사람이 사회 문제에 대해 합리적으로 토론할 수 있는 기회를 주며, 정치적 통제에 의해 더 효율적으로 토론을 만들어 나갈 수 있는 기회를 주기 때문이다.[7]

플라메나츠와 지워쓰는 명시적 동의가 아닐지라도 묵시적 동의가 현실적으로 어떻게 이해될 수 있는지를 구체적으로 설명하였다는 점에서 그 의의가 있다. 그러나 플라메나츠와 지워쓰의 묵시적 동의의 현실적 방식은 모든 시민들이 법에 당연히 복종해야 하는가를 설명할 수 없다. 먼저 투표할 자격이 없거나, 토론에 참여하지 않았거나, 토론 자체를 무용한 것으로 여긴다면, 그러한 사람에게 법준수의무를 강요할 수 있는 현실적 근거가 없게 된다. 플라메나츠의 관점에 따른다면 오히려 투표 자격이 없는 자보다 투표 자격이 있는 자가 더 복종해야 할 의무가 있다. 때문에 그의 이론에 따른다면 모든 사람이 왜 법에 복종해야 하는가에 대한 의무를 올바로 제시할 수 없게 된다.

나아가 투표든 토론 참여든 약속 자체만으로 수범자들이 법에 복종해야 한다고 주장하는 것은 한계가 있다. 약속의 내용과 약속의 과정에 있어서 공정함이 요구될 수 있기 때문이다. 또한 투표의 결과에 승복하지 않는 사람들에게도 단순히 절차에 참여하였다는 이유로 복종의무를 무조건 강요하는 것은 투표 또는 참여절차를 과도하게 이상화시킨다는 비판을 받을 수 있다.

---

6 A. Gewirth, "Political Justice," in R. Brandt ed., *Social Justice* (Prentice Hall, 1962), 135-139면.
7 위의 글, 139면.

2. 공정한 경기이론과 법준수의무

"공정한 경기"fair play이론은 동의이론과는 다른 방식으로 법준수 의무를 설명한다. 주지하듯이 어떤 경기든 그것이 올바로 진행되기 위해서는 참여자들의 상호 협동이 이루어져야 한다. 여기에서 참여자들은 이익과 부담의 할당을 둘러싼 경쟁을 벌일 수 있다. 이때 협동이나 경쟁과 관련된 공정한 규칙이 요구되는데, 그것은 자유롭고 평등한 상태에서 자발적인 개인들이 규칙을 제정하는 절차 속에서 만들어지는 것이어야 한다. 참여자들은 그러한 절차 속에서 만들어지는 상호 협동의 공정한 규칙을 준수할 때에만 협동의 산물인 이익을 배분받을 권리를 가질 수 있으며, 타인에게도 자기처럼 행동할 것을 요구할 수 있는 권리를 가질 수 있게 되는 것이다. 롤즈의 주장은 공정한 경기 이론을 지지하는 대표적인 예이다.[8]

롤즈에 따르면 국가 혹은 정치공동체란 자기 이익에 대한 합리적 관심을 가지는 개인들로 구성된 것이다. 또한 국가는 이들이 각자의 필요와 동의에 의해서 자발적으로 조직한 결사체이자 협동체이다. 때문에 일종의 '경기의 장'인 국가는 상호 합의와 동의에 의해 제정된 공정한 헌법과 법체계에 의해 조직되어야 한다. 롤즈는 사회의 기본구조를 규제하는 법체계가 공정하기 위한 기본적 전제조건을 다음과 같이 설명한다.[9]

첫째, "법의 지배"의 원리처럼 유사한 경우는 유사하게 처리되는 형식적 정의가 구현되는 법체계이어야 한다. 형식적 정의가 실현된다면, 비록 실질적 정의의 구현이 만족스럽지 않을지라도 사람들은 합법성에 대한 지속적인 기대를 가질 수 있고 합리적으로 인생을 계획할 수 있게 된다. 이러한 형식적 정의는 큰 부정의를 배제시킬 수 있을 것이다. 둘째, 실질적 정의를 구현하고 있는 입헌민주체제의 법체계이어야 한다. 이와 관련해서는 그의 정의의 원칙, 즉 평등한 자유의 원칙1원칙과 최소수혜자에게 최대이익을 부여하는 차등의 원칙 및 공정한 기회균등의 원칙2원칙이 적용된다.

---

8 하트도 공정한 경기 이론에 따라 법준수의무를 설명하고 있다. 이에 대해서는 H. L. A. Hart, "Are There Any Natural Right?" *Phil. Rev.* Vol. 64(1955), 185면.

9 아래의 설명에 대해서는 주로 J. Rawls(황경식 역), 『정의론』(이학사, 2005), 459-465면.

　　물론 이러한 기본적 전제조건이 갖추어졌다고 할지라도 부정의한 법이 만들어질 수 있다. 롤즈는 현행 입헌민주주의 체제가 다수결 원리에 따라 법을 제정하는 과정에서 절차적 정의 자체가 불완전하게 구현될 수밖에 없다고 설명한다. 언제나 완전하게 정의롭고 만족할 만한 결정을 내려 줄 절차는 없다. 하지만 그러한 입법절차가 최선은 아닐지라도 불가결한 차선적 절차라는 사실은 부정할 수 없다. 적어도 다수결 원칙에 대한 합의는 아무런 합의점이 없는 상태보다는 낫다는 것에 우리는 동의할 수밖에 없다. 의견이 대립되는 문제를 총알로 해결하려는 것보다 투표로 해결하는 것이 더 현명하다는 점에 대해서는 대부분 동의할 것이다.

　　때문에 공정한 경기에 임하는 각 개인들은 불완전한 절차 속에서 피치 못하게 발생할 수 있는 부정의한 법에 대해서도 복종해야 한다. 롤즈는 이것을 '자연적 의무'로서 이해한다. 자연적 의무는 자발적 선택에 의해 비롯되는 책무와는 다른 것이다. 예를 들어, 사람들은 자기 자신의 자발적 선택과는 무관하게 잔인하지 않을 의무를 자연적으로 지게 된다. 자연적 의무란 우리의 자발적 행위와 상관없이 우리가 사람이기 때문에 그 본성상 당연히 이행해야 하는 의무인 것이다. 이와 마찬가지로 공정한 경기의 의무와 관련한 시민의 자연적 의무란 일단은 정의의 원칙들을 만족시키는 체제를 지지하고 발전시켜야 하는 의무인 것이다. 자연적 의무에 따라 우리는 비록 자신에게 불이익을 주거나 부정의하게 보인다 할지라도 준수해야 하며, 합법적 권위 속에 스스로를 예속시켜야 한다.

　　그러나 이는 언제나 그런 것은 아니고 우리가 지지하는 법체계가 정의의 관점에 입각하고 있는 사회라는 신뢰가 바탕이 되는 경우에 그러하다. 또한 장기적으로는 부정의가 주는 부담이 사회의 상이한 집단들 간에 다소 고르게 배분되어야 하며 부정의한 정책이 주는 압제가 어떤 경우에도 지나치게 무거운 것이어서는 안 된다는 조건이 충족되어야 한다.

　　이러한 조건들이 충족될 경우, 절차적 정의가 불완전하게 실현될 수밖에 없는 상황 속에서도 만약 각 개인들이 그러한 헌법을 사회협동체제의 기본헌장으로 생각하고 또한 헌법이 정의롭게 운용됨으로써 오는 혜택을 지금까지 받아왔고 앞으로도 계속 받을 계획일 경우, 그리고 제정된 법규나 정책이 일정한 한도를 넘지 않을 경우, 공정한 경기의 원칙에 입각해서 자신의 차례가 왔을 때 각 개인들은 사회체제가 결함이 있다고 해서 불복종하거나 법규의 불가피한 허점을 이용해서 자신의 이득을 도모해서도 안 되는 자연적 의무를 져야 한다. 이러한 시민적 의무에 대한 인정이 없다면 상호신뢰와 믿음이 깨어지고 말 것이다.

그러나 만약 특정한 시민들이 정치질서의 혜택이나 권리로부터 지속적이고 조직적으로 소외된다면, 그리고 시민 상호 간에 지게 되는 의무를 서로 간에 준수하지 않는다면, 이에 대해 소외된 시민들은 공분을 느낄 수 있는 권한을 갖게 된다. 이러한 점에서 롤즈는 법준수의무를 제한적 의무로 설명할 뿐이며, 이로부터 시민불복종의 가능성을 인정한다.

Ⅲ. 시민불복종

법준수의무의 한계상황에서는 법에 대한 시민불복종의 문제가 대두된다. 시민불복종과 관련한 대표적 사례로는 멕시코 전쟁과 인두세 정책에 불복종하였던 소로우의 행위, 마틴 루터 킹 목사를 필두로 하는 흑인 민권운동, 베트남 참전에 반대하는 반전운동 등을 거론할 수 있다. 우리나라에서는 총선시민연대의 낙천낙선운동이 주요한 시민불복종의 예로 다루어진다. 이러한 예들은 특정한 법 또는 정책의 부정의함을 시민들이 불복종 행위를 통해서 대중에게 적극적으로 폭로하는 행위들이다. 또한 이것은 대중적 관심과 비판을 표출함으로써 문제되는 법이나 정책의 실효성을 약화시키거나 국가기관에 대해 그것을 개폐하도록 압력을 가하는 행위들이다.

일반적으로 저항권의 행사는 불법국가의 헌법질서 자체를 부정한다는 의미를 내포하고 있다. "호헌철폐"를 주장하였던 1987년 6월 항쟁은 저항권적 성격을 많이 내포하고 있다. 반면 시민불복종 행위들은 현존하는 헌법질서 자체에 대한 복종을 인정하면서 개별 법 또는 국가정책의 부정의성을 개선하기 위한 행위이다. 즉, 시민불복종은 "현존하는 법질서의 가치 vs 부정의하다고 호소되어지는 개별법"이라는 구도에서 논의된다. 시민불복종은 이러한 대립관계

속에서 합법성과 정당성, 법과 비법의 중간 지대에 위치하고 있다. 때문에 시민불복종 문제는 그에 대한 개념화, 정당화, 처벌 여부 등 많은 논쟁의 여지를 내포하고 있다. 아래에서는 시민불복종에 대한 롤즈, 드워킨 및 하버마스의 견해를 살펴보고, 시민불복종의 법적 정당화 여부에 대한 입장들을 다루어 볼 것이다.

1. 시민불복종의 개념 및 정당화 요건

시민불복종은 법준수의무에 반하는 행위이기 때문에 자칫 법의 권위를 훼손시키고 법치주의와 법적 안정성을 흔들 수 있다. 또한 다수의 결정에 반하는 행위로서 민주주의의 실현에도 부정적일 수 있다. 일반적으로 민주적 과정이란 개방되어 있는 합법적 수단을 이용하여 자신의 의사를 다수자에게 전달하는 과정을 의미한다. 합법적 테두리에서 본다면 법에 반대하는 사람은 헌법에 보장되어 있는 정치적 기본권을 행사함으로써 자신의 의사를 전달해야 한다. 그러나 시민불복종 행위 자체는 이러한 민주적 과정을 무시하고 파괴하는 행위이다. 때문에 법의 지배를 중시하는 민주주의체제에서는 정당화의 여지가 줄어들게 된다.[10] 낙천낙선운동 기간 중에 나타난 반대의견들은 이러한 관점에 기초하고 있다.

> 법투쟁은 지금 잘못되어 있는 법을 고치고 바꾸는 "법 개정" 투쟁일 뿐 아니라 그 법이 개정되는 동안까지는 그 법이 아무리 악법이라 해도 실정법으로 남아있는 한 지키는 "법 준수" 투쟁이다. 잘못된 법은 고쳐야 한다. 그러나 그 법이 고쳐질 때까지는 민주주의를 위해서 그 법을 지켜야 한다. 민주주의는 법치국가다. 법이 무너지면 국가도 무너지고 민주주의도 무너진다. 민주주의는 절차주의다. 절차에 따라 투표하고 대표자를 뽑고, 절차에 따라 의사 결정을 하고 법을 만들고 정책을 집행한다. 시민단체가 법을 어기고 절차를 무시하면 이제부터 민주주의를 하지 않겠다는 소리다.[11]

---

10 C. Cohen, *Civil Disobedience : Conscience, Tactics and the Law* (Columbia University Press, 1971), 167-172면.

11 송복, "시론 : '불복종'도 법테두리 안에서," 조선일보 2000년 1월 21일자, 7면.

시민불복종의 역사적 사실성과 필요성에 대해 공감한다면 시민불복종을 전적으로 부정하는 이러한 견해에 동의할 수는 없을 것이다. 그러나 시민불복종을 인정하려면, 적어도 시민불복종이란 무엇이며, 어느 경우에 정당화될 수 있는지에 대하여 설득력 있게 논증할 수 있어야 한다. 이러한 논증은 도덕적으로 정당화될 수 있는 시민불복종은 민주주의와 법치주의를 위협하는 것이 아니라 오히려 강화시킬 수 있는 이유를 제시해야 하며, 시민불복종이 정당할지라도 민주주의의 안정화를 위해 자기 스스로를 제한할 수 있는 한계들을 설명해야 한다.

(1) 롤즈의 시민불복종

롤즈는 법준수의무의 연장선상에서 시민불복종의 정당화근거와 제한근거를 설명한다.[12] 시민불복종에 대한 롤즈의 견해는 공통된 정의관을 토대로 이루어진다. 공통된 정의관이란 효율적인 민주체제에서 시민들이 자신의 정치적 문제를 처리하고 헌법을 해석하는 기본적 준거를 의미한다. 어느 정도 오랜 기간 다수자들로부터 기본적인 자유를 지속적이고 고의적으로 유린당한 소수자들의 경우, 이러한 공통된 정의관에 입각하여 복종할 것인지 저항할 것인지를 선택할 수밖에 없다. 만약 불복종을 선택하였다면, 소수자는 공통된 정의감에 입각하여 공정한 경기의 조건들이 지켜지지 않고 있음을 다수자가 자각하도록 호소해야 한다. 이러한 관점에서 롤즈는 시민불복종을 정부의 정책이나 법률에 어떤 변화를 가져오려는 의도하에 법에 반대해서 행해지는 공적·비폭력적·양심적 행위라고 정의한다. 롤즈의 시민불복종 개념을 상술하면 다음과 같다.

첫째, 시민불복종은 공통된 정의감에 호소하는 행위이다. 때문에 그것은 시민사회와 공동선을 규정하는 도덕 원칙에 의해서 정당화될 수 있는 정치적 행위이다. 시민불복종은 단순히 개인이나 집단의 이해관계를 추구하는 행위와는 무관한 것이다.

둘째, 시민불복종은 비폭력적인 행위이다. 시민불복종이 다수자의 공통된 정의감에 호소하는 것이라면 그것은 그러한 신념을 표현하는 언어적 행위로

---

12 아래의 설명은 Rawls, 『정의론』, 473-508면을 요약한 것이다.

해야 한다. 타인을 상해하고 손상시킬 수 있는 폭력적 행위에 가담하는 호소 형식은 시민불복종과 양립할 수 없다.

셋째, 시민불복종은 예상되는 체포나 처벌을 감수하는 양심적인 행위이어야 한다. 시민불복종은 공통된 정의감에 호소하면서 법에 충실한 범위 내에서 법에 대한 불복종을 나타내는 것이다. 따라서 그것은 합법적 절차에 대한 존중의식을 나타내야 한다.

롤즈는 이와 같이 개념화된 시민불복종이라고 할지라도 다음과 같은 요건하에서만 정당화될 수 있다고 설명한다.

① 침해의 중대성 : 시민불복종은 다수의 정의감에 호소하는 것이기 때문에 정의에 대한 명확하고 중대한 침해가 있었을 경우에만 정당화될 수 있다. 이러한 이유로 롤즈는 정의의 제 1 원칙인 평등한 자유의 원칙에 반하는 경우, 제 2 원칙 중 기회균등을 보장하는 직위 개방의 원칙에 반하는 경우에 대해서만 시민불복종을 인정한다. 예를 들어, 특정한 법에 의해 양심의 자유와 사상의 자유와 같은 기본적인 정치적·시민적 자유가 침해된 경우, 소수자에게 투표권이나 공직을 맡을 권리가 부인되는 경우, 그리고 특정한 종교 단체가 억압을 당하거나 특정한 자에게 경제활동에 있어서 기회균등이 거부되는 경우 등은 정의에 대한 명확하고 중대한 침해이다. 그러나 롤즈는 제 2 원칙 가운데 최소수혜자에게 최대이익을 부여하는 차등의 원칙과 관련된 사항은 시민불복종으로 정당화되기 어렵다고 본다. 이러한 사항은 대체적으로 구체적인 여러 가지 정보에 근거할지라도, 편견, 이기심 및 직감과 같은 단순한 추정들이 혼합되어 있기 때문에 정의에 대한 명확하고 중대한 침해인지 불분명하다. 롤즈는 이러한 사안들은 시민불복종이 아니라 정치적 과정에 맡기는 것이 바람직하다고 생각한다. 따라서 조세법에 대한 불복종은 그것이 평등한 자유의 원칙에 대한 침해를 수반하지 않는다면 정당화되기 어렵다.

② 최후수단성 : 법에 규정되어 있는 정상적인 정치적 호소를 다했어야 한다. 시민불복종은 기존의 정치세력이 불복종자들의 모든 정상적인 요구를 무시하고 법을 개정하려는 시도를 고의적으로 제지하였을 때 최종적인 대책으로써 정당화될 수 있는 것이다.

③ 공정성 : 불복종자는 동일한 정도의 부정의에 처한 다른 사람도 자신들

과 유사한 방식으로 불복종할 권한을 갖고 있음을 인정해야 한다. 또한 그들의 불복종 행위가 가져올 결과도 기꺼이 받아들일 수 있음을 인정해야 한다. 그와 동시에 상당수의 사람이나 집단이 시민불복종의 요건을 충족하여 모두가 불복종하게 될 경우 초래될 수 있는 무질서를 막기 위해 특정한 조치를 취해야 한다. 즉, 서로가 서로의 불복종 권한을 인정할지라도 그들 사이에 누가 발언권을 행사할 것인가에 대한 합의가 있어야 하며, 권한행사에 있어서 특수한 제약에 대한 필요성을 인정해야 한다.

④ 성공가능성 : 시민불복종의 행사는 다수자의 정의감에 대한 호소가 효율적으로 이루어질 수 있도록 합리적이고 합당하게 계획되어야 한다. 다수자의 가혹한 보복만을 불러일으키는 정도에 그쳤을 경우 시민불복종은 아무런 의미가 없게 될 것이다.

롤즈의 관점은 시민의 공통된 정의감에 의존하고 있다. 물론 공통된 정의감은 비실재적이며, 지나치게 추상적일 뿐만 아니라 그 자체만으로는 강력한 정치적 영향력을 행사할 수 없다고 생각될 수 있다. 그러나 롤즈는 그들이 정의의 원칙에 의해 헌법을 제정한 입헌민주주의 사회에서 살고 있다면, 이미 헌법의 해석 지침이 되는 공통된 정의감을 가지고 있다고 전제한다. 입헌민주주의 사회가 무정부상태로 귀결되지 않는 이유는 그 사회 속에 공통된 정의감과 그것이 요구하는 바에 대해서 충분히 효력을 갖는 합의가 이루어졌기 때문이다.

이러한 공통된 정의감에 입각하여, 롤즈는 합당한 시민불복종이 시민의 평화를 위협한다고 생각될 경우에도 그 책임은 저항하는 자들에게 있다기보다는 권력과 힘을 남용하여 불복종 자체를 정당하게 만들어 준 자들에게 있다고 주장한다. 정의의 원칙에 의해 수립된 정치공동체 속에서 정당성 요건들을 갖춘 시민불복종 행위는 시민의 정의감을 환기시킴으로써 입헌민주주의 체제를 보다 확고하고 정의롭게 만들 수 있는 것이다.

(2) 드워킨의 시민불복종

롤즈의 이론은 시민불복종에 대한 일반론으로 평가된다. 그러나 시민불복종의 현실적 모습을 감안한다면, 비폭력적 행위만 시민불복종에 포함시키는 것은 시민불복종의 개념을 지나치게 축소시키는 것이 아닌지 의문을 제기할 수 있다. 또한 평등한 자유와 기회균등의 원칙에 한정할 뿐, 사회적·경제적 불평등과 관련된 정책에 대한 불복종은 명백하지 않다는 이유로 과연 정당화될 수 없는지에 대해서도 문제를 제기할 수 있다. 아래에서는 이에 대한 드워킨의 주장을 살펴보도록 하겠다.[13]

드워킨은 인간의 존엄성과 정치적 평등에 대한 권리를 정부가 침해할 수 없는 시민의 권리로 간주한다. 동등한 배려와 존중에 대한 권리는 이에 대한 대표적 예이다. 비록 공리주의적 관점에서 볼 때 이러한 권리들을 제한함으로써 공공이 더 큰 이익을 얻을 지라도, 이것들은 정치공동체가 마땅히 존중해야 하는 으뜸패적 권리인 것이다. 드워킨은 이러한 관점에서 시민불복종을 동등하게 존중받아야 할 권리들을 체현하고 있는 헌법에 비추어 볼 때, 그 유효성이 의문시되는 정부의 정책 및 개별법에 대한 불복종이라고 설명한다. 그리고 불복종자의 동기를 기준으로 그 유형을 세 가지로 구분하고, 이에 대한 정당화 요건을 개별적으로 검토한다.

첫째, 자신의 양심과 인격 등 도덕성에 근거한 불복종 행위이다. 예를 들어, 탈주한 노예를 신고하는 것은 자신의 양심에 반하기 때문에 탈주노예방지법을 위반하는 행위, 부당한 전쟁에 참여하는 것 자체가 자신의 인격을 심각하게 훼손한다는 이유로 베트남 참전명령을 기피하는 행위 등이 이에 해당한다. 이러한 행위들은 그 자체 이미 양심의 절박한 긴급성을 요구하는 것들로서, 더 좋은 결과를 근거로 복종을 강요하는 것은 그의 인격과 양심을 존중하지 않는 것이다. 드워킨은 이러한 불복종행위들은 무고한 타인을 살해하거나 상해하는 것이 아닌 한 특정한 요건 없이도 정당화될 수 있다고 설명한다.

둘째, 정의에 근거한 불복종 행위이다. 다수가 정의에 반하여 소수자를 억압한다는 동기에 근거하여 이루어지는 불복종 행위, 예를 들어 흑인들도 동등한 권리를 향유해야 한다는 이유로 인종차별법에 불복종하는 행위, 타 국민의 권리도 존중받아야 한다는 이유로 징병법에 불복종하는 행위 등이 이에 해당한다.

---

13 드워킨의 설명에 대해서는 R. Dworkin(염수균 역), 『법과 권리』(한길사, 2010), 395–424면을 참조.

    정의에 근거한 불복종에는 설득의 전략과 강요의 전략이 행해질 수 있다. 설득의 전략은 비정상적인 방법으로 다수자들이 반대이유를 경청하게 하는 것으로서, 언론, 출판, 집회, 결사의 자유와 같은 정치적 기본권을 통해 다수에게 자신의 견해를 전달하였으나 더 이상 개선가능성이 없을 때 이루어질 수 있다. 강요의 전략은 다수자가 자신의 의사를 굳이 실현시키려 할 때 단순한 설득보다는 그들이 치러야 하는 비용을 증대시킴으로써 의사를 변화시키도록 하는 전략이다. 교통차단, 수입차단, 공공기관의 업무폐쇄와 같은 행위 등이 해당할 수 있다. 강요행위에는 불편과 재정적 부담을 증가시키는 방법도 있지만 공포와 불안을 느끼게 하는 경우도 있을 수 있다.

    정당화 요건과 관련하여, 설득의 전략은 다수자의 반발로 사태를 악화시키지 않으리라는 전망이 있을 때 정당화된다. 그러나 강요의 전략을 사용할 때에는 사태악화와 관련된 요건 이외에 법률이나 정책의 심각한 부정의, 조만간 정치과정을 통해 개선되리라는 희망의 부존재, 효율적 설득가능성의 부존재, 성공가능성 및 부작용을 가져오지 않는 비폭력적 요건들을 충족시켰을 때 정당화될 수 있다.

    셋째, 정책에 대한 불복종 행위이다. 국가행위가 정책적으로 현명하지 않거나 위험하다는 동기에서 이루어지는 불복종 행위, 예를 들어 독일국민들이 핵을 탑재한 나토의 퍼싱Ⅱ 미사일의 독일 내 배치계획에 불복종하는 행위가 이에 해당한다. 드워킨은 롤즈의 경우와 달리 정책에 대한 불복종도 인정한다. 그러나 이 경우에는 설득의 전략만을 인정한다. 드워킨은 정책에 대한 불복종과 관련하여 강요의 전략은 민주주의의 기본틀인 다수의 지배에 반한다고 생각한다. 어떤 정책적 판단이 공공복리에 부합하는가의 문제는 다수결로 결정할 문제일 뿐, 정의에 근거한 근본적인 권리침해의 문제는 아니기 때문이다.

    드워킨이 구별하는 시민불복종의 세 가지 유형은 현실적으로 중첩되어 있기 때문에 정당화 요건도 그리 단순하게 구별되지 않는다. 그러나 드워킨은 롤즈와 달리 공통된 정의감에 대한 호소만이 아니라 강요의 전략까지 시민불복종으로 포함시키고 있다. 또한 정책적인 경우에도 비록 설득의 차원으로 국한시켰지만 시민불복종을 인정하고 있다.

(3) 하버마스의 시민불복종

하버마스의 시민불복종 논의는 주로 "독일 내 나토의 퍼싱 II 미사일 배치 사건"과 관련하여 이루어지고 있다.[14] 하버마스는 아무리 민주적 법치국가라 할지라도 단순히 합법성만을 토대로 특정한 법을 정당한 것으로 인정할 수 없다고 전제한다. 합법적이라 할지라도 부당할 수 있기 때문이다. 따라서 민주적 법치국가는 시민들로부터 절대적 복종이 아닌 조건부의 복종만을 요구할 수 있을 뿐이다. 시민불복종은 권리실현의 과정에서 발생할 수 있는 오류를 수정하고 개혁을 이끌어 낼 수 있는 안내자이며 도덕적 근거를 가진 실험이다. 활력에 찬 공화국은 시민불복종이라는 실험 없이는 자신의 정당성에 대한 확신을 얻어낼 수 없다.

그러나 하버마스는 어떤 불복종도 완전한 정의를 실현하는 것이 아님을 강조한다. 가치상대주의의 사회에서는 무엇이 정의인지 명확하지 않다. 시민불복종 행위도 오류가능성을 내포하고 있다. 국가의 법 또는 정책이 올바른 것인지, 불복종자들의 견해가 올바른 것인지는 명확하지 않다. 그것은 공적 담론의 역사적 과정 속에서 검증될 것이다. 때문에 정의에 합치되는지에 대한 불명확성은 복종을 강요하는 국가와 불복종하려는 시민들 모두에게 의무를 지운다. 양자는 자신의 관점과 주장이 언제나 보편타당한 것으로 생각해서는 안 되며 어떠한 수단을 통해서라도 관철시키려고 해서는 안 된다. 이러한 의무는 한편으로 시민불복종자에게 정당화 요건으로 그들의 행위를 제한토록 하는 것이며, 다른 한편으로 국가가 시민불복종자들을 일반적인 법위반자와는 다르게 처벌하도록 하는 것이다. 만약 양쪽 모두가 신중함을 결여한 채 극단적으로 대치하여 폭력적인 양상으로 전개된다면, 이것은 정치공동체의 와해로 이어질 가능성이 있다. 때문에 양측은 최대한 자제의 모습을 보여야 한다.

하버마스의 시민불복종에 대한 관점 중 특수한 것은 정책에 대한 불복종의 범위를 드워킨보다 더 넓게 인정한다는 점이다. 앞서 언급하였듯이 시민불복종의 정당화요건 및 범위와 관련하여 드워킨은 정책에 대한 불복종은 설득

---

14 하버마스의 설명에 대해서는 J. Habermas(이진우 역), 『새로운 불투명성』(문예출판사, 1995), 91-136면 참조.

의 전략만 정당화될 뿐 강요의 전략은 인정되기 어렵다고 설명한다. 그러나 하버마스는 어떠한 정책, 예를 들어 핵무기 정책, 화학적 환경오염을 일으키는 정책, 도시재개발 정책, 외국인에 대한 정책, 망명자 정책 등에 대한 불복종은 단순히 개별적인 조치나 정책을 겨냥한 것이 아니라, 하나의 생활양식에 대한 거부로부터 유래한 것이라고 설명한다. 이러한 정책들에 대한 거부는 자본주의적 현대화 욕구에 따라 이루어진 생활양식, 즉 소유적 개인주의, 물질적 안정, 경쟁욕과 성취욕에 적합한 생활양식에 대한 거부이며, 궁극적으로는 불안과 죽음의 생활양식에 대한 거부인 것이다.

　이로부터 촉발된 대립상태는 상이한 생활양식 간의 대결이며, 공동의 문화유산과 집단의 정체성이 분열된 상태에서 이루어지는 대결인 것이다. 만약 생사가 걸린 문제들을 결정하는 데 계속 다수결 원칙을 고집한다면 분리주의가 등장할 수 있으며, 이는 다수결 원칙의 중요한 기능조건과 유효조건을 손상시킬 수 있는 것이다. 하버마스에 따르면, 다수결이란 특정한 맥락 내에서만 설득력 있게 그 기능을 발휘할 수 있을 뿐이다. 다수결의 이념, 즉 촉박한 시간과 제한된 정도의 여건하에서 내린 결정들이, 담론을 통해 얻어진 합의 또는 정당하다고 추정된 타협이라는 이상적 결과들과 어느 정도 차이가 나는지에 따라 다수결에 의해 결정된 것들이 측정될 수 있어야만 한다.

　때문에 다수결 원칙을 사용할 수 있는 대상, 사용방식과 그 한계 자체를 하나의 대상으로서 새로운 차원에서 논의해야 하고, 주어진 대상을 다수결 원칙으로 결정해도 되는지를 하나의 의제로서 설정하여 그것 자체를 다수결에 따라 측정할 수 있어야 한다. 하버마스는 이러한 방식으로 퍼싱 II 미사일 배치에 맞서 저항하는 시민불복종이 정당화될 수 있는 여지를 재검토해야 한다고 주장한다.

2. 시민불복종의 법적 정당화 여부

　지금까지 시민불복종의 개념 및 정당화 요건에 대해 살펴보았다. 이러한 논의들은 주로 도덕적 차원에서 다루어진 것들이다. 하지만 시민불복종에 대한 도덕적 정당성을 인정할지라도 그것이 곧바로 법적으로 정당화가 되는 것은 아니다. 법적 관점에서 볼 때 시민불복종은 법을 위반한 것임이 틀림없는 사실이다. 때문에 시민불복종을 완전한 무죄로 다루기는 어려울 것이다. 그러나 시민불복종의 도덕적 정당성을 인정한다면 일반적 법위반행위와 동일하게 취급할 수는 없다. 아래에서는 시민불복종자에 대한 법적 처벌 논의들을 고찰할 것이다.

(1) 법적 정당화 불가능론

하쎄머는 시민불복종이 법이론적 견지에서나 법정책적 견지에서나 모두 정당화되기 어렵다고 설명한다.[15] 먼저 시민불복종은 다수결 원리를 침해하고 있기 때문에 그것을 헌법적으로 정당화하려는 시도는 무리가 따른다. 다수결 원리를 무시한 불복종행위에 대해 법체계가 관대하다면, 다수결의 원리를 전제로 한 결정의 정당성은 약화될 것이다. 이처럼 기본권적 측면에서 정당화가 불가능하다는 것은 또다시 형법적으로도 정당화가 어렵다는 것을 의미한다. 법질서에 있어서 위법성 판단의 통일성은 분명히 중요하다. 기본권적으로 정당화될 수 없다면 개별적 법영역에서도 정당화될 수 없다.

또한 하쎄머는 법정책적 차원에 있어서도 시민불복종은 정당화될 수 없다고 주장한다. 예를 들어, 시민불복종 행위에 대해 유연한 태도로 기소여부를 결정한다면, 이는 기소법정주의에 반하는 것이 된다. 또한 시민불복종에 대한 일련의 법적 절차를 법률에 의거하지 않고 관련기관의 결정이나 사법권을 통하여 제한하는 것은 사법상의 행위의 명료성, 비판가능성 및 통제가능성을 위협하는 것으로서, 법적으로 정당화되기 어렵다.

(2) 관대한 처벌론

시민불복종의 정당성을 인정하는 학자들은 국가기관이 시민불복종자를 관대하게 처벌해야 한다고 주장한다.[16] 이 점에 있어서 롤즈나 하버마스, 드워킨

---

15 이에 대해서는 W. Hassemer(황치연 역), "시민불복종 ─ 그 정당화 근거에 관하여," 『연세법학』 제11권(연세대학교 법과대학 편집부, 1992), 67-74면 참조.

16 이하의 내용은 최봉철, "시민불복종의 요건과 처벌의 문제," 『법치국가와 시민불복종』(법문사, 2001), 240-241면. 드워킨의 설명에 대해서는 Dworkin, 『법과 권리』, 419-423면을 참조.

등은 대동소이하다. 관대하게 처벌해야 할 책임이란 시민불복종으로부터 발생되는 법위반 행위에 대해 가급적 범죄성립을 인정하지 않도록 하며, 이것이 불가능할 경우 가볍게 처벌해야 한다는 것을 의미하다.

특히 드워킨은 검찰이 기소 재량권을 적절히 행사하여야 한다고 주장한다. 검사는 불복종자들을 방치할 경우 있을 수 있는 법정책상의 손실과 다른 한편으로 관대하게 다룰 책임, 그리고 유죄판결이 사회를 분열시킬 위험 등을 고려하여 기소 여부를 결정해야 한다. 법원의 경우에는 명확성을 결여한 법률의 적용을 거부할 수 있듯이, 헌법적으로 의심 있는 법률의 적용 자체를 거부할 수 있어야 한다. 이럴 경우 시민불복종의 직접적 대상이 된 법률은 적용되기 어려울 것이다.

(3) 헌법적 정당화

드라이어는 시민불복종을 헌법상의 기본권 차원에서 정당화시키고자 한다.[17] 그는 시민불복종 행위를 인간의 존엄성이나 국민주권 차원에서 정당성 여부를 묻는 것은 지나치게 높은 차원에서 정당화시키는 것이며, 반대로 개별 법조문의 맥락이나 목적의 차원에서 정당성 여부를 묻는 것은 너무 낮은 차원에서 정당화시킬 우려가 있다고 설명한다. 드라이어는 헌법상의 기본권, 특히 표현의 자유 및 집회의 자유 등의 차원에서 정당화할 것을 제안한다. 공적이며 비폭력적으로 정치적·도덕적 이유에서 금지규범의 구성요건을 실현한 사람은, 만일 그러한 행위가 중대한 불법에 항의하는 것이고 그 항의가 비례성에 부합될 때 그의 행위는 기본권적으로 정당화된다.

따라서 시민불복종이 정당화되기 위해서는 먼저 불복종 행위가 "공적이고," "비폭력적이며," "정치적·도덕적으로 근거지워진 행위"여야 한다. 여기서 비폭력 요건에 있어서 폭력의 범위를 너무 광범위하게 해석하여 심리적 억압까지 폭력이라고 볼 필요는 없다. 불복종 행위는 기본권적 정당화구조를 갖추

---

17 아래의 설명은 R. Dreier, "Widerstandsrecht und Ziviler Ungehörsam im Rechtsstaat," *Ziviler Ungehörsam und Rechtsstaat* (Hrsg. von Glotz, 1973), 60면 이하. 관련 내용에 대해서는 박은정, "법치국가와 시민불복종," 『법치국가와 시민불복종』(법문사, 2001), 72-85면; 변종필, "시민불복종과 국회의원 후보 낙천·낙선운동의 정당화 문제," 『법치국가와 시민불복종』(법문사, 2001), 206-208면 참조.

어야 하는바, 첫째, 그것은 표현의 자유나 집회의 자유 등 기본권 보호의 범위에 해당해야 하고, 둘째, 기본권제한의 범위 내에서 이루어져야 한다. 여기서 헌법상 비례성의 원칙이 적용될 것이다. 드라이어의 설명은 시민불복종을 단순히 금지규범의 위반이 아닌 일종의 권리행사로서 설명한다는 점에서 독특한 의미가 있다.

(4) 법적 존중론

프랑켄버그는 드라이어의 관점이 다소 지나치다고 설명하면서 전략적 관점에서 다룰 것을 주문한다.[18] 그는 드라이어식의 헌법상의 기본권적 정당화이론에 대해 두 측면에서 이의를 제기한다.

첫째, 시민불복종은 단순한 의사표현이 아닌 의도적인 법위반 행위로서 헌법상의 자유권과 동일하게 평가할 수 없다. 법위반 행위가 자유는 아닌 것이다.

둘째, 기본권으로 합법화시킨다면, 시민불복종의 정치성을 상쇄시킬 수 있다. 다시 말해 구체적 금지규범을 겨냥한 항의의 비판적 기능을 헌법적 차원으로 굴절 내지 둔화시키는 것이다. 그 결과 시민의 책임의식에 따른 주권 행위가 불명확한 법개념을 둘러싼 법률논쟁에 빠지게 될 것이다. 이렇게 되면 공격 대상이 된 법률이나 정치의 정당성에 대한 논의는 뒷전으로 물러나고, 항의형태의 정당성 여부만 우선적으로 논의하게 된다. 나아가 만약 시민불복종 행위가 드라이어식의 기본권적 검토를 통해 정당화되지 못할 경우 그 행위는 곧장 불법으로 간주될 위험성이 존재한다.

때문에 프랑켄버그는 시민불복종을 "자유와 저항 사이에 놓인 지대, 법률적으로는 아직 탐험되지 않은 지대"에 위치시키려 한다. 이를 위해 프랑켄버그는 언론 및 집회의 자유의 인정범위를 법률적으로 논쟁의 여지가 있지만 시민불복종으로 인정될 수 있는 시위에까지 확장시켜야 한다고 주장한다. 이 공간에서 민주주의의 절차적 비전, 다시 말해 이익 조종을 위한 합의 가능성이 펼쳐질 수 있기 때문이다. 이러한 논증은 시민불복종 행위가 비록 법적 정당화의

---

18 아래의 프랑켄버그의 설명에 대해서는 G. Frankenberg, "Ziviler Ungehorsam und Rechtsstaatliche Demokratie," *Juristische Zeitung* (1984), 267–275면; 관련 내용에 대해서는 박은정, "법치국가와 시민불복종," 78–81면 참조.

대상은 되지 않더라도, 법적으로 존중받을 마땅한 자격이 있는 것으로 다루어야 한다는 것을 의미한다.[19]

Ⅳ. 저항권

시민불복종은 국민주권과 법치주의를 근간으로 하는 입헌민주주의, 특히 시민의 정치참여가 활성화되었던 20세기 중반 이후에 적극적으로 논의되었다. 그러나 역사적으로 불복종 문제는 '저항권' 개념을 통해 다루어졌다. 근대 초기까지의 저항권은 주로 '신민은 지배자를 폭군으로 간주하고 이에 저항할 수 있는가의 문제와 관련되어 있었다. 개념적으로 말하자면 저항권은 시민불복종을 포함한다고 보아야 할 것이다. 그러나 앞서 보았던 시민불복종의 개념화와 정당화 요건 등이 최근에 구체화됨으로써 오늘날에는 시민불복종을 제외한 불복종의 영역으로 저항권을 재개념화하려는 논의가 이루어져 왔다. 아래에서는 역사적으로 저항권을 어떻게 이해하였는지, 그리고 시민민주주의 시대에서 시민불복종과는 별개로 저항권을 어떻게 개념화하고 정당화할 수 있을지에 대해 간략하게 언급하도록 한다.

(1) 저항권에 대한 역사적 이해

현실적으로 저항권은 '폭군토벌'의 기치를 내건 자들에 의해 주장되었듯이 혁명적 사회풍토와 밀접하게 관련되었다. 이론사적으로 저항권의 필요성은 주로 자연법 사상가들에 의해 주장되었다. 그러나 혁명의 이데올로기화, 과격화 및 급진화의 문제점을 부정할 수 없었기 때문에, 이들은 저항권의 도덕적 정당화 가능성뿐만 아니라 제한가능성을 설명하였다. 중세의 아퀴나스T. Aquinas와[20] 근대 초기의 그로티우스H. Grotius는 실정법이 자연법을 위반하였을 경우 복종해

---

19 이와 관련하여 박은정 교수는 "결론적으로 드라이어식의 기본권 이론적 모델에 의해서 정당화될 수 있는 시민불복종에 대해서는 그에 따라 불법을 배제시키는 길을 열어 주고, 그렇지 않은 부분에 대해서는 프랑켄버그처럼 시민불복종자들에 대해 적어도 법적 존중의 태도를 보이는 것이 옳다"고 본다. 박은정, "법치국가와 시민불복종," 81면.
20 이에 대해서는 제3장 Ⅲ. 아퀴나스의 법이론 참조할 것.

서는 안 되지만, 평화유지를 위해 저항권을 제한해야 한다고 주장하였다.

특히 17세기 영국의 명예혁명을 지지하였던 로크J. Locke는 국민으로부터 권한을 위임받은 입법자가 자연법에 반하여 국민의 재산권을 부당하게 침해할 경우 신민은 저항권을 행사할 수 있다고 주장하였다.

> 입법자가 인민의 재산을 빼앗거나 파괴하고자 기도할 경우 또는 인민을 자의적 권력하에 놓인 노예로 만들고자 할 경우, 그들은 스스로를 인민과의 전쟁상태에 몰아넣는 것이며, 인민은 그로 인해 더 이상의 복종의무로부터 면제되며, 무력과 폭력에 대하여 신이 모든 인간을 위하여 마련해 놓은 공통의 피신처로 대피할 수밖에 없게 된다.21

미국의 독립선언서1776 및 프랑스 인권선언1789은 저항권을 인민의 권리라고 명시적으로 밝히고 있다. 프랑스 인권선언은 "모든 정치조직의 목적은 인간의 자연적이고 시효에 걸리지 않는 권리를 보장하는 데 있다. 그 권리는 자유, 재산, 안전, 그리고 억압에 대한 저항이다"라고 규정하고 있으며, 1793년 프랑스 헌법Constitution du 24 juin 1793은 저항을 인민의 가장 신성한 권리이자 신성한 의무라고 명시하고 있다제33조~제35조. 이처럼 혁명의 시대인 18세기에는 국가권력이 자연권으로서의 인권을 침해하였을 때 저항권 행사가 정당하다는 태도를 취하였다.

그러나 국민주권이 완성된 입헌민주주의 시대인 20세기 이래로 저항권의 행사는 헌법질서가 파괴되었을 때 인정되는 것으로 다루어지고 있다. 예를 들어 독일기본법 제20조 제 4 항은 "모든 독일인은 이 헌법질서를 폐지하려고 하는 자에 대하여 다른 가능한 구제수단이 없는 때에는 저항할 권리를 가진다"라고 규정하고 있다. 우리나라의 경우, 대법원은 1975년 '인혁당 재건단체 및 민청학련 사건'에서 "저항권은 실존하는 헌법질서를 무시하는 초법규적인 권리개념으로서, 현행 실정법위반행위의 정당화를 주장하는 것은 그 자체만으로서도 받아들일 수 없다"고 판시하면서 저항권을 부정하였으나,22 헌법재판소는 1997년 위헌법률심판 사건에서 헌법질서를 수호하기 위한 저항권 행사를 인정

---

21 존 로크(강정인·문지영 역), 『통치론』(까치, 1996), 208면.
22 대법원 1975. 4. 8. 선고, 74도3323.

하는 입장을 표명한 바 있다.[23]

> 저항권이 헌법이나 실정법에 규정이 있는지 여부를 가려볼 필요도 없이 제청법원이 주장하
> 는 국회법 소정의 협의없는 개의시간의 변경과 회의일시를 통지하지 아니한 입법과정의 하
> 자는 저항권 행사의 대상이 되지 아니한다. 왜냐하면 저항권은 국가권력에 의하여 헌법의
> 기본원리에 대한 중대한 침해가 행하여지고 그 침해가 헌법의 존재 여부를 부인하는 것으로
> 서 다른 합법적인 구제수단으로는 목적을 달성할 수 없을 때에 국민이 자기의 권리·자유를
> 지키기 위하여 실력으로 저항하는 권리이기 때문이다.[24]

(2) 시민불복종과 저항권의 구별

17·18세기의 저항권이 국민주권적 입헌주의를 실현하기 위한 혁명적 수
단이었다면, 오늘날의 저항권은 입헌적 법치국가를 수호하기 위한 방어적 수단
의 성격을 띤다. 앞서 살펴보았던 시민불복종도 헌법을 위반한 실정법 및 국가
정책에 대해 불복종하는 행위라고 본다면 이 역시 방어적 성격을 가진다. 민주
적 법치국가에서는 저항권과 시민불복종은 동일한 선상에 있다고 볼 수 있다.
　　그러나 기능적으로 저항권과 시민불복종을 구분할 필요가 있다. 현실적으
로 국가권력이 헌법질서를 위반하는 강도와 정도는 상이하다. 따라서 헌법질서
를 수호하려는 저항 또는 불복종 행위의 수위와 양상도 이에 비례할 수밖에
없다. 만약 국가권력이 헌법의 기본질서를 위배하여 국민주권 자체를 부정할
정도로 폭압적으로 공권력을 행사한다면, 비폭력적 방법만으로는 헌법질서를
수호하기는 어려울 것이다. 사정이 이러함에도 불구하고 시민불복종의 개념과
정당화 요건을 롤즈의 경우처럼 이해한다면, 시민불복종만으로는 헌법수호의
기능을 수행하지 못할 것이다. 바로 이 지점에서 저항권이 요구되는 것이다.
즉, 저항권은 헌법수호를 위해서 시민불복종의 기능이 더 이상 작동할 수 없는
지점에서 인정될 수 있다. 때문에 저항권 개념은 시민불복종을 어떻게 개념화

---

23 이에 대한 자세한 설명은 오승철, "저항권이론의 재조명: 혁명권·저항권·시민불복종의 통합을 향한 탐색", 『민주법
　　학』 제40권, (2009.7), 176-185면 참조.
24 헌법재판소 1997. 9. 25. 선고, 97헌가4 결정.

할 것인가와 불가분의 관계가 있다. 저항권과 시민불복종은 시소와 같은 관계에 놓여 있는 셈이다.25

앞서 본 바와 같이 롤즈, 드워킨 및 하버마스 등은 시민불복종을 법치국가 헌법질서의 정당성과 합법성을 부인하지 않으면서 이를 유지하기 위해 그 헌법에서 보장된 정치적 기본권을 행사하는 것으로 이해하고 있다. 헌법파괴의 정도가 단순히 개별 헌법 조문에 국한될 뿐 헌법 일반에 미치지 않을 경우 시민불복종의 대상이 될 수 있을 것이다. 그러나 3·15 부정선거에 대한 4·19 혁명, 1980년 신군부의 계엄령에 맞선 5·18광주민주화항쟁과 같이 부정의한 법 또는 정책이 국민주권 및 민주주의 일반을 전복시키는 것이라고 한다면 법치국가 헌법을 수호하기 위한 행위는 저항권의 대상이 된다고 볼 필요가 있다. 또한 1987년 호헌철폐를 주장하였던 6월 항쟁의 경우처럼 법치국가 헌법을 회복하기 위한 경우도 저항권의 대상으로 보아야 할 것이다. 불법국가 또는 권력국가의 정당성과 합법성을 부인하며, 불법국가의 헌법이 부정하는 정치적 기본권을 행사하는 것도 저항권으로서 인정될 수 있는 것이다. 슈나이더 P. Schneider에 의하면, 여기서의 불법국가는 "인간의 실질적 기본가치인 자유, 평등, 사회적 책임을 존중하지 아니하는 국가를 의미하며, 그리고 이러한 실질적 가치를 보장하기 위하여 마련된 형식적 보호원칙들이 그 의의를 상실한 국가를 의미한다."26

불법국가로부터 법치국가를 회복한다는 점에서 저항권은 혁명과 깊은 관계를 갖는다. 다만 사실적으로 명명되는 '혁명'은 저항권과 무관하다. 혁명이라는 용어 자체는 '5·16혁명'과 같이 국가권력을 장악하려는 쿠데타 세력들이 자신들의 행위를 정당화하기 위한 언어도단으로 이용될 수 있는 것이다. 저항권은 인간의 존엄과 가치 그리고 인권을 존중하는 법치국가를 위해 행사되는 것

---

25 카우프만(A. Kaufmann)은 시민불복종을 '작은 저항권'이라고 하며, 법치국가가 불법국가로 전락하는 것을 막는 최선의 예방수단이라는 점에서 '예방적 저항권'이라고 부르기도 한다. 이에 반해 카우프만은 전통적 의미의 저항권을 '큰 저항권'이라고 부른다. 큰 저항권은 쿠데타 세력으로부터 헌법을 수호하기 위한 목적이라는 점에서 '헌법수호권'이라고도 할 수 있다. 카우프만의 저항권에 대한 설명으로는 아르투어 카우프만(김영환 역), 『법철학』(나남, 2013), 440-448면 참조.

26 P. Schneider, "Widerstandsrecht und Rechtsstaat", in: AöR, Bd. 89, 1964, S. 17f. 재인용 심재우, "시민불복종과 저항권", 『법치국가와 시민불복종』(법문사, 2001), 27면.

이다. 혁명이라는 미명하에 법치국가를 전복시키려는 쿠데타는 저항권과 아무
런 관계가 없다.

저항권의 행사가 정당화되기 위해서는 다음과 같은 요건들을 생각해 볼
수 있다. 첫째, 목적상의 요건이다. 저항권은 중대한 헌법 침해에 대해 법치국
가를 수호하려는 것이어야 한다. 저항권은 법치국가를 수호한다는 차원에서 인
정되는 것이지, 헌법이 유린되는 상황이 아닌 경우에는 저항권을 원용할 수는
없다. 법치국가의 유지는 시민불복종의 영역이다. 시민불복종만으로 법치국가
를 유지할 수 있음에도 불구하고 저항권을 주장한다면 그것은 불법국가의 극
단적 상황을 법치국가 안으로 끌어들여 저항권의 행사를 일상화시켜 정상상황
을 비정상화시킬 위험이 있다. 또한 비민주적·체제전복적 혁명분자들에 의하
여 저항권이 남용되어 법치국가 헌법 자체를 파괴할 우를 범할 수 있을 것이
다.27

둘째, 보충성의 요건이다. 저항권은 다른 모든 법적 구제수단을 비롯하여
시민불복종만으로 헌법질서를 시정할 수 없는 경우에 최후의 수단으로만 행사
되어야 한다. 시민불복종으로 헌법파괴를 막지 못하기 때문에 시민들이 실력행
사를 통해 헌법을 지켜내고자 하는 것이 저항권의 존재이유이다.

셋째, 방법상의 요건이다. 저항권을 주장할 때 시민들의 실력 행사는 법치
국가를 회복하기 위해 필요한 정도에서 합리적이어야 하며 최소화되어야 한다.
만약 실력행사가 목적달성을 위한 정도를 벗어나거나 또는 법치국가의 회복
이후에도 지속된다면 이는 저항권의 남용이 된다. 저항권의 남용, 즉 힘의 비
이성적 행사는 결국 만인의 만인에 대한 전쟁상태를 초래할 우려가 있다. 이는
무정부상태를 격화시킨다.28 저항권은 이성적이고 정당한 법치국가에 의해 제
한되어야 한다.

27　위의 논문, 20면.
28　위의 논문, 29-30면.

제9장 **생각해 볼 문제**

❶ 2000. 4. 13. 실시된 제16대 국회의원 총선거를 앞두고 전국의 412개의 시민단체가 부패·무
능정치인심판과 왜곡된 정치구조개혁, 국민주권찾기 시민행동을 목적으로 총선시민연대를 설립
하였다. 총선시민연대는 제16대 국회의원 총선거에 관련하여 총 109명의 후보자 공천 부적격
자를 발표하면서 공천부적격자가 공천되면 대대적인 낙선운동을 하겠다고 선언하였다. 그러나
이러한 운동은 "선거운동기간 전에 당선되지 못하게 하기 위한 행위"로서 「공직선거 및 선거
부정 방지법」 제58조, 제59조에 의하여 금지되는 행위였다. 이에 총선시민연대는 동법이 정치
적 의사표현의 자유와 국민의 참정권 등을 침해하고 있다고 주장하면서 불복종운동을 전개하
였다. 이 사건에 대하여 대법원은 총선시민연대의 낙선운동이 시민불복종에 해당하지 않는다고
판시하였다대법원 2004. 4. 27. 선고 2002도315 판결. 대법원 판결문을 보면서, 대법원은 어떠한 근거
에서 시민불복종으로 인정하지 않았는지를 분석하고, 이에 대해 시민불복종과 관련된 이론들에
근거해서 평가하시오.

❷ 공무원은 「국가공무원법」에 따라 법령을 준수하여 성실히 직무를 수행하여야 하며제56조, 직무
를 수행할 때 소속 상관의 직무상 명령에 복종하여야 하고제57조, 노동운동이나 그 밖에 공무
외의 일을 위한 집단 행위를 하여서는 아니 된다제66조. 그러나 2009년 6월, 전국교직원조합
소속 초·중·고등학교 교사 16,171명이 자사고 설립 중단 및 학교운영 민주화, 빈곤층 학생
지원 등 교육복지의 확대 등을 요구하며 집단적으로 시국선언을 발표하였다. 이와 관련하여 교
육과학기술부 장관은 시·도 교육감회의를 소집하여 시국선언 주동자에 대해 해임 등 중징계하
고 형사고발 조치를 하도록 지침을 하달하였고, 전국 대부분의 교육감은 지침대로 시국선언 교
사를 해임 또는 정직 등 징계처분하였다. 이에 교사들은 법원에 해임처분취소소송을 제기하였
다. 재판부의 판시사항은 다음과 같다.

시국선언과 관련하여 한 행위는 뚜렷한 정치적인 목적 내지 의도를 가지고 정부의 주요 정책 결정 및 집
행을 저지하려는 의사 내지는 비판적인 영향력을 집단적으로 행사함으로써 특정 정치세력에 대하여 반
대하는 의사를 명확히 한 것으로서, 공무원인 교원의 정치적 중립성 및 이에 대한 국민의 신뢰를 침해하
거나 그 침해에 대한 직접적인 위험을 초래할 정도의 정치적 편향성 내지 당파성을 명확히 드러낸 행위
라 할 것이고, 따라서 이는 공무원인 교원으로서의 본분을 벗어나 공익에 반하는 행위로서 공무원으로
서의 직무에 관한 기강을 저해하거나 공무의 본질을 해치는 것이어서 직무전념의무를 해태한 집단적 행

위라 할 것이므로, 국가공무원법 제66조 제1항이 금지하는 "공무 외의 일을 위한 집단행위"에 해당한다… 그러나 각 시국선언의 내용이 그 자체로 위헌적이거나 반사회적인 것은 아닌 점, 시국선언 추진이나 발표 과정에서 학생들에 대한 수업결손이나 제3자에 대한 피해가 발생한 사실은 없는 점, 공무원이 국민으로서 누리는 표현의 자유가 국민전체 봉사자로서 갖춰야 할 정치적 중립성과 충돌할 때 어떠한 범위에서 허용될 것인지에 대해서 다양한 견해가 있어 원고와 같은 수범자로서는 법적으로 허용되는 행위가 어디까지인지 명료하게 판단을 내릴 수 없는 어려움이 있다고 보이는 점… 등 여러 사정을 종합하여 보면, 각 시국선언 주도 및 참여등의 사유만으로 공무원의 신분을 박탈하는 해임처분을 한 것은 사회통념상 현저하게 타당성을 잃어 징계권자에게 맡겨진 재량권의 한계를 벗어난 것으로 위법하다(대전지방법원 2012. 6. 20. 선고 2010구합2632 판결 [해임처분취소 등]).

위 시국선언이 시민불복종에 해당하는지 롤즈와 드워킨 등의 이론에 비추어 살펴보시오. 더불어 위 판결문을 시민불복종에 대한 법적 정당화 논의들과 관련하여 분석하시오.

제10장
법적 추론

I. 법적 추론의 의의

법적 추론이란 일정한 법적 분쟁이 발생하였을 때, 이를 해결하는 데 사용하는 추론방법 혹은 그 추론과정 전체를 말한다. 이 장에서는 이러한 법적 추론과정을 법철학의 시각에서 살펴봄으로써, 법적 분쟁이 발생하였을 때 법학도가 어떻게 법적 추론을 해야 하는지를 체득할 수 있도록 하고자 한다. 그러면 이렇게 법적 추론을 다루어야 할 필요는 어디에 있는가? 그 이유는 다음과 같이 말할 수 있다.

법체계는 크게 두 가지 측면에서 기능을 수행한다.[1] 첫째는 법을 정립하는 기능이고, 둘째는 법을 적용하는 기능이다. 전통적인 법학에서는 첫 번째 기능을 "입법작용"이라고 하고, 두 번째 기능을 "사법司法작용"이라고 한다. 입법작용에서는 정당한 법이란 무엇인지, 법은 어떻게 효력을 갖게 되는지, 정당한 법은 어떤 절차를 통해 입법될 수 있는지를 묻는다. 이렇게 보면, 입법작용은 전통적인 "법철학"과 밀접한 관련을 맺는다. 왜냐하면 전통적인 법철학에서는 정당한 법이란 무엇인지법의 개념, 법이 추구하는 이념은 무엇인지법의 이념, 법은 어

---

1 독일의 사회학자 루만(N. Luhmann)에 따르면, 이는 법체계가 내적 분화(interne Differenzierung)를 통해 획득한 결과이다. N. Luhmann, *Das Recht der Gesellschaft*(Frankfurt/M., 1993), 299면.

떻게 효력을 획득하는지법의 효력가 주요 문제로 논의되기 때문이다.[2] 이에 대해 사법작용에서는 구체적인 법적 분쟁이 발생하였을 때, 입법작용을 통해 정립된 법규범을 이러한 법적 분쟁에 적용하는 것을 목표로 한다. 따라서 사법작용에서는 어떻게 하면 주어진 법적 분쟁에 법규범을 "적절하게" 적용할 수 있는지를 문제 삼는다.[3] 이러한 점에서 사법작용은 전통적인 법학방법론 혹은 이를 넘어서는 법이론이나 법수사학, 법적 논증이론 등과 관련을 맺는다. 이렇게 사법작용과 관련을 맺는 법학방법론은 법적 분쟁을 적절하게 해결하는 데 필요한 방법론을 다룬다는 점에서 그 무엇보다도 중요하다. 왜냐하면 법학방법론은 실천적일 뿐만 아니라, 일정한 법적 분쟁을 적절하게 해결하는 데 필요한 방법론, 해석론, 판례 등을 습득하는 데 중점을 두는 현행 법학교육의 목표와도 합치하기 때문이다. 여기에서 다루고자 하는 법적 추론에 대한 논의가 바로 이러한 법학방법론에 속한다.

Ⅱ. 법적 추론의 기본모델로서 법적 삼단논법

1. 의 의

법적 추론에는 다양한 방식 또는 모델이 있을 수 있다.[4] 그렇지만 여기에서는 기본적으로 법적 삼단논법에 따라 법적 추론과정을 살펴보고자 한다. 물론 지난 1960년대 이후 전통적인 법학방법론이 지닌 한계를 지적하면서 주로 독일 법학에서 성장한 "법해석학"juristische Hermeneutik이나 "법이론"Rechtstheorie, "법적 논증이론"juristische Argumentationslehre 등은 전통적인 법학방법론이 기본모델로

---

2 이를 지적하는 Arth. Kaufmann(김영환 역), 『법철학』(나남, 2007), 52면.

3 독일의 법철학자 귄터(K. Günther)는 규범적인 "대화"(담론; Diskurs)를 "규범창설대화"와 "규범적용대화"로 구별하면서, 규범창설대화에서는 "정당성"이 문제되는 반면, 규범적용대화에서는 "적절성"(Angemessenheit)이 문제된다고 한다. 이와 같은 구별에 따르면, 사법작용은 넓은 의미의 규범적용대화에 속한다고 말할 수 있다. 이러한 귄터의 이론에 관해서는 양천수, "법과 대화이론 ― 클라우스 균터의 대화이론적 법이론 ―," 『법철학연구』 제4권 제2호 (2001), 159-194면 참조.

4 김영환 교수는 법적 추론모델의 기본적 형태로서 "연역적 모델"과 "해석학적 모델"을 제시한다. 김영환, 『법철학의 근본문제』(홍문사, 2012), 260면 아래 참조.

삼는 법적 삼단논법을 다양한 측면에서 비판하기도 하였다. 그렇지만 법적 삼단논법은 오늘날에도 여전히, 특히 법학교육과 관련하여 기본적인 법적 추론모델로서 의미를 지닌다.[5]

법적 삼단논법은 다음과 같이 정의할 수 있다. 우선 삼단논법이란 흔히 "연역모델"이라고도 하는데, 일정한 "대전제"상위명제를 기반으로 하여, 이 대전제에 "소전제"하위명제를 "포섭"시켜 일정한 결론을 도출하는 논리적 방법을 말한다. 세 가지 단계로 구성된 논리적 추론방법이라고 해서 "삼단논법"이라고 부른다. 법적 삼단논법은 이러한 삼단논법을 법적 추론과정에 적용한 것이다. 이에 따르면 법적 삼단논법은 다음과 같은 추론과정으로 이루어진다. 먼저 첫 번째 단계는 대전제에 해당하는 법규범을 탐색·구체화하는 단계이다. 법적 추론과정에서 큰 비중을 차지하는 법해석은 바로 대전제에 해당하는 법규범을 구체화하는 역할을 수행한다. 나아가 두 번째 단계는 소전제에 해당하는 법적 분쟁의 사실관계를 확정하는 단계이다. 실제 분쟁해결 과정에서 이 단계는 소송절차를 통해 구현된다. 마지막으로 세 번째 단계는 대전제인 법규범을 소전제인 사실관계에 적용또는 포섭하여 법적 결론을 도출하는 단계이다. 이를 도식화하면 다음과 같다.

[도식] 법적 삼단논법의 추론과정

제1단계	대전제 탐색 및 구체화	법적 분쟁의 관련 법규범 탐색·구체화
제2단계	소전제 확정	법적 분쟁의 사실관계 확정
제3단계	결 론	법규범을 사실관계에 적용하여 결론 도출

2. 법적 삼단논법의 배후근거

법적 삼단논법의 배후근거로는 크게 이론적 근거와 역사적 근거 그리고 실천적 근거를 제시할 수 있다.

---

5 법적 삼단논법에 대한 비판으로는 이상돈, 『새로 쓴 법이론』(세창출판사, 2005), 40면 아래; 양천수, "삼단논법적 법률해석론 비판 — 대법원 판례를 예로 하여 —," 『영남법학』 제28호(2009), 1-27면; U. Neumann(윤재왕 역), 『법과 논증이론』(세창출판사, 2009) 등 참조.

(1) 이론적 근거

먼저 이론적 근거로서 실재론적 법인식론을 제시할 수 있다.[6] 여기서 실재론적 법인식론이란 법규범의 문언이 지시하는 의미내용이 고정된 "실재"로서 존재하여, 법적 추론의 주체는 이렇게 실재로서 존재하는 법규범의 의미내용을 법인식 과정을 통해 손쉽게 발견할 수 있고, 이렇게 발견한 법규범의 의미내용을 법적 분쟁에 기계적·논리적으로 적용함으로써 법적 추론을 객관적으로 수행할 수 있다는 인식론을 말한다. 예를 들어, 형법 제261조가 특수폭행의 요건으로 규정하는 "위험한 물건"은 그 의미내용이 실재로서 고정되어 있으므로, 법적 추론의 주체는 이러한 "위험한 물건" 개념의 의미내용을 객관적으로 발견하여 이를 구체적인 특수폭행 사건에 기계적·논리적으로 적용하기만 하면 된다는 것이다. 이러한 관념은 아래에서 다루게 될 전통적인 포섭과정과도 밀접한 관련을 맺는다. 이와 같은 실재론적 사고는 전통적인 자연법사상에서 발견할 수 있는데,[7] 후에 분석적 언어이론분석철학을 통해 더욱 세련된 모습으로 발전한다.[8]

(2) 역사적 근거

나아가 법적 삼단논법에 대한 역사적 혹은 이론사적 근거로서 19세기에 주로 독일을 중심으로 하여 성장한 법실증주의의 영향을 거론할 수 있다. 그 당시 법실증주의는 오직 경험적으로 검증할 수 있는 법만을 법학의 대상으로 삼고자 하면서, 그러한 법으로서 국가가 제정한 "법률"을 언급하였다.[9] 아울러 법실증주의는 실정법 체계를 흠결이 없는 완결된 체계로 파악한다. 따라서 법실증주의에 따르면, 법관은 법을 해석할 필요 없이, 단지 법을 발견하여 구체

---

6 이상돈, 『새로 쓴 법이론』, 131면 아래 참조.

7 Kaufmann, 『법철학』, 82면.

8 이상돈, 『새로 쓴 법이론』, 46면 아래; 이 때문에 독일의 법철학자 카우프만은 자연법론과 법실증주의가 법이론적·방법론적 측면에서 동일한 사고구조를 갖는다고 한다. Kaufmann, 『법철학』, 97면.

9 이러한 법실증주의에 관해서는 우선 H. Kantorowicz(윤철홍 역), 『법학을 위한 투쟁』(책세상, 2006), 27면 아래, 125면 아래; 이상영·김도균, 『법철학』(한국방송통신대학교출판부, 2007), 53면 아래 등 참조. 물론 법실증주의가 실제로 이러한 주장을 했는가에 관해서는 견해가 대립하기도 한다. 특히 오늘날의 법실증주의는 이렇게 엄격하게 주장하지는 않는다. 법실증주의에 관한 상세한 내용은 본서 제 2 장 "법실증주의" 참조.

적인 법적 분쟁에 적용하기만 하면 될 뿐이다. 설사 법을 해석할 필요가 있다 하더라도, 법관은 입법자가 마련한 법문언의 의미내용 안에서만 법을 해석해야 한다. 그런데 이러한 법실증주의적 사고방식은 법적 삼단논법에서도 찾아볼 수 있다. 왜냐하면 법적 삼단논법은 기본적으로 실정법인 대전제에 기반을 두어 법적 분쟁을 해결하고자 하기 때문이다. 다시 말해 실정법을 근거로 해서만 법적 주장과 논증을 할 수 있다고 본다는 점에서 법실증주의적 사고방식을 법적 삼단논법에서 발견할 수 있다.

(3) 실천적 근거

마지막으로 법적 삼단논법에 대한 실천적 근거로서 사법작용의 정치적 독립성을 언급할 수 있다. 여기서 사법작용의 정치적 독립성이란 사법작용, 즉 법관의 법률해석과 적용은 정치적 세력의 이해관계와는 상관없이 객관적·중립적으로 이루어져야 한다는 것을 의미한다. 법관은 법률이 담고 있는 실체적인 의미내용만을 말할 수 있을 뿐이고, 법관 자신이 지니고 있는 정치적 당파성은 이러한 사법과정에 스며들 수 없다는 것이다. 이러한 사법작용의 정치적 독립성은 다음과 같은 역사적 배경 속에서 등장하였다. 역사적으로 보면, 법적 삼단논법이 등장할 즈음의 대륙법계 국가, 특히 프랑스에서는 법복귀족^{法服貴族}의 부패가 심했다. 이러한 이유에서 프랑스 혁명이 이루어진 이래, 국가는 엄격한 권력분립을 통해 법관의 부패나 횡포를 최대한 억제하고자 하였다. 바로 이와 같은 맥락에서 법관의 자의를 최대한 억제하고, 이를 통해 정치적 독립성을 확보하려는 법적 삼단논법이 등장했다고 말할 수 있다.[10]

3. 서술방식

아래에서는 기본적으로 법적 삼단논법에 따라 법적 추론과정을 살펴보면서, 부분적으로 "해석학적 모델"의 관점을 받아들이고자 한다. "해석학적 모델"은 "법해석학"에 기반을 둔 것으로서,[11] 법적 삼단논법과는 달리 법관이 지닌

---

10 이에 관해서는 J. H. Merryman(윤대규 역), 『시민법전통』(철학과현실사, 1995), 71-78면 참조.

주관적 관점 등이 "선이해"나 "인식관심"의 형식으로 법적 추론과정에 적극적으로 개입한다는 점을 긍정한다.

다만, 여기에서 언급해야 할 점이 있다. 원래 법적 삼단논법은 이론적으로는 〈대전제 → 소전제 → 결론〉 순으로 구성되지만, 실제 법적 분쟁을 대상으로 하는 법적 추론과정은 〈소전제 → 대전제 → 결론〉 순으로 이루어질 수밖에 없다는 점이다. 왜냐하면 가령 법관의 지위에서 법적 분쟁을 해결하기 위해서는, 먼저 소전제에 해당하는 법적 분쟁의 사실관계를 정확하게 확정해야 하고, 이어서 이러한 사실관계에 적용될 수 있는 특정한 법규범, 즉 대전제를 탐색하여 이를 해석·구체화해야 하며, 마지막으로 이렇게 해석을 통해 구체화된 법규범을 해당 사실관계에 적용하여 법적 결론을 이끌어 내야 하기 때문이다. 따라서 아래에서는 실제 법적 분쟁해결 과정에 상응할 수 있도록 법적 추론과정을 분석하고자 한다. 이에 따라 전통적인 삼단논법과는 달리, 첫 번째 단계를 사실확정 단계로, 그리고 두 번째 단계를 법규범 탐색 및 구체화 단계로 설정하고자 한다. 다른 한편 논의를 더욱 명확하게 하기 위해, 아래에서는 다음과 같은 간단한 [예시사례]를 대상으로 하여 법적 추론과정을 분석하고자 한다.

[예시사례]

"A는 평소 개인적으로 알고 있던 해커 B에게 C은행이 보유하고 있는 고객의 개인정보를 해킹할 것을 부탁하였다. 이에 평소 C은행에 좋지 않은 감정을 갖고 있던 B는 C은행이 관리하는 서버를 해킹하여 고객의 개인정보를 입수하였다. 그 후 이렇게 해킹하여 획득한 고객정보를 A에게 돈을 받고 넘겨주었다. 이 경우 A가 한 행위에 대해서는 형법상 어떤 죄책을 물을 수 있는가?"

III. 제 1 단계 : 사실확정

1. 의 의

특정한 법적 분쟁이 발생하여 이를 해결하기 위해서는, 먼저 이 법적 분쟁

---

11 "법해석학"에 관해서는 아래 VI. 2. 참고.

에서 전제가 되는 사실관계를 확정해야 한다.[12] 법적 삼단논법의 견지에서 보면, 이는 "소전제"를 확정하는 과정에 속한다. 소송법학과 실무에서는 이를 '사실인정'이라고 말한다.[13] [예시사례]의 경우에서 보면, "A는 평소 개인적으로 알고 있던 해커 B에게 C은행이 보유하고 있는 고객의 개인정보를 해킹할 것을 부탁하였다. 이에 평소 C은행에 좋지 않은 감정을 갖고 있던 B는 C은행이 관리하는 서버를 해킹하여 고객의 개인정보를 입수하였다. 그 후 이렇게 해킹하여 획득한 고객정보를 A에게 돈을 받고 넘겨주었다."는 주장이 사실관계에 해당한다. 검사나 변호사 혹은 법관은 위 주장에 대한 법적 판단을 하기 전에, 이 주장이 과연 "진실"인지 확정해야 한다. 이러한 사실확정은 실제 분쟁해결 과정에서는 대부분 "소송절차"를 통해 이루어진다.

2. 인식론의 지평에서 본 사실확정의 어려움

그런데 사실관계를 확정하는 과정에서는 다음과 같은 문제가 등장한다. 실제 분쟁해결 과정에서 확정되어야 하는 사실은 이미 과거 속으로 흘러가 버린 "역사적 사실"이라는 점이다. 더군다나 분쟁해결 과정에서 문제가 되는 사실은 인간 및 인간 행위를 둘러싼 규범적 판단과 관련을 맺는 사실이라는 점에서 규칙적으로 되풀이되는 자연현상과는 달리 우연적이고 일회적인 성격이 강하다.[14] 이 때문에 이미 과거 사건이 되어버린 "사실"을 소송이 진행되는 "지금 여기서" 정확하게 복원하는 것은 어려울 수밖에 없다. 즉, 재판 대상이

---

12 종래 사실확정에 관해서는 아마도 이것은 실무가 다루어야 하는 작업이라는 이유에서 본격적인 연구가 별로 이루어지지 않았다. 그러나 법학전문대학원 체제가 출범한 이상 이제는 사실확정 등에 대해서도 학자들이 관심을 기울여야 한다고 생각한다. 이에 관한 연구로는 이상돈, 『새로 쓴 법이론』, 63-74면; 김성룡, 『법적 논증의 기초』(경북대학교출판부, 2007), 257면 아래; 박노섭, "독일 사실인정론에 관한 연구와 그 시사점," 『형사정책』 제18권 제 1 호(2006), 274면 아래; 이계일, "해석사회학의 관점에서 본 법실무의 구조," 『법철학연구』 제12권 제 2 호(2009), 277-330면; 김상준 외 편, 『법관의 의사결정 이론과 실무』(사법발전재단, 2010); 권오걸, 『사실인정과 형사증거법』(경북대학교출판부, 2014); 김종률, 『진술·증거분석을 통한 사실인정 방법론 연구』(한양대 법학박사 학위논문)(2014); 양천수, "형사소송에서 사실인정의 구조와 쟁점: 법적 논증의 관점에서", 『형사정책연구』제26권 제 4 호(2015), 59-97면 등 참조; 독일 문헌으로는 L. Schulz, *Normiertes Misstrauen* (Frankfurt/M., 2000), 223면 아래 참조.

13 다만 여기에서는 '사실확정'이라는 용어를 사용하고자 한다.

14 바로 이러한 점에서 자연현상을 대상으로 하는 자연과학과 인간 행위를 대상으로 하는 정신과학이 방법론적으로 구별되기도 한다. 이에 관해서는 우선 H. Rickert(이상엽 역), 『문화과학과 자연과학』(책세상, 2004) 참조.

되는 "사실"의 일회적·역사적 속성 때문에, 과거에 발생한 실제 사실과 현재의 재판상 사실을 얼마나 일치시킬 수 있는가 하는 "인식론적 문제"가 등장할 수밖에 없는 것이다.[15] [예시사례]의 경우에서 보면, "A는 평소 개인적으로 알고 있던 해커 B에게 C은행이 보유하고 있는 고객의 개인정보를 해킹할 것을 부탁하였다. 이에 평소 C은행에 좋지 않은 감정을 갖고 있던 B는 C은행이 관리하는 서버를 해킹하여 고객의 개인정보를 입수하였다. 그 후 이렇게 해킹하여 획득한 고객정보를 A에게 돈을 받고 넘겨주었다."는 사실은 일종의 주장으로서 재판을 통해 확정할 수밖에 없다. 따라서 이 재판에 참여하는 관련자들은 이러한 주장이 실제로 존재했던 "역사적 사실"과 가능한 한 일치할 수 있도록 해야 한다. 그런데 이렇게 "실제의 역사적 사실"과 재판과정을 통해 확정되는 "재판상 사실"을 서로 일치시키는 작업은 결국 소송절차 그 자체를 통해서만 실현할 수밖에 없다. 소송절차에 의하지 않고서는 문제되는 법적 분쟁에서 전제가 되는 "사실"을 확정할 수 없다. 바로 이러한 근거에서 사실관계를 확정하는 절차 자체가 합리적이고 공정하게 제도화되어 운용될 수 있도록 해야 한다. 사실을 확정하는 절차가 얼마나 합리적이고 공정하게 제도화되어 운용되는가에 따라, 이 절차를 통해 확정되는 사실의 진실성도 그만큼 높아질 것이기 때문이다.

3. 사실확정의 방법

법적 삼단논법의 첫 번째 단계에 해당하는 사실확정 과정은 크게 "사실확정의 절차," "사실확정의 정보," "사실확정의 기준"으로 나누어 살펴볼 수 있다.

(1) 사실확정의 절차

이미 언급한 것처럼, 사실확정은 대개의 경우 법원이 주도하는 소송절차

---

15 이러한 이유에서 "소송상 진실"이란 과연 무엇인지, 이를 어떤 기준으로 판단할 수 있는지에 관해 논란이 벌어지기도 한다. 이 문제에 관해서는 우선 이상돈, 『형사소송원론』(법문사, 1998), 3면 아래; 변종필, "형사소송에서 진실개념"(고려대 법학박사 학위논문, 1996); 양천수, "형사소송법상 실체진실주의와 적정절차원칙에 대한 비판적 고찰 — 법철학의 관점에서 —," 『경남법학』 제23집(2008), 125-146면 등 참조.

를 통해 이루어진다. 바로 이러한 이유에서 소송절차를 합리적이고 공정하게 제도화하고 운용해야 할 필요가 있다. 그런데 사실관계를 확정하는 과정은, 이 것을 담당하는 소송절차가 어떤 소송구조를 갖추고 있는가에 따라 달라진다. 이는 무엇보다도 가장 대표적인 소송절차라 할 수 있는 민사소송과 형사소송 에서 극명하게 차별화되어 나타난다. 왜냐하면 민사소송과 형사소송은 각기 "당사자주의"와 "직권주의"라는 서로 대립하는 원리에 기반을 두어 운용되기 때문이다.[16]

　　여기서 당사자주의란 소송에 대한 주도권을 법관이 아닌 원고, 피고와 같 은 관련 당사자들에게 부여하는 원칙을 말한다. 이러한 당사자주의는 민법의 기본원리인 "사적 자치"를 민사소송에서 구체화한 것이라고 말할 수 있다. 이 는 민사분쟁 역시 원칙적으로 각 당사자가 자율적으로 해결하는 것이 바람직 하다는 점을 보여준다. 즉, 각 당사자들이 소송수행능력의 측면에서 평등하다 는 것을 전제로 하여, 사실관계를 확정하는 데 필요한 정보수집 활동을 철저하 게 각 당사자들에게 일임함으로써 소송절차에서 무기평등武器平等을 실현하고자 하는 것이다. 이 경우 법원은 기본적으로 일종의 "관찰자"가 되어야 한다. 여 기에는 사실관계 확정에 대한 책임을 각 당사자에게 부여하는 것이 사실관계 를 정확하게 재구성하는 데 더 바람직하다는 이념도 깔려 있다.[17]

---

16 당사자주의와 직권주의에 대한 법철학적 개관으로는 이상돈, 『로스쿨을 위한 법학입문』(법문사, 2009), 113면 아 래 참조. 물론 형사소송의 소송구조를 직권주의로 파악해야 하는지에 관해서는 견해가 대립한다. 가령 주로 영미의 형사소송법학을 수용한 진영에서는 우리의 형사소송구조도 영미의 형사소송구조처럼 당사자주의로 이해해야 한다고 주장한다. 그 이유는 무엇보다도 이렇게 형사소송구조를 당사자주의로 파악해야만 피고인의 인권을 더욱 잘 보장할 수 있기 때문이라고 한다. 이를 본격적으로 다루는 것은 이 책에서는 가능하지 않으므로, 여기에서는 이에 대한 필 자의 견해만을 간략하게 피력하는 것으로 그치고자 한다. 이에 따르면 현행 형사소송구조를 당사자주의로 파악하는 것은 일종의 입법론으로는 가능할 수 있지만, 현행 형사소송제도에 대한 해석론으로는 타당하지 않다. 그 이유는 영 미의 형사소송구조와는 달리 우리의 형사소송구조가 제도적으로는 분명 직권주의적인 요소를 많이 지니고 있기 때문 이다. 또한 형사소송구조를 당사자주의로 파악해야만 피고인의 인권을 더욱 잘 보장할 수 있다는 주장도 설득력이 떨어진다. 소송구조와 피고인의 인권보장 사이에는 어떤 필연적인 상관관계가 있는 것은 아니기 때문이다. 독일의 형사소송제도가 보여주는 것처럼, 직권주의 아래에서도 피고인의 인권이 적절하게 보장될 수 있다.

17 그러나 당사자주의에 대해서는 다음과 같은 문제를 지적할 수 있다. 당사자주의는 각 당사자들이 소송수행능력의 측면에서 평등하다는 것을 전제로 해야 한다. 만약 이 요건이 충족되지 않으면, 당사자주의는 제대로 작동할 수 없 다. 그렇지만 마치 자유주의가 실패하여 이를 보완하기 위해 사회국가원리가 등장한 것처럼, 현실에서 각 당사자들 은 실질적으로 평등하지 않은 경우가 대부분이다. 이 때문에 현실적으로 당사자주의는 본래 의도했던 것과는 달리, 사실확정에 대한 책임을 각 당사자에게 부여하는 것이 역사적 진실을 지금 여기서 재현하는 데 더 바람직할 수 있다 는 이념을 제대로 실현하기 어렵다. 이러한 이유에서 민사소송에서는, 형사소송과는 달리, 현실적으로 사실관계 확정 에 관해 이른바 "형식적" 진실 개념에 만족해야 하는 수밖에 없다. 왜냐하면 사실관계 확정에 대한 주도권을 각 당

민사소송과는 달리, 형사소송에서는 직권주의에 따라 사실관계를 확정한다. 여기서 직권주의란 소송에 대한 주도권을 검사나 피고인과 같은 당사자에게 부여하는 것이 아니라, 법관 혹은 법원이 쥐는 것을 말한다. 이러한 직권주의의 배후에는, "형벌"이라는 가장 강력한 제재수단을 부과하기 위해 진행되는 형사소송에서는 아무래도 국가가 개입하여 사실관계를 확정해야 한다는 이념이 깔려 있다. 이러한 맥락에서 형사소송에서는 현실적으로 "형식적" 진실에 만족하는 민사소송과는 달리 "실체적" 진실발견을 전면에 내세울 수밖에 없다. 이 점에서 직권주의는 "실체적 진실발견"이라는 요청을 충족하기 위해 제도화된 소송구조라고 말할 수 있다.[18]

(2) 사실확정의 정보

나아가 사실을 확정하기 위해서는 이 분쟁사실과 관련을 맺는 정보가 필요하다. 신빙성과 설득력을 갖춘 정보가 존재하지 않으면, 사실은 확정할 수 없다. 바로 이 때문에 사실확정 과정을 합리적으로 제도화하고 운영하기 위해서, 사실과 관련된 정보를 최대한 수집하고, 이렇게 수집한 정보를 공정하게 이용해야 한다는 점이 강조될 수밖에 없다.[19] 그러면 사실과 관련을 맺는 정보란 무엇인가? 사실확정에 필요한 정보로는 크게 사건 관련자들의 "주장"과 이를 뒷받침하는 "증거"를 거론할 수 있다. 그런데 여기서 사실을 확정하는 데더 큰 비중을 차지하는 것은 "증거"이다. 왜냐하면 "증거재판주의"라는 소송원

사자에게 부여하고 법원은 단지 관찰자의 지위에만 만족해야 한다면, 아무래도 법원이 사실관계 확정에 적극적으로 관여하는 형사소송의 경우보다 사실관계를 실제로 발생하였던 역사적 사실에 최대한 가깝게 확정하는 데 한계를 지닐 수밖에 없기 때문이다. 바로 이러한 이유에서 민사소송법학에서는 "사회적 민사소송"이라는 이름 아래 당사자주의를 보완할 수 있는 새로운 소송원리로 "협동주의"를 제시하기도 한다. 이에 관해서는 이상돈, 『로스쿨을 위한 법학입문』, 118면 아래; 양천수 · 우세나, "민사소송에서 바라본 진실 개념: 법철학의 관점을 겸하여", 『민사소송』 제 14권 제 2 호(2010), 33~65면 등 참조.

18 그러나 직권주의는 소송에 대한 주도권을 국가에 부여함으로써 현실적으로 국가에 의해 왜곡되어 운영될 가능성도 없지 않다. "고문"마저 합법적인 수사절차로 인정했던 서구 중세시대의 "규문주의"(Inquisitionsprinzip)가 역사적으로 이를 예증한다. 더군다나 직권주의가 목표로 하는 "실체적 진실발견"이라는 요청도 인식론적 측면에서 볼 때 문제가 없지 않다. 따라서 직권주의가 "실체적 진실발견"이라는 이름 아래 자의적으로 왜곡되는 것을 막기 위해서는, 절차적 합리성의 관점에서 직권주의를 보완해야 할 필요가 있다. 이에 대한 한 방안으로 형사소송에서 "공판중심주의"를 강화하는 것을 생각할 수 있다. 재판에 대한 참여자의 범위를 확장한다는 의도에서 도입된 "국민참여재판"도 직권주의의 왜곡가능성을 교정하는 데 도움이 된다.

19 이에 관해서는 위의 III. 3. 참조.

칙이 시사하는 것처럼, 사건 관련자들의 주장은 증거를 통해 비로소 사건을 구성하는 객관적인 사실로 승인될 수 있기 때문이다. 바로 이러한 근거에서 현행 소송제도는 증거의 객관성과 공정성을 확보하기 위한 각종 제도적 장치를 마련하고 있다.[20] 다른 한편 사건 관련자들의 주장을 뒷받침할 만한 증거가 없는 경우도 있는데, 이에 대비하기 위해 현행 소송제도는 "증명책임"이라는 제도 역시 마련하고 있다.[21]

(3) 사실확정의 기준

사실확정에 대한 기준으로서 우리 대법원은 "경험칙"과 "논리칙"이라는 말을 많이 사용하는데, 이는 사실확정의 기준을 해명하는 데 도움을 준다. 즉, 우선적으로 "경험법칙"과 "논리법칙"을 사실확정의 기준으로 제시할 수 있다. 이 외에 "체험" 및 "직관"을 사실확정의 기준으로 원용할 수 있다. 앞의 두 기준이 객관적인 기준이라면, 뒤의 두 기준은 주관적인 기준에 해당한다.

① 경험법칙

법적 분쟁의 전제가 되는 사실관계는 인간의 행위 및 각종 소통으로 구성된다. 이러한 인간의 행위와 소통을 연구대상으로 삼는 사회과학의 성과가 보여주는 것처럼, 사실관계는 독일의 철학자 딜타이W. Dilthey의 용어로 말하면 자연과학이 대상으로 삼는 속성과 정신과학이 대상으로 삼는 속성을 모두 갖추고 있다. 다시 말해 사실관계는 자연과학적 법칙이 적용되는 부분과 정신과학적 이해가 필요한 부분을 모두 포함한다. 바로 이러한 근거에서 자연과학에서 관심을 쏟는 경험법칙은 사실관계를 확정하는 기준으로도 사용할 수 있다. 그러므로 가령 법관은 분쟁 관련자들의 주장과 증거의 진위 여부를 판단할 때, 경험법칙을 판단기준으로 원용할 수 있다. 만약 분쟁 관련자들의 주장이나 증거가 경험법칙에 합치하지 않는다면, 이러한 주장이나 증거는 사실을 확정하는 데 사용할 수 없다. 이러한 경험법칙은 크게 "일반상식에 속하는 단순한 경험

---

20 예를 들어, 형사소송법이 수용하고 있는 "자백배제법칙," "위법수집증거 배제법칙," "전문법칙" 등을 거론할 수 있다.

21 증명책임에 대한 분석으로는 양천수·우세나, "민사소송법상 증명책임분배론에 대한 법이론적 고찰 — 레오 로젠베르크의 규범설을 중심으로 하여 —,"『중앙법학』제10집 제3호(2008), 7-36면 참조.

법칙"과 "전문적·학리적 지식에 속하는 경험법칙"으로 구분할 수 있다.[22] 우리 판례는 특별한 사정이 없는 한 족보의 기재내용은 믿을 만하다는 점을 경험법칙으로 인정하였다.[23] 이는 전자에 속하는 경험법칙이라고 말할 수 있다. 후자에 속하는 경험법칙으로는 연령별 평균수명에 관한 인간생명표나 빅데이터 분석으로 밝혀낸 인간행위의 패턴 등을 들 수 있다.[24]

② 논리법칙

그러나 경험법칙만으로 사실관계 전체를 확정할 수는 없다. 경험법칙을 적용하기 위해서는 사실관계를 경험적으로 검증할 수 있는 정보가 있어야 하는데, 만약 이러한 정보가 존재하지 않는다면 경험법칙을 적용하기는 어려울 것이다. 뿐만 아니라, 사실관계를 구성하는 인간의 행위나 소통은 자연과학적인 경험법칙만으로는 파악하기 어려운, 다시 말해 정신과학적 이해를 필요로 하는 부분도 많이 갖고 있다. 예를 들어, 형법에서 말하는 "고의"나 "과실," 민법에서 말하는 "선의"나 "악의" 등은 인간의 내면과 관련을 맺는 일종의 "성향개념"으로서, 경험법칙만으로 판단하는 데는 한계가 있을 수밖에 없다. 바로 이러한 경우에 적용할 수 있는 기준이 논리법칙이다. 예를 들어, 분쟁 관련자들의 주장이나 증거가 논리적 기준에서 보았을 때 일관성이 없어 설득력을 갖지 못한다면, 이러한 주장이나 증거는 사실을 확정하는 데 사용할 수 없다. 이를테면 분쟁 관련자들이 진술을 여러 번 번복하거나 앞에서 한 진술과 뒤에서 한 진술 사이에 모순되는 점이 있는 경우에는 논리적 일관성이 없다는 이유로 이러한 진술의 신빙성을 배척할 수 있다.

③ 체 험

경험법칙이나 논리법칙이 객관적인 기준이라면, 체험은 주관적인 기준이다. 체험은 사실관계를 확정하는 주체가 주관적·역사적으로 경험한 것의 총체라고 말할 수 있다. 이러한 체험 역시 사실관계를 확정하는 기준으로 사용할

22 이시윤, 『신민사소송법』 제8판(박영사, 2014), 447-448면.
23 대법원 1997. 3. 3. 96스67 심결.
24 이시윤, 『신민사소송법』, 448면; 빅데이터 분석에 관해서는 양천수, 『빅데이터와 인권』(영남대학교출판부, 2016) 참조.

수 있다. 특히 사실관계를 구성하는 인간 행위의 내면적 측면을 "이해"하는 데 체험이 중요한 기준으로 사용될 수 있다. 물론 여기서 중요한 점은, 체험은 분쟁 관련자들의 주장, 특히 증거를 판단하는 기준으로 원용해야 한다는 것이다. 만약 분쟁 관련자들의 주장을 뒷받침할 만한 증거가 없는데도, 판단주체가 자신의 체험에 입각하여 주장의 진위 여부를 판단한다면, 이는 자칫 오판에 이를 염려가 있다. 더군다나 체험 자체는 주관적인 것이므로, 체험만으로 사실관계를 판단하려 하는 것은 위험하다.

④ 직 관

이러한 체험과 유사하면서도 이와 구별되는 주관적 기준으로서 직관을 거론할 수 있다. 여기서 직관이란 철학적 해석학에서 강조하는 "선이해"Vorverständnis의 일종으로서, 사실관계를 확정하는 판단주체의 체험에 기반을 두면서도 이 체험과는 구별되는 독립된 판단기준을 말한다. 쉽게 말해 인간행동이나 사물현상을 전체적으로 통찰하는 힘으로서 판단주체에게 미리 부여되어 있는 능력을 직관이라고 정의할 수 있다.[25] 체험이 판단주체의 개인적 경험에 의존하는 것이라면 직관은 인간행동이나 사물현상을 전체적으로 통찰하는 것을 목표로 한다. 이 점에서 직관은 체험과 마찬가지로 주관적인 것이면서도 체험보다 좀 더 객관적인 성격을 띤다. 인간의 인식 또는 생각에 관한 다수의 연구가 주장하는 것처럼,[26] 이러한 직관은 우리 인간이 생각하고 판단하는 데 결정적인 기여를 한다. 이는 법원이 행하는 재판작용에서도 마찬가지이다.

그러나 직관이 실제 재판과정에서 일정한 역할을 수행하는지, 수행한다면 그 메커니즘은 무엇인지, 여기서 말하는 직관이란 무엇인지, 이렇게 직관이 재판과정에 개입하는 것을 어떻게 평가할 것인지에 관해서는 아직 본격적인 연구가 미진한 편이다. 다만, 그동안 간헐적으로 이루어진 연구를 참고하면,[27] 법

---

25 민법학자인 권영준 교수는 직관을 다음과 같이 이해한다. "이 글에서 염두에 둔 직관은, 단지 일상적인 육감, 느낌, 감정과 같은 차원이라기보다는 법관의 가치관, 사회현실에 대한 이해 및 숱하게 많은 사건에 직면하면서 형성된 직업적 차원의 법감각 또는 형평감각에 더 가깝다는 점을 먼저 밝혀둔다." 권영준, "민사재판에 있어서 이론, 법리, 실무," 『서울대학교 법학』 제49권 제3호(2008), 339면.

26 예를 들어, R. Root-Bernstein·M. Root-Bernstein(박종성 역), 『생각의 탄생』(에코의서재, 2010), 20면 아래; W. Duggan(윤미나 역), 『제7의 감각 : 전략적 직관』(비즈니스맵, 2009) 등 참조.

27 예를 들어, 직관에 대한 선구적 연구로서 조규창, "논리와 직관 ― 대법원민사판례를 중심으로 ―," 『대한변호사협

원이 재판을 하는 데 직관이 일정한 역할을 수행하는 것은 분명해 보인다. 그렇다면 이러한 직관이 사실관계를 확정하는 기준으로 작용할 가능성 역시 부정할 수는 없을 것이다. 가령 경험 많고 숙련된 법관은 분쟁 관련자들의 주장만 듣고도, 자신이 갖고 있는 "생생한 직관"을 통해 누구의 주장이 진실인지 판단할 수 있을지도 모른다. 다만, 이 경우에도 직관만으로 사실관계를 확정하는 것은 위험하다. 여기서 법관은 자신의 직관이 객관적인 것이라는 점을 논리적인 언어로 드러낼 수 있어야 한다.[28]

4. [예시사례]의 경우

[예시사례]에서 문제되는 사실관계는 다음과 같이 확정할 수 있다.

(1) 소송절차의 측면

[예시사례]에서는 "A는 평소 개인적으로 알고 있던 해커 B에게 C은행이 보유하고 있는 고객의 개인정보를 해킹할 것을 부탁하였다. 이에 평소 C은행에 좋지 않은 감정을 갖고 있던 B는 C은행이 관리하는 서버를 해킹하여 고객의 개인정보를 입수하였다. 그 후 이렇게 해킹하여 획득한 고객정보를 A에게 돈을 받고 넘겨주었다."는 사실관계를 확정해야 한다. 그런데 [예시사례]에서는 "형법상 죄책"을 문제 삼고 있으므로, 여기에는 형사소송절차가 적용되어야 한다. 그러므로 [예시사례]에서 문제가 되는 사실관계는 형사소송절차의 소송 구조인 직권주의에 따라 확정해야 한다.

(2) 사실확정의 정보

[예시사례]에서 문제되는 사실관계를 확정하기 위해서는, A와 B 그리고 C은행의 주장 및 이를 뒷받침할 수 있는 각각의 증거를 수집하고 이를 평가해

회지』 제101호(1984), 35-40면 참조; 다만, 여기서 조규창 교수는 우리 대법원이 논리보다는 직관에 의존하여 판결을 내리는 방식을 비판적으로 파악한다. 이와 달리 권영준 교수는 직관이 수행하는 역할을 긍정적으로 이해한다. 권영준, "민사재판에 있어서 이론, 법리, 실무," 313-354면(특히 339면 아래).

28 이와 비슷한 취지의 지적으로는 권영준, 위의 글, 346-347면.

야 한다. 이러한 정보수집 및 평가는 형사소송법이 정한 절차 및 방법에 따라 적법하게 이루어져야 한다.

(3) 사실확정의 기준

마지막으로 [예시사례]에서 문제되는 사실관계를 확정하기 위해서는, 이에 필요한 사실확정기준이 무엇인지 살펴보아야 한다. 우선 이러한 사실관계는 대부분 경험법칙에 따라 충분히 판단할 수 있다. 문제는 "평소 C은행에 좋지 않은 감정을 갖고 있던 B"라는 부분을 판단하는 작업이다. 이러한 부분은 B의 내면에 관한 것이다. 그러므로 이를 경험법칙에 따라 판단하는 것은 생각보다 쉽지 않을 수 있다. 물론 경험과 실험을 중시하는 심리학의 성과를 동원하면, 이 경우에도 심리학이 축적한 경험법칙을 적용할 수 있을 것이다. 그렇지만 "평소 C은행에 좋지 않은 감정을 갖고 있던 B"라는 부분을 판단하려면, 아무래도 경험법칙이 아닌 다른 기준, 가령 논리법칙이나 체험 또는 직관을 동원해야 할 필요가 있을 것이다.

Ⅳ. 제 2 단계 : 법규범 구체화

구체적인 소송절차를 통해 문제되는 법적 분쟁의 사실관계가 확정되면, 법적 삼단논법의 제 1 단계는 완료된다. 이어서 제 2 단계로서 이렇게 확정된 사실관계에 적용할 수 있는 법규범을 찾아 이를 구체화하는 작업을 해야 한다. 여기서 시사하는 것처럼, 두 번째 단계에 해당하는 법규범 구체화 단계는 다시 두 단계로 나눌 수 있다. 첫째는 관련 법규범을 탐색하는 단계이고, 둘째는 이렇게 탐색하여 찾은 법규범을 해석하는 단계이다.

1. 관련 법규범 탐색

(1) 선이해에 기반을 둔 법규범 탐색

먼저 소송절차를 통해 확정한 사실관계에 적용할 수 있는 법규범을 탐색해야 한다. [예시사례]의 경우를 보면, "A는 평소 개인적으로 알고 있던 해커 B에게 C은행이 보유하고 있는 고객의 개인정보를 해킹할 것을 부탁하였다. 이에 평소 C은행에 좋지 않은 감정을 갖고 있던 B는 C은행이 관리하는 서버를 해킹하여 고객의 개인정보를 입수하였다. 그 후 이렇게 해킹하여 획득한 고객 정보를 A에게 돈을 받고 넘겨주었다."는 사실관계에 적용할 수 있는 법규범을 탐색해야 한다. 그런데 이렇게 관련 법규범을 탐색하는 작업은 법적 삼단논법이 본래 의도했던 것처럼 순수하게 논리적·기계적으로 진행되는 과정은 아니다. "철학적 해석학"의 성과를 수용한 "법해석학"이 주장하는 것처럼,[29] 법규범을 해석하는 과정은 해석자가 해석 이전에 지니고 있는 "선이해" 또는 "인식관심"Erkenntnisinteresse에 의해 영향을 받는다.[30] 다시 말해 해석자가 당해 사실관계에 대해 어떤 선이해 또는 인식관심을 갖고 있는가에 따라 관련 법규범을 탐색하는 작업도 그 결과가 달라질 수 있다는 것이다. 이러한 선이해나 인식관심으로부터 자유로운 법규범 탐색과정을 모색하는 것은 생각하기 어렵다. 이러한 주장을 법적 추론과정에 적용하면, 법규범을 탐색하는 작업은 순수한 "백지상태"에서 진행되는 것이 아니라, 법관이 지닌 "선이해"나 "인식관심"에 의존하는 과정이라고 말할 수 있다.[31] 이러한 인식관심은 크게 "분과별 인식관심," "체계적 인식관심," "이론적 인식관심"으로 유형화할 수 있다.[32] 여기서 분과별 인식관심은 해당 사실관계가 "어떤 법분과의 영역에 관한 것"인지에 대한 인식관심을 말하고, 체계적 인식관심은 해당 사실관계에 적용될 법규범이 어떤 체계와 관련을 맺는지에 대한 인식관심을 말한다. 마지막으로 이론적 인식관심은 해당 사실관계에 적용될 법규범이 어떤 해석이론들과 연결되는지에 대한 인식관심을 말한다.

29 이에 관해서는 이상돈, 『새로 쓴 법이론』, 201면 아래; 양천수, "철학적 해석학과 법해석학 ─ 해석학의 법철학적 수용과 관련한 시론 ─," 『동아법학』 제44호(2009), 1-35면; 양천수, 『법해석학』(한국문화사, 2017) 등 참조.
30 이는 달리 "직관"이라고 말할 수도 있을 것이다.
31 아래에서는 "인식관심"으로 통일해서 사용하기로 한다.
32 이상돈, 『로스쿨을 위한 법학입문』, 151-154면.

(2) [예시사례]의 경우

우선 "분과별 인식관심"에서 [예시사례]를 보면, 이 문제에서 이미 "형법상 죄책"을 묻고 있으므로 여기서는 형법이 문제된다는 것을 알 수 있다. 나아가 "체계적 인식관심"에서 보면, [예시사례]에서 문제되는 사실관계는 형법상 "개인적 법익에 관한 범죄체계"에 속하면서 동시에 "재산범죄체계"에 해당하는 장물죄^{형법 제362조}와 관련된다는 점을 알 수 있다. 마지막으로 "이론적 인식관심"에서 [예시사례]를 보면, A가 해커 B로부터 넘겨받은 개인정보가 형법 제362조가 규정하는 "장물"에 해당하는지가 문제된다. 여기서는 "장물"의 개념에 "개인정보"가 포함된다고 볼 수 있는지가 문제되는데, 해석자가 어떤 이론적 인식관심에 의해 해석이론을 선택하는가에 따라 그 결론이 달라진다. 그런데 여기서 추측할 수 있는 것처럼, 이론적 인식관심은 관련 법규범을 해석하는 과정과도 밀접하게 연결된다. 왜냐하면 해석자가 어떤 이론적 인식관심을 갖는가에 따라 관련 법규범을 해석하는 "방법"도 달라질 수 있기 때문이다.

2. 관련 법규범 해석

(1) 해석의 필요성

법규범 탐색이 완료되면, 다음으로 해당 법규범의 의미내용을 구체화하는 작업, 즉 법규범을 해석하는 작업을 수행해야 한다. 위에서 언급한 것처럼, [예시사례]에서는 형법 제362조가 규정한 장물죄 구성요건이 문제가 된다. 따라서 [예시사례]의 사실관계에서 A가 해커 B에게 부탁하여 C은행이 보유하고 있던 고객의 개인정보를 넘겨받은 행위가 장물죄에 해당하는지를 판단하려면, 제362조가 정한 구성요건을 명확하게 해석할 필요가 있다. 형법 제362조는 "장물의 취득, 알선 등"이라는 표제 아래 제1항에서 "장물을 취득, 양도, 운반 또는 보관한 자는 7년 이하의 징역 또는 1천500만원 이하의 벌금에 처한다."고 규정한다. 그런데 [예시사례]와 관련해서는 형법 제362조가 정한 구성요건표지 중에서 "장물" 개념을 어떻게 해석해야 하는지가 특히 문제가 된다.

(2) 해석방법

그렇다면 "장물" 개념은 어떻게 해석해야 하는가? 전통적인 법학방법론에서는 이에 관해 크게 다음과 같은 해석방법을 제시한다.[33] 문리해석, 체계적 해석, 역사적 해석, 목적론적 해석이 바로 그것이다. 여기서 문리해석은 법규정을 구성하는 법문언의 일상적 의미나 구문구조에 따라 법규정을 해석하는 방법을 말하고, 체계적 해석은 해당 법규정을 체계적 연관관계 속에서 해석하는 방법을 말한다. 나아가 역사적 해석이란 해당 법규정을 제정한 입법자의 의사에 따라 법규정을 해석하는 것을 말하며, 목적론적 해석이란 해당 법규정이 추구하는 규범목적에 따라 법규정을 해석하는 것을 말한다.

(3) [예시사례]의 경우

위에서 언급한 것처럼, [예시사례]에서는 A가 해커 B로부터 넘겨받은 개인정보가 형법 제362조가 규정하는 "장물"에 해당하는지가 문제된다. 이는 "장물" 개념이 무엇인지를 확정함으로써 해결할 수 있다. 그런데 형법은 "장물"이 무엇인지 정의하고 있지 않다. 그러므로 "장물" 개념은 해석을 통해 확정할 수밖에 없다. 이에 관해 형법해석론은 "장물"이란 "재산범죄에 의하여 영득한 재물"을 뜻한다고 말한다.[34] 문리해석으로써 "장물" 개념을 해석한 것이다. 그런데 여기서 다시 "재물"이란 무엇인지 문제된다. 지배적인 형법해석론은 형법 제346조 및 민법 제98조를 근거로 하여 "유체물" 및 "관리할 수 있는 동력"을 "재물"로 인정한다.[35] 문리해석과 체계적 해석을 사용하여 "재물" 개념을 해석하고 있는 것이다. 이렇게 "재물" 개념을 파악하면, A가 해커 B로부터 넘겨받은 개인정보는 "재물"에 해당하지 않고, 따라서 "장물"에도 속하지 않으므로, A에 대해서는 장물죄를 인정할 수 없다.

물론 이러한 주장에는 반론을 제기할 수 있다. "재물"의 개념적 외연을 확장함으로써 개인정보 역시 "장물"에 속한다는 반론이 그것이다. 목적론적 해석

---

33 이에 관해서는 이상돈, 『로스쿨을 위한 법학입문』, 140-145면 참조.

34 배종대, 『형법각론』 제6전정판(홍문사, 2006), 568면.

35 배종대, 위의 책, 344-347면.

을 사용하여 형법상 "재물"이 "유체물"과 "관리할 수 있는 동력"뿐만 아니라 "개인정보"까지 포함하는 개념이라고 보는 것이다.[36] 이렇게 "재물"을 "개인정보"까지 포함하는 개념으로 확장하면, 자연스럽게 "장물" 역시 "개인정보"를 포함하는 개념으로 확장된다. 그렇게 되면 해커 B로부터 C은행이 보유하는 고객의 개인정보를 넘겨받은 A에 대해서도 장물죄를 인정할 수 있다.

이처럼 A에 대해 장물죄를 인정할 수 있는가에 관해서는 두 가지 상반된 주장이 가능하다. 장물죄를 부정하는 견해가 문리해석 및 체계적 해석을 원용하고 있다면, 장물죄를 긍정하는 견해는 목적론적 확장해석을 사용한다. 이렇게 상반되는 두 견해 중에서 어느 쪽이 타당한지 판단하는 것은 생각만큼 쉽지 않다. 결국 이 문제는 형법 제362조를 해석하는 해석주체가 어떤 선이해 또는 인식관심을 갖느냐에 따라 그 결론이 달라진다. 해석주체가 장물죄를 넓게 인정하는 인식관심을 갖고 있는 경우에는 목적론적 확장해석을 선택해 A에 대한 장물죄를 긍정할 것이다. 이와 달리 장물죄를 엄격하게 인정하는 인식관심을 갖고 있는 경우에는 문리해석 및 체계적 해석을 선택해 A에 대한 장물죄를 부정할 것이다.[37]

(4) 기타 문제

이 외에 해석에 관해서는 "해석의 목표," "해석방법 사이의 우선순위," "해석의 한계" 등 다양한 문제를 제기할 수 있는데, 여기서는 생략하기로 한다.[38]

V. 제 3 단계 : 사안적용

법적 삼단논법의 마지막 단계는 해석을 통해 구체화된 법규범의 의미내용을 소송절차를 통해 확정된 사실관계에 "적용"하는 것이다. 이를 "사안적용"

---

36 이에 관한 상세한 분석은 박준석, "법과 언어: 형태소 '-물'의 사용에 대한 약간의 고찰", 『홍익법학』 제17권 제4호(2016), 202-205면 참조.
37 이러한 상반된 견해 중에서 어느 쪽이 타당한지를 밝히는 것은 여기에서는 유보하도록 한다.
38 이에 관한 상세한 내용은 본서 제10장 "법의 해석" 참조.

또는 "포섭"Subsumtion이라고 말한다. 사안적용은 사실관계와 법규범의 의미내용을 논리적으로 일치시키는 과정이라고 할 수 있다. 이를 독일의 법철학자 카우프만Arth. Kaufmann은 "존재와 당위의 상응"이라고 말하기도 한다.[39] [예시사례]의 경우를 보면, 형법 제362조가 정한 장물죄의 구성요건에 대한 해석결과와 형사소송절차를 통해 확정된 사실관계, 즉 A가 해커 B에게 부탁하여 C은행이 보유하고 있던 고객의 개인정보를 넘겨받았다는 사실을 논리적으로 일치시키는 작업이 사안적용 혹은 포섭에 해당한다. 앞에서 언급한 것처럼, [예시사례]에서는 개인정보가 "장물" 개념에 속하는지가 핵심적인 문제가 되므로, 이를 어떻게 판단하는가에 따라 사안적용의 결론도 달라진다. 이를테면 "장물"이 개인정보를 포함하는 개념이라고 판단하는 경우에는 A에 대해 장물죄의 죄책을 인정할 수 있다. 이와 달리 개인정보는 "장물"이 될 수 없다고 판단하는 경우에는 A에 대한 장물죄의 죄책을 인정할 수 없다.

Ⅵ. 전통적인 포섭이론의 한계와 법해석학에 의한 재구성

1. 전통적인 포섭이론의 한계

전통적인 법적 삼단논법에 따르면, 법적 추론과정은 제3단계인 사안적용단계를 통해 마무리된다. 사안적용은 달리 "포섭"이라고 말한다. 따라서 포섭은 전통적인 법적 삼단논법에 따라 이루어지는 법적 추론과정의 마지막 과정이 된다.

그런데 전통적인 법적 삼단논법의 포섭이론에 따르면, 다음과 같은 관념이 지배하고 있었다. 법관은 소송절차를 통해 확정된 사실관계를 해석으로 구체화된 규범의 의미내용에 기계적·논리적으로 포섭시키기만 하면 될 뿐이라는 것이다. 이 과정에서 법관은 마치 "자동포섭장치"Subsumtionsautomat가 된 것처럼 철저하게 중립적인 태도를 고수해야 한다. "자유법 운동"을 주도한 독일의 법

---

39 Arth. Kaufmann, *Analogie und "Natur der Sache": zugleich ein Beitrag zur Lehre vom Typus*, 2. Aufl. (Heidelberg, 1982), 38면.

학자 칸토로비츠H. Kantorowicz는 그 유명한 저서 『법학을 위한 투쟁』 서두에서 그 당시를 지배하던 "법률가상"을 다음과 같이 묘사한다.[40]

> "지배적이고 전형적인 법률가상이 여기 있다. 대학 교육을 받은 국가기관의 한 고위관료는, 단지 사고하는 기계(Denkmaschine)로, 그러나 가장 완벽한 형식의 사고하는 기계로 무장한 채 직무실에 앉아 있다. 그의 유일한 가구는 그의 앞에 국가법전이 놓여 있는 녹색 책상이다. 사람들이 그에게 어떤 한 사건을 의뢰하는데 그것은 실제로 일어난 사건이거나 혹은 가상의 사건일 수도 있다. 하지만 그는 자신의 의무에 합당하게 순수한 논리적 작업과 오직 자신만이 가지고 있는 비법을 가지고서 입법가가 법전 속에 미리 정해놓은 결정을 고도로 정확하게 증명해낼 수 있는 능력을 지니고 있다."

위 인용문이 보여주듯이, 전통적인 포섭이론과 법률가상에 따르면 법관은 해석을 통해 구체화된 법규범의 의미내용을 사실관계에 적용할 때 "논리적·기계적인 추론과정"만 거치는 것으로 충분할 뿐이다. 여기에 법관의 재량이 개입할 여지는 없고, 또 그래서는 안 된다. 프랑스의 계몽주의 법학자 몽테스키외가 말한 것처럼, 법관은 "법률을 말하는 입"이 되어야 한다.

> "명확하면서 동시에 맹목적인 법률은 어떤 사례에서는 지나치게 가혹할 수 있다. 그러나 법관은 앞에서 밝힌 대로 법률의 단어를 말하는 입이고, 법률의 냉철함과 엄격함을 완화시킬 수 없는, 의지 없는 존재이다."[41]

이처럼 전통적인 포섭이론에 따르면, 법관은 "법률을 말하는 입"으로서 자신의 역할을 수행해야 한다.[42] 이를 통해 "법률에 대한 법관의 구속이념"은 완전하게 실현된다. 그렇지만 다수의 법이론가들은 전통적인 포섭이론은 실제로 진행되는 포섭과정을 제대로 보여주지 못한다고 비판한다.[43] 실제로 이루어지

---

40 Kantorowicz, 『법학을 위한 투쟁』, 21면.

41 윤재왕, "'법관은 법률의 입'? ― 몽테스키외에 관한 이해와 오해 ―," 『안암법학』 제30호(2009), 130면에서 인용하였다.

42 그러나 "법관은 법률의 입"이라고 한 몽테스키외의 주장을 전통적인 포섭이론과 연계하여 확대해석하는 것은, 몽테스키외의 원래 의도를 오독하는 것이라고 비판하는 분석으로는 위의 글, 147면 아래 참조.

43 많은 문헌을 대신하여 양천수, "철학적 해석학과 법해석학," 1-27면 참조; "전통적인 포섭이론", 즉 "포섭이데올로

는 법적 추론과정을 관찰하면, 법관이 소송절차를 통해 확정된 사실관계를 해석으로 구체화된 규범의 의미내용에 기계적·논리적으로 포섭시키는 것은 아니라는 것이다. 또한 법관은 단순한 자동포섭장치로 작동하는 것도 아니라고 한다. 오히려 포섭과정은 사실관계를 확정하는 과정과 법규범을 해석하는 과정이 서로 순환적으로 연결되면서 이루어지는 과정이며, 법관은 이 과정에 능동적·적극적으로 개입한다는 것이다.

2. 법해석학을 통해 재구성한 포섭과정

(1) 포섭과정의 법해석학적 재구성

이렇게 전통적인 법적 삼단논법이 예정하는 포섭과정이 구체적인 법적 추론과정과는 거리가 있는 것이라면, 법적 추론과정, 그중에서도 사안적용 과정은 어떻게 파악해야 하는가? 이에 대해서는 법해석학이 한 대답이 될 수 있다. "법해석학"juristische Hermeneutik은 "철학적 해석학"philosophische Hermeneutik을 법학에 수용해 정립된 학문을 말한다.[44] 해석학은 보통 "이해에 관한 학문"으로 정의를 하므로, 법해석학은 "법규범이라는 텍스트에 대한 이해과정을 다루는 학문"이라고 정의내릴 수 있다.[45] 이러한 법해석학은 법규범을 사안에 적용하는 과정은 논리적·기계적으로 이루어지는 포섭과정이 아니라, 법규범에 내재된 규범적 관점과 사실관계에 담겨 있는 사물논리적 관점이 해석자가 지닌 선이해 또는 인식관심을 매개로 하여 서로에 대해 영향을 미치는 "해석학적 순환과정"이라고 파악한다. 독일의 법철학자 엥기쉬K. Engisch는 이를 "규범과 사안 사이에서 시선의 오고감"이라고 비유적으로 표현하기도 하였다.[46] 즉, 법규범을 구체화하여 이를 사실관계에 적용하는 과정은, 법규범에 대한 관점과 사실관계에 대한 관점이 순환적으로 서로 교환되면서 진행되는 과정이라는 것이다. 예를

가는 역사적으로는 존재하지 않았던 허구라는 지적으로는 R. Ogorek, *Richterkönig oder Subsumtionsautomat? Zur Justiztheorie im 19. Jahrhundert*(Frankfurt/M., 1986) 참조.

44 법해석학에 관한 상세한 분석은 양천수, 『법해석학』 제5장 참조.

45 위의 책, 339면.

46 K. Engisch, *Logische Studien zur Gesetzesanwendung*, 3. Aufl. (Heidelberg, 1963), 15면.

01
02
03
04
05
06
07
08
09
10
11
12
13
14
15
16

들어, 형법 제261조가 규정하는 "위험한 물건"이라는 개념은 사실관계와 분리해 그 자체만으로 구체화할 수는 없다. "위험한 물건"이라는 개념이 구체적으로 무엇을 뜻하는지, 무엇이 "위험한 물건"에 속하고 무엇이 그렇지 않은지를 판단하기 위해서는 구체적인 사실관계에서 등장하는 각 물건의 속성을 고려할 수밖에 없다. 이를테면 자동차가 "위험한 물건"에 속하는지를 판단하기 위해서는 자동차가 특정한 사실관계에서 위험한 물건으로서 기능하는지를 고려해야 한다. 이러한 사실적 혹은 사물논리적 관점을 고려해야만 비로소 "위험한 물건"이라는 개념을 성공적으로 구체화할 수 있다. 이렇게 구체화된 "위험한 물건" 개념은 다시 새로운 사실관계에서 문제가 되는 물건이 "위험한 물건"인지를 판단하는 데 기준으로 작용한다.

이는 법해석학의 관점을 적극적으로 수용한 독일의 법철학자 카우프만Arth. Kaufmann에게서도 찾아볼 수 있다. 카우프만은 다음과 같이 말한다.[47]

> "그러므로 법을 발견하는 과정은 생활사안과 규범을 서로 **상응시키는 것, 적응시키는 것, 동화시키는 것**이다."(강조는 원문)

여기에서 알 수 있듯이, 법을 발견하는 과정에서는 규범과 사안 사이에서 진행되는 관점의 상응, 다시 말해 해석학적 순환이 중요한 역할을 수행한다. 그러면서 카우프만은 "상응"의 구체적인 방법으로서 "유사성 판단," 즉 "유추"를 제시한다. 카우프만에 따르면, 법규범을 구체화하고 적용하는 모든 작업은 "유추적"일 수밖에 없다. 예를 들어, 자동차가 "위험한 물건"에 해당하는지를 판단하는 작업은, "위험한 물건"이라는 추상적인 법문언과 자동차라는 구체적인 사실관계의 요소 사이에 "유사성"이 있는지를 찾아가는 과정이라는 것이다.[48]

마찬가지 맥락에서 카우프만의 제자로서 법해석학을 받아들인 독일의 형법학자이자 법이론가인 하쎄머W. Hassemer 역시 법규범을 구체화하는 작업은 바

---

47 이에 관해서는 Arth. Kaufmann, *Analogie und "Natur der Sache": zugleich ein Beitrag zur Lehre vom Typus*, 2. Aufl. (Heidelberg, 1982), 38면.

48 위의 책, 38면 아래.

로 "유형비교"를 통해 이루어진다고 한다.[49] 예를 들어, 자동차가 형법 제261조가 규정하는 "위험한 물건"에 해당하는지를 판단하는 작업은, 우리가 일상적으로 "위험한 물건"인지를 쉽게 판단할 수 있는 총 또는 칼 등과 같은 유형과 자동차 등과 같은 유형을 서로 비교하고, 이를 통해 유사성을 찾는 방식으로 이루어진다는 것이다.[50]

결국 이러한 법해석학자들의 성과를 종합해서 보면, 법적 결론을 도출하는 사안적용 과정은 논리적·기계적인 포섭을 통해 진행되고 이루어지는 과정이 아니라, 해석을 통해 구체화된 법규범의 의미내용과 소송을 통해 확정된 사실관계가 법관의 선이해를 매개로 하여 상호적으로 영향을 미치는 "해석학적 순환과정"이라고 말할 수 있다. 이때 "유사성 판단" 또는 "유형비교"가 핵심적인 역할을 수행한다.

(3) [예시사례]의 경우

이러한 법해석학의 성과를 과연 어디까지 수용할 것인가 하는 점에 관해서는 많은 법철학 이론들이 그런 것처럼 정답이 있을 수 없다. 다만 분명한 것은, 전통적인 법적 삼단논법이 주장하는 것처럼 사안적용 단계를 기계적·논리적으로 진행되는 포섭과정으로 이해하는 것은 더 이상 유지하기 어렵다는 점이다. 이는 [예시사례]를 통해서도 확인할 수 있다. "A는 평소 개인적으로 알고 있던 해커 B에게 C은행이 보유하고 있는 고객의 개인정보를 해킹할 것을 부탁하였다. 이에 평소 C은행에 좋지 않은 감정을 갖고 있던 B는 C은행이 관리하는 서버를 해킹하여 고객의 개인정보를 입수하였다. 그 후 이렇게 해킹하여 획득한 고객정보를 A에게 돈을 받고 넘겨주었다."는 사실관계가 형법 제362조가 규정하는 장물죄에 해당하는가의 문제는 전통적인 논리적·기계적 포섭만으로는 해결할 수 없다. 왜냐하면 이 사실관계에서는 A가 해커 B로부터 넘겨받은 개인정보가 "장물"에 속하는지가 쟁점이 되는데, 이는 "장물"이라는 개념을 위 사실관계와 무관하게 해석한다고 해서 해결될 수 있는 것은 아니기

---

49 이에 관해서는 W. Hassemer, *Tatbestand und Typus : Untersuchungen zur strafrechtlichen Hermeneutik* (Köln u.a., 1968) 참조.

50 이와 같은 유사성 판단을 알기 쉽게 설명하는 경우로는 이상돈, 『로스쿨을 위한 법학입문』, 136-138면 참조.

때문이다. 개인정보가 "장물"인지 여부를 판단하려면, 다시 개인정보가 "재물"인지를 판단해야 한다. 이를 위해서는 다시 어떻게 "재물" 개념을 판단해야 하는지를 결정해야 한다. 이 과정에서는 크게 두 가지 요소가 고려된다. 첫째는 장물죄에 대한 형법정책적 관점이다. 장물죄의 적용범위를 확대할 것인지, 아니면 이를 엄격하게 적용할 것인지 여부가 선이해 또는 인식관심이 되어 재물 개념의 범위를 결정하는 데 영향을 미친다. 둘째는 현금, 지갑, 자동차 등과 같은 전통적인 재물과 개인정보 사이에 유사성이 존재하는지 여부이다. 만약 유사성이 강하다면, 개인정보 역시 전통적인 재물처럼 장물로 인정할 수 있을 것이다. 그러나 유사성이 희박하거나 부정되는 경우에는 개인정보를 장물로 인정할 수 없을 것이다. 이처럼 A가 해커 B로부터 넘겨받은 개인정보가 "장물"인지 여부는 전통적인 논리적 · 기계적 포섭만으로는 판단할 수 없다. 사실이 그렇다면, [예시사례]를 해결하기 위해서는 [예시사례]의 사실관계에 존재하는 사물논리적 관점과 형법 제362조가 규정하는 장물죄에 대한 형법정책적 관점을 동시에 그리고 순환적으로 고려할 수밖에 없을 것이다.

제10장 생각해 볼 문제

:: 다음 사례들을 법적 삼단논법에 따라 풀어보시오.

❶ 갑과 을은 결혼한 지 10년이 넘었지만 아직 아이가 없는 부부이다. 아이를 갖고 싶었지만, 아내 을에게 불임증이 있어 아이를 가질 수가 없었다. 그렇다고 남의 아이를 입양하고 싶지는 않았던 갑과 을은 대리모를 구해 아이를 갖기로 결정하였다. 이에 몰래 수소문하여 자신들의 아이를 대신 낳아 줄 대리모 병을 찾았다. 갑과 을은 병에게 허심탄회하게 자신들의 처지를 설명한 후, 자신들의 아이를 대신 낳아 주면 이에 대해 일정한 대가를 지불하기로 합의하였다. 이 경우 갑과 을이 병과 체결한 이른바 "대리모계약"은 법적으로 유효한 계약이라고 말할 수 있는가? (관련 법규범 — 민법 제103조)

❷ 성공한 변호사인 갑은 어느 날 회식 후 음주한 상태에서 운전을 하다 자신의 과실로 교통사고
를 당하고 말았다. 이 사고로 갑은 몸의 중추신경이 손상되는 큰 상처를 입고 평생 침대생활을
해야 하는 상태에 빠지고 말았다. 몇 년에 걸쳐 치료를 계속했지만 상태는 호전되지 않았다.
성공한 변호사로 화려한 삶을 살아가던 자신의 과거를 되돌아보며 우울한 나날을 보내던 갑은
이렇게 살아가느니 차라리 목숨을 끊는 것이 더 낫다고 판단하고, 평소 친하게 지내던 의사 을
에게 자신을 안락사 시켜달라고 부탁하였다. 처음에는 갑의 부탁을 거절하던 을도 갑의 애절한
부탁에 결국 이를 수락하기로 하였다. 이에 따라 을은 갑이 부탁한 시점에 갑을 찾아가 약물주
사 요법으로 갑이 편안하게 세상을 떠날 수 있도록 도와주었다. 만약 당신이 검사라면, 이 경
우 을의 행위에 대해 어떤 형법적 판단을 내리겠는가? (관련 법규범 — 형법 제250조, 제252조)

❸ 갑은 1947년 을과 혼인하여 원고 등 3남 3녀의 자녀를 두었고, 1961년 이후 을과 떨어져
병과 동거하면서 역시 자녀들을 두었다. 2006년 1월 8일 갑이 사망하자 병의 자녀들은 갑의
유언에 따라 갑의 유체를 양평공원묘원에 있는 분묘에 매장하였다. 갑은 사망 직전 유언으로
자신의 유체와 제사를 병의 자녀들이 관리하도록 하였다. 그러나 을의 장남은 병의 자녀들을
상대로 하여 갑의 유체를 인도하라는 청구를 하였다. 만약 당신이 법관이라면, 당신은 이에 대
해 어떤 판결을 내리겠는가? 그리고 그 근거는 무엇인가? (관련 법규범 — 민법 제1008조의 3, 제
1 조 / 관련 판례 — 대법원 2008. 11. 20. 선고 2007다27670 전원합의체 판결)

제11장
미국의 법해석론

Ⅰ. 서론

이 장은 엄밀히 말해 미국의 법률해석론을 개관하려는 것으로, 미국의 보통법상의 선례 해석이나 행정명령에 대한 해석은 이 장의 범위에 포함되지 않는다. 국내의 저술을 볼 때 미국의 법해석에 관한 저술은 독일의 법해석에 관한 저술에 비해 상대적으로 소수에 불과하다. 그 이유는 미국의 법률가들이 20세기 중·후반까지 법해석의 문제에 큰 관심을 갖지 않았을 뿐만 아니라 국내의 학자들도 미국의 법해석론에 대한 소개를 등한시하였기 때문일 것이다. 그러나 미국에서도 근자에 활발하게 법률해석에 관한 논의가 전개되고 있는 만큼 더욱더 관심을 가져야 할 것이다. 비교법적 연구를 함에 있어서 제도의 내용뿐만 아니라 제도의 저변에 있는 문화적인 특성에 주목하는 것이 중요할 것이다.

아래에서는 다음의 순서로 기술할 것이다. 제 2 절에서는 미국 법률해석론의 지위와 최근의 동향에 대해 논하고, 제 3 절에서는 미국 법률해석론의 전개에 있어 양대 흐름을 보일 것이고, 그 이유에 대해 설명할 것이다. 제 4 절에서는 미국 법률해석론의 역사적 흐름에 대해 기술할 것이고, 제 5 절에서는 의회와의 관계에서 법원이 가지는 법률해석권의 정도에 관한 논쟁을 소개할 것이며, 제 6 절에서는 이 장에서 다룬 내용을 간략하게 요약할 것이다.

Ⅱ. 미국 법률해석론의 중요성

1. 미국에서의 법률해석론의 중요성

캐건 연방대법관은 2015년 하버드 로스쿨 대담에서 자신의 로스쿨 시절을 회상하면서, 자신이 법률해석의 문제에 대해 최초로 생각하게 된 계기는 2학년 조세법 수업이었다고 회고한다.[1] 그는 86년 졸업학번으로 하버드 로스쿨을 80년대에 다녔으니, 미국 로스쿨 교육은 근자에 이르기까지 법해석에 대한 교육을 등한시했다고 평해도 할 말이 없을 것이다.

일반적으로 미국 로스쿨 1학년 때에는 보통법 과목들을 필수로 이수한다. 즉 계약법, 불법행위법, 부동산법, 형법, 민·형사소송법이다. 그러나 근자에 로스쿨 1학년 커리큘럼에 변화가 일어났다. 그 배경은 의회입법legislation이나 행정입법regulation의 비중이 커진 현재, 학생들로 하여금 이를 익히게 하는 것이 중요하다는 생각이 깔려 있다.[2] 행정국가화 경향이 한 몫을 하고, 특히 통신, 유가증권, 은행, 식품, 노무, 조세분야의 법률시장이 커짐에 따라 성문법의 비중도 덩달아 커졌다.[3]

이러한 변화에 따라 90년대 이후로 로스쿨들은 의회입법학Legislation, Leg 또는 의회입법과 행정입법학Legislation and Regulation, Leg-Reg이라는 과목을 1학년 필수과목으로 신설하기 시작하였고,[4] 2015년까지 이러한 과목을 신설한 로스쿨은 40개에 달한다고 한다.[5] 하버드 로스쿨도 Leg-Reg을 신설한 로스쿨 중의

---

1 Elena Kagan, The Scalia Lecture: A Dialogue with Justice Kagan on the Reading of Statutes (2015. 11. 17). 캐건 대법관에 대한 인터뷰는 당시 부학장인 매닝(John Manning)이 맡아 진행하였다. youtube 참조. 참고로 youtube에는 법해석에 관한 자료들이 상당 수 있다. 또한 자막이 있는 경우가 많으며, 자막만을 분리하여 다운받을 수도 있다.

2 legislation과 regulation에 대한 번역어에 대해 고심하였으나, 적절한 번역어를 찾기 어려워 이 과목의 실질을 감안하여 각각 의회입법과 행정입법이라는 번역어를 선택하였다. 이 과목에서는 성안과정을 살필 뿐만 아니라 각각의 입법에 대한 해석에서 고려해야 할 점을 다룬다. 이 과목에 대한 소개로는, John Manning & Matthew Stepheson, "Legislation & Regulation and Reform of the First Year," J. Legal Educ. 65/1 (2015) 참조.

3 James J. Brudney, "Legislation and Regulation in the Core Curriculum: A Virtue or A Neccessity," J. Legal Educ 65/1 (2015), 7면.

4 Brudney, 앞의 논문(주 3), 4면.

하나인데, 시동을 건 인물은 바로 캐건 원장2003-2009 재임이었다. 2006년에 1학년 교과과정 검토를 위한 위원회위원장 미노우 교수를 출범시키기로 만장일치로 결의하였고, 3년 후인 2009년에는 이 프로젝트가 완성되어, 후임 원장을 맡게 된 미노우Martha Minow 체제하에서 4학점의 Leg-Reg 과목이 신설된다.6

참고로 미국의 법해석론을 검토함에 있어 주목해야 할 인물은 다음과 같다. 우선 법원에는 2016년 서거하였지만 막강한 영향력을 발휘하였던 스칼리아 연방대법관1936-2016, 브라이어 연방대법관1938-, 캐건 연방대법관1960-, 고등법원장을 역임했던 이스터브룩 연방고등법관1948-, 캐츠먼 연방고등법원장1953-2021을 들 수 있고, 학계에는 예일 로스쿨의 에스크리지 교수1951-, 스칼리아 대법관의 로클럭이었던 2명의 학자인 하버드 로스쿨의 매닝 원장1961-, 버뮬 교수1968-가 있다. 이들을 법해석론의 계열에 따라 분류하자면 스칼리아, 이스터브룩, 매닝, 버뮬은 문언중심의 법해석론자이고, 브라이어, 캐건, 캐츠먼은 비문언중심 내지 목적중심의 법해석론자이다.

2. 미국 법률해석론의 현황: 문언중심적 법해석론의 우위

캐건 연방대법관은 앞서 언급한 하버드 로스쿨 대담에서 연방대법원의 법률해석경향에 대해 '이제 우리 모두 문언중심론자textualists'라고 요약하였다.7 이러한 표현은 법현실주의에 대해 후대의 미국 법조인들이 '이제 우리 모두 법현실주의자'라고 평하였던 것을 연상시킨다. 잠시 '문언중심론자'라는 번역에 대해 언급하기로 한다. 직역한다면 문언주의자textualist가 될 것이나, 친절한 번역은 아닐 것이다. 따라서 필자는 '중심'이라는 단어를 첨가하였다. 중국에서는 중심이란 표현이 왕왕 사용된다는 것에 착안하였다. 근자에 미국의 학자들은 법해석의 핵심지표를 으뜸패trump라고 부르기도 하지만, 우리말로 번역하여 사용하기에는 적절하지 않다. 따라서 textualism은 문언중심주의, purposivism은 목적중심주의로 번역하기로 한다.

---

5 Brudney, 앞의 논문(주 3), 5면.

6 John Manning & Matthew Stepheson, 앞의 논문(주 2), 47면.

7 Kagan, 앞의 자료(주 1).

이제 캐건 대법관이 어떤 의미로 '이제 우리 모두 문언중심론자'라고 부르는지 살피기로 한다. 단적으로 말하면 문언이 해석의 한계를 설정한다는 의미이다. 예를 들어 법의 목적에 따라 법의 의미를 정해야 한다는 목적중심해석론자일지라도 대원칙으로 '법해석의 한계는 법문'이라는 입장을 취하면 캐건 대법관이 말하는 바의 문언중심론자에 속한다. 이 표현의 범위 내에 드는 연방대법관들은 공통적으로 한 가지의 주장에 반대할 것이다, 그것은 경성 목적중심해석론strong purposivism이다. 경성 목적중심해석론은 법문을 넘는praeter legem 해석을 허용하기 때문이다.

미국의 법률해석론에서 경성 목적중심해석론의 예로 가장 많이 언급되는 판결은 성삼위일체교회Church of the Holy Trinity v. United States 판결이다.[8] 사실관계는 뉴욕의 성삼위일체교회가 영국의 목사로 하여금 뉴욕으로 이주하여 목사직을 수행하도록 알선하고, 이주를 도와준 것이었다. 적용 법률은 1885년에 제정된 외국인의 계약 노동에 관한 법률Alien Contract Labor Act이다. 이 법률은 여하한 종류이든 미국에서 노무나 서비스labor or service of any kind를 제공할 목적으로 외국인과 계약을 체결하고, 그 이주를 도와주는assist 것을 불법으로 규정하였다. 다만 이 법률은 "직업적인 배우, 예술가, 강사, 가수와 엄격한 의미에서의 개인적인 또는 가정 내의 하인"과 같은 직종에 종사할 자에 한하여 예외로 인정하였다. 이처럼 법문상으로 목사는 예외에 포함되지 않는다. 그러나 판결문을 작성한 브류어Brewer 연방대법관은 법문에 따른다면 목사의 이주를 돕는 것은 금지되지만, 입법자의 의도에 비추어 본다면 금지되지 않기 때문에 법률이 금지하는 것은 아니라고 판시하였다.[9] 즉 법문상으로 보면 목사를 수입하는 것은 되지는 않지만, 입법자의 의도를 보면 금지된다는 것이다.

과연 캐건 대법관의 평가처럼 이제는 법문을 넘는 해석을 주장하는 연방대법관은 존재하지 아니할까? 매닝은 이의를 제기한다. 스티븐스 대법관John Paul Stevens, 1920-2019, 연방대법관 재임기간 1975-2010은 은퇴하였지만 브라이어 대법관은 여전히 건재하다. 매닝은 브라이어 대법관을 경성 목적중심해석론자로 규정한

---

8 143 U.S. 457 (1892).
9 143 U.S. 457, 516-17면 (1892).

다.[10] 매닝은 그 이유에 대해 다음과 같이 설명한다. 첫째, 브라이어 연방대법관은 판결문이 아니라 학술적인 글에서 경성 목적중심해석론을 명확하게 지지한다. 학술적인 글이란 2015년의 저서인 *Active Liberty: Interpreting Our Democratic Constitution*이다.[11] 둘째, 브라이어 대법관은 선임인 스티븐스 대법관이 작성한 경성 목적중심주의에 근거한 별개의견에 가담하였다. 스티븐스 대법관의 별개의견은 "법문에 중의성ambiguity이 있든 없든 간에 법관은 입법역사를 참조해야 한다"는 것이었다.[12] 셋째이자 마지막으로, Zuni 사건에서 다수의견을 작성한 브라이어 대법관은 경성 목적중심주의를 함의하는 표현을 판결문에서 제시하였다는 것이다.

> 문언은 중요하다. 왜냐하면 만약 법률의 평이한 문언(plain language of the statute)이 의심의 여지없이 의회가 장관의 해석을 배제하려 하였다는 뜻으로 판단되면, 통상적으로 (normally) 입법역사나 장관이 선택한 방법의 합당성은 결정적이 아니기 때문이다.[13]

인용문이 주장하는 것은 법문이 명확하다면 통상적으로 입법역사라든가 장관이 채택한 방법의 정당성을 고려할 필요가 없다는 주장이다. 그러나 '통상적'이라는 표현에 방점을 두어 해석한다면 법문이 명확하더라도 예외적으로 입법역사에 비추어 법문과 다른 의미로 새겨야 할 경우도 있다는 것이다.

---

10 John Manning, "The New Purposivism," Sup. Ct. Rev. 2011(2011), 146면, 주 168.

11 Manning, 앞의 논문(주 10), 145면, 주 162. 매닝은 자신의 주장의 근거로 브라이어의 저서 Active Liberty (New York: Knopf, 2015)의 85–101면을 제시한다. 이 책은 이국운, 장철준 교수에 의해 『역동적 자유: 민주주의 헌법의 해석방법』(사회평론, 2016)이란 제목으로 번역 출간되었다. 이 책의 내용은 브라이어 대법관이 2004년 11월 개최된 태너(Tanner) 강연의 강연문을 출간한 것이다.

12 Manning, 앞의 논문(주 10), 146면, 주 168. 브라이어 대법관이 스티븐스 대법관의 별개의견에 가담한 예는 다음의 2개의 판결이다. Exxon Mobil Corp. v. Allapattah Services., Inc. 545 US 546, 573–77 (2005)과 Koons Buick Pontiac GMC, Inc. v Nigh, 543 US 50, 65–66 (2004)이다.

13 Manning, 앞의 논문(주 10), 144면.

Ⅲ. 미국의 법률해석론의 종류

1. 문언중심적 법률해석론과 목적중심적 법률해석론

미국의 법원은 연방법원과 주법원, 심급에 따른 법원 등 다양한 법원이 있다. 또한 무수한 법률가들이 있다. 미국의 법률해석론을 살필 때 그 대상을 어디에 맞출 것인가? 여기서는 연방대법원에 초점을 맞춘다. 연방대법원의 법률해석론은 문언중심적 법률해석론과 목적중심적 법률해석론의 경합의 역사라고 말할 수 있다. 문언중심적 법률해석론이란 간략하게 말하자면, 법률 이외의 다른 자료extra-textual source, 다시 말해 모든 법률이 실려 있는 법전과 사전 이외의 다른 자료를 참조하지 말라는 입장을 견지한다. 즉 적용될 법규정의 의미를 타법률과의 관계에서도 파악해 보고, 당해 법률에 규정된 목적이나 또는 규정되어 있지 않더라도 맥락에서 파악되는 목적 또는 법체계상의 목적에 비추어 본다면 적용될 법률규정의 의미를 무리 없이 파악할 수 있다는 입장을 취한다. 이 이론은 이러한 방법이 법률의 의미를 파악하는 데 적절할 뿐만 아니라, 헌법질서에도 가장 잘 부합한다고 정당화한다.[14]

이에 반해 목적중심적 법률해석론은 "법률이란 목적을 실현하려고 하며", "법관은 의회가 추구한 목적을 충실하게 반영하여 법률을 이해해야 한다"고 주장한다.[15] 즉 이때의 목적이란 입법자가 법을 통해 달성하고자 하는 목적을 말한다. 이 이론을 체계화한 하트와 색스는 법률의 문언을 그 법률이 추구하는 목적에 가능한 한 최선으로 부합하도록 해석해야 한다고 주장한다. 그러나 이들은 이 주장에 단서를 단다. 법률의 문언이 포함하지 않은 의미를 부여해서도 아니되고, 명확하게 진술된 확립된 정책을 위반해서도 아니된다는 것이다.[16]

캐츠먼 고등법원장도 자국의 법률해석방법론을 목적중심적 법률해석방법

---

14 매닝의 문언중심적 법해석론에 대한 소개로는 David K. Ismay & M. Anthony Brown, "The Not So New Textualism: A Critique of John Manning's Second Generation Textualism," J. L. & Pol. 31 (2015). Manning 의 논문들의 분량이 길다는 점을 고려할 때 이 자료는 그의 입장을 단시간 내에 파악하기에 유용하다. 그러나 Ismay와 Brown의 논지는 Manning과는 달리 목적중심적 법해석론을 옹호하는 것이다.

15 Robert A. Katzmann, *Reading Statutes* (OUP, 2014), 31면.

16 Henry M. Hart, Jr. & Albert Sacks 저, William N. Eskridge, Jr. & Phillip P. Frickey 편, *The Legal Process: Basic Problems in the Making and Application of Law*, Foundation Press, 1994, 1374면.

론과 문언중심적 법률해석방법론으로 분류한다. 그의 입장은 전자의 방법론을 옹호하는 것이다.

> 필자가 보기에 법관의 근본적인 과제는 법률을 제정하면서 의회가 하려고 한 것을 확정하는 것이다, 다시 말해 그 과제는 의원들이 법률을 제정할 때 가진 법률의 목적에 비추어 언어로 표현된 것을 해석하는 것이다. 따라서 법률을 이해하는 데 공헌할 신뢰할 만한 입법자료에 주목해야 한다.[17]

미국의 법률해석론의 동향을 보면, 입법이유서의 유용성과 신뢰성에 대해 대체적으로 긍정하는 목적중심의 법률해석론과 문제시하는 문언중심의 법률해석론이 상호 간에 다툰다. 후자는 이익집단이론interest group theory과 사회적 선택이론social choice theory에 근거하여 전자에 대해 비판하는 반면에, 전자는 주로 저명한 의원들의 경험을 인용하며 반론을 제기한다.[18] 문언중심주의자인 매닝도 오히려 이익집단이론과 사회적 선택이론에 대해 의문을 제기하면서, 오로지 헌법규정을 근거로 자신의 이론이 정당하다고 주장한다.[19] 그러나 매닝의 논거도 헌법이 법률해석에 대해 입법이유서를 참조하지 말 것을 규정하고 있지 않다는 점을 생각해 볼 때, 선뜻 결정적인 논거로 수용하기는 어려울 것이다.

매닝은 명시적이지는 않지만, 21세기를 이끌고 갈 미국의 법률해석론으로 2가지를 거론한다. 이 해석론은 제2세대 문언중심해석론과[20] 신목적중심해석론이다.[21] 이는 각각 제1세대 문언중심해석론과 전통적 목적중심해석론을 갱신한 해석론이다. 우선 용어에 대해 약간의 해설을 붙이기로 한다. 현대의 문언중심해석론또는 신목적중심해석론 중 1세대 문언중심해석론의 중심인물로는 주로 스칼

---

17 Katzmann, 앞의 책(주 15), 31면.

18 Stephen Breyer, "On the Uses of Legislative History in Interpreting Statutes," S. Cal. L. Rev. 65 (1992). 이 논문은 목적중심적 법해석론에 대한 비판에 대해 반박하는 글이다.

19 John Manning, "Second-Generation Textualism," Calif. L. Rev. 98 (2010). 이 논문은 2세대 문언중심주의에 대해 설명하는 논문으로, 1세대 문언중심주의는 이익집단이론과 사회적 선택이론을 문언중심적 법해석론의 정당화 근거로 삼았으나, Daniel A. Farber 교수와 Philip P. Frickey 교수의 연구에 의해 그러한 이론은 정당화근거가 약해졌기 때문에, 헌법에 의한 정당화만을 시도하는 2세대 문언중심주의가 타당하다는 주장을 편다.

20 Manning, 앞의 논문(주 19).

21 Manning, 앞의 논문(주 10).

리아 대법관, 토마스 대법관Clarence Thomas과 이스터브룩 고등법관이 꼽힌다. 따라서 약간의 상상력을 발휘하면, 매닝은 딱히 언급하지는 않지만, 암암리에 자신을 2세대를 이끌 이론가로 지칭하는 셈이다.

에스크리지는 20세기 후반에 등장한 문언중심해석론을 신문언중심해석론이라고 명명하였다. '신'이라는 접두어를 붙인 이유는 과거의 평이한 의미론과 구분 짓기 위해 사용했다고 하며, 이 해석론은 공공선택이론을 정당화의 근거로 삼으며, 정치적인 스펙트럼에서 보면 보수적인 이론이라고 평가한다.[22] 에스크리지가 명명한 신문언중심주의는 스칼리아 연방대법관을 기점으로 삼은 점에서, 스칼리아 연방대법관 이후를 말하며, '신'이라는 접두어를 붙인 이유는 종래의 문언중심주의와 차별화하기 위한 것이다. 신목적중심해석론을 연성 목적중심해석론weak purposivism이라고 부른다면 ─ 연성 목적중심해석론이란 명칭은 일반적으로 사용되지는 않지만, 경성이란 명칭을 사용한다면, 연성이란 논리적으로 전제되어 있는 명칭일 것이다─ 그 실체를 잘 표현하게 될 것이다. 연성 목적중심해석론은 법률의 문언이 중의적일ambiguous 경우 목적입법자의 주관적인 목적을 으뜸패로 하여 의미를 정하는 해석론이다.

2. 드워킨의 목적중심적 법률해석론의 부재

앞 절에서 미국의 법해석론은 연방대법원의 해석론을 중심으로 살필 때 문언중심 법해석론과 목적중심 법해석론이 경합해 왔다고 하였다. 그렇다면 법철학계의 거장인 미국 태생의 드워킨이 주장한 정합성을 법의 이념 내지 목적으로 하는 구성적 법해석론은 실무계에서는 활용되지 아니하고, 단지 이론상으로만 존재하는 것인가? 필자는 판결형성과정에서 활용될 수는 있겠지만, 적어도 판결문에는 등장하지 않는다고 답변하고자 한다. 즉 드워킨 식으로 생각하여 판결을 구성할 수는 있지만, 적어도 드러내 놓고 판결이유로 적지는 않는다는 것이다.

간략하게나마 필요한 한도 내에서 드워킨의 해석이론interpretive theory에 대

---

22 William N. Eskridge, Jr, "The New Textualism," UCLA L. Rev. 37 (1990), 623면, 주 11.

01
02
03
04
05
06
07
08
09
10
11
12
13
14
15
16

해 설명하기로 한다. 드워킨은 법이란 제도의 이념 내지 목적을 정합성integrity이라고 한다.23 정합성의 이념은 2가지 차원을 가진다. 하나는 부합fit의 차원이고, 다른 하나는 실질적 도덕성substantive morality의 차원이다. 부합이란 법의 해석은 통시적으로든 공시적으로든 일관되어야 한다는 것이다. 실질적 도덕성이란 법이 추구하는 실질적인 이념으로, 드워킨은 정의, 공정성, 적법절차라는 세부적인 이념들로 구성된다고 본다.

드워킨은 이러한 정합성의 이념 내지 목적에 따라 법을 해석해야 한다고 주장하며, 자신의 법해석론을 구성적 해석론constructive interpretation이라고 부른다. 그는 구성적 해석이란 "해석의 대상을 가능한 한 그것이 속하는 장르의 최선의 예로 만들기 위하여, 그 대상에 그 장르의 목적을 부여하는 해석"이라고 정의한다.24 그리고 법에 대한 해석이든 예술작품에 대한 해석이든 간에 다르지 아니하다고 주장한다. 예를 들어 어떤 소설이 해석대상이라면 그것을 소설이라는 장르의 최선의 예가 되도록 그 작품의 가치를 드러내 주는 것이 바로 구성적 해석이다. 마찬가지로 어떠한 법규정을 해석할 때에도 그것이 법이라는 장르의 최선의 예가 되도록 그 가치를 드러내 주어야 한다는 것이다.

드워킨의 구성적 해석론은 법이라는 제도가 추구하는 목적에 비추어 법의 의미를 정하는 해석론이라고 할 수 있다. 이는 미국의 실무에서 사용되는 목적 중심의 해석론과는 차이가 있다. 미국의 목적중심의 해석론에서의 목적이란 입법자가 설정한 주관적인 목적을 의미하기 때문이다. 독일식으로 표현하면 주관적 해석론이다. 이는 실정법이나 입법이유서 등을 통해 확인될 수 있는 반면에, 드워킨이 말하는 법의 목적이란 논의의 대상일 뿐 사실로서 확인될 수는 없는 것이다.

---

23 국내의 학자들은 integrity를 통합성 내지 통일성으로 번역하지만, 필자는 정합성으로 번역한다. 즉 가지런할 정자에 합할 합자로 번역한 것이다. 필자가 정합을 선택한 이유는 정합성의 세부원칙들이 가지런하게 자리잡아야 한다는 의미를 강조하기 위한 것이다. 예를 들어 어떠한 경우에는 부합을 중시해야 할 경우도 있고, 실질적 도덕성을 중시해야 할 경우도 있다. 여하튼 그러한 세부원칙들이 법분야에 따라 가지런히 자리잡아야 한다는 것이 드워킨의 생각이다. 또한 중국에서도 이를 정합성으로 번역하였다.

24 드워킨(장영민 역), 『법의 제국』(아카넷, 2005), 83면.

3. 미국의 법실증주의 법문화

미국에서 드워킨 식의 목적중심 법해석론이 탄력을 받지 못하는 이유에 대해 에스크리지는 미국의 법해석문화가 실증주의적이기 때문이라고 진단하였다.

> 이 나라 재판의 공적인 면모는 실증주의다. 즉 법의 권위는 도덕성에 의존하지 아니하고, 사회적 사실에 따라 결정된다는 입장을 취한다.[25]

드워킨의 이론은 앞서 보았듯이, '무엇이 법인가'에 대한 답변으로 '법은 정합성이라는 도덕원칙을 실현하고자 하는 제도'라고 보며, 법의 존재와 내용을 사회적 사실의 문제로 환원하기를 거부한다. 이렇듯이 드워킨의 법이론은 자연법론적인 전통에 입각해 있다. 에스크리지는 드워킨의 해석이론 내지 재판이론에 대해서는 미국의 전통과 어울리지 않는 반면에, 스칼리아의 이론에 대해서는 잘 어울린다고 평한다.

미국의 전통에 비추어 드워킨의 법이론을 정당화하기는 어려울 것으로 생각한다. 필자는 미국의 전통이 드워킨 – 허큘리스Ronnie-Hercules의 철학적인 외양을 가진 법관을 용납할 것인지에 대해 의문이 있다. 미국 역사상 법률과 헌법의 위대한 해석자인 존 마셜 연방대법원장조차도 감히 허큘리스처럼 행동하려고 하지 않았고, 자신의 의견에 대해 명시적으로 정치철학에 근거하는 듯한 인상을 주는 것을 삼가하였다. 에스크리지는 재판을 복잡한 해석과정이라기보다는 단순한 발견과정으로 제시하는 스칼리아 연방대법관의 관념이 아마도 미국의 대중적인 전통에 부합될 것이라고 평한다.[26]

---

25 William N. Eskridge, Jr., "Nino's Nightmare: Legal Process Theory as a Jurisprudence of Toggling between Facts and Norms," St. Louis U. L. J. 857 (2013), 867면.

26 Eskridge, 앞의 논문(주 25), 890-91면.

Ⅳ. 미국 법률해석론의 흐름

1. 플라이셔 소장의 요약

미국인이 쓴 미국 법률해석론의 변천사를 독립 이후부터 현재까지 정리한 문헌은 존재하지 않는다. 오히려 독일인인 함부르크 소재 막스프랑크 연구소의 플라이셔 소장이 정리한 것이 눈에 띈다.27 그의 요약은 연방대법원의 법률해석의 역사에 한정되어 있고, 그리 상세하지는 않지만, 그의 서사story-telling의 큰 줄거리는 새길 만하다. 그 흐름은 앞서 말한 바를 확인해주는 것으로, 목적중심적입법자의 주관적인 목적에 근거한 법률해석론과 문언중심적 법률해석론 간 경합의 역사라는 것이다.

본 절에서는 플라이셔 소장의 요약을 살필 것이다. 독립한 미국은 모국이었던 영국의 법률해석론을 답습하였으며, 영국의 배제의 규칙exclusionary rule: 입법역사를 살피는 것을 배제하는 규칙을 따랐다고 한다. 그러나 세월이 흘러 목적중심적 법률해석론의 승리를 증거하는 이정표적인 판결이 있었다. 이 판결은 앞서 언급한 1892년의 성삼위일체교회 판결이다.28 이 판결은 한편으로는 배제의 원칙과 결별하고, 다른 한편으로는 목적중심적 법률해석론의 시대가 도래하였다는 것을 알리는 것이었다. 그 후 문언중심해석론의 반격도 있었지만, 목적중심적 해석론은 여전히 우세를 유지하였다. 종종 입법역사의 유용성과 신뢰성에 대한 의문도 제기되었지만, 1958년 하트와 색스는 목적중심적 법해석론의 결정판이라고 할 수 있는 *The Legal Process: Basic Problems in Making and Application of Law*를 완성하였다.29

그러나 20세기 후반 해석론의 저울추는 크게 흔들린다. 이는 신문언중심주의 해석론의 등장을 알리는 것이었다. 플라이셔는 스칼리아 대법관, 이스터

---

27 Holger Fleischer, "Comparative Approaches to the Use of Legislative History in Statutory Interpretation," Am J. Comp. L. 60 (2012). 플라이셔는 함부르크 소재의 비교 사법 및 국제사법에 대한 막스플랑크 연구소의 3인의 소장(director) 중 1인이자 같은 도시에 있는 부쩨리우스(Buccerius) 로스쿨의 겸임교수이다. 그는 미국 법해석론의 흐름을 앞의 논문 제4장에서 요약하고 있다(421-28면).

28 앞의 판결(주 8).

29 Fleischer, 앞의 논문(주 27), 423면.

부룩 고등법관, 버뮬 교수를 주도자로 제시한다.[30] 또한 법해석론에서 등장한 비중 있는 이론으로 동적 법률해석론dynamic statutory interpretation을 제시한다. 이 이론은 법률을 "제정 당시가 아니라 해석 당시의 사회적, 정치적, 법적 맥락에 비추어" 해석해야 한다는 주장이다.[31] 플라이셔는 이 이론에는 4가지의 지류가 있다고 하며, 그 대표자로 드워킨,[32] 에스크리지, 법경제학의 칼라브레시Guido Calabresi, 행태주의 경제학자인 선스틴Cass Sunstein을 제시한다.[33]

플라이셔는 마지막으로 미국 법해석론의 현황에 대해 3가지 특징을 언급한다.[34] 첫째, 미국의 법원은 일반적으로 수락된generally accepted 해석론을 가지고 있지 않다. 플라이셔는 주장의 근거로 당시 하버드 로스쿨 강사인 포스터Sidney Foster의 주장을 인용한다. 포스터는 하트와 색스가 *The Legal Process*에서 언급한 "미국 법원American courts은 일반적으로 수락된 해석이론을 가지고 있지 않다"는 주장에 대해 법률가들스칼리아 대법관 포함이 동의하였다는 것을 근거로 삼는다.[35] 둘째, 연방대법원의 최근의 판결을 볼 때 입법 역사의 사용에 관한 논쟁이 진정될 기미를 보이지 않는다. 플라이셔는 근거로 2010년의 Samantar vs Yousuf 판결을 제시한다.[36] 판결의 쟁점은 외국주권면제법률Foreign Sovereign Immunities Act이 외국에 대해서만 면제권을 부여한 것인가, 아니면 더 나아가 외국인에 대해서도 면제권을 부여하는가에 관한 것이었다. 연방대법원은 만장일치로 외국인에게는 적용되지 않는다고 판단하였다. 다수의견은 스티븐스 대법관이 작성하였는데, 법문에 비추어 보거나, "입법역사에 비추어 볼 때에도 그와 같은 법률해석이 정당하다"고 주장했다. 알리토Alito 대법관은 다수의견에 가담했지만, 입법역사를 논의하는 것은 별 의미가 없다는 의견을 첨가하였다. 토마스 대법관은 이 법률의 입법역사를 논하는 부분에는 참가하지 않았다. 스칼

---

30 Fleischer, 앞의 논문(주 27), 424-26면.

31 William N. Eskridge, Jr., "Dynamic Statutory Interpretation," U. Pa. L. Rev. 135 (1987), 1479면.

32 Fleischer, 앞의 논문(주 27), 426면, 179. 플라이셔가 드워킨을 동적 해석론자로 본 이유는 드워킨의 연작소설이론을 떠올렸기 때문이다.

33 Fleischer, 앞의 논문(주 27), 426면.

34 Fleischer, 앞의 논문(주 27), 427-28면.

35 Sidney Foster, "Should Courts Give Stare Decisis Effect to Statutory Interpretation Methodology?" Geo. L. J. 96 (2008), 1866면.

36 560 U.S. 305 (2010).

리아 대법관은 한 걸음 더 나아가 판결의 결론에만 가담했고, 별개의 의견을 작성하였다. 여기서 그는 "입법역사를 살피는 것은 불필요하다"고 주장하며, 입법역사를 살피는 것은 "재판연구관들의 근면성을 입증하는 것 이외에 아무 것도 첨가하지 않으며", "이러한 첨가물은 법원의 시간만 허비할 뿐"이라고 주장하였다.[37]

플라이셔의 이 논문이 발표된 지도 근 10년에 근접한다. 그동안 저울추는 '목적'과 '문언'의 두 축 중 어느 쪽에 더 접근했을까? 그간 연방대법관의 구성에 변화가 있었다는 사실에 주목해야 한다. 목적의 축을 이끌던 스티븐스 대법관은 이미 은퇴·서거했고, 문언의 축을 이끌던 스칼리아 대법관도 서거했다. 케네디Anthony Kennedy 대법관도 은퇴했다. 스티븐스 대법관 자리는 오바마 정권에서 캐건이, 스칼리아 대법관 자리는 트럼프 정권에서 고르서치Neil Gorsuch가, 케네디 대법관 자리는 트럼프 정권에서 캐버너Brett Kavanaugh가, 또한 서거한 긴스버그Ruth Bader Ginsberg, 1933-2020 대법관의 후임으로는 버렛Amy Coney Barett이 이어 받았다.[38] 고르서치, 캐버너와 버렛은 모두 스칼리아류의 문언중심주의자로 알려져 있어 무게중심 추는 '문언' 쪽에 더욱 근접하였다고 평할 수 있다.

셋째이자 마지막으로, 플라이셔는 주 정부가 법률해석규칙을 제정한다든지 아니면 가이드라인을 마련하는 등 노력을 기울이고 있다고 한다. 그는 실례로 텍사스 주의 해석규칙Texan Code Construction Act을 제시한다.

311.023. 법률해석조력(statute construction aids)

법률의 문면상 중의성이 있던 또는 없던 간에, 법률 해석 시 법원은 무엇보다도 다음을 고려할 수 있다. (1) 달성하고자 하는 목적; (2) 법률이 제정된 상황; (3) 입법역사; (4) 동일 분야 또는 관련 분야에서의 보통법 또는 과거의 법률 규정; (5) 특정한 해석의 결과 (consequences of particular construction); (6) 법률에 대한 행정부의 해석; (7) 표제, 전문과

---

37 560 U.S. 305, 329 (2010).

38 트럼프 대통령 시절 대법관의 임명이 있고난 후 연방대법원의 정치적 성향에는 변동이 있었다. 자유주의자인 Ginsberg가 서거하였다. 이제는 John G. Roberts 연방대법원장이 종종 자유주의적 결정에 가담한다. 다른 말이지만 참고삼아 말하자면 chief justice의 연봉은 USD 270,700, associate justice의 연봉은 USD 258,9000이라고 한다. 25만달러일 경우 3억원을 넘는다. 그러나 이들은 연봉 이외 수입원으로는 인세와 강연료가 있다고 한다. CNBC, What It's Like Being A Supreme Court Justice (youtube) 참조.

비상사태 시의 규정(emergency provision)[39]

2. 플라이셔의 정리에 대한 보충 및 검토

플라이셔 소장의 정리에 관해 2가지를 보충하기로 한다. 첫째, 1892년의 성삼위일체교회 사건에 대한 판결 이후에도 미국 연방대법원에 존재했다고 주장한 바의 평이한 의미론에 대한 설명과, 둘째, 미국 법학계에 상당한 충격을 주었다고 평가되는 법현실주의의 법해석론에 대한 설명이 빠져 있다. 플라이셔의 설명이 연방대법원에 초점을 맞추고 있기 때문에 법현실주의에 대한 설명을 생략했다고 볼 수도 있지만, 법현실주의의 재판이론에 대해서도 간략하게 언급하기로 한다.

플라이셔는 문언중심해석론의 반격이라고 언급하였는데,[40] 그것은 종종 평이한 의미론plain meaning school 내지 평이한 의미의 선조들 plain meaning forebears의 반격이라고 지칭된다.[41] 매닝은 평이한 의미론의 반격에 대해 4개의 연방대법원 판결을 예로 들어 설명한다.[42] 그러나 그가 예시한 판결은 20세기 초반의 판결이므로, 성삼위일체교회 판결 전후의 19세기 판결 2가지를 추가로 제시하기로 한다. 우선 매닝이 드는 4가지 판결에 대해 연도 순서로 살피기로 한다. 첫째, White vs. United States로 이 판결의 핵심은 다음과 같다.[43]

> 법규정에 사용된 언어에 중의성(ambiguity)이 없다면, 가능한 한 당해 법규정 내에서 또한 사용된 언어로부터 당해 법규정의 적용 범위와 의미를 발견하는 것이 의도된 것에 대한 최선의 증거이고, 법원의 책무라는 것은 진리이다.

둘째, Procter & Gamble Co. v. United States로 그 핵심은 다음과 같다.[44]

---

39 Fleischer, 앞의 논문(주 27), 428면.
40 Fleischer, 앞의 논문(주 27), 422면.
41 David K. Ismay & M. Anthony Brown, 앞의 논문(주 14), 194면.
42 John Manning, "What Divides Textualists from Purposivists," Colum. L. Rev. 106 (2006), 79면 주 28.
43 191 US 545, 551 (1903).
44 225 US 282, 293 (1912).

진술된 결론이 단어의 통상적 의미(plain meaning of the words)를 따라 내려진 것이라면 더 이상의 근거를 제시할 필요는 없다. 그러나 논의의 목적을 위해 부연 설명한다면, 법규정의 언어가 중의적일 경우 당해 법규정의 맥락(context)을 고려하는 것이 그 주제를 명확하게 할 것이다.

셋째 Caminetti v. United States로, 이 판결의 핵심도 앞의 판결과 다르지 아니하다.[45]

언어가 평이하고(plain), 그 의미가 일의적이라면, 해석의 책무는 발생하지 않는다. 따라서 의심스러운 의미를 확정해야 할(aid) 규칙은 논의할 필요가 없을 것이다.

넷째이자 마지막으로, United States v. Gudger이다. 이에 대해서는 사실관계에 대해 간략하게 요약한 후 적용된 법리를 설명하기로 한다.[46] 원고인 거져Gudger는 음주가 허용되는 메릴랜드주 볼티모어에서 술을 구입하여 기차를 타고, 역시 음주가 허용되는 목적지인 노스 캐롤라이너의 애슈빌로 가던 중, 기차가 금주법이 시행되는 버지니아 주에 정차하게 되었다. 여기서 그는 위스키 7병을 소지하였다는 죄목으로 체포되었다.

법률에서 'into'라는 단어에 이어지는 단어가 목적지를 의미한다는 사실에 대해 여러 가지 맥락을 들어 추론을 강화할 수는 있겠지만, 통상적 의미(plain meaning)라는 해명 이외에 다른 해명을 추가할 필요는 없을 것이다.

다음으로 성삼위일체교회 사건[1892] 전후의 19세기 판결 1가지씩을 인용하기로 한다. 첫째, Lake County v. Rollins이고, 판결이유의 핵심은 다음과 같다.[47]

---

45 242 US 470, 485 (1917).
46 249 US 373, 374-75 (1919).
47 130 US 662, 670-71 (1889).

법이 일반적이든 제한적이든 간에, 평이하고 중의성이 없는 용어로 표현되었다면, 입법부는 그들이 평이하게 표현된 것을 의도하였을 것이고, 따라서 더 이상의 해석의 여지는 없다.

둘째, Hamilton v. Rathbone 판결이다. 법규정 해석에 관한 핵심적 판결이 유는 다음과 같다.[48]

개정된 법의 언어가 문면상 평이하다면, 그 법을 검토하는 자는 그것에 의지할 수 있어야 할 것이다.

매닝은 평이한 의미론과 현대의 문언중심해석론은 다음과 같은 차이가 있다고 한다. 전자는 당해 규정을 대상으로 의미를 파악하는 데 반해, 후자는 좀 더 넓은 맥락에서 그 의미를 파악하려 한다고 주장한다. 따라서 평이한 의미론은 당해 규정이 명확하다면 더이상 달리 검토할 필요가 없다고 하지만, 현대의 문언중심주의는 당해 규정의 의미가 명확할지라도, 그 규정의 의미는 법체계로 확대하여 파악해야 한다고 주장한다.[49]

이제 다음 문제로 넘어가서 법현실주의의 해석론을 간략하게나마 검토하기로 한다. 법현실주의의 범주가 명확하지는 않지만, 서머스Robert S. Summers가 실용적 도구주의라고 불렀던 미국의 법학계 및 법조계에서의 지적 흐름을 법현실주의의 큰 흐름으로 본다면 그 범주는 좀 더 명확해질 수 있다.[50] 우선 캐츠먼 법원장은 법현실주의의 재판관에 대해 '법관은 재판을 통해 법을 만든다'는 입장을 취했다고 지적한다.[51]

익히 알려진 바처럼, 르웰린의 재판이론은 2가지 차원으로 구성된다. 첫째, 법해석의 기준은 경합하므로 해석자의 선택이 가능하다는 것이고,[52] 둘째,

---

48 175 US 414, 421 (1899).

49 Manning, 앞의 논문(주 49), 79면.

50 Robert S. Summers, "Pragmatic Instrumentalism in 20th Century American Legal Thought −A Synthesis and Critique of Our Dominant General Theory about Law and Its Use," Cornell L. Rev. 66 (1980-81).

51 Katzmann, 앞의 책(주 15), 33면.

52 최봉철, 법현실주의, 서울대 미국학연구소 편, 『미국사회의 지적 흐름』 서울대출판부, 1999, 40면; Karl Llewellyn, "Remarks on the Theory of Appellate Decision and the Rules of Canons about How Statutes are to be construed," Vand. L. Rev. 3 (1950), 401-406면.

법해석의 요체는 '우리 모두를 위하는 감각'sense-for-all-of-us에 부합하는 결론을 내려야 한다는 것이다.53 이는 사실에 대한 폭로debunking와 규범적인 주장으로 구성되어 있다. 법해석의 기준들은 단지 합리화rationalization의 수단이라는 폭로성의 주장과 판결도 우리 사회를 더 좋은 사회로 만드는 데 기여해야 한다는 규범적인 주장이다. 르웰린은 자신의 이러한 주장을 더이상 밀고 나가지 않았지만, 그의 이러한 결과론적인 입장을 밀어붙인다면 결국 해석방법론보다는 해석의 결과를 중시하게 될 수도 있고,54 다른 한편으로는 법해석의 목표를 제시하기 때문에 드워킨 식의 목적론적 해석론과 구조적 친화성을 보일 수도 있다.

V. 의회와 법원의 관계에 관한 논쟁

1. 법해석에서의 권력분립론의 중요성

미국에서는 의회와 법원의 관계에 대해 법원은 의회와 동반자적인 지위를 가진다는 관념coequal/cooperative partner 대등한/협력적 파트너과 법원은 의회의 충실한 대리인이라는 관념royal agent to congress이 대립된다고 한다. 약간 과장하여 표현하자면, 전자의 관념은 양자를 동격으로 보는 반면에 후자의 관념은 상명하복의 관계로 보는 것이다. 전자를 동반자설이라고 부르고, 후자를 대리인설이라고 부를 수 있을 것이다.

양자의 관계에 대한 논쟁의 대표적인 사례는 에스크리지와 매닝의 논쟁이다. 에스크리지는 미국 헌법을 제정할 당시에 헌법의 아버지들이 어떤 생각을 가졌는지 또한 초기 법원이 어떤 입장을 취하였는지를 탐구하는 방식의 역사적인 접근법을 택하였다. 이에 반해 매닝은 이러한 논의가 결론을 제시하지는 못한다고 보며, 중요한 것은 헌법 해석의 문제라고 하였다. 따라서 이들의 논

---

53 최봉철, 앞의 책(주 52), 41면.

54 이계일, "법해석기준의 서열론에 대한 비판적 연구," 법철학연구 제18권 3호 (2015). 이계일 교수는 이 논문에서 독일의 해석기준 서열부인론을 소개하고 있다. 142-45면.

쟁은 다른 출발점을 채택하기 때문에 빗나간 논쟁talking past each other인 셈이다.

아래에서는 매닝, 에스크리지, 캐츠먼의 주장을 중심으로 하여 다음의 순서로 살필 것이다. 매닝은 2001년 1월 컬럼비아 로리뷰에 "Textualism and the Equity of the Statute"라는 논문을 발표하였고,[55] 에스크리지는 같은 해 6월 같은 잡지에 비판적인 논문을 발표하였다. 이어서 매닝은 같은 해 11월에 같은 잡지에 반론을 기고하였고, 캐츠먼은 이 논쟁에 대한 간략한 평가를 포함한 저서를 2014년에 출간하였다.

2. 동반자설

에스크리지는 의회와 법원의 관계에 대해 동반자설과 대리인설이 존재한다고 하며, 전자의 입장을 취하는 이론으로는 법과정론이 있고, 후자의 입장을 취하는 이론으로는 스칼리아를 위시한 문언중심의 해석론이 있다고 하며,[56] 자신의 입장은 양자를 겸하는 것이라고 한다.[57] 동반자설은 내용적으로 대리인설을 부정하는 것이 아니라 포섭하는 것이기 때문에 그의 입장은 동반자설이라고 명명할 수 있을 것이다. 왜냐하면 경우에 따라서 대리인설을 취하기도 하며, 동반자설을 취하기도 한다는 것은 필요한 경우 동반자설을 취한다는 말이기 때문이다.

에스크리지의 매닝에 대한 비판의 기조는 성찰된 역사관이 부족하다는 것이다. 이에 대해 매닝은 자신의 논지가 주로 헌법의 구조에 관한 것이라고 변론한다. 에스크리지는 미국 헌법의 기초자들이 의회와 법원의 관계에 대해 가졌던 관념은 엄격한 분리라기보다는 기능적인 분리라고 한다.[58] 이들은 위험성이 가장 큰 기관에 의해 행해지는 부정의를 방지하기 위해 위험성이 가장 적은 법원이 위헌법률을 심사하고, 부정의하고 편파적인 법률을 가다듬으며, 법

---

55 John Manning, "Textualism and the Equity of the Statute", Colum. L. Rev. 101 (2001).

56 William N. Eskridge, Jr., "All about Words: Early Understandings of the Judicial Power in Statutory Interpretation," Colum. L. Rev. 101 (2001), 991~92면.

57 Eskridge, 앞의 논문(주 56), 992면.

58 Eskridge, 앞의 논문(주 56), 994면.

률을 근본적인 법과 보다 일관성을 가지게 하는 것이라고 주장한다.59

에스크리지와 매닝 간 입장 대립을 보이는 부분은 제4대 연방대법원장인 마셜의 의회와 법원 간의 권한 분립에 대한 것이다. 매닝은 마셜을 문언중심의 해석론자로 파악한 반면에 에스크리지는 마셜이 법의 의미를 파악하는 데 보다 종합적이고 복합적인 접근방식을 취했다고 본다. 다음은 에스크리지의 주장이다.

> 매닝의 주장처럼 마셜이 문언중심주의자라면, 그는 마버리 사건에 대한 결정처럼, 기껏해야 전략적인 차원에서 그렇게 했을 뿐이다. 그의 판결문은 여러 가지 방법들을 사용하지만, 일관되게 법의 의미 파악에 있어서는 역사, 원칙들, 정치적인 선택들을 기초로 한 복잡한 방법을 취한다. … 마셜 법원이 취한 법조인의 직업정신은 법문에 대한 숙련성 이외에도 당해 법률을 보통법, 형평과 공정성, 국제법과 헌법의 기본적인 원리의 체계 속에 포섭하여 그 의미를 파악하는 것이었다.60

에스크리지의 평가가 옳다면, 미국도 법의 존재이유 내지 목적을 최고의 원칙으로 삼는 해석론이 존재하지 않았다고 단정하기 어려울 것이다. 에스크리지가 옳다면 미국 법해석론의 흐름을 정리할 때에도 긴 겨울잠hybernation에 빠진 제3유형의 법해석론으로서 마셜 연방대법원을 추가해야 할 것이다. 그러나 매닝은 마셜 연방대법원이 문언중심적 법해석론을 취하였다고 평가하느니만큼 국외자로서 결론 내리기 어렵고, 앞으로의 미국 학계의 연구를 지켜보아야 할 것이다.

에스크리지는 건국 초기의 논의를 현재의 문제에 적용하기에는 적절하지 않은 부분이 있다는 점을 지적한다. 첫째, 건국 초기에 입법자의 목적에 중심을 둔 법해석론이 전개되지 않았던 것은 입법자료의 부족에서 기인한 것으로 보아야 할 것이고, 둘째, 난해한 사건에 대한 검토가 없었던 것도 그러한 사건이 적었기 때문일 것이라고 한다. 셋째, 역동적 법해석론이 논의되지 않은 이유도 건국 초기라서 필요성이 절실하지 않았기 때문일 것이라고 한다.

---

59 Eskridge, 앞의 논문(주 56), 995면.
60 Eskridge, 앞의 논문(주 56), 997면.

입법역사의 유용성에 대한 논쟁을 조명해 주는 자료들은 거의 없다. 이는 부분적으로 건국 초기 법관들은 인용할 보고서들이 없다는 것을 인식하고 있었을 것이다. 유사하게 초기 연방법원의 사안이나 주법원의 사안은 법률해석에 있어 난해한 사안(법률의 제정자들이 가정했던 바와 극적으로 달라진 상황에서 법을 적용해야 할 사안)이 제기되지 않았을 것이다. 이러한 난해한 사안이 있었다면 역동적인 해석론(dynamism)이 불가피할 것이며, 단순한 문언중심주의로는 방어하기 어려웠을 것이다.[61]

여하튼 건국 초기의 선조들은 의회와 법원의 관계에 대해 동반자설을 취했다는 것이 에스크리지의 결론이고, 그는 이러한 결론을 방대한 역사적인 자료를 검토하여 얻은 것으로 보인다.

3. 대리인설

매닝은 건국 초기에 풍미했던 법해석론은 대리인설이 아니라 동반자설 내지 영국의 형평에 따른 법해석론이었다는 에스크리지의 주장에 대해 반론을 폈다.[62] 그는 미국의 제도를 이해하기 위해서는 건국 초기의 법외적인 자료를 검토할 것이 아니라, 헌법 그 자체에 주목해야 한다고 강조한다. 매닝의 이해에 따르면 미국 헌법은 입법권과 사법권을 분리하였고, 사법부의 재량을 제한하고자 하는 목적을 담고 있으며, 재량권의 행사도 알려지고 확립된 법들known and established laws에 따를 것을 요구하였다고 본다.[63]

매닝은 헌법의 함의를 다음과 같이 새긴다. 법률 제정에 양원bicameralism의 결의와 대통령에 대한 제출presentment을 요구하는 제도를 설계한 배경에는 당파성을 배제하려는 목적이 담겨 있다고 한다. 즉 의회의 다수자가 밀어붙이기 식으로 법률을 통과시키기 어렵게 헌법이 구조화되어 있다는 것이다. 또한 대통

---

61 Eskridge, 앞의 논문(주 56), 997-98면.

62 Manning, "Deriving Rules of Statutory Interpretation from the Constitution," Colum. L. Rev. 101 (2001), 1649면. 매닝은 동반자설로 보는 이론으로 William N. Eskridge, Jr., "Textualism: The Unknown Ideal?", Mich. L. Rev. 96 (1998); William D. Popkin, "The Collaborative Model of Statutory Interpretation", S. Cal. L. Rev. 61 (1988); Jonathan R. Siegel, "Textualism and Contextualism in Administrative Law", B. U. L. Rev. 78 (1988)을 예시한다.

63 Manning, 앞의 논문(주 62), 1650면.

령이 거부권을 행사할 경우, 의회는 가중된 의결supermajority을 필요로 한다.64 따라서 매닝은 법률이란 다수자와 소수자 간의 타협compromise의 산물로 이해해야 하며, 만약 법원이 형평을 근거로 법률의 문언을 가다듬으려고 시도한다면 그 것은 오히려 헌법의 취지에 반하게 된다는 것이다.65

매닝은 이러한 논거로 대리인설을 주장한다. 또한 그는 헌법제정과정이나 건국 초기 연방법원의 사례를 검토하더라도 동반자설을 지지했다고 볼 역사적인 증거가 부족하다고 한다.66 오히려 대리인설이 마셜 연방대법원에 자리 잡았고, 이는 그 후로도 계속 유지된다고 주장한다.67 매닝은 마지막으로 에스크리지의 역사적인 증거의 문제에 대해 다음과 같은 답변을 내어 놓는다.

> 필자가 건국의 아버지들이 대리인설이나 문언중심주의를 채택하려고 했다거나 또는 그들이 형평에 따른 해석을 배척하려고 했다고 주장하려는 것은 아니다. 필자의 주장은 제한적이다. 초기 주법원의 관행이나 건국의 아버지들은 연방법원의 적정한 역할에 대해 중요하게 다루지도 않았고, 더더욱 법률해석의 문제에 대해 연방법원의 적절한 역할에 대해 확고한 결론을 내리지도 않았다는 것이다. 많은 점에서 영국이나 주의 선례를 파기한 신설 공화국에서 결정을 내리기는 어려웠을 것이라고 짐작할 수 있을 것이다. 건국의 아버지들이 이러한 문제 – 입법권과 사법권의 예리한 분리, 그 분리에 관련된 지적 전통, 복잡한 입법과정에 대한 신중한 구상 – 에 대해 명확하게 (또는 확고한 함의를 가지고) 결정을 내리지 않았다면, 우리는 우리 헌법의 구조의 현저한 특징이 오랜 세월을 통해 해결된 대리인설에 적합한지 아니면 영국의 고대적 전통인 형평에 따른 해석에 적합한지 물어야 할 것이다.68

4. 캐츠먼의 평가

캐츠먼은 헌법의 기초자들이 법원과 의회의 관계를 어떻게 설정하였는가에 대해 학자들예를 들어 에스크리지와 매닝 간의 논쟁을 언급하며, 그들의 쟁점은 기초

---

64 Manning, 앞의 논문(주 62), 1650면.
65 Manning, 앞의 논문(주 62), 1650-51면.
66 Manning, 앞의 논문(주 62), 1651면.
67 Manning, 앞의 논문(주 62), 1651면.
68 Manning, 앞의 논문(주 62), 1653면.

자들이 법원을 의회의 충실한 대리인faithful agent of Congress으로 보았는지, 아니면 법원을 법문을 넘어 결정을 내릴 권한을 가지는 대등한 동반자coequal partner로 인정하였는지에 관한 것이라고 한다.[69]

그의 결론은 헌법의 기초자들이 이러한 문제에 대해 입장을 가지지 않았을 것이라고 판단한다. 왜냐하면 기초자들이 관심을 가졌던 것은 통치의 대원칙과 같은 큰 틀의 문제였고, 또한 이들은 연방대법원 이외에 연방법원을 설치할 것인가의 문제에 관해서도 결론을 내리지 못하고, 의회에 맡기려 하였다는 것이다.[70] 그렇다면 헌법의 제정과정에서의 여러 가지 논의를 검토한다거나 헌법의 구조에 대한 숨겨진 취지를 따지는 것 모두 의미가 없다는 것이다. 이처럼 그는 이 논의에서 빠지려고 하며, 결론적으로는 양자의 관계에 대해 동반자설을 취한다. 즉 그는 브라이어 연방대법관의 견해에 동조한다고 하며, "만약 법원이 법률의 목적에 충실하려면, 국민의 대표인 의회는 제3의 기관인 법원을 동반자로 볼 것"이라고 결론 내린다.[71]

VI. 요약 및 결론

앞에서 보았듯이 미국 연방대법원의 법률해석론은 문언중심적 법률해석론과 목적중심적 법률해석론이 경합한다. 트럼프 정권하에서 고르서치, 캐버너, 버렛이 신임 연방대법관으로 임명된 상황에서 문언중심적 법률해석론이 우세할 것으로 보인다. 또한 연방대법관인 캐건은 연방대법원의 경향을 문언을 해석의 한계로 본다고 하였다. 캐건의 전망을 따른다면, 연방대법원은 입법자의 목적에 따라 법률의 의미를 정하더라도 문언의 범위 내에서 할 것이라고 한다.

---

69 Katzmann, 앞의 책(주 15), 30면.

70 Katzmann, 앞의 책(주 15), 30면.

71 Katzmann, 앞의 책(주 15), 34면. 그는 자신과 같은 입장을 가진 자로 브라이어 연방대법관을 지칭한다. 또한 브라이어 대법관이 저술한 Making Our Democracy Work에 대한 Linda Greenhouse 교수의 서평인 Making Congress All It Can Be(google.com)에도 브라이어 대법관의 견해가 요약되어 있다.

제11장 생각해 볼 문제

❶ 캐건Elena Kagan 미국연방대법관은 최근 연방대법원의 법률해석경향에 대해 "We are all textualists."라고 평하였다. 이 말의 의미는 무엇인가? 또한 1892년에 있었던 Church of the Holy Trinity vs. United States 사건에 대한 판결과 캐건의 평을 비교해 보시오.

❷ 어떠한 해석론이든지, 자신의 해석론이 정당하다는 주장과 더불어 방법론을 주장한다. 문언중심적 법률해석론의 방법론을 요약해 보시오.

❸ 대법원 2018.6.21. 선고 2011다112391 전원합의체판결은 8인의 대법관의 다수의견과 5인의 대법관의 반대의견으로 의견의 대립을 보인다. 다수의견과 반대의견 중 어떠한 해석방법론이 타당하다고 생각하는지에 대해 논하시오.

제12장

독일의 법해석론

法哲學

Philosophy of Law: Theory and Issue

Ⅰ. 협의의 법해석과 법형성의 구분

본 장에서는 독일의 법해석론을 살펴보고자 한다. 독일법학이 법해석을 이성적이고 통제가능한 것으로 만들기 위해 확립해 온 주요 뼈대는 다음과 같다. 첫째, '협의의 법해석'과 '법관의 법형성'을 구분한다. 둘째, '협의의 법해석'에 대해서는 '해석목표', '4대 해석기준', '보완적 해석기준', '해석기준의 우선순위' 등에 대한 논의를 통해 합리성을 확보하고자 한다. 셋째, '법관의 법형성'에 대해서는 그 하위 유형을 분류하고 그 각각에 대해서 강한 조건충족을 요구함으로써 통제가능성을 확보하고자 한다.[1] 본 장에서는 이들에 대하여 순차적으로 개관해 볼 것이다.

먼저 독일법학이 '협의의 법해석'과 '법형성'을 구분하는 기준이 무엇인지를 간단히 짚어 볼 필요가 있다. 우리는 이미 제10장에서 법적 삼단논법을 살펴보았고, 최종적인 삼단논법에서 대전제는 법해석을 통해 구체화된 명제가 차지하게 된다고 하였다. 그런데 최종적으로 구체화된 법명제를 엄밀히 살펴보면 두 가지 형태가 있을 수 있다. 하나는 법명제가 효력 있는 법조항의 의미범위

---

1 국내에 번역되어 있는 독일의 대표적인 법학방법론 저서으로는 Engisch(안법영/윤재왕 역), 『법학방법론』(세창출판사, 2011); Larenz /Canaris(허일태 역), 『법학방법론』(세종출판사, 2000); Zippelius(김형배 역), 『법학방법론』(삼영사, 1976).

안에서 도출된 경우이고, 다른 하나는 법명제가 효력 있는 법조항의 가능한 의미범위 안에 있지 않음에도 혹은 예외적으로, 그와 충돌함에도 불구하고 관련 법조항이나 법원리 등에 근거하여 구체화된 경우이다.

전자의 도출작업을 독일법학은 "협의의 법해석"이라고 부르고, 후자의 구체화 작업을 "법관의 법형성"이라고 부른다. 그리고 독일법학은 전자든 후자든 최종적 삼단논법의 대전제에 놓여지게 될 법명제의 구체화 작업을 통칭하여 "법획득"이라고 부른다. 풀어서 표현하자면, '대전제에 위치할 법명제를 획득해 가는 작업'이라고 할 수 있다.

독일법학이 협의의 법해석과 법관의 법형성을 구분하는 이유는 헌법이 법관에게 원칙적으로 법을 적용하여 판결을 내릴 권한을 부여하고 있지, 법규범을 만들 권한을 부여하고 있지 않기 때문이다. 따라서 구성요건의 범위 밖에서 이루어지는 법관의 법형성이 권력분립국가에서 언제 정당화될 수 있는지, 그리고 엄격한 통제가능성을 어떻게 확보할 수 있을 것인지가 중요한 과제가 된다.

Ⅱ. 협의의 법해석

협의의 법해석은 법문의 가능한 의미범위 안에서 그 의미를 규명하는 작업을 지칭한다. 독일법학은 '해석의 목표'를 설정하고 그 목표달성을 위한 해석수단으로는 어떤 것들이 있는지 설명하는 방식을 취한다. 아래에서는 먼저 해석의 목표에 대한 독일의 논의를 소개하고, 그 다음에 해석목표의 달성을 위한 수단으로서 논의되고 있는 제반 '해석기준'을 소개하기로 한다.

1. 해석의 목표: 주관적 해석론과 객관적 해석론

(1) 양 해석론의 개념 정의

독일에서 법해석의 목표는 크게 두 가지로 대별된다. 그 하나는 법해석의 목표를 입법자가 해당 법문을 만들 때 가졌던 표상이나 의도를 찾는 것에 있다고 보는 방식이다. 다른 하나는 입법자가 법률텍스트를 만들어 공포한 이상 법해석의 목표는 그 법률텍스트 자체의 타당한 의미를 찾는 데에 있다고 보는 방식이다. 독일의 법학방법론은 전자를 '주관적 해석론'이라고 칭하고, 후자를 '객관적 해석론'이라고 칭한다.[2] 주관적 해석론은 '법규범이 제정된 시점에서 역사적 입법자가 갖고 있던 의사'를 탐구하는 데에 중점을 두게 된다. 반면 객관적 해석론은 '현재의 시점에서 법규범이 갖는 타당한 의미'를 탐구하고자 한다. 물론 의회가 자신의 의도에 잘 부합하는 표현을 선택하고자 하기 마련이므로 대개의 경우 법문의 기초에 있는 입법자의 표상은 법문이 해당 언어공동체에서 통상 의미하는 바와 크게 벗어나지 않을 확률이 높다. 그러나 구체적 판결과정에서는 일반, 추상적인 법문과 개별사안의 특수성 사이에 거리가 있을 수밖에 없다. 따라서 객관적 해석론을 취하는지, 주관적 해석론을 취하는 지에 따라 판결결과가 달라지는 경우가 생겨나게 된다.

(2) 예시 사례

이해의 편의를 위해 사례를 하나 들어 보기로 한다. 대체복무제가 아직 규율되기 전이라고 가정해 보자. 우리 법질서에서 양심상 병역거부자가 발생할 경우 그에 대한 처벌여부를 결정하는 핵심적 법문은 병역법 제88조 제1항이 된다. 해당 조문은 '…정당한 사유 없이 입영일이나 소집일부터 …입영하지 아니하거나 소집에 응하지 아니한 경우'에는 처벌한다고 규율하고 있다. '정당한 사유'란 어떻게 해석되어야 할까?

만약 법해석이 역사적 입법자가 해당 표현을 만들 때 실제 염두에 두었던 바를 지향해야 한다고 보게 된다면, 양심적 병역거부는 '정당한 사유'에 해당하지 않는다고 볼 가능성이 높다. 해당 병역법이 만들어진 시점은 '양심상 병역거부'에 대한 문제의식이 별로 없던 시절이었기 때문이다. 즉, 주관적 해석론을 취하게 된다면, '정당한 사유'를 천재지변이나 질병 등 병역의무 불이행자의 책임으로 돌릴 수 없는 사유를 중심으로 생각하게 될 가능성이 높다. 따라서 양심적 병역거부 문제는 입법자가 법률개정을 통해 해결해야 한다고 볼 것이다.

---

2 주관적 해석론과 객관적 해석론에 대해서는 Engisch, 『법학방법론』, 141면 이하, Larenz/Canaris, 『법학방법론』, 178면; 김영환, "법률해석의 목표: 주관적 해석이론과 객관적 해석이론 간의 논쟁에 관해", 『법철학연구』 제21권 제1호(2018), 367면 이하.

하지만 해석목표를 현재 시점에서 법률텍스트가 갖는 타당한 의미를 밝히는 것에 두게 된다면 판단은 달라질 수 있다. 역사적 입법자가 양심적 병역거부를 염두에 두지 않았더라도 법관은 현 시점에서 '정당한'이라는 표현이 갖는 합당한 의미를 법질서 내의 다양한 법규범들을 고려하는 가운데 밝히고자 할 수 있다. 이 경우 상위법인 헌법에 규율된 '양심의 자유'는 중요한 규범적 척도로 작용하게 될 것이다. 특히 양심의 자유의 보호범위에 대해 현재의 공동체 구성원들이 갖고 있는 강화된 인식은 '양심적 병역거부'를 위 조문의 '정당한 사유'에 해당한다고 해석하는 데에 긍정적 역할을 해 줄 수 있다.[3]

(3) 양 해석론 간의 비판적 논쟁

① 주관적 해석론의 입장

주관적 해석론에 따르면, 법률은 역사적 입법자의 의사의 표현이다. 따라서 법해석의 일차적 목표는 입법자가 법률로 표명한 의사를 실현하는 것이 되어야 한다.[4] 더욱이 현대 의회민주주의 국가에서 국가권력작용의 일차적 정당성 근거는 국민의 대표가 의회에서 내린 결정에 있으며, 법원의 민주적 대표성은 의회보다 낮다는 점이 환기된다. 따라서 법관의 눈에 의회의 결정이 만족스럽지 않더라도 법해석의 형식으로 자신이 옳다고 생각하는 결정을 내리는 것보다 입법자의 의사에 맞추어 법해석을 하고, 그 불만족스러움은 의회 스스로가 바로잡도록 하는 것이 타당하다고 본다. 주관적 해석론자들은 객관적 해석론을 매개로 독일이 의회민주주의 국가가 아니라 '엘리트 사법국가'로 전락하고 있다고 비판한다.

또한 객관적 해석론을 통해 법관에 대한 법률구속이 약화되고 그 결과 법관의 자의적 판결 가능성이 높아진다는 비판도 제기한다. 개별 법관이 더 옳다고 생각하는 해석이 다른 법관이나 시민들에게는 객관적인 것이라고 생각되지

---

3 2018년 양심적 병역거부에 대한 무죄판결(대법원 2018. 11. 1.선고 2016도10912 전원합의체 판결)에서 대법원 다수의견의 보충의견은 반대의견을 재반박하며 '객관적 해석론'을 표방한 바 있다. "법을 해석할 때에 입법자의 의도를 고려해야 하지만 그에 구속될 것은 아니다. 오히려 구속되어야 할 것이 있다면 그것은 법 그 자체이다. 그런데 바로 그 법이 위와 같은 '정당한 사유'를 규정하고 있는 것이다. **법은 입법자보다 현명하다**".
4 '주관적 해석론'을 표방하는 독일의 대표적 학자들로 빈트샤이트, 비어링, 헥크, 벨링, 엥기쉬, 뤼터스 등을 들 수 있다.

않을 수 있다. 패소당사자는 의회가 만든 법률이 그에게 부여하고 있는 권리를 인정받으려고 왔는데, 법관이 의회가 염두에 두지 않았던 의미를 법문에 부여하여 판결을 내린다면 이는 법관이 만든 법을 자신에게 소급적용하는 것이라고 여길 수 있다. 이런 견지에서 주관적 해석론자들은 "실제 객관적 해석론이 더 주관적인 해석론이며, 주관적 해석론이 더 객관적인 해석론이다!"라고 표현하기도 한다. 주관적 해석론이 권력분립원칙과 더 조화된다고 보는 이유이기도 하다.

② 객관적 해석론의 입장

반면 독일의 객관적 해석론자들은 다음과 같이 말한다. 법치국가에서 효력을 갖는 것은 의회에서 제정, 공포된 법률텍스트이지 그에 대하여 입법자가 가지고 있던 생각이 아니다.[5] 따라서 입법자의 의사가 따로 확인되는 경우, 그것은 어디까지나 법문의 의미범위 안에서 지지받을 수 있을 때, 혹은 적어도 법문에 시사되어 있을 때에만 고려가능하다고 한다.[6]

더욱이 법률의 수범자인 시민들은 법률텍스트를 현재의 언어사용법에 따라 이해하게 된다. 따라서 시민들이 지금 여기에서 법률텍스트로 이해하는 것을 해석의 중심으로 삼아야만 법적 안정성과 신뢰보호의 원칙에 부합한다고 본다.

또한 법문에 대하여 입법자가 법률제정 당시 갖고 있던 생각을 확인하는 것은 간단치 않다는 점도 강조된다. 현대국가에서 입법자는 한 명이 아니다. 법안은 정부에서도 제출할 수 있고, 여야협상의 결과로 통과되는 경우도 많으며, 개별 국회의원들이 법률 내용을 정확히 알지 못한 채 가결 버튼을 누르게 되는 경우도 많다. 또한 입법과정의 자료가 잘 남겨져 있지 않은 경우도 적지 않고, 법률이 충분한 숙고를 거치지 않고 다소 주먹구구식으로 만들어지는 경우도 많다.

또한 법률은 일단 제정되면 오랜 기간 법규범으로 기능을 하게 된다. 따라서 오래된 법률일수록 입법자의 표상에만 의지하면 해당 영역에 대한 합리적

---

5 '객관적 해석론'을 표방하는 독일의 대표적 학자들로 콜러, 빈딩, 라드브루흐, 빈더, 라렌츠 등을 들 수 있다.
6 BVerfGE 1, 299 (299); BVerfGE 11, 126 (130).

인 규율이 어렵게 될 수 있다. 독일에서는 흔히 1896년 제정되어 1900년 시행된 독일민법전의 경우가 언급된다. 따라서 객관적 해석론자들은 "법률은 그 제정자보다 더 현명해야만 한다", 혹은 법해석은 "이미 생각된 것을 나중에 다시 생각하는 것이 아니라 생각된 것을 끝까지 생각해 보는 일"이며, "마치 선박이 항구에서 출발할 때는 정해진 방법에 따라 항구의 수로를 빠져나가도록 항해사가 조종하지만, 해상에 나가게 되면 선장의 지시에 따라 자유롭게 항로를 찾아가는 것과 같은 이치"라고 이야기한다.[7]

③ 양 해석론의 수렴 경향

객관적 해석론과 주관적 해석론의 대립이 과장되었다고 보면서 이들을 절충시키려는 시도도 지속적으로 이루어지고 있다. 예컨대, 주관적 해석론은 사회변동에의 적응가능성 약화라는 자신의 약점을 보완하고자 '과거의 입법자뿐 아니라 현재의 입법자혹은 합리적 입법자라면 어떻게 할 것인가'의 관점을 아울러 고려하고자 하기도 한다. 객관적 해석론은 현재 시점에서의 법률에 대한 올바른 해석을 위한 수단으로 역사적 입법자의 표상 역시 중요하게 고려되어야 함을 환기시키기도 한다. 또한 객관적 해석이 자의적일 수 있다는 비판을 완화시키고자 '무엇이 합의가능한 의미귀속이고 많은 사람이 동의할만한 입법목적일 것인지'를 아울러 생각해 보고자 하기도 한다. 또한 법률이 현실적으로 작동하게 되는 사회공동체를 중심에 놓고 그것이 필요로 하는 바들을 '법공동체의 의사', '국민의 의사'로 재구성하여 해석의 주요 지침으로 삼으려는 절충 시도도 존재한다. 그러한 한에서 객관적 해석론과 주관적 해석론의 수렴 경향이 이야기된다.[8]

2. 해석의 기준

지금까지 독일법학에서 논의되는 '해석의 목표'에 대해 살펴보았다. 이제

---

7 Radbruch(윤재왕 역), 『법철학』(박영사, 2021), 187-188면.

8 반면, 주관적 해석론과 객관적 해석론의 구분 자체에 대해 비판적인 입장도 존재한다. 입법자의 의사든, 법률의 의사든 발견되는 것이 아니라 해석자에 의해 구성되는 것이라는 비판도 제기된다. 일찍이 C. Schmitt(홍성방 역), 『법률과 판결』(유로, 2014), 43면. 최근에는 Müller/Christensen/Sokolwski(이덕연 역), 『법텍스트와 텍스트작업』(법문사, 2005), 139면.

다루어야 할 부분은 해석 목표를 달성하기 위한 수단으로 투입되는 '해석기준'
에 대한 부분이다.

(1) 고전적 4대 해석기준

해석기준에는 통상 4가지의 해석기준이 이야기된다. 우리 법원도 흔히 언
급하는 '문리적 해석', '역사적 해석', '체계적 해석', '목적론적 해석'이 그것이
다.[9] 하지만 그 외에 이른바 보충적 해석기준들도 제시된다. '비교법적 해석',
'선례를 고려한 해석', '학설에 기반한 해석', '결과고려해석' 등이 그것이다.

먼저 4대 해석기준에 대한 독일의 논의부터 살펴보고, 그 다음으로 보충
적 해석기준들에 대해 살펴보기로 한다.

① 문리적 해석

문리적 해석은 해석의 출발점이다. 해당 법문이 언어공동체에서 어떤 의
미를 갖는지를 고려하여 의미귀속을 하는 형식이라고 할 수 있다. 문리적 해석
이 정향하는 언어공동체는 시민들을 포함한 언어공동체 일반을 지칭하게 되는
경우가 많지만, 경우에 따라서는 법률전문가들의 공동체를 지칭하는 것일 수도
있다.

문리적 해석은 두 가지 차원을 가질 수 있다. 하나는 법문에 대한 의미귀
속의 범위와 한계를 그어주는 소극적 차원이고, 다른 하나는 의미범위 안에서
특정 의미선택지를 지지해 주는 적극적 차원이다.

가) 문언의 명백성, 다의성, 애매성 문제

어떤 단어가 언어공동체에서 통상 갖는 의미를 확인하고자 할 경우 전형
적으로 사용가능한 방법은 여러 형태의 사전을 참조하는 것이다. 하지만 문리
적 해석이 부딪히는 어려운 점 중 하나는 단어가 '다의성', '애매성'을 갖게 되
는 경우가 적지 않다는 점이다. '다의성'은 해당 단어가 그 중심부에 여러 의미

---

9 종래 사비니는 문리적, 역사적, 논리적, 체계적 해석만을 언급했고 목적론적 해석은 19세기 후반에야 부각되기 시
작한 해석기준이라고 이야기되기도 했다. 하지만 최근의 연구는 사비니에게서도 이미 법규범의 목적은 법해석 및 법
형성 과정에 주요한 역할을 수행하고 있었음을 확인시켜 준다. 이에 대해서는 이성범, "사비니의 법률해석론", 『강원
법학』 제61권 (2020), 342면 이하.

를 가질 수 있음을 지칭하고, '애매성'은 해당 단어의 의미에 속하는지 안 속하는지 판단이 어려운 주변부 지대가 있을 수 있음을 의미한다. 다의성과 애매성의 존재로 말미암아 문리적 해석만으로는 해석이 완료될 수 없는 지점이 발생하게 된다. 따라서 문리적 해석이 제공하는 의미선택지 중 최종적 선택은 다시금 다른 해석기준들의 협동 작업에 의존하게 될 때가 많다.

물론 언어학적으로 보았을 때 '의미가 명백한 문언'은 존재하지 않는다는 비판도 제기된다. 어떤 개념도 그 외연이 의심의 여지없이 명백한 경우는 없으며, 문언이 구성되고 수용되는 상황이 변하면 그 의미내용도 변한다는 것이다. 더욱이 그 자체 명백해 보이는 법문이라도 같은 법률의 다른 조항이나 상위법 혹은 시간적으로 나중에 만들어진 법문들과의 관계 속에서 충돌이나 모순에 빠지게 될 수 있다. 따라서 '법문이 명백하다'는 것은 해당 시점에 특정 해석에 대해 논쟁이 없다는 점을 가리키는 것일 뿐이라고 한다.

나) 법문의 가능한 의미의 한계

독일의 전통적 해석론은 다른 해석기준이 지지하는 의미들의 선택에 있어 법문이 '한계기능'을 수행해 줄 수 있다고 이야기한다.[10] 해석은 '문언의 가능한 의미의 한계'를 넘어서는 안 된다는 것이다. 그러나 '문언의 한계' 개념에 대해서는 언어철학적으로 비판이 제기되기도 한다. 언어사용에 앞서 미리 확정되어 있는 문언의 한계란 존재하지 않는다는 것이다. 오히려 문언의 한계가 '해석의 결과'라고 이야기되기도 한다. 혹은 '해석에 대한 정당화가 더 이상 어려운 곳에' 해석의 한계가 존재하는 것일 뿐이라는 주장이 제기되기도 한다.

그럼에도 불구하고 '문언의 한계'가 전혀 작동하지 못한다고 말할 수는 없다. 여기에서 '문언의 적극적 선택지', '중립적 선택지', '소극적 선택지'를 구분해 보는 것이 도움이 될 수 있다. 문언에의 포함 여부가 애매한 경계선상의 표지중립적 선택지도 존재하겠지만, 문언의 의미범위 안에 있다고 분명히 말할 수 있는 표지적극적 선택지, 혹은 의미범위 밖에 있다고 분명히 말할 수 있는 표지소극적 선택지들도 존재하게 마련이다.[11] 적극적 선택지와 소극적 선택지의 존재는 언어

---

10 Larenz/Canaris, 『법학방법론』, 210-211면; Engisch, 『법학방법론』, 255면.
11 Koch/Rüßmann, *Juristische Begründungslehre*(München, 1982), 195면 이하. 법이론사적으로 보았을 때 '적극

를 이용한 소통의 가능조건이라고도 할 수 있다. 이들이 존재하는 한, 법문은 의미귀속에 일정한 한계기능을 수행하게 된다.

② 역사적 해석

역사적 해석이란 법문의 제·개정 당시의 역사적 맥락을 고려하여 의미귀속을 하는 형식을 지칭한다. 역사적 맥락을 확인하는 데에 있어서 다음의 자료들이 활용된다.

첫째, 역사적 입법자가 제·개정 시에 염두에 두었던 바를 드러내주는 문헌들을 참조하는 방식. 독일법학은 이를 '발생사적 해석'이라고 칭한다. 법률 제·개정안에 동반되는 입법이유서, 소관상임위나 법사위의 회의록, 전문가평가서, 총회의사록 등이 그 자료가 될 수 있다.

둘째, 법문의 제·개정이 이루어진 당대에 해당 공동체 구성원이 통상 해당 문구로 표상하던 바를 정향하는 방식. 예를 들어 독일 헌법상 국기조항의 '…흑/적/황으로 한다'의 해석 시에 독일국민들이 1850년대 프랑크푸르트 국민의회 당시의 깃발을 상징적으로 상기해 온 역사적 맥락을 참조할 수 있을 것이다.

셋째, 법률제정 이전의 규범 상황이나 법률개정 이전의 조문들을 참조하는 방식. 예컨데 2000년대 독일채권법의 대폭 개정 후 변경된 조문을 이전의 조문과 비교해 보는 방식을 들 수 있을 것이다. 우리나라에서 민법 조문을 해석할 때 구 민법의 조문들을 참조하는 방식과 비교 가능하다.

넷째, 법문의 제·개정 당시에 법문의 기초에 있는 법리와 관련하여 학계나 법원에서 어떤 논의가 있었는지를 참조하는 방식이다.

③ 체계적 해석

법문 사이의 논리적, 체계적 연관관계를 고려하여 법적 의미귀속을 하는 형식을 지칭한다. 다른 법문들과 충돌하는 의미귀속을 배제하고자 하는 방법도 있을 수 있고, 다른 법문들과 더 잘 조화될 수 있는 의미귀속을 지향하는 방법

적 선택지'와 '중립적 선택지'는 '개념의 핵', '개념의 뜰'과 같은 단어로 표현되기도 했고(Ph. Heck), '확정성의 핵심'과 '의문성의 경계영역'으로 표현되기도 했다(H.L.A. Hart). 법규칙의 특성에 대한 하트의 설명으로는 본서 제2장 IV. 4.를 참조.

도 있을 수 있다. 충돌되지 않고 조화되고자 하는 다른 법규범들은 해당 법률의 다른 조항일 수도 있고, 연관된 법률들의 조항들일 수도 있으며, 해당 법영역의 일반적 법원리들일 수도 있다.

　만약 조화되고자 하는 법규범이 상위법, 특히 헌법이라고 하면 이는 '헌법합치적 해석'이 된다. 20세기 후반 이후 유럽통합의 과정 속에서 체계적 해석의 준거규범들은 '유럽법'으로 확장되었다. 그에 따라 '유럽법 합치적 해석' 역시 교과서적 요청의 대상이 되고 있다. 하지만 유럽법 합치적 해석도 법해석의 일종이기 때문에 법률의 의미내용을 새로이 규정하는 정도에 이르러서는 안 된다. 그런데 헌법에 위배되는 법률과 달리, 유럽법에 위배되는 법률에 대하여는 효력박탈을 위한 제도적 절차가 마련되어 있지 않아서 이른바 '유럽법의 적용우위'의 방식이 활용된다. '적용우위'라고 함은 유럽법과 국내법이 충돌할 때 국내법이 효력을 잃지는 않으면서 그 적용만이 배제되고 유럽법이 적용되는 형식을 의미한다.

　④ 목적론적 해석

　목적론적 해석은 해당 법문의 취지와 의도를 고려하여 법적 의미귀속을 하는 형식을 지칭한다. 즉 '법의 이성ratio legis에 대한 탐구'라고 할 수 있다. 목적론적 해석은 유럽법의 역사에서 오랜 전통을 가지고 있다. 이미 '학설휘찬'에서 켈수스는 "법률을 안다는 것은 … 그 의미와 목적을 안다는 것"이라고 언급한 바 있기도 하다.[12]

　엄밀히 보면, 목적론적 해석은 두 가지 형식으로 구분될 수 있다. 하나는 역사적 입법자가 염두에 둔 취지와 의도를 원용하는 형식이고, 다른 하나는 해당 법문이 현재 법질서 안에서 수행하는 목적과 기능 등을 추론하여 이를 원용하는 형식이다. 전자를 독일법학은 '주관적 목적론적 해석'이라고 칭하고 후자를 '객관적 목적론적 해석'이라고 칭한다. 주관적 목적론적 해석은 다분히 '발생사적 해석'과 접근하게 된다.

　객관적 목적론적 해석에 대해서는 그것이 해석자가 의욕하는 결과를 정당화하기 위한 수단일 뿐이라고 비판되기도 한다. 법문의 객관적 목적이 무엇인

---

12 켈수스, 학설휘찬 I. 3. 17.

지에 대한 판단은 사람마다 달라질 수 있으며 이를 통제할 수 있는 상위의 기준을 마련하기 어렵다는 것이다. 따라서 독일에서는 목적론적 해석을 합리화시키기 위한 방법의 모색이 지속적으로 이어지고 있다. '합리적 결과고려'의 방법을 목적론적 해석과 결합시키고자 하는 시도는 대표적 예라고 할 수 있을 것이다.[13]

목적론적 해석과 관련하여 짚어둘 점 중 하나는 해당 법문의 목적을 고려하고자 할 때 그 목적의 추상도 층위가 다양할 수 있다고 하는 점이다. 개별 법문의 목적 외에, 법문이 위치한 법률의 일반적 목적도 있을 수 있고, 더 나아가 해당 법영역의 일반적 목적도 존재할 수 있다. 통상 이는 해당 법률이 실현시키고자 하는 법원리 및 법이념의 형식을 취하기도 한다. 특히, 현대국가의 일반법률들은 보편적 법원리와 이념을 실현시키고자 만들어진 측면이 크기 때문에(예컨대, 민법의 사적자치원칙) 목적론적 해석은 암묵적으로 우리 법질서가 지향하는 가치나 이념과도 접점을 갖게 된다. 법해석이 지향하는 목적의 층위가 올라갈수록, 그리고 법해석이 조화되고자 하는 범규범의 추상도가 높아질수록 목적론적 해석과 체계적 해석은 상호접근하게 된다. 현대의 헌법규범이 법질서가 지향하는 원리와 가치를 중심으로 파악되는 한 '헌법합치적 해석', '기본권의 대사인적 효력'은 법해석을 법질서에 내재하는 가치 및 이념과 연동시키는 기제로 작용하게 된다. 이 지점에서 우리는 현대 영미법철학에서 이야기하는 '정합성', '통합성' 이론을 상기해 볼 수 있을 것이다.[14]

⑤ 해석의 우선순위를 둘러싼 논쟁

해석기준으로 확보할 수 있는 합리성이 제한적임을 강조하고자 하는 독일 법률가들은 곧잘 다음의 비판을 제기한다. 해석기준들이 서로 다른 의미선택지를 지지할 경우, 해석기준들 사이에 무엇이 우선되어야 할지에 대해 순위가 사전에 정해져 있지 않으면 해석기준들은 법관의 자의적 해석을 꾸며 주기 위한 장식용품이 될 수밖에 없다는 것이다.[15]

---

13 이에 대해서는 아래 '결과고려해석'에 대한 절 [II. 2. (2) ③]을 참조.

14 이에 대해서는 본서 제3장 V. 드워킨의 자연법론을 참조.

15 대표적으로 J. Esser, *Vorverständnis und Methodenwahl in der Rechtsfindung*(2. Aufl, Frankfurt am Main, 1972), 126면. 에써의 법해석학에 대해서는 양천수, 『법해석학』(한국문화사, 2017), 131면.

판결에 작용하는 법관의 선이해나 주관적 가치판단의 역할을 크게 보는 입장일수록 해석기준의 우선순위에 대하여 부정적일 가능성이 높다. "방법이 판결결과를 향도하는 것이 아니라, 판결결과가 방법을 선별"한다는 것이다. 혹은 해석기준이란 기껏해야 결과의 선택과정에서 참조가 되는 '관점'일 뿐이라고 한다.

반면 해석기준들 사이에 '약한 의미의 우선순위'를 설정하는 것이 가능하다고 보는 법률가들도 존재한다. 여기에서 '약한 의미'라고 함은 해석기준의 우선순위가 절대적인 것이 아니며, 구체적 사안에서 후순위의 해석기준이 우선할 만한 더 나은 근거가 제시된다면 앞순위의 해석기준이 물러설 수 있음을 함의한다.16 약한 의미의 우선순위를 제시하고자 하는 입장들 사이에도 약간의 의견차는 확인된다. 일단 문리적 해석이 가장 우선되어야 한다는 점에는 대체적인 공감대가 존재하지만, 다음의 순위로 역사적 해석을 놓을지, 체계적 해석을 놓을지 등에 있어서는 다시금 의견이 나뉜다. 이 지점에서는 해석의 목표에 대한 입장주관적 해석론 혹은 객관적 해석론이 다시금 일정한 역할을 하게 된다. 주관적 해석론자들은 역사적 해석을 우선시하는 경향이 있는 반면, 객관적 해석론자들은 역사적 해석을 법문에 지지근거가 있는 한에서 보충적으로만 활용하고자 하는 경향이 있다. 따라서 객관적 해석론자들은 체계적 해석, 목적론적 해석을 우선하고자 하는 경향이 있게 된다.17

법철학적 관점에서 볼 때 해석의 우선순위를 둘러싼 독일의 논쟁은 영미의 비판법학이나 법현실주의가 '법의 비결정성'이나 '이데올로기성', 혹은 '법적 논증의 수사성'을 부각시키면서 진행한 논쟁들과도 결부시켜 볼 수 있다.

(2) 보충적 해석기준들

보충적 해석기준으로는 비교법적 해석, 선례나 학설을 고려한 해석, 결과고려해석 등이 이야기된다.

---

16 예컨데 R. Alexy(변종필/최희수/박달현 역), 『법적 논증이론』(고려대 출판부, 2007), 347면 이하.
17 해석기준의 우선순위를 둘러싼 독일의 전반적 논의상황에 대해서는 이계일, "법해석기준의 서열론에 대한 비판적 연구", 『법철학연구』 제18권 제3호 (2015), 125면 이하.

① 비교법적 해석

비교법적 해석은 해당 법문과 관련된 외국의 법규범이나 그와 관련된 해석례 등을 참조하는 것을 지칭한다. 비교법적 해석은 유럽의 여러 국가들에서 최근 매우 중요한 해석수단으로 대두되고 있다. 유럽연합에서 유럽법이 제정되고 이들이 각 국가에서 구속력 있는 규범으로 작동하게 되면서 각 국가의 법원은 유럽법원의 해석례들혹은 유럽연합 집행기구들의 관련 지침들을 참조하지 않을 수 없게 되었다. 또한 해당 유럽법이 다른 구성원 국가들에서는 어떻게 번역되고 또 어떻게 해석되고 있는지를 고려해야 하게 되었다. 유럽연합 국가들 사이에 이동의 자유가 보장되고 상거래가 활성화되어 있기 때문에 타 구성원국가들의 법해석을 도외시하고 자기 국가만의 해석례를 고집할 수 없게 된 측면도 크다. 비교법적 해석의 중요성 증대에 따라 비교법적 해석은 독일에서 '제5의 해석기준'이라고 칭해지기도 한다.

② 선례 및 학설을 고려한 해석

선례를 고려한 해석은 최근의 법현실을 고려할 때 그 어떤 해석기준보다도 강력한 힘을 발휘하는 해석방식이라고 할 수 있다. 판결문들을 보면, 하급심들의 법해석은 대체로 최고법원의 선례를 그대로 원용하는 모습을 보게 된다. 이는 독일에서도 예외가 아니어서, 이에 대해 '판례실증주의'라고 비판하는 목소리가 나오기도 한다. 법규범과 판례의 위상이 전도되었다는 것이다. 하지만 선례의 원용이 일정한 조건하에서 정당화될 수 있다는 견해도 존재한다. 그 논거는 다음과 같다.[18]

ㄱ) 법관마다 새로운 해석을 감행하게 되면 이는 법적 안정성을 해치는 것일 수 있다.

ㄴ) 기존 선례를 고려하여 법률관계를 형성한 사람들의 신뢰와 기대이익 역시 고려해야 한다.

ㄷ) 법관마다 다른 해석을 취하면, 이는 동등대우 원칙에도 반한다정의의 요청으로서 '같은 것은 같게, 다른 것은 다르게!' .

---

18 Alexy, 『법적 논증이론』, 381면 이하.

ㄹ) 법리의 발전을 위해서도 법리를 안정적으로 유지시켜 가는 가운데, 사안에 따라 구분할 것은 구분하는 방식으로 접근하는 방식이 유리할 수 있다. 정의로운 판결을 지향한다는 명목하에 법관마다 법리가 들쑥날쑥 달라진다면 오히려 법리발전에 저해되는 것일 수 있다.

ㅁ) 제도 현실의 측면에서 볼 때, 과중한 업무부담을 지고 있는 하급심 법관들이 매 사건마다 스스로 엄밀한 법해석을 수행해야 하는 것은 큰 부담일 수 있으며, 효율적이지도 못하다.

다만, 선례에 어느 정도의 규범적 힘을 부여할지는 '선례의 법원성'을 바라보는 관점에 따라 달라지게 된다.[19] 선례의 법원성을 긍정하는 입장이라면 선례에 가장 강한 규범적 힘을 부여하게 될 것이다. 대륙법계인 독일의 경우 선례의 법원성을 인정하지 않는 입장이 지배적이다. 법관은 원칙적으로 법률에 구속되지, 선례에는 구속되지 않는다는 것이다. 다만, 최근에는 선례가 갖는 현실적 힘을 감안하여 '보충적 법원성', '추정적 효력' 등을 주장하는 견해도 강력히 대두되고 있다. 이는 대륙법계와 영미법계의 수렴경향이 확인되는 지점이라고 할 수 있다. 하지만 선례의 법원성을 인정하지 않는 입장이라고 하여 법관이 선례에서 자유로울 수 있다고 보는 것은 아니다. 이들 역시 선례와 함께 형성되는 법적 안정성, 신뢰이익 등의 보호를 위해 법관이 선례에서 벗어나고자 할 때 논증의무를 부담하게 된다고 보기 때문이다.[20]

학설을 고려한 해석 역시 독일법원이 곧잘 활용하는 보충적 해석방식이다. 현대 법질서에 있어서 학설을 공식적 법원으로 인정하는 나라는 거의 없다. 그럼에도 합리적인 학설은 바로 그 내용적 설득력을 토대로 법원의 해석과정에 힘을 발휘할 수 있고, 또 판결에 대해 비판적 기능을 수행하게 된다. 이 때문에 독일에서는 법질서의 발전을 위하여 법도그마틱과 판결 사이의 생산적 상호작용이 중요하다고 이야기된다.

---

19 선례의 법원성에 대해서는 이계일, "법관법의 법원성에 대한 유형적 탐구-독일학계의 논의를 중심으로-", 『법철학연구』 제19권 제 2 호(2016), 33면 이하. 켈젠, 뮐러, 루만 등 최근 독일 법이론의 발전경향을 고려하여 법원론을 재구성해 보고자 하는 이론적 시도로 양천수, 『삼단논법과 법학방법』(박영사, 2021), 256면 이하.

20 예컨대 알렉시, 『법적 논증이론』, 384면.

③ 결과고려 해석

보충적 해석기준들 중 독일에서 최근 많은 탐구의 대상이 되는 것이 바로 '결과고려 해석'이다.[21] 법원이 판결을 내릴 때 사안이 구성요건에 해당하는지를 넘어, 그 결과를 고려하는 것이 정당화될 수 있을까? 이에 대한 논의를 위해서는 먼저 '고려 가능한 결과의 유형'을 분류해 보는 것이 필요하다.

ㄱ) 어떤 해석에 동반되는 법적 결과가 해당 법문의 목적에 부합하지 않거나 당사자에게 부당해 보일 때 이를 해석의 선택지에서 배제하는 방식
ㄴ) 어떤 해석이 관련 영역에 확립된 법리들의 체계 정합성을 침식하는 결과를 낳을 때 이를 고려하는 방식
ㄷ) 어떤 해석을 택했을 때 상급법원이 이를 파기할 가능성을 고려하거나 다른 동료들이 이를 부정적으로 볼 가능성을 감안하는 방식
ㄹ) 어떤 해석을 택했을 때 그것이 낳을 수 있는 사회적인 결과를 고려하고자 하는 방식

위의 여러 유형 중 ㄱ)이나 ㄴ)은 목적론적 해석 혹은 체계적 해석과 교차하게 된다. ㄷ)은 대개 법관의 암묵적 고려사항으로서 굳이 밖으로 드러내지 않으려는 경우가 많다. 따라서 독일법학에서 가장 논쟁이 되는 부분은 ㄹ)이라고 할 수 있다. 예컨대 기업과 노동자 사이의 법적 분쟁에서 노동자의 손을 들어줄 경우 기업이 불측의 손해를 입고 재정적 어려움에 처할 것이라는 예측, 더 나아가 기업의 어려움은 노동자에게도 손해가 될 것이라는 예측을 판결에 고려해도 좋을까? 혹은 드워킨의 '맥러플린 사안'을 떠올려 볼 수 있을 것이다. 자동차사고의 손해배상범위를 정할 때 보험료 상승의 가능성까지 감안해도 좋을까?[22]

또한 결과의 정확한 인식가능성에 대한 비판도 제기된다. 사회적으로 발

21 독일의 결과고려 해석에 대해서는 이계일, "법적 판단에 있어 결과고려의 구조에 대한 비판적 탐구", 『법철학연구』 제23권 제2호(2020), 109면 이하.
22 드워킨(장영민 역), 『법의 제국』(아카넷, 2004), 340면 이하.

생 가능한 경험적 결과를 명확히 측정하는 것이 가능한지, 결과발생의 확률이 어느 정도 이상일 때 고려해도 좋은 것인지, 사회 내에서 결과의 연쇄는 끝이 없을 수 있는데 어디까지 감안하여야 하는지, 무엇보다 개별사안을 맡은 법관이 과연 경험적 결과의 발생을 탐구할 여건에 있는지 등의 논점이 추가로 제기된다. 또한 관련 행위자들이 어떤 대응을 보이는지에 따라 결과발생이 달라질 수 있다는 점도 지적된다.

(3) 법적 논증이론의 발전과 '논거'로서의 해석기준

지금까지 여러 형태의 해석기준들에 대해 살펴보았다. 독일법학에서는 해석기준의 성격을 둘러싸고 논쟁이 벌어지기도 한다. 합리적 법해석을 위한 '캐논'이자 '방법'으로 이해하는 입장이 있는가 하면, 해석기준은 올바른 해석을 보증해 주는 '방법'이 될 수 없다고 비판하는 입장도 있다.[23] 이미 사비니는 해석기준을 전체적으로 올바른 의미부여로 나아가기 위한 사고과정의 '요소'라고 칭한 바 있다.

> "각자의 취향과 자의에 따라 선택할 수 있는 네 가지 해석방식이 아니라, ⋯ 해석이 성공하려면 서로 결합하여 작용해야 하는 여러 가지 활동."[24]

최근에는 법관이 내린 결론이 정당화 가능한지 논증하고자 할 때 해석기준들이 수행하게 되는 '논거'로서의 역할에 주목하는 입장도 존재한다. 이러한 입장은 '법적 논증이론'을 발전시켜 나가고 있는데, 그 대표적 법률가로 알렉시를 꼽을 수 있다. 알렉시는 법적 논증을 '일반 실천적 논증의 특수경우'로 설정하면서 합리적인 논증일반에 요구되는 논증규칙이 법적 논증에도 적용될 수 있다고 보고, 이를 법해석의 논거들과 결합시키는 방식을 취한다.[25]

---

23 이런 비판들은 문제중심론(Juristische Topik)이나 법해석학(Juristische Hermeneutik) 진영에서 제기되고는 한다. 독일의 법해석학에 대해서는 양천수, 『법해석학』을 참조.

24 Savigny, *System des heutigen Römischen Rechts*(Bd. 1, Veit, 1840), 215면(옝기쉬, 『법학방법론』, 131면에서 재인용).

25 알렉시, 『법적 논증이론』, 297면 이하. 아울러 독일 법적 논증이론에 대한 분석과 소개로는 울프리드 노이만(윤재왕 역), 『법과 논증이론』(세창출판사, 2009).

Ⅲ. 법관의 법형성

지금까지 법해석의 기준들에 대하여 살펴보았다. 하지만 본 장의 서두에서도 이야기했듯이, 법적용의 대전제에는 법문의 범위 안에서 추론된 법명제들만 위치될 수 있는 것은 아니다. 일정한 조건이 충족되는 경우, 법문의 범위밖에 있는 법명제들, 아주 예외적으로는 법문과 충돌하는 법명제들도 법적용의대전제에 위치될 수 있다. 이 문제영역을 독일법학은 '법관의 법형성'이라는 표제 하에 다룬다.

1. 법관의 법형성의 유형 구분

독일법학은 법관의 법형성의 가능한 유형을 다음과 같이 분류한다.

첫째, 법문을 넘어선 법형성Rechtsfortbildung praeter legem은 법조항의 계획에 반하여 규율의 불완전성이 나타나는 경우 이를 그 계획에 맞추어 보충하는 것을 말한다.

둘째, 법문 밖의 법형성-extra legem은 법조항 자체의 계획이 아니라, 법질서를 구성하는 법원리나 법이념 등에 비추어 규율의 불완전성이 나타나는 경우 이를 법원리나 법이념에 부합하게 보충하는 것을 말한다.

셋째, 법문에 반하는 법형성-contra legem은 법원리나 법이념에 비추어 규율이 잘못되었다고 판단되는 법조항이 있을 경우 이를 수정하여 적용하는 것을 말한다.

독일법학은 위의 법형성 유형들 중 무엇이 어느 정도나 정당화될 수 있다고 볼까? '법문을 넘어선 법형성'의 정당화 가능성을 부인하는 사람은 별로 없다. 현대법질서에서는 '법문 밖의 법형성'의 가능성도 대체로 긍정한다. 하지만 '법문에 반하는 법형성'이 긍정될 수 있는지, 있다면 어떤 조건과 한계 내에서 그러한지에 대해서는 의견이 갈린다.

본서는 '법문을 넘어선 법형성'과 '법문 밖의 법형성'을 '법률보충적 법형성'으로, '법문에 반하는 법형성'을 '법률수정적 법형성'으로 묶고, 그 각각에 대하여 독일법학이 대체로 어떤 조건과 한계를 설정하는지 짚어 보는 방식을 취해 보기로 한다.

2. 법률보충적 법형성의 조건과 한계

독일법학은 '법질서의 계획에 반하는 규율의 불완전성'을 '법률의 흠결'이라고 칭한다. 그리고 법관이 법률의 흠결을 법질서의 계획에 맞추어 보충하는 작업은 권력분립국가에서도 충분히 정당화될 수 있다고 본다. 대체로 그에 부과되는 정당화 조건은 다음과 같다.

첫째, 법률의 흠결이 존재할 것

둘째, 법질서가 법형성을 반대하는 영역_{예컨대, 죄형법정주의가 지배하는 형법이나 조세법률주의가 지배하는 세법}이 아닐 것

셋째, 흠결보충의 방법이 유추나 목적론적 축소, 법원리에 입각하여 정당화될 수 있을 것

(1) 법률보충적 법형성의 요건 1: 흠결의 존재와 그 유형분류

법률의 흠결을 세부적으로 분류하고 지칭하는 방식은 법률가마다 조금씩 차이가 있다. 하지만 다음의 흠결 유형은 대체로 긍정되는 것 같다.[26]

① 우선, 흠결확인의 규범적 척도가 어디에 있는지에 따라 이른바 '논리적/절차적 흠결', '목적론적 흠결', '원리 흠결' 등이 구분된다.

첫째, 논리적 흠결/절차적 흠결은 해당 규범을 적용하고자 하는데 그 규율이 불완전하여 적용이 완료될 수 없는 경우를 지칭한다. 즉 흠결확인의 규범적 척도가 개별규범의 작동가능성에 있는 것이다. 예컨대, 이자 지급이 명령되어 있는데 이자율이 규율되어 있지 않은 경우, 의사결정단위로 의사회를 구성해 놓고 있으면서 의결정족수 등이 규율되어 있지 않은 경우를 들 수 있다.

---

26 Larenz와 Canaris의 연구를 중심으로 흠결의 여러 유형을 분석하고 있는 국내문헌으로 최봉경, "법률의 흠", 『연세법학연구』 제10권 제 1 호(2003), 25면 이하. 독일문헌으로는 Engisch, 『법학방법론』, 229면.

법규범이 작동할 수 없는 특수경우로는 규범충돌이 일어나는 상황을 들 수 있다.[27] 특히 두 규범의 구성요건의 범위가 서로 겹치면서도 법률효과가 상반되는 경우가 그러하다. 만약 규범충돌이 법해석의 방식이나 충돌해소규칙상위법우선, 신법우선, 특별법우선의 원칙에 의해서 해소되지 못하는 경우라면 이는 일종의 흠결상황을 초래하게 된다.

둘째, 목적론적 흠결은 개별 조항의 목적에 비추어 규율의 불완전성이 확인되는 경우를 지칭한다. 독일민법에는 채무불이행의 유형으로 이행지체와 이행불능만이 규율되어 있는데 규율목적에 비추어 보면 불완전이행 역시 규율되었어야 할 것이다. 따라서 그 누락은 일종의 목적론적 흠결에 해당하게 된다.

셋째, 원리 흠결은 개별조항의 목적이 아닌, 법질서를 구성하는 법원리에 비추어 규율의 불완전성이 확인되는 경우를 지칭한다. 비물질적 손해에 대한 금전배상을 규율하는 민법조항에서 초상권 침해가 누락되어 있음을 헌법상 일반적 인격권에 입각해 확인하게 되는 경우를 들 수 있을 것이다.

② 독일에서는 흠결의 존재가 명시적인지 여부에 따라 '명시적 흠결'과 '은폐된 흠결'로 구분하기도 한다.

명시적 흠결은 법질서의 계획에 비추어 규율되었어야 할 사안유형이 구성요건에 포함되어 있지 않은 경우를 지칭한다. 반면 은폐된 흠결은 법질서의 계획에 비추어 어떤 사안유형은 구성요건에서 배제되었어야 하는데 계획에 반하여 구성요건에 포함되어 있는 경우를 지칭한다. 이는 예외가 규율되지 못한 셈이라고 볼 수 있어 '예외흠결'이라고 칭하기도 한다.[28]

앞서 언급한 흠결의 예시들은 대체로 명시적 흠결에 해당한다. 은폐된 흠결의 예로는 독일민법상 자기대리금지 조항을 들 수 있다. 자기대리 금지조항은 대리인이 자기와 법률행위를 하는 것을 금지하고 있다. 조항 목적은 피대리인의 이익 보호라고 할 것인데, 만약 피대리인에게 이익만 있는 증여가 이루어

---

27 규범충돌의 여러 유형을 분석하고 있는 독일문헌으로는 Engisch, 『법학방법론』, 269면.
28 Engisch, 『법학방법론』, 250면.

진 경우에도 이를 무효라고 보아야 할까? 조항목적에 비추어 그러한 증여의 경우는 무효로 볼 필요가 없을 것이다. 바로 이런 경우를 은폐된 흠결이라고 할 수 있다.

③ 흠결은 계획에 반하는 규율의 불완전성이므로, 어떤 규율이 내용적으로 잘못된 것으로 생각되더라도 그 규율이 입법자의 판단에 따른 것이라면 흠결이라고 할 수 없다. 이는 '법정책상의 하자'로서 이를 바로잡는 것은 입법자의 몫이어야 한다. 예컨대 입법자가 유언문서의 진정성 확보를 위해 전체 문서의 수기를 요구한 경우라면, 설령 법관이 보기에 진정성 확보를 위해 유언자성명의 자서와 서명, 날인을 요구하는 정도로 충분하더라도 이는 흠결이라고 할 수 없다. 또한 흠결은 '법률의 의도적 침묵'과도 구분되어야 한다. '흠결'은 계획에 반하는 규율의 불완전성임에 반하여, '법률의 의도적 침묵'은 입법자가 '의도적으로' 규율을 해 놓지 않은 경우이다.

(2) 법률보충적 법형성의 요건 2: 법질서가 법형성을 반대하는 영역이 아닐 것

흠결이 존재한다고 하여 법형성이 항상 긍정되는 것은 아니다. 법형성 자체가 금지되어 있는 법영역이 있을 수 있다. 죄형법정주의가 지배하는 형법이나 조세법률주의가 지배하는 조세법 등이 그 예가 될 수 있을 것이다. 다만, 형법에 있어서도 가벌성의 범위를 축소시키는 법형성은 금지되지 않는다. 예컨대, 위법성조각사유나 책임조각사유를 유추적용하게 될 경우 혹은 범죄구성요건을 목적론적으로 축소하게 될 경우에는 가벌성의 범위가 축소된다.

(3) 법률보충적 법형성의 요건 3: 흠결보충의 방법이 정당화될 수 있을 것

독일에서 법률보충적 법형성의 방법으로 주로 이야기되는 것은 유추, 목적론적 축소, 법원리에 의한 법형성이다.[29]

앞서 흠결을 명시적 흠결과 은폐된 흠결로 분류한 바 있는데, 명시적 흠결은 유추로, 은폐된 흠결은 목적론적 축소로 보충한다. 명시적 흠결일지라도 그

---

29 Larenz/Canaris, 『법학방법론』, 264면; Engisch, 『법학방법론』, 241면. 위의 구도에 따라 흠결보충의 방법을 설명하는 국내문헌으로 김영환, 『법철학의 근본문제』(제3판, 홍문사), 306면 이하.

불완전성이 법원리에 입각해 확인되는 경우라면 법원리 자체가 흠결보충의 방향을 제시하게 된다.

독일에서 유추는 통상 두 유형으로 나누어 설명한다. '개별유추'와 '전체유추'가 그것이다. 개별유추는 어떤 사안이 특정 구성요건에 포함되어 있지 않지만 법문의 의도에 비추어 구성요건에 포함된 표지들과 본질적 유사성을 갖는다고 판단될 경우 그 사안에도 해당 법률효과를 귀속시키는 형식을 말한다. 전체유추는 여러 구성요건에서 공통의 원리를 끌어내서 이를 규율되지 않은 사안에 적용하는 형식을 말한다.

유추의 특수형태로 '물론추론argumentum a fortiori'이 있다.[30] '물론추론'은 '덜한 것'에서 '더한 것'으로 이행하는 추론형식이다. 어떤 사안이 법문에 규율되어 있지 않을지라도 법문의 의도와 취지에 비추어 '응당' 혹은 '더욱더' 해당한다면 그 법률효과를 귀속시킬 수 있다고 추론하는 것이다. 예컨대 반대급부의 위험이 없는 경우에 위험은 채무자가 부담한다는 규율이 있는 경우, 반대급부의 위험이 있는 경우라면 응당 채무자가 위험을 부담한다고 추론하는 형태를 들 수 있다. 청소년이 입장할 수 있다면 응당 성인 역시 입장할 수 있다고 보는 것도 물론추론의 예가 된다.[31]

목적론적 축소는 구성요건에 포함되는 표지를 법문의 의도와 취지에 비추어 그 법률효과귀속에서 배제시키는 추론형식을 지칭한다.

3. 법률수정적 법형성의 조건과 한계

지금부터 살펴볼 주제는 법문의 규율이 잘못되었다고 판단될 때 법관이 이를 수정할 권한을 가질 수 있는지에 대한 부분이다. 민주적 법치국가에서 법을 만들고, 잘못된 법률을 수정하는 권한은 원칙적으로 의회에 맡겨져 있다. 따라서 법관이 법률수정의 권한을 예외적으로 인정받을 수 있는지, 그 조건과 한계에 대한 물음은 일차적으로 민주적 법치국가에서 국가기관 간의 권한분배

---

30 이는 다시금 '대에서 소로의 추론(argumentum a maiore ad minus)', '소에서 대로의 추론(argumentum a miniore ad maius)'으로 나눌 수 있다. 이에 대해서는 Zippelius, 『법학방법론』, 94면.

31 이들 사례에 대해서는 최봉경, "법률의 흠", 44면.

에 대한 물음일 수밖에 없다.

또한 이 문제는 '법실증주의'와 '자연법'에 관한 장에서 다루어진 법철학의 고전적 물음과 맞닿아 있기도 하다. "부정의한 법률도 법으로 보아야 하는가" 라고 하는 질문이 그것이다. 그럼에도 먼저 확인해 둘 대목은 법관의 법률수정 이라는 표제가 대단히 부정의한 법률의 처리문제만 다루는 것은 아니라고 하는 점이다. "법문에 따를 때 그 목적에 부합하지 않는 결과가 초래되므로 그 목적에 부합하는 결정을 내리고자 하는 경우", "법문에 따를 때 터무니없는 결과가 초래되어 이를 바로잡고자 하는 경우", "사회변화나 가치관의 변동으로 인해 법문을 이에 적응시키고자 하는 경우", "법문이 법질서를 구성하는 근본적 법원리나 헌법규범에 부합하지 않아 이를 바로잡고자 하는 경우"도 독일에서 법률수정적 법형성의 표제하에서 다루어지는 주제들이다.[32]

법관의 법률수정 문제를 다루는 방식은 독일 법률가들에게 있어 통일적이지 않다. 본 절에서는 라렌츠와 뤼터스의 논의를 중심으로 법률수정에 대한 독일의 논의상황을 간단히 살펴보기로 한다.[33]

(1) 라렌츠

라렌츠는 '법문에 반하는 법형성'을 예외적 조건하에서 긍정하면서도 이를 '법문 밖의 법형성'과 묶어서 다루는 방식을 취한다. 그리고 이를 '법률초월적 법형성'이라는 표제하에 검토한다.[34]

라렌츠는 법률초월적 법형성이 가능한 경우로 '법적 규율이 사물의 본성에 반하는 경우', '법거래의 필요성에 반하는 경우', '법윤리적 원리에 반하는 경우', '법적 긴급사태의 경우'를 든다.

'사물의 본성에 반하는 법적 규율'에 대해 법형성이 감행된 사례로 라렌츠는 권리능력 없는 노동조합에 대하여 적극적 당사자능력을 인정한 판결을 든

---

32 관련 문제에 대한 국내문헌으로 양천수, "법률에 반하는 법형성의 정당화 가능성", 『법과 사회』 제52호(2016), 107면 이하.

33 엥기쉬의 논의도 주목할 만한데 이에 대해서는 Engisch, 『법학방법론』, 287면 이하.

34 Larenz/Canaris, 『법학방법론』, 303면 이하. '법률초월적'이라는 표현에서 느껴질 수 있는 다소의 이질감은 일정부분 우리말 번역어의 강한 어감에 따른 것일 수 있다. 원래의 독어표현('übergesetzlich')은 '당해 법문 자체에 내재된 계획을 넘은'이라는 의미를 가리키기 위한 것으로서 혹자는 '법률유월적' 이라고 번역하기도 한다.

다.[35] 독일민법 제54조가 '권리능력 없는 사단에는 조합에 관한 규정을 준용한 다.'고 규정하고 있고, 구 독일민사소송법 제50조 제 2 항이 권리능력 없는 사 단에 대해서는 수동적 당사자능력만을 부여한다고 규율하고 있었음에도 법원 은 이들 문언에 반하여 적극적 당사자능력을 인정하는 판결을 내린 것이다.

'거래질서에 반하는 법적 규율'에 대해 법형성이 감행된 사례로 라렌츠는 민법상 양도담보제도를 긍정한 판결을 든다.[36]

'법윤리적 원리에 반하는 법적 규율에 대해' 법형성이 감행된 사례로 라렌 츠는 일반적 인격권 침해의 경우에 금전배상을 긍정한 판결을 든다.[37] 독일민 법 제253조 제 1 항은 "비물질적 손해에 대한 금전배상청구는 오직 법률이 규 정한 경우에만 이루어질 수 있다"고 규율하면서, 제 2 항에서 금전배상이 가능 한 경우로 오직 "신체, 건강, 자유, 성적 자기결정이 침해된 경우"만을 들고 있 다. 헌법상 일반적 인격권의 침해는 금전배상의 범위에 포함되어 있지 않다. 그럼에도 독일법원은 법문에 반하여 금전배상을 인정하는 판결을 내린 것이다.

'법적 긴급사태'에 해당하여 법형성이 감행된 사례로 라렌츠는 평가증액판 결을 든다.[38] 제 1 차 세계대전 전에 독일 화폐법은 '금화 1마르크는 지폐 1마 르크로 본다'는 규정을 두고 있었는데, 전쟁이 끝난 후 발생한 하이퍼인플레이 션 상황에서 독일 법원은 등가성 확보를 위해 해당 화폐법 조항에 반하는 판 결을 내렸다.

한 가지 더 짚어두어야 할 점은 라렌츠가 앞서 언급한 사안유형들에서 법 문에 반하는 법형성을 긍정하면서도 추가적 조건들을 제시하고 있다는 점이 다.[39] 무엇보다 법률수정이 의회의 심의와 정책적 판단이 필요한 영역을 법원 판결로 대체하는 형식이 되어서는 안 된다는 점을 든다. 판결의 구조적 특징은 특정 과거 사안이 기존에 만들어진 법규에 부합하는지를 판단하는 데에 있다. 그렇기 때문에 공동체의 미래를 위해 여러 사안에 두루 타당할 수 있는 일반

---

35 BGHZ 50, 327f.

36 다만, 라렌츠는 양도담보의 경우 법률초월적 법형성의 세부조건을 충족할 수 있는지에 대하여 비판적 입장을 피력 하기도 한다. Larenz/Canaris, 『법학방법론』, 328면.

37 BGHZ 13, 334; 26, 349; 35, 363등.

38 RGZ 107, 78, 87ff.

39 Larenz/Canaris, 『법학방법론』, 321면 이하.

적 규범을 제정하기에 법원은 적합한 장소가 되지 못한다. 따라서 법문에 반하는 법형성은 법관의 개입 외에 달리 해결책이 없는 예외적 상황에서만 제한적으로 긍정될 수 있다는 것이 라렌츠의 기본 입장이다.

(2) 뤼터스

뤼터스는 법률수정의 대상영역을 다음의 두 가지로 대별한다. '입법자가 염두에 둔 목적이 부적합하거나 실패한 것으로 드러나 목적수정이 필요한 경우'와 '애초에 부정의한 내용을 지닌 법률의 적용을 거부하고자 하는 경우'.

첫 번째 유형과 관련하여 뤼터스는 법률목적의 수정이 필요해지는 원인을 다음과 같이 세분한다.[40]

첫째, '사실기초의 지대한 변경으로 인한 규율필요의 변화'

둘째, '입법자의 규율목적의 완연한 실패'

셋째, '가치표상의 근본적 변천'

위의 상황에 해당한다면 뤼터스는 항상 법률수정이 정당화될 수 있다고 본 것인가? 그렇지 않다. 뤼터스는 우선 "법관이 판결해야 하는 사안의 구체적 이해관계에 비추어 이들 이해관계를 향도하는 법원칙과 규율목적에 따를 경우 입법자라도 기존의 법률규율과는 다른 결정을 내렸을 것이라는 점을 법관이 확신해도 좋을 때에만" 법률수정이 정당화될 수 있다고 말한다. 이때 법관은 법률수정의 이익과 법적 안정성의 이익 사이에 형량을 해야 하며, 전자가 압도적으로 우위에 있는 경우에만 법률수정의 가능성을 긍정하고자 한다.[41]

뤼터스는 '법률목적의 수정'이 아닌, '법률 자체가 매우 부정의함을 이유로 법문에 반하는 판결을 내릴 수 있는지'를 '법관의 법률거부'라는 표제하에 다룬다.[42] 본서 제3장 '자연법'에서 다루기도 했던 '극단적으로 부정의한 법률의 처리 문제'가 대표적이다.[43] 뤼터스는 불법국가가 아닌, 정상적으로 작동하는 민주적 법치국

---

40 B. Rüthers, *Rechtstheorie*(4. Aufl., München, 2008), 577면.

41 Rüthers, *Rechtstheorie*, 579-580면.

42 Rüthers, *Rechtstheorie*, 572, 581면.

43 특히, '라드브루흐 공식'과 관련된 논의(본서 제3장의 II.)를 상기해 보라.

가에서 법관의 법률거부는 긍정될 수 없다는 입장이다. 헌법재판소에 위헌제청
을 하는 방식 등을 활용할 수 있기 때문이다. 따라서 법관의 법률거부는 오직
법치국가의 정상적 작동이 막힌 '불법국가'체제하에서만 긍정될 수 있다고 본
다. 다만, 뤼터스는 전체주의 체제에서 '법률적 불법'에 대한 법관의 저항이 성
공할 가능성이 낮다는 점도 환기시킨다. 대개의 경우 '법관직 포기'만이 법관의
현실적 선택지가 될 수 있을 것이라고 덧붙인다. 이른바 '법관의 저항권'에 대
해서 적잖이 회의적인 견해를 피력하고 있는 셈이다.

제12장 생각해 볼 문제

❶ 한스 켈젠은 법률의 흠결 개념에 대하여 다음과 같은 비판을 한 바 있다. 켈젠의 주장에 대해
평해 보시오.

> 법논리적으로 보았을 때 계획에 반하는 규율의 불완전성이라는 개념은 부적절하다. 법규범이 어떤 것을
> 명령했을 때, 명령하지 않고 남은 영역은 자유의 공간이 되며, 이 공간에서 수범자는 어떤 것을 할지 스
> 스로 선택할 자유를 갖는다. 다른 누군가가 수범자에게 특정한 행위를 법적으로 요구할 권한을 가지지
> 못하게 된다. 또한 흠결이 있다고 해서 법관이 적용할 규범이 법질서에 존재하지 않는 것으로 본다면 그
> 역시 부적절하다. 이는 소송과정을 생각하면 명확해 진다. 누군가 소송을 통해 법적 청구를 하게 될 경
> 우, 해당 청구의 내용을 근거지우는 법적 구성요건이 존재하지 않으면, 법원은 이를 기각하면 된다. 이
> 때 해당청구의 내용을 구성요건에 포함시키고 있지 않은 규범은 "의무에 해당하지 않는 행동에 지향된
> 청구를 기각하는 결정에서 적용되는 규범"이 된다.
> 켈젠은 흠결이라는 개념이 결국 판결을 내리는 사람이 합목적성이 없거나 부정당하다고 생각하는 법규
> 범을 지칭하기 위한 표현에 다름 아니라고 본다. 따라서 흠결보충이라고 불리는 작업은 "흠결보충이라
> 는 미명하에 원래 적용해야 할 규범을 법적용 과정에서 폐기하고 새로운 규범으로 대체하는 것"에 불과
> 하게 된다. 켈젠에 따르면 법적용자의 관점에서는 나쁜 법률도 적용해야 하므로, 흠결을 보충해야 한다
> 는 관념은 견지될 수 없다고 본다.44

---

44 Kelsen(윤재왕 역), 『순수법학』(박영사, 2018), 123-124면.

❷ 아퀴나스가 신학대전에서 제시한 '법률문헌을 넘어서는 해석'의 두 가지 사례를 살펴보기로 한다. 아퀴나스의 주장에 대해 평해 보시오.

전쟁 중에 "성문을 닫아 두시오"라는 일반적인 포고령만 내려졌다. 그런데 수비병이 적에게 쫓겨 성문 앞에 당도한 아군을 구출하기 위해 성문을 열었다. 아퀴나스는 수비병들이 법률의 문언에 반하여*contra legis verba* 행동했지만 적법한 행위를 한 것이라고 하였다. 아퀴나스는 필요한 경우에 법률의 문언을 넘어서서*praeter verba legis* 입법자가 예상한 공동의 안전을 확보하기 위해 그렇게 한 것이라고 말한다.[45]

두 번째의 예는 칼을 임치한 사람이 미친 상태에서 또는 자신의 조국을 공격하기 위해 반환을 요청하고 있는데, 법률에는 임치물은 임치인의 요청 시 반환해야 한다는 규정만이 있는 경우이다. 아퀴나스는 반환하지 않더라도 적법하다고 한다. 왜냐하면 반환하지 않은 행위는 입법자의 의도에 부합하고, 정의와 공공선의 요청에 따른 행위라고 보기 때문이다.[46]

---

45 T. Aquinas, *Summa Theologiae* (Blackfriars, 1966), Ia2ae, 96, 6.

46 위의 책, IIa2ae, 120, 1.

Philosophy of Law: Theory and Issue

제13장
우리나라의 법해석론

Ⅰ. 도입글

앞에서 미국의 법해석론과 독일의 법해석론을 살펴보았다. 이제 살펴보고 자 하는 것은 우리나라의 법해석론이다. 우리나라의 법해석론을 살펴보고자 할 때 여러 대상영역이 있을 수 있다예컨대, 법원의 해석론, 학계의 해석론 등. 본 장에서는 법 원의 해석론, 그 중에서도 대법원의 해석론을 중심으로 검토를 해 보고자 한다.

우리 대법원은 어떤 해석론을 견지하고 있을까? 먼저 환기해 두어야 할 점 은 우리 대법원이 단일한 인격체가 아니라고 하는 점이다. 따라서 대법원의 해 석론을 살펴보고자 할 때 몇 가지 방식이 있을 수 있게 된다. 하나는 상당히 일관된 해석론을 피력하는 것으로 보이는 대법관들에 초점을 맞추어 살펴보는 방법이고, 다른 하나는 해석론이 표출된 대법원의 주요 판결을 중심으로 살펴 보는 방법이다. 대법원 다수의견/반대의견은 시기별로 대법관의 인적 구성에 따라 달라질 수 있다고 하는 점도 고려에 넣어야 할 것이다.

여러 가지 분석방법 중 본 장은 일차적으로 해석론이 표출된 대법원의 주 요판결들을 다수의견과 반대의견의 대비 속에서 살펴보는 방식을 택하고자 한 다. 이를 위해 법해석의 일반론을 다룬 대법원 판결들을 먼저 짚어보고, 그 다 음으로 해석론의 세부지점에 대한 대법원의 여러 판결들을 살펴보는 순으로 진행할 것이다.

II. 대법원의 법해석 일반론

우리 대법원은 종래 '전체적 종합적 해석론'을 표방해 왔다고 이야기된다. 또한 '임차인 판결' 이후 좀 더 체계적이고 구체화된 해석론을 개진하고 있기도 하다.

1. 전체적 종합적 해석론

전체적 종합적 해석론의 전형적 판시는 아래의 '실화죄 판결'에서 잘 드러난다.[1] 판결의 배경이 된 사안은 다음과 같다. 피고인이 타인의 사과나무 밭에서 마른 풀을 이용해 담배에 불을 붙인 뒤 불씨를 다 꺼뜨렸다고 생각하고 자리를 떠났으나 남은 불씨가 번져 타인 소유의 사과나무 200여 그루를 태우게 된 사건이다. 실화죄는 형법 제170조에 규율되어 있는데, 특히 문제가 된 것은 제170조 제2항의 적용가능성이었다.

> 형법 제170조 (실화)
> ① 과실로 인하여 제164조 또는 제165조에 기재한 물건 또는 타인의 소유에 속하는 제166조에 기재한 물건을 소훼한 자는 1천 500만원 이하의 벌금에 처한다.
> ② 과실로 인하여 자기의 소유에 속하는 제166조 또는 제167조에 기재한 물건을 소훼하여 공공의 위험을 발생하게 한 자도 전항의 형과 같다.

형법 제166조는 건조물 방화죄를, 제167조는 물건 방화죄를 규율하고 있다. 따라서 제170조 제2항의 '자기의 소유에 속하는 제166조 또는 제167조에

---

1 대법원 1994.12.20. 자 94모32 전원합의체결정. 실화죄 판결은 1990년대 말 우리나라의 법해석논쟁을 촉발시킨 중요한 의미를 갖는다. 신동운, 김영환, 이상돈, 김대휘, 최봉철 등 당시의 논쟁을 이끈 법률가들의 논문을 모은 책으로 신동운 외, 『법률해석의 한계』(법문사, 2004).

기재한 물건'이라고 함은 '자기의 소유에 속하는 건조물 또는 물건'이라고 표현할 수 있다. 그런데 본 사안은 타인의 사과나무들을 과실로 소훼한 경우이므로, 처벌여부는 결국 위 표현을 '자기의 소유에 속하는 건조물 또는 자기의 소유에 속하거나 타인의 소유에 속하는 물건'으로 해석할 여지가 있는지에 달려 있게 된다. 그러나 통상의 우리말 어법을 떠올려 보면, 수식어가 '또는' 앞의 명사와 뒤의 명사 모두에 걸리는 방식즉, '또는'을 연결어로 이해하는 방식으로 사용하는 경우가 많다. 따라서 문제는 우리말 어법상 수식어가 '또는' 앞의 명사에만 걸리는 것으로 이해하는 방식즉, '또는'을 분리어로 이해하는 방식이 '통상적이지는 않을지라도 가능한 사용법'의 하나일 수 있는지의 여부이다.

　　대법원 반대의견은 '또는'을 분리어로 파악하는 해석이 우리말 어법에 부합하지 않는다고 보았다. 그러한 해석은 문언의 가능한 의미를 넘게 되므로 죄형법정주의에 위배된다는 것이다. 반면, 대법원 다수의견은 '또는'을 분리어로 파악하는 것이 통상적이지는 않을지 몰라도 우리말 어법상 충분히 가능한 사용법이라는 입장을 견지한다. 따라서 다른 해석기준들이 뒷받침해 준다면 충분히 취할 수 있는 해석이라고 본다. 그리고 이를 다음과 같이 '전체적 종합적 해석'의 결과라고 근거지운다.

> "[형법 제170조 제 2 항의 '또는'을 연결어로 해석하여] … 타인의 물건을 과실로 소훼하여 공공의 위험을 발생하게 한 경우에는 처벌하지 아니한다면, 우리 형법이 제166조에서 타인의 소유에 속하는 일반건조물 등을 방화한 경우(이 경우 공공의 위험을 발생하게 함을 요건으로 하고 있다)보다 더 무겁게 처벌하고 있고, 제167조에서 타인의 소유에 속하는 일반물건을 소훼하여 공공의 위험을 발생하게 한 경우를 자기의 소유에 속하는 물건에 대한 경우보다 더 무겁게 처벌하고 있으며, 제170조에서 과실로 인하여 타인의 소유에 속하는 제166조에 기재한 물건(일반건조물 등)을 소훼한 경우에는 공공의 위험발생을 그 요건으로 하지 아니하고 있음에 반하여 자기의 소유에 속하는 제166조에 기재한 물건을 소훼한 경우에는 공공의 위험발생을 그 요건으로 하고 있음에 비추어, 명백히 불합리하다고 하지 아니할 수 없다.
>
> 따라서, 형법 제170조 제 2 항에서 말하는 '자기의 소유에 속하는 제166조 또는 제167조에 기재한 물건'이라 함은 '자기의 소유에 속하는 제166조에 기재한 물건 또는 자기의 소유에 속하든, 타인의 소유에 속하든 불문하고 제167조에 기재한 물건'을 의미하는 것이라고 해

석하여야 할 것이며, 제170조 제 1 항과 제 2 항의 관계로 보아서도 제166조에 기재한 물건 (일반건조물 등) 중 타인의 소유에 속하는 것에 관하여는 제 1 항에서 이미 규정하고 있기 때문에 제 2 항에서는 그 중 자기의 소유에 속하는 것에 관하여 규정하고, 제167조에 기재한 물건에 관하여는 소유의 귀속을 불문하고 그 대상으로 삼아 규정하고 있는 것이라고 봄이 관련조문을 전체적, 종합적으로 해석하는 방법일 것이다. 이렇게 해석한다고 하더라도 그것이 법규정의 가능한 의미를 벗어나 법형성이나 법창조 행위에 이른 것이라고는 할 수 없어 죄형법정주의의 원칙상 금지되는 유추해석이나 확장해석에 해당한다고 볼 수는 없을 것이다."

위의 판시에서 다수의견은 체계적, 목적론적 해석을 자신들의 결론을 지지하는 방향으로 원용하고 이를 '전체적 종합적 해석'이라고 칭하고 있음이 확인된다. 전체적 종합적 해석이 표방되는 판결은 실화죄 판결 외에도 다수 발견된다.

대법원은 죄형법정주의 원칙에서 파생되는 '명확성 원칙'의 의미를 밝히고자 한 판결에서 "법규범의 의미내용은 그 문언뿐만 아니라 입법 목적이나 입법 취지, 입법연혁, 그리고 법규범의 체계적 구조 등을 종합적으로 고려하는 해석방법에 의하여 구체화"되는 것이라고 판시한 바 있다.[2] '콜벤 판결'의 반대의견 역시 '전체적 종합적 해석'이 표방된 사례라고 할 수 있다.[3]

일견, '전체적 종합적 해석'이 '체계적 해석'을 지칭하는 것 아닌가 하는 생각이 들 수도 있다. 하지만, 판결문들을 자세히 보면, 서로 대립하는 해석들에 직면할 때, '여러 해석기준들에 대한 전체적 종합적 해석'이 요청되고 있음에 주목할 필요가 있다. 즉, 단순히 체계적 해석이 아니라, 해석기준들의 충돌이나 상이한 해석결과들의 대립 시 해석자가 '전체적 종합적인 해석'을 통해 문제를 해결해야 함을 요청하고 있는 것이다.

다만, 이러한 형식의 전체적 종합적 해석론에 대해서는 비판이 제기되기

---

2 대법원 2014. 1. 29 선고 2013도12939 판결.

3 대법원 2004. 11. 18. 선고 2004도1228 전원합의체 판결. 콜벤 판결의 주요 부분은 아래 III. 2. (1)에서 자세히 인용되고 있으니 참고.

도 하였다. '전체적 종합적 해석론' 자체는 '해석자가 구체적으로 어떻게 해석을 해야 전체적 종합적 해석이 될 수 있는지', 특히 '여러 해석기준이 서로 상반된 결과를 지지할 때 이를 어떤 우선순위에 입각해 처리해야 하는지' 등에 대해 구체적인 방법을 말해 주고 있지 않다는 것이다. 실화죄 판결의 대법원 반대의견이라면 형법에서 법문의 통상적 의미를 우선하는 것이 전체적 종합적 해석의 출발점이자 한계라고 주장할 수도 있을 터이기 때문이다. 또한 콜벤판결의 다수의견이라면 자동차의 종류를 구분하여 따로 취급하고자 하는 자동차관리법의 입법취지 및 관련법령들 간의 유기적이고 통일적인 해석을 고려하는 것이 전체적 종합적 해석이라고 보면서 콜벤을 이용한 여객운송행위를 처벌하기는 어렵다고 주장할 수도 있을 터이다.

이런 비판가능성에도 불구하고 혹자는 전체적 종합적 해석론이 갖는 나름의 통찰을 다음과 같이 방어해 보기도 한다. 해석기준들이란 올바른 해석을 찾아가는 과정에 있어 고려되어야 할 주요요소이자 관점들로서의 성격을 가지고 있기 때문에 애초에 해석기준들을 따로 분리해서 고려하고 또 사전에 이들의 우선순위를 설정하고자 하는 것은 합당치 않다는 것이다. 오히려 사안별로 올바른 해석을 찾아가는 과정에서 이들 해석요소들의 작동을 탄력적으로 고려할 수 있어야 하기 때문에 '전체적 종합적 해석'이라는 표현이 더 타당할 수 있다는 것이다.[4] 혹자는 이러한 대법원의 해석론을 '방법종합주의'라고 칭하기도 한다.[5]

2. 구체화된 해석원칙

우리 대법원이 표방해 온 전체적 종합적 해석론에 대해서는 앞서의 비판들이 지속적으로 제기되어 왔다. 그런 가운데 대법원은 2009년 '임차인 판결'에서 해석의 일반원칙을 좀 더 구체화하여 내놓았다.[6] 우리 법원은 이후 해석문

---

4 해석기준들을 올바른 판결을 찾아가는 종합적 과정에서의 '요소'로 파악하고자 하는 입장은 이미 사비니 이후 적지 않은 법률가들에게서 천명되고 있다. 이에 대해서는 본서 제12장 II. 2. (3)을 참조. 우리 법원의 전체적 종합적 해석론이 그러한 이론적 흐름에 직접 기초해 있다고 볼 수 있을는지는 확실치 않지만, 그로부터 자신의 정당화 근거를 재구성해 볼 수는 있을 것이다.

5 예컨대 이상돈, 『법의 깊이』(법문사, 2018), 125면.

제에 부딪힐 때마다 곧잘 이 부분을 원용하고 있다.

대법원 2009. 4. 23. 선고 2006다81035 판결

"법은 원칙적으로 불특정 다수인에 대하여 동일한 구속력을 갖는 사회의 보편타당한 규범이므로 이를 해석함에 있어서는 법의 표준적 의미를 밝혀 객관적 타당성이 있도록 하여야 하고, 가급적 모든 사람이 수긍할 수 있는 일관성을 유지함으로써 법적 안정성이 손상되지 않도록 하여야 한다. 그리고 실정법이란 보편적이고 전형적인 사안을 염두에 두고 규정되기 마련이므로 사회현실에서 일어나는 다양한 사안에서 그 법을 적용함에 있어서는 구체적 사안에 맞는 가장 타당한 해결이 될 수 있도록, 즉 구체적 타당성을 가지도록 해석할 것도 요구된다. 요컨대, 법해석의 목표는 어디까지나 법적 안정성을 저해하지 않는 범위 내에서 구체적 타당성을 찾는 데 두어야 한다. 그리고 그 과정에서 가능한 한 법률에 사용된 문언의 통상적인 의미에 충실하게 해석하는 것을 원칙으로 하고, 나아가 법률의 입법 취지와 목적, 그 제·개정 연혁, 법질서 전체와의 조화, 다른 법령과의 관계 등을 고려하는 체계적·논리적 해석방법을 추가적으로 동원함으로써, 앞서 본 법해석의 요청에 부응하는 타당한 해석이 되도록 하여야 한다. 한편, 법률의 문언 자체가 비교적 명확한 개념으로 구성되어 있다면 원칙적으로 더 이상 다른 해석방법은 활용할 필요가 없거나 제한될 수밖에 없고, 어떠한 법률의 규정에서 사용된 용어에 관하여 그 법률 및 규정의 입법 취지와 목적을 중시하여 문언의 통상적 의미와 다르게 해석하려 하더라도 당해 법률 내의 다른 규정들 및 다른 법률과의 체계적 관련성 내지 전체 법체계와의 조화를 무시할 수 없으므로, 거기에는 일정한 한계가 있을 수밖에 없다".

이 해석원칙은 다음의 점들에서 긍정적 평가를 받기도 한다. 해석의 여러 기준들을 구체적으로 언급하고 있다는 점, 더 나아가 이들 간의 잠정적 우선순위 및 해석의 한계지점들 역시 밝히고자 한다는 점,[7] 그리고 해석의 목표와 해석기준을 구별하고자 하고 있는 점 등이 그것이다.[8]

---

6 대법원 2009. 4. 23. 선고 2006다81035 판결. '임차인 판결'은 '아름다운 판결'이라고 불리워지는 원심판결과 함께 많은 해석론적 논쟁을 불러일으켰다. 이에 대한 분석으로는 양천수, 『삼단논법과 법학방법』(박영사, 2021), 290면.

7 해석기준의 우선순위에 대한 보다 구체적인 분석으로는 이계일, "법해석기준의 서열론에 대한 비판적 연구", 『법철학연구』 제18권 제3호(2015), 129면.

8 독일에서는 법해석의 목표에 대하여 주관적 해석론과 객관적 해석론이 대립해 왔다(이에 대해서는 본서 제12장 II. 1). 우리 대법원이 법해석의 목표로 법적 안정성과 구체적 타당성을 언급하는 부분은 그와 다소 차이가 있다. 그 의미와 한계에 대해서는 오세혁, "사법부의 해석방법론에 대한 비판: 재론(再論)", 『중앙법학』 제22집 제3호(2020),

물론 이 해석원칙에 대해서도 몇 가지 비판은 제기되고 있다. 우선, 이 해석론에서 암묵적으로 표방된 몇 가지 우선순위가 항상 타당한 것인지 물음이 제기될 수 있다. 예를 들어 문언의 의미가 명확할 경우 다른 해석기준이 지지하는 의미는 원용될 수 없는 것일까?[9] 문언의 명확한 의미와 통상적 의미는 잘 구분될 수 있는 것인가? 문언의 통상적 의미가 체계적 해석에 의해 지지된다면, 목적론적 해석이 지지하는 의미는 항상 후퇴해야 하는 것인가?

위 해석론에서 제시된 몇 가지 우선순위는 구체적 사안에서 적용되기에는 너무 과소결정되어 있다는 비판에도 직면할 수 있다. 문언의 통상적 해석이 목적론적 해석을 이기고 관철될 수 있는 경우도, 목적론적 해석이 문언의 통상적 해석을 이기고 관철될 수 있는 경우도 모두 존재할 수 있기 때문이다. 또한 다음과 같은 현실적 물음이 제기되기도 한다. 우리 법원은 위의 해석론을 이후의 구체적 사안들에서 수미일관하게 적용하고 있는가? 혹 자신의 해석을 지지하기 위한 차원에서 의례적, 수사적으로 활용하고 있지는 않은가?[10]

Ⅲ. 대법원 해석론의 구체적인 양상

지금까지 우리 대법원이 표방하고 있는 해석의 일반원칙을 살펴보았다. 이후 판결들을 보면, 위의 해석원칙들에 특별히 반론을 제거하거나 이를 수정하고자 하는 모습은 발견되지 않는다. 그러나 이러한 모습을 우리 대법원이 구체적 사안들에서 수미일관한 해석을 보여주고 있는 것으로 오해해서는 안 된다. 오히려 해석론의 분기는 세부적 지점들에서 드러나기 때문이다. 이는 대법원이 표방한 해석의 일반원칙이 구체적 해석문제를 해결해 주기에는 다소 과

131면.

9 문언의 명확성 문제와 관련된 논란에 대해서는 "문언의 명백성, 다의성, 애매성 문제"를 다룬 본서 제12장의 서술 [Ⅱ. 2. (1), ①]을 참조.

10 우리 법원은 여러 판결들에서 위의 해석론을 판결문 전반부에 동일한 문구로 천명한 후 뒤이은 법률적용과정에서 자신의 해석이 그 자명한 결과인 양 판시하는 경향을 보이기도 한다(예컨데 대법원 2010. 12. 23. 선고 2010다81254 판결; 서울동부지방법원 2012. 2. 15. 선고 201가합2056 판결; 대법원 2013. 1. 17. 선고 201다83431 전원합의체 판결 등).

소규정되어 있다는 앞서의 분석과 관련된 부분이기도 하다.

대법원 판결에서 다수의견과 반대의견의 분기는 특히 다음의 지점에서 전형적으로 등장한다.

첫째, 문리적 해석과 목적론적 해석이 충돌할 때 무엇을 우선하는가

둘째, 법관의 법형성이 어느 정도나 정당화될 수 있다고 보는가즉, 규율이 흠결되어 있거나 규율내용이 잘못되었다고 볼 경우 법관이 어느 정도나 개입할 수 있는지의 문제

셋째, 헌법합치적 해석은 언제 어떤 방향으로 이루어져야 하는가

넷째, 일반조항의 해석은 어떻게 이루어져야 하는가

이들 구체적 해석문제에 있어 어떤 입장을 취하는지는 대법관 각자가 어떤 해석론을 견지하고 있는지에 달려 있게 된다. 본서 제11장과 제12장에서 분석해 본 영미와 독일의 제반 해석론들은 바로 여기에서 의미를 갖게 된다. 다만, 외국 해석론의 제반 유형이 우리 대법원의 해석론을 분석하는 데에 어느 정도나 유용성을 가질 수 있을지는 추가적 판단을 필요로 한다.

이 장에서는 영미와 독일의 해석론 유형들을 큰 틀에서 받아들이는 가운데 우리 판결을 분석해 볼 것이다. 그럼에도 일정한 수정은 불가피하다. 영미의 해석론을 다룬 제11장에서도 설명되었듯이 현재 영미의 주류적 해석흐름문언중심적 해석론과 목적중심적 해석론은 '입법자의 의도'가 아닌 '법률의 객관적 목적과 이념'을 척도로 삼는 해석론을 충분히 포착하고 있지 못하기 때문이다. 드워킨 식의 목적중심주의가 영미 해석론에서 중심적 흐름을 형성하고 있지 못하다는 지적도 같은 맥락에 있다. 따라서 여기에서는 다음의 변형된 분류를 활용해 볼 것이다. 영미의 입법자 의도 중심의 목적중심적 해석론을 '의도중심적 해석론'이라고 바꿔 부르고, '문언중심적 해석론'은 현재의 지칭을 유지하면서, 객관적 목적을 중심으로 하는 해석론을 '목적중심적 해석론'이라고 칭해 보는 방법이다.[11]

그러한 분류에 따를 때, 독일의 '주관적 해석론'은 대체로 의도중심적 해석론과, '객관적 해석론'은 목적중심적 해석론과 유사성을 갖는다고 할 수 있다. 다만 주관적 해석론은 때에 따라 문언중심적 해석론이나 목적중심적 해석론과

---

11 최봉철, "문언중심적 법해석론 비판", 『법철학연구』 제 2 권(1999), 272면.

교차하여 나타나는 경우도 있다. 이에 대해서는 아래에서 재론하게 될 것이다.

그럼 이제 위의 해석론 분류에 기반하여 우리 대법원이 취하는 해석론이 구체적 사안에서 어떻게 드러나는지를 짚어 보기로 하자.

1. 목적중심적 해석론을 드러낸 판결들

문리적 해석과 목적론적 해석이 서로 다른 결론을 지지할 때 어디에 더 비중을 두어야 할지는 법관들의 해석론 차이가 전형적으로 드러나는 부분이라고 할 수 있다. 문언중심적 해석론은 전자에, 목적중심적 해석론은 후자에 우호적 모습을 보이게 된다. 그렇다면 우리 대법원은 어떠한 입장을 취할까? 문언중심적 해석론이 우세한다는 견해도 존재하고,[12] 목적중심적 해석론이 우세한다는 견해도 존재한다.[13]

본 절에서는 먼저 목적중심적 해석론을 드러내는 판결들을 짚어 보기로 한다. 다만, 한 가지 확인해 두어야 할 점이 있다. 목적중심적 해석론이라고 할지라도 문리적 해석을 감안하지 않는 것은 아니라고 하는 점이다. 문언의 여러 의미 중 통상적 의미는 아니더라도 목적론적 해석이 지지하는 의미에 우위를 두고자 하는 것일 뿐이다. 목적에 부합하고자 하는 해석이 법문의 가능한 의미를 넘어서게 된다면 '법관의 법형성'이라는 문제영역에 들어서게 된다이에 대해서는 아래 4.를 참조.

(1) 자동차범퍼 판결

목적중심적 해석론을 취한 전형적 사례로 '자동차범퍼 판결'을 들 수 있다.[14] 해당 사안은 피고인이 주차위반을 단속하는 교통관리공사 직원과의 실랑이 가운데 그를 승용차의 앞 범퍼 부분으로 들이받고 약 1m정도 진행한 경우이다. 구 폭력행위 등 처벌에 관한 법률 제3조 제1항의 적용가능성이 문제되었는데 해당 법조문은 다음과 같다.

---

12 대표적으로 최봉철, "대법원의 법해석론", 『법학연구(연세대)』 제8권(1998), 206면 이하.
13 대표적으로 오세혁, "사법부의 해석방법론에 대한 비판", 『법과 사회』 제27호(2004), 201면 이하.
14 대법원 1997. 5. 30. 선고 97도597 전원합의체 판결.

구 폭력행위 등 처벌에 관한 법률 제3조 (집단적 폭행등) ① 단체나 다중의 위력으로써 또는 단체나 집단을 가장하여 위력을 보임으로써 제 2 조 제 1 항에 열거된 죄를 범한 자 또는 흉기 기타 위험한 물건을 휴대하여 그 죄를 범한 자는 제 2 조 제 1 항 각 호의 예에 따라 처벌한다.

자동차범퍼로 사람을 밀어 넘어뜨린 것이 "흉기 기타 위험한 물건을 휴대하여 폭행을 한 자"에 해당한다고 볼 수 있을까? 이에 대해 대법원은 다음과 같은 입장을 취하였다.

"폭력행위등처벌에관한법률 제 3 조 제 1 항에 있어서 '위험한 물건'이라 함은 흉기는 아니더라도 널리 사람의 생명, 신체에 해를 가하는 데 사용할 수 있는 일체의 물건을 포함한다고 풀이할 것이므로, 본래 살상용, 파괴용으로 만들어진 것뿐만 아니라 다른 목적으로 만들어진 칼, 가위, 유리병, 각종공구, 자동차 등은 물론 화학약품 또는 사주된 동물 등도 그것이 사람의 생명, 신체에 해를 가하는 데 사용되었다면 본조의 '위험한 물건'이라 할 것이며, 한편 이러한 물건을 '휴대하여'라는 말은 소지뿐만 아니라 널리 이용한다는 뜻도 포함하고 있다 할 것인데…"

사용방식에 따라 자동차가 '위험한 물건'이 될 수 있다는 해석을 취할 수 있다고 하더라도, 과연 '운전행위'가 '휴대하여'라는 법문에 포섭될 수 있는지의 물음은 여전히 남게 된다. 이 물음에 직면하여 우리 대법원은 해당 법문의 목적을 중시하는 해석을 하고자 하였다. 해당 법문의 목적은 사람을 크게 다치게 할 수 있는 수단을 사용해 폭행하는 행위를 가중처벌함으로써 생명, 신체를 보호하고자 하는 데에 있을 것이므로, 자동차를 사용해 사람을 다치게 했다면 응당 위 법문에 해당할 수 있다고 본 것이다. '휴대'는 '널리 이용한다'는 뜻도 포함한다는 해석은 그러한 판단에 근거한 것이다. 하지만 여전히 비판의 여지도 있다. 문언의 통상적 의미가 아닌, 가능한 의미를 척도로 삼더라도 우리말 어법상 자동차를 운전한 경우는 '위험한 물건을 휴대하여'라는 문언에 포함된다고 보기 어렵다고 보는 이도 있을 것이기 때문이다. 그러한 입장을 취한다면 위 판결은 죄형법정주의 원칙을 위반한 것이라고 여길 것이다. 대법원의 이러한 해석경향은 '의미창조적 확장해석'이라고 비판되기도 한다.[15]

(2) 그 밖의 판결들

목적중심적 해석론을 드러낸 또 다른 판결들로 '실화죄 판결', '수난구조법 판결', '친생추정 판결' 등을 들 수 있다. 실화죄 판결은 앞서 대법원의 법해석 일반론을 다룰 때 살펴본 바 있으니 참고하기 바란다.[16] 수난구조법 판결이른바 '세월호 판결'은 수난구조법 제18조의 해석과 관련하여 다수의견은 목적중심적 해석론을, 반대의견은 문언중심적 해석론을 취하고 있는 전형적 사례이다.[17]

친생추정 판결은 인공수정의 경우에도 친생추정을 인정한 판결로서 목적중심적 해석론을 취한 전형적 사례로 언급된다.[18] 이 판결의 보충의견은 목적중심적 해석론을 다음과 같이 구체화시켜 가기도 한다.

> "만일 입법자가 예정한 구체적 사안에 대해서만 법률이 적용된다면 사회의 변화와 과학기술의 발전에 따라 법률은 쉽게 생명력을 잃어버리고 끊임없이 새로운 입법을 해야 할 것이다. …법원은 입법자가 예상하지 못했던 새로운 사안에도 기존 법률을 적용할 수 있는지 판단하기 위하여 법률의 해석에 관한 여러 방법을 활용하여 법률의 의미를 확정하고 이를 새로운 사안에 적용할 수 있는지를 면밀하게 검토하여야 한다"[19]

2. 문언중심적 해석론을 드러낸 판결들

대법원 판결들이 항상 목적중심적 해석론만을 드러내는 것은 아니다. 이미 실화죄 판결이나 수난구조법 판결의 반대의견에서는 문언중심적 해석론이 잘 드러난다. 물론 문언중심적 해석론이 다수의견을 점하고 있는 경우도 존재한다. 그 대표적 경우로 '콜벤 판결'을 들 수 있다.

---

15 양천수, "의미창조적 확장해석-법이론의 관점에서-", 『안암법학』 제37호(2012), 375면 이하; 이용식, "형법해석의 방법-형법해석에 있어서 법규구속성과 정당성의 문제-", 『서울대 법학』 제46권 제 2 호(2005), 40면.

16 위 II. 1. (1) 참조.

17 대법원 2015. 11. 12 선고 2015도6809 판결.

18 대법원 2019. 10. 23 선고 2016므2510 전원합의체 판결. 민법 제844조 제 1 항 "아내가 혼인 중에 임신한 자녀는 남편의 자녀로 추정한다".

19 위 판결에서 김재형 대법관의 보충의견.

(1) 콜벤 판결

구 여객자동차운수사업법 제81조는 "면허를 받지 아니하거나 등록을 하지 아니하고 여객자동차운송사업을 경영한 자"에게 형사처벌을 규정하고 있었다. 그리고 동 법률 제 2 조 제 1 호에서 "'자동차'라 함은 자동차관리법 제 3 조의 규정에 의한 승용자동차 및 승합자동차를 말한다"고 규율한다.

그런데 통상의 승용자동차나 승합자동차가 아닌 이른바 '콜벤'을 활용한 경우 처벌이 가능한지의 문제가 발생했다. 자동차관리법 제 3 조를 보면 승합자동차, 승용자동차와 함께 화물자동차, 특수자동차 등이 따로 구분되어 있고 그 규정에 따를 경우 콜벤은 일단 화물자동차에 해당할 수 있다는 점이 문제였다.[20] 처벌가능성을 둘러싸고 대법원 다수의견과 반대의견이 나뉘게 되었는데, 다수의견은 다음의 해석을 근거로 콜벤을 이용해 여객을 운송한 행위는 처벌하기 힘들다고 보았다.

> "어떤 자동차가 화물자동차이면서 동시에 승용 또는 승합자동차일 수 있다고 하는 해석은 자동차의 종류를 구분하여 따로 취급하고자 하는 자동차관리법의 입법취지에 어긋날 뿐만 아니라 관련법령들 간의 유기적이고 통일적인 해석을 그르치는 것이고…"
> "또 그와 같은 해석은 그 자동차에 대하여 화물자동차로 형식승인을 받아 화물자동차로 등록하거나 경우에 따라서는 화물자동차운송사업의 등록이나 허가까지 받은 자의 예상을 뛰어 넘는 것으로서 법적 안정성을 해치는 것이 되며, 형벌법규의 명확성이나 그 엄격해석을 요구하는 죄형법정주의의 원칙에도 반하는 것이어서 허용될 수 없다"(대법원 2004. 11. 18. 선고 2004도1228 전원합의체 판결의 다수의견).

대법원 다수의견은 문언을 엄격하게 해석하고자 하며, 동시에 체계적 해석과 목적론적 해석 역시 이를 뒷받침해 준다고 보았다. 반면 대법원 반대의견은 다음의 해석을 근거로 처벌이 가능하다고 본다.

---

[20] 자동차관리법 제 3 조 제 1 항 제 3 호를 보면 화물자동차란 "화물을 운송하기에 적합한 화물적재공간을 갖추고, 화물적재공간의 총적재화물의 무게가 운전자를 제외한 승객이 승차공간에 모두 탑승했을 때의 승객의 무게보다 많은 자동차"라고 정의되어 있다. 이에 따르면 콜벤은 화물자동차에 해당하게 된다.

"여객자동차운수사업법 제81조 제 1 호에서 정하고 있는 구성요건인 '같은 법 제 5 조 제 1
항의 규정에 의한 면허를 받지 아니하거나 등록을 하지 아니하고 여객자동차운송사업을 경
영한 자'라 함은, 면허나 등록이 없이 승용·승합자동차를 사용하여 유상여객 운송행위를
한 경우는 물론이요, 화물자동차 등을 사용하여 유상여객운송행위를 하는 경우와 같이 애
초부터 법에서 요구하는 최소한의 사업기준조차 갖추지 못하여 면허나 등록 자체를 받을
수 없는 위법한 사업의 경우에도 이에 해당한다고 해석하는 데 아무런 무리가 없고, 이렇게
해석하는 것이 관련조문을 전체적 종합적으로 해석하는 길일 것이며, 이렇게 해석한다고 하
더라도 그것이 법규정의 가능한 의미를 벗어나 법형성이나 법 창조행위에 이른 것이라고는
할 수 없어 죄형법정주의의 원칙상 금지되는 유추해석이나 확장해석에 해당한다고는 볼 수
없다(대법원 2004. 11. 18. 선고 2004도1228 전원합의체 판결의 반대의견)."

반대의견은 암묵적으로 나름의 목적론적 해석을 취하면서 그러한 해석이
아직 법규정의 가능한 의미를 벗어나고 있지 않다는 입장이다. 또한 그것이 관
련 법문에 대한 전체적 종합적 해석의 결과라고 언급하기도 한다.[21]

(2) 그 밖의 판결들

문언중심적 해석론을 드러낸 또 다른 전형적 판결들로 '염소판결',[22] '자수
판결',[23] '항공기 탑승구복귀사건 판결'[24] 등을 들 수 있다. '염소판결'에서는 허
가 없이 '염소'를 도살한 경우에 처벌이 가능한지가 문제되었다. 당시의 축산물
가공처리법 및 하위 법령을 보면 '수축'을 도살하거나 해체할 때 허가를 받도
록 되어 있었는데 '수축'을 정의한 관련 조항을 보면 양은 열거가 되어 있었으
나 염소는 열거되어 있지 않았다. 대법원은 염소가 양과 유사한 면이 있다고
하더라도 죄형법정주의 원칙상 염소를 수축에 해당한다고 볼 수는 없다고 하
면서 문언중심적 해석론을 취한 바 있다. 항공기 탑승구복귀사건 판결은 항공
보안법 상 '항로'의 의미에 대하여 다수의견과 반대의견이 문언중심적 해석의
방향을 두고 서로 견해차를 보인 사례로서 주목할 만하다.

---

21 우리 대법원의 '전체적 종합적 해석론'에 대해서는 앞서 II. 1.을 참조.
22 대법원 1977. 9. 28. 선고 77도405 판결.
23 대법원 1997. 3. 20. 선고 96도1167 전원합의체 판결.
24 대법원 2017.12.21. 선고 2015도8335 전원합의체 판결.

최근에는 개별 대법관들 중에서 문언중심적 해석론을 보다 분명하게 구체화시켜 가고 있는 경우도 발견되는데, 지연손해금 판결에서 조희대 대법관의 반대의견이 그에 해당한다.

> "법률의 해석은 문언에 충실하여야 하고 이를 벗어나서는 안 된다. 법률을 해석할 때 그 법률에서 따로 정의된 용어의 해석은 그에 따르고, 그 밖의 경우에는 일반 국민들이 사용하고 이해하는 통상의 의미를 기준으로 합리적인 논리에 따라 법률 문언을 해석하여야 한다. 그와 같은 해석이라야 누구나 승복할 수 있다."[25]

3. 의도중심적 해석론을 드러낸 판결들

의도중심적 해석론에 해당하는 판결은 없는 것일까? 이는 주관적 해석론에 해당하는 판결은 없는지의 물음이기도 하다.

우리 판결들을 보면, 입법자의 의도를 중심에 놓는 해석의 필요성이 언급되기도 한다. 그 사례로 '휴일근로수당 판결'을 들 수 있다.[26]

> "구 근로기준법상 '1주'에 휴일을 포함할 것인지 여부는 근본적으로 입법정책의 영역에 속하는 문제이다. 따라서 이에 관한 법해석을 할 때에는 입법자의 의사를 최대한 존중하여 법질서의 통일성과 체계적 정당성을 유지하는 방향으로 하여야 한다. 그런데 근로기준법의 제정 및 개정 경위를 통해 알 수 있는 입법자의 의사는 휴일근로와 연장근로를 명확히 구분하여 휴일근로시간을 연장근로시간에 포함하지 않겠다는 것임이 분명해 보인다."(다수의견) "법원이 명시적으로 확인된 입법자의 의사에 반대되도록 법률 조항을 해석한다면, 이는 사법권의 한계를 벗어나 권력분립의 원칙 위반으로 오인될 수 있다."(다수의견에 대한 보충의견)

의도중심적 해석론이 가장 분명하게 부각되는 사례유형은 법문 외의 문헌에서 입법자의 의사가 확인되어 이에 근거한 해석을 하고 있지만 법문의 통상

---

25 대법원 2014. 11. 20. 선고 2013다64908 전원합의체 판결(반대의견에 대한 조희대 대법관의 보충의견).
26 대법원 2018. 6. 21.선고 2011다112391 전원합의체 판결.

적 의미나 법문 자체의 객관적 목적에서는 그러한 해석을 직접 도출하기 힘든 경우라고 할 것이다. 하지만 여러 판결들을 보건데, 발생사적 문헌을 원용하는 경우는 대체로 법문에서 추론 가능한 의미를 뒷받침하기 위한 보충적 차원에서 이루어지는 경우가 많다.[27] 그 때문에 의도중심적 해석론에 위치 지워질 수 있는 사례들은 적잖이 문언중심적 해석론이나 목적중심적 해석론의 사례들과 교차하여 나타나게 된다.

(1) 문언중심적 해석과 의도중심적 해석이 교차하는 전형적 사례는 법적용 시점에 파악되는 법문의 객관적 목적이 역사적 입법자가 법제정시점에 염두에 둔 주관적 목적으로부터 벗어난다고 판단될 때 전자에 거리를 두기 위해 문언의 통상적 의미를 강조하는 형식을 취할 경우 나타나게 된다.

그 전형적 논증방식은 다음과 같다. 제정 당시의 입법취지와 문언의 통상적 의미를 결합하여 목적중심적 해석을 비판하는 경우,[28] 문제해결을 위해 법원이 아닌 의회의 역할이 필요함을 강조하는 경우, 사법권행사의 한계를 환기시키며 입법과 사법의 과제영역을 구분하고자 하는 경우[29] 등.

(2) 반면 법문의 객관적 목적이 주관적 목적과 크게 다르지 않지만, 그것이 법문의 통상적 의미를 확장하는 사안의 경우 의도중심적 해석과 목적중심적 해석이 교차할 수 있다. 이 때 양자의 교차는 법문의 객관적 목적 파악이 발생사적 문헌을 통한 입법의도 파악과 결합되는 논증형식을 취하거나 목적론적 해석을 수행하면서 제정 당시의 입법취지가 간단하게 같이 언급되는 논증형식으로 표출되는 경우가 많다.[30]

위에 언급한 제반 판결들은 우리 대법원에 의해 의도중심적 해석론혹은 주관

---

27 발생사적 문헌의 종류에 대해서는 역사적 해석을 다룬, 본서 제12장 II. 2. (1) ②를 참조.

28 예컨대 앞서 언급한 '콜벤판결'의 다수의견이나 '호적상 성별정정판결(대법원 2006. 6. 22. 자 2004스42 전원합의체 결정)'의 반대의견.

29 예컨대 '양심적 병역거부판결'(대법원 2018. 11. 1. 선고 2016도10912 전원합의체 판결)의 반대의견.

30 대표적 사례로 앞서 언급한 '휴일근로수당 판결' 외에도 '공금유용판결'(대법원 2018. 11. 29 선고 2018두48601 판결)이나 '이베이 판결'(대법원 2019. 9. 10 자 2019마5464 결정)을 들 수 있다.

적 해석론이 명시적이고 우선적으로 표출되는 경우가 흔치는 않다고 할지라도 법해석에 있어 그 직·간접적 작용을 근거지우고자 하는 입장이라면 충분히 원용할 수 있는 사례들이라고 할 수 있을 것이다.

4. 법관의 법형성을 둘러싼 판결들

지금까지 법해석 문제가 부각된 판결들을 중심으로 우리 대법원이 목적중심적 해석론을 드러낸 판결들과 문언중심적 해석론을 드러낸 판결들을 다각도로 짚어 보았다. 아울러 의도중심적 해석론을 견지한다고 볼 수 있는 사례가 있을는지의 문제 역시 살펴보았다.

법원이 어떤 해석론을 갖고 있는지가 판결에 의미 있는 차이를 낳게 되는 또 다른 영역으로 이른바 '법관의 법형성'이 문제된 사안들을 들 수 있다. 사법이 헌법상 부여받고 있는 권한은 '법문을 사안에 적용하는 것'이라고 이야기된다. 즉, 사안이 구성요건을 충족시키면 법률효과를 귀속시키고, 구성요건을 충족시키지 못하면 법률효과를 귀속시키지 않는 판결을 내려야 한다. 그런데 사안이 법문의 구성요건에 포함되지 않음에도 모종의 법률효과를 귀속시키는 판결을 내릴 수 있을까? 이것이 바로 법관의 법형성이 정당화될 수 있는지의 문제이다.[31]

우리 대법원은 법관의 법형성이 정당화될 수 있는 사안이 존재함을 긍정한다. 다만, 그것이 어떤 조건하에서 긍정될 수 있는지, 그리고 당해 사안이 그 조건을 충족시키는지를 둘러싸고는 다툼이 발생하기도 한다.

(1) 법형성의 정당화 유형의 명시적 분류: 헌법재판소의 경우

법형성과 관련한 대법원 판결들을 살펴보기에 앞서, 우리 헌법재판소의 관점이 잘 드러나는 판시를 한 번 참조하는 것이 도움이 될 수 있을 것이다.

---

31 '법관의 법형성' 개념에 대해서는 앞서 제12장 III.의 논의를 참조. 시각에 따라서는 '법형성'이라는 개념을 굳이 받아들이지 않고 이를 '넓은 의미의 법해석'이라는 표제 하에 다루면 된다고 보기도 한다. 이런 관점을 취한다면 본문의 표현은 "법문에 흠결이 있거나 법문이 법원리와 부딪히는 경우 법관이 흠결을 보충하거나 법원리에 부합하는 판결을 내려도 좋은지?"의 물음으로 바꾸어 표현해도 무방할 것이다. 따라서 본 절에서 '법형성'이라는 표현은 '지칭의 수월성'을 위한 도구적인 것으로 이해해 주기 바란다.

헌법재판소는 구 조세감면규제법 부칙 제23조 위헌소원에서 법해석의 일반원칙을 천명한 바 있는데, 이에는 법형성의 유형 및 정당화 조건에 대한 입장 역시 분명하게 드러나고 있다_{아래에서 ①, ② 등의 숫자는 이해의 편의를 위해 필자가 기입해 넣은 것이다}.

헌법재판소 2012. 5. 31. 자 2009헌바123 결정

"일반적으로 법률문언의 의미와 내용을 분명히 하는 법률해석에 있어, 법률조항의 문구의 의미가 명확하지 않거나 특정한 상황에 들어맞는 규율을 하고 있는 것인지 애매할 경우에는,

① 입법목적이나 입법자의 의도를 합리적으로 추정하여 문언의 의미를 보충하여 확정하는 체계적, 합목적적 해석을 하거나,

② 유사한 사례에 관하여 명확한 법률효과를 부여하고 있는 법률조항으로부터 유추해석을 하여 법의 흠결을 보충하거나,

③ 심지어 법률의 문언 그대로 구체적 사건에 적용할 경우 터무니없는 결론에 도달하게 되고 입법자가 그런 결과를 의도하였을 리가 없다고 합리적으로 판단되는 경우에는 문언을 약간 수정하여 해석하는 경우도 있을 수 있다.

④ 또한 어떤 법률조항에 대한 여러 갈래의 해석이 가능한 경우, 특히 법률조항에 대한 해석이 한편에서는 합헌이라는 해석이, 다른 편에서는 위헌이라는 해석이 다 같이 가능하다면, 원칙적으로 헌법에 합치되는 해석을 선택하여야 한다는 '헌법합치적 법률해석'의 원칙도 존중되어야 하는 것은 당연할 것이다."[32]

위의 서술은 우리 헌법재판소가 "법해석 – 흠결보충 – 법문수정"이라는 세 가지 유형의 구분가능성을 전제하고 있음을 확인시켜 준다. 특히, 흠결보충과 법문수정은 다음의 방법 및 조건하에 긍정되고 있다.

첫째, 법의 흠결보충은 유사한 사례에 관하여 명확한 법률효과를 부여하고 있는 법률조항으로부터 유추해석을 하는 방식으로 이루어질 수 있다.

둘째, 법문의 수정은 법률의 문언 그대로 구체적 사건에 적용할 경우 터무니없는 결론에 도달하게 되고 입법자가 그런 결과를 의도하였을 리

---

32 이러한 입장은 구 특정범죄가중처벌 등에 관한 법률 제 2 조 제 1 항 위헌소원 등에서 유사한 형식으로 반복된 바 있다. 헌법재판소 2012. 12. 27. 자 2011헌바117 결정.

가 없다고 합리적으로 판단되는 경우에는 정당화될 수 있다.

(2) 법형성의 정당화 가능성이 문제된 대법원 판결들

우리 대법원도 법원이 흠결을 보충할 수 있는 사안이 존재한다고 하는 점에는 이의가 없는 듯 보인다.[33]

첫째, 민법에서 비법인사단에 대해서 법인 관련 조항을 _{그것이 법인격을 전제로 하는} _{규정이 아닌 한} 유추적용하는 것은 그 대표적 사례라고 할 수 있을 것이다.[34] 계약의 이행불능시에 법문에 규율되어 있지 않은 대상청구권을 인정하는 것 역시 유추_{특히, 전체유추}를 통해 흠결보충을 한 예로 볼 수 있을 것이다.[35]

둘째, 은폐된 흠결을 목적론적 축소를 통해 보충한 전형적 사례로는 피대리인에게 이익만 되는 증여행위에 대해서는 자기대리금지에 관한 민법 제124조의 적용을 배제하는 경우를 들 수 있을 것이다. 또한 토지 및 건물에 대하여 저당권이 설정된 이후에 건물이 철거되고 새로 건물이 들어선 경우라면 이 건물이 경매되더라도 민법 제366조의 법정지상권[36]을 인정하지 않는 판결 역시 그 예가 될 수 있을 것이다.[37]

---

33 대법원 2020. 4. 29. 선고 2019다226135 판결; 대법원 2021. 7. 22. 선고 2019다277812 전원합의체 판결 등. 흠결 개념 및 흠결의 여러 형태에 대해서는 본서 제12장 III. 2. (1)의 설명을 참조.

34 예컨대 대법원 2009. 11. 19. 자 2008마699 전원합의체 결정. 법인 아닌 사단에도 "임시이사의 선임"에 관한 민법 제65조를 유추적용한 사례이다.

35 흠결보충의 수단으로서 '유추' 및 유추의 여러 형태(개별유추, 전체유추, 물론추론 등)에 대해서는 본서 제12장 III. 2. (3)의 설명을 참조.
    예컨대 대상청구권을 인정한 판결로는 대법원 1992. 5. 12 선고 92다4581, 92다4598 판결을 들 수 있다. 유증에서의 대상청구권을 규정한 민법 제1083조나 대위에 관한 규정을 두고 있는 민법 제347조, 제370조, 제399조, 제480조 등으로부터 전체유추를 통해 "일정한 사람에게 귀속된 재산가치가 그 기초에 존재하는 경제적 관계에 비추어 그에게 속할 것이 아니고 실재로는 다른 권리자에게 속하여야 할 경우라면 그 재산가치는 후자에게 이전되어야 한다"는 법리를 끌어내고 이로부터 '이행불능시의 대상청구권'을 근거지운다면 이는 '전체유추를 통한 흠결보충'의 전형적 사례가 된다.

36 민법 제366조 (법정지상권) "저당물의 경매로 인하여 토지와 그 지상건물이 다른 소유자에 속한 경우에는 토지소유자는 건물소유자에 대하여 지상권을 설정한 것으로 본다. 그러나 지료는 당사자의 청구에 의하여 법원이 이를 정한다."

37 대법원 2003. 12. 18. 선고 98다43601 전원합의체 판결.

물론, 형법이나 조세법과 같은 법영역에서는 원칙적으로 법형성이 금지되어 있다고 할 것이다.[38]

그러나 문제는 사안에 따라 법률의 흠결여부를 둘러싸고, 그리고 무엇보다 법관의 예외적인 법문수정이 정당화될 수 있는지를 둘러싸고 의견대립이 발생하기도 한다는 점이다.

이제부터 법관의 법형성과 관련하여 논쟁이 된 대표적인 판결들을 살펴보기로 한다.

① 발행지기재 없는 어음 판결

발행지기재 없는 어음 판결대법원 1998. 4. 23. 선고 95다36466 전원합의체 판결은 법형성에 대한 대립적 견해가 표출된 대표적 사례라고 할 수 있다. 어음법 제1조는 어음의 요건을 열거하면서 '발행지의 기재'도 포함시키고 있다. 하지만 국내어음의 거래현실을 보면 발행지기재가 되어 있지 않은 경우도 적지 않다. 따라서 발행지 기재 없는 어음의 효력을 인정할 수 있는지를 둘러싸고 다툼이 발생하게 되었다. 해당 판결에서 대법원 다수의견의 보충의견은 법관의 법형성에 대한 정당화 형식을 다음과 같이 구성해내고 있다.

"법률을 해석·적용함에 있어서는 법률규정의 문언의 어의(語義)에 충실하게 해석하여야 함이 원칙임은 말할 것도 없다. 그러나 법률 제정 당시에 입법자가 전혀 예상하지 못하였기 때문에 법률로 규정되지 않았거나 불충분하게 규정된 경우가 있을 수 있고, 이 경우에도 법원은 재판을 하지 않으면 아니 되므로 법원의 법형성적 활동이 개입될 수밖에 없다.

뿐만 아니라 법률에 명문의 규정이 있는 경우에도 시대가 바뀌고 사회가 달라짐에 따라 법과 실제 생활과의 사이에 불가피하게 간격이 생길 수 있으며, 이 때에 만일 명문규정의 엄격한 적용만을 고집한다면 그것은 법적 안정성이 유지될지는 모르나 사회생활의 유동·발전에 대한 적응성을 결여하는 중대한 결함이 생길 수 있으므로 이를 실제 생활에 부합하게 해석할 사회적 필요가 생기게 된다.

이와 같은 경우 법원은 형식적인 자구 해석에 얽매일 것이 아니라 그 법이 구현하고자 하는 입법정신이 무엇인가를 헤아려서 그 입법정신을 실현하는 방향으로 법의 의미를 부여하여야

---

38 물론 형법이라도 피고인에게 유리한 법형성은 허용된다. 이에 대해서는 본서 제12장 III. 2. (2)의 설명을 참조.

하며, 그 실현을 위하여 필요한 한도 내에서 명문규정의 의미를 확대해석하거나 또는 축소·제한해석을 함으로써 실질적인 법형성적 기능을 발휘하여야 할 것이다.

일반적으로 모든 법은 법규정의 본질을 바꾸는 정도의 것이 아닌 한도에서 이를 합리적으로 해석함으로써 뒤쳐진 법률을 앞서가는 사회현상에 적응시키는 일방 입법기관에 대하여 법률의 개정 등을 촉구하는 것은 법원의 임무에 속하는 일이라 할 것이고, 그 뒤쳐진 법규정의 재래적 해석·적용이 부당한 결과를 초래한다는 것을 알면서도 법률 개정이라는 입법기관의 조치가 있을 때까지는 이를 그대로 따를 수밖에 없다고 체념해 버리는 것은 온당치 않은 태도라고 할 것이다(대법원 1978. 4. 25. 선고 78도246 전원합의체 판결 참조). 특히 사법(私法)은 국민의 사생활관계를 규율하는 법률이므로, 국민의 사법적 거래의 관행을 뒷받침하여 그 거래를 원활하게 유지하도록 하는 것은 사법의 본래의 영역이며 사명에 속하는 것이다."(대법원 1998. 4. 23. 선고 95다36466 전원합의체 판결, 다수의견의 보충의견)

반면, 대법원 반대의견은 발행지기재 없는 어음의 효력을 부인하고자 하며, 이를 위해 다음과 같은 근거를 든다. 이는 법형성의 필요성을 언급한 대법원 다수의견에 대한 반박이기도 하다.

"원래 법규의 의미·내용과 적용 범위가 어떠한 것인지를 정하여 선언하는 권한 즉 법률의 해석·적용의 권한은 법원에 있으며, 법원은 법규의 흠결을 이유로 재판을 거부할 수 없으므로 재판할 사항에 대하여 적용할 법규가 없을 경우에는 법률이념에 맞도록 다른 법규를 유추적용하고, 법규가 있다고 하더라도 그 의미 내용이 애매모호할 경우에는 그 입법취지에 따라 적절한 해석을 함으로써 그 법규의 의미 내용을 확정하는 권한을 가지고 있다고 할 것이다.

그러나, 이 사건의 경우와 같이 법규가 있고 그 의미 내용 역시 명확하여 달리 해석할 여지가 없는 경우에는 다른 것을 다르게 취급하여야 한다는 정의의 요청(이른바 목적론적 축소해석의 경우) 또는 합헌적인 해석의 요청(이른바 헌법합치적 해석의 경우)에 의하여, 그 법규의 적용 범위를 예외적으로 제한하여 해석할 필요가 있는 등의 특별한 사정이 없는 한, 설사 다수의견이 보는 바와 같이, 명문의 규정이 거래의 관행과 조화되지 아니하는 점이 있다고 하더라도, 법원으로서는 모름지기 국회의 입법 작용에 의한 개정을 기다려야 할 것이지 명문의 효력규정의 적용 범위를 무리하게 벗어나거나 제한하는 해석을 하여서는 아니 될 것이다.

…앞서 본 바와 같이, 어음법은 발행지의 기재가 없는 어음에 관하여 그 효력이 없다고 명

문으로 규정하고 있는 한편, 이 명문의 규정에 관하여는 정의의 요청 또는 합헌적인 해석의 요청에 의하여 그 적용 범위를 예외적으로나마 제한하여 해석할 만한 아무런 특별한 사정이 있다고 할 수 없으므로, 다수의견과 같이 위 어음법의 명문규정이 이른바 '국내어음'에는 적용되지 아니한다고 하는 것은 법원이 어음법에도 없는 단서 조항 즉 '발행지에 관하여 국내어음의 경우에는 그러하지 아니하다.'라는 규정을 신설하는 셈이고, 이는 명문의 규정에 반하는 법형성 내지 법률수정을 도모하는 것으로서 법원의 법률해석권의 범위를 명백하게 일탈한 것이라는 비난을 면하기 어렵다고 할 것이다."(대법원 1998. 4. 23. 선고 95다36466 전원합의체 판결, 반대의견)

주의할 것은 대법원 반대의견도 법관이 법형성의 권한을 가질 수 있다고 하는 점 자체에 대하여 이의를 제기하는 것은 아니라는 점이다. 다만 그 범위를 상대적으로 좁은 영역에서 인정하고자 하는 것일 뿐이다.

② 그 밖의 판결들
어음판결에서 드러난 대법원 다수의견의 논리는 이미 1970년대 말 다액판결에서 제시된 것이다. 어음판결이 주로 '거래의 안정성'을 위한 것이었다면, 다액판결은 '불합리한 결과를 막기 위해' 법형성이 이루어진 사례라고 할 수 있다.

"사회현상이 급속도로 변천되고 법률이 미쳐 그 사회변천에 따라가지 못하여 그 법률과 사회실상과의 괴리가 심하게 되어서 해석 여하에 따라서 그 결과가 심히 부당하게 혹은 국민에게 가혹한 결과를 가져온다고 보일 때에 이를 완화하는 방향으로 해석함이 형법해석에서도 불가능한 것이 아닐 뿐 아니라 필요한 것이라고 할 것이다"(대법원 1978. 4. 25 선고 78도246 전원합의체 판결)

전교조 법외노조통보처분취소 판결에서 김재형 대법관의 별개의견은 법문에 반하는 법형성을 보다 명시적으로 논증한 드문 사례라고 할 수 있다.

"법을 해석·적용할 때에는 그 결과를 고려해야 한다. 만일 해석의 결과 심히 불합리하거나 부당한 결론이 도출된다면 그러한 해석을 배제하는 방안을 강구해야 한다. 통상 이를 위하여 문언적 해석 외에 논리적·체계적 해석, 역사적 해석, 목적론적 해석 등 여러 해석방법이 동원된다. 이러한 시도에도 불구하고 불합리와 부당함이 교정되지 않는다면 법원은 법의 문언을 넘어서는 해석, 때로는 법의 문언에 반하는 정당한 해석을 해야 한다"(대법원 2020. 9. 3 선고 2016두32992 전원합의체 판결에서 김재형 대법관의 별개의견)

법관의 법형성에 반대하는 논증은 앞서의 어음판결의 반대의견 뿐만 아니라 호적상 성별정정판결의 반대의견, 전교조 법외노조통보처분취소 판결의 반대의견에서도 뚜렷하게 드러나니 참고할 필요가 있다.

5. 대법원의 헌법합치적 해석의 양상

헌법합치적 해석은 최근 판결하기 어려운 사안에서 법원의 중요한 해석기반이 되고 있다.[39] 협의의 법해석뿐만 아니라 법관의 법형성이 다투어지는 사안들에서도 헌법합치적 해석은 자주 등장한다. 흥미로운 점은 구체적 사안에 따라 헌법합치적 해석의 가능성이나 그 방향을 둘러싸고 곧잘 대립되는 의견이 표출되기도 한다는 점이다. '양심적 병역거부 판결'은 그 대표적 사례라고 할 수 있다.

(1) 양심적 병역거부 판결

양심적 병역거부가 처벌되어야 하는지, 그리고 관련 병역법의 규율이 헌법에 부합한다고 볼 수 있는지는 우리 사회를 오랜 기간 달구어왔던 문제영역이었다. 우리 대법원은 과거 상당한 기간 양심적 병역거부가 병역법 제88조 제1항의 '정당한 사유'에 해당한다고 볼 수 없으므로, 처벌이 불가피하다는 입장을 취해왔다. 하지만 2018년 6월 대체복무제를 규율하지 않은 병역법 제5조 제1항에 대해 헌법불합치 결정다만, 2019년 말까지의 잠정적용부 헌법불합치 결정이 내려지게 되었고 대법원 역시 2018년 11월에 판례변경을 하게 되었다.[40] 그 논증의 핵심부분에 헌법합치적 해석이 위치해 있음을 확인하게 된다.

병역법 제88조(입영의 기피 등) ① 현역입영 또는 소집 통지서모집에 의한 입영

---

39 법해석론상 헌법합치적 해석의 위치에 대해서는 본서 제12장의 '체계적 해석' 부분[II. 2. (1) ③] 참조.

40 대법원 2018. 11. 1. 선고 2016도10912 전원합의체 판결.

통지서를 포함한다를 받은 사람이 정당한 사유 없이 입영일이나 소집일부터 다음 각 호의 기간이 지나도 입영하지 아니하거나 소집에 응하지 아니한 경우에는 3년 이하의 징역에 처한다.

대법원 다수의견은 다음과 같이 논증한다.

"양심적 병역거부의 허용 여부는 헌법 제19조 양심의 자유 등 기본권 규범과 헌법 제39조 국방의 의무 규범 사이의 충돌·조정 문제가 된다. …병역법 제88조 제1항[은] 입영의무의 불이행을 처벌하면서도 한편으로는 '정당한 사유'라는 문언을 두어 입법자가 미처 구체적으로 열거하기 어려운 충돌 상황을 해결할 수 있도록 하고 있다. 따라서 양심적 병역거부에 관한 규범의 충돌·조정 문제는 병역법 제88조 제1항에서 정한 '정당한 사유'라는 문언의 해석을 통하여 해결하여야 한다. …위에서 보았듯이 소극적 부작위에 의한 양심실현의 자유에 대한 제한은 양심의 자유에 대한 과도한 제한이 되거나 본질적 내용에 대한 위협이 될 수 있다. 양심적 병역거부는 이러한 소극적 부작위에 의한 양심실현에 해당한다… 우리나라의 경제력과 국방력, 국민의 높은 안보의식 등에 비추어 양심적 병역거부를 허용한다고 하여 국가안전보장과 국토방위를 달성하는 데 큰 어려움이 있을 것으로는 보이지 않는다. 따라서 진정한 양심적 병역거부자에게 집총과 군사훈련을 수반하는 병역의무의 이행을 강제하고 그 불이행을 처벌하는 것은 양심의 자유에 대한 과도한 제한이 되거나 본질적 내용에 대한 위협이 된다. …일방적인 형사처벌만으로 규범의 충돌 문제를 해결할 수 없다는 것은 이미 오랜 세월을 거쳐 오면서 확인되었다. …양심적 병역거부자에게 병역의무의 이행을 일률적으로 강제하고 그 불이행에 대하여 형사처벌 등 제재를 하는 것은 양심의 자유를 비롯한 헌법상 기본권 보장체계와 전체 법질서에 비추어 타당하지 않을 뿐만 아니라 소수자에 대한 관용과 포용이라는 자유민주주의 정신에도 위배된다. 따라서 진정한 양심에 따른 병역거부라면, 이는 병역법 제88조 제1항의 '정당한 사유'에 해당한다. 이와 달리 양심적 병역거부가 병역법 제88조 제1항에서 정한 '정당한 사유'에 해당하지 않는다고 판단한 대법원 2004. 7. 15. 선고 2004도2965 전원합의체 판결, 대법원 2007. 12. 27. 선고 2007도7941 판결 등을 비롯하여 그와 같은 취지의 판결들은 이 판결의 견해에 배치되는 범위에서 이를 모두 변경하기로 한다."(대법원 2018. 11. 1. 선고 2016도10912 전원합의체 판결의 다수의견)

하지만 대법원 반대의견은 다수의견의 논지에 대해 다음과 같이 반박한다.

"[대법관 김소영, 대법관 조희대, 대법관 박상옥, 대법관 이기택의 반대의견] ① 다수의견이 변경되어야 한다고 주장하는 종전 대법원 2004. 7. 15. 선고 2004도2965 전원합의체 판결에서 제시된 법리야말로 우리의 총체적 규범체계와 시대적 · 사회적 맥락에서 여전히 타당성이 인정되므로 그대로 적용 · 유지되어야 한다. …그에 따라 '정당한사유'는 병무청장 등의 결정으로 구체화된 병역의무의 불이행을 정당화할 만한 사유, 즉 질병 등 병역의무 불이행자의 책임으로 돌릴 수 없는 사유에 한하는 것으로 보아야 한다고 판단하였다. …대법원은 …소극적 부작위에 의한 양심실현의 자유가 상대적 자유로서, 국민 전체의 인간으로서의 존엄과 가치를 보장하기 위한 헌법적 법익인 병역의무보다 우월한 가치라고 할 수는 없다고 보았다. 이를 전제로, 병역의무에 관한 헌법적 법익을 위해 헌법 제37조 제 2 항에 따라 양심의 자유를 제한하더라도 이는 헌법상 정당한 제한이고, 양심적 병역거부자에 대해 처벌규정을 적용하더라도 양심의 자유가 부당하게 침해되었다고 할 수 없으며, 양심의 자유에 반한다는 사유로 현역병입영을 거부하는 것은 정당한 사유가 있는 것으로 볼 수 없다고 판단하였다.

…기존 법리를 변경하는 다수의견의 견해는, 법적 안정성이라는 중대한 사법적 가치를 손상하고, 자칫 병역의무 이행상의 과도한 특혜를 부여하는 결과를 초래함으로써 병역법의 입법목적을 근본적으로 훼손시킬 뿐만 아니라, 병역의무부담의 형평성에 대한 규범적 요청 및 국민의 기대에서 크게 벗어나는 것으로 인식되어 갈등과 혼란을 초래할 것이라는 우려를 금할 수 없다. 또한 사법권의 한계를 벗어나 입법정책의 영역에서 사실상 입법자의 권한을 행사한다는 오해와 비난을 면하기 어렵다. 설령 양심적 병역거부자 등 일부 병역의무자들에 대한 병역법의 예외 없는 적용에 다소간의 불합리하거나 가혹한 면이 있더라도, 이는 국회의 입법 절차를 통해 시정해 나갈 일이지, 법원이 병역법의 규정을 그 목적이나 기능에 어긋나게 해석하는 방식으로 해결할 수는 없다. 이러한 결론은 법관의 법률해석과 사법권 행사에서 당연하게 지켜야 할 기본 원칙과 책무에 따른 것이다."(대법원 2018. 11. 1. 선고 2016도10912 전원합의체 판결의 반대의견)

이 판결에서 다수의견과 반대의견은 위의 헌법합치적 해석에 그치지 않고 다시금 서로의 논증을 비판하는 보충의견을 추가적으로 개진하였다. 이는 자신의 법해석론과 사법의 역할에 대한 견해를 드러내는 것이기도 했다. 다수의견은 구성요건조각사유로서 불확정개념에 대한 해석은 위법성이나 책임조각사유에 대한 해석^{평균인의 관점}과는 달라야 함을 밝히고 범죄구성요건에 들어가 있는 '정당한 사유'가 수행하는 객관적 취지와 역할을 규명하고자 한다. 또한 '정당

한 사유'를 파악하는 데에 있어서 객관적 해석론 및 결과고려해석의 필요성을
표방하기도 한다.

> "법을 해석할 때에 입법자의 의도를 고려해야 하지만 그에 구속될 것은 아니다. 오히려 구
> 속되어야 할 것이 있다면 그것은 법 그 자체이다. 그런데 바로 그 법이 위와 같은 '정당한
> 사유'를 규정하고 있는 것이다. 법은 입법자보다 현명하다."
>
> "법을 해석할 때에는 그 결과를 감안하여야 한다. 법문이 그 자체로 다양한 해석의 가능
> 성을 내포하고 있는 경우 설령 외견상 문언, 논리와 체계에 부합하는 것으로 보이는 해석
> 이라 하더라도 그 결과가 심히 부당하고, 특히 그것이 헌법 등 상위법의 가치에 반하는 것
> 이라면 달리 생각하여야 한다. 합헌적 법률해석이란 헌법을 기준으로 위와 같은 정신을 되
> 새기는 것…"

반면 반대의견은 이러한 해석론을 다음과 같이 반박하기도 한다.

> "다수의견이 주장하는 것처럼 위 '정당한 사유'를 구체적 시기 및 대상 등에 관한 아무런
> 제한 없이, '병역의무의 부과와 구체적 병역처분을 하는 과정에서 고려되지 않은 사정이라
> 하더라도 입영하지 않은 병역의무자로 하여금 그 병역의 이행을 감당하지 못하도록 하는
> 구체적이고 개별적인 사정'이라는 지극히 추상적·포괄적인 의미로까지 확장하여 해석하는
> 것은 입법목적의 범위 내에서 문언·논리·체계에 입각하여 이루어져야만 하는 법률해석의
> 원칙과 한계를 벗어난 것…"

(2) 그 밖의 판결들

헌법합치적 해석이 중요하게 고려된 또 다른 사례로 종중구성원 판결과
제사주재자 판결을 들 수 있다.[41] 기존 판결은 '종중구성원을 성인남성에 한정'
하는 관습법 및 '적장자가 <small>제사주재자로서의 결격사유를 특별히 갖지 않는 한</small> 제사주재자가 된
다'는 관습법을 유지하고 있었다. 하지만 2000년대 초반 대법원은 양자 모두
관습법의 요건을 충족시키지 못한다고 보아 관습법의 효력을 부인하게 되었고

---

41 대법원 2005. 7. 21. 선고 2002다1178 전원합의체 판결; 대법원 2008. 11. 20. 선고 2007다27670 전원합의체
   판결.

이로 발생한 흠결을 조리에 의해 보충하고자 하였다. 관습법은 오랜 관행과 함께 공동체 구성원들이 그에 대한 법규범적 확신을 가져야 하며, 아울러 전체 법질서에 반하지 아니하는 정당성과 합리성을 갖추어야 하는데 헌법상 평등권 등에 반하는 이들 관습은 그 요건을 더 이상 충족시키지 못하고 있다고 본 것이다.

그 외에도 교육공무원 시국선언 판결,[42] 성전환자 성별정정 판결,[43] 전교조 법외노조통보처분취소 판결 또한 헌법합치적 해석이 중요하게 고려된 사례라고 할 수 있다.

최근의 판결들을 보면 헌법합치적 해석을 둘러싼 의견차는 그 가능성에 대한 의견차라기보다는 그 방향에 대한 의견차인 경우가 많다. 어떤 유형의 해석론을 취하든지 간에 대법관들이 대체로 헌법합치적 해석의 가능성을 긍정하고 있는 것은 헌법합치적 해석이 이미 해석의 일반원칙으로 받아들여지고 있는 데에서 그 이유를 찾을 수 있다.[44] '헌법의 방사효', '기본권의 대사인적 효력'의 일반적 수용은 그에 더욱 기여하게 되었다. 일각에서는 헌법을 포함하는 전체 법질서의 조화를 중요하게 여기는 법해석론, 특히 법원리론에 입각한 해석론이 최근 우리 대법원에서 일정한 흐름을 형성해 가고 있는 것으로 설명하기도 한다.[45] 다만 우리 법원에서 제반 해석론이 어떤 흐름을 형성하고 있는지는 '어려운 판결hard case'들뿐만 아니라, 법원의 '일상의 판결들'도 포함한 상세한 분석을 필요로 한다고 할 것이다. 대법원 판결에 제한하더라도, 전원합의체 판결과 일반 소부의 판결들 사이에 논증분량과 섬세함에 있어서 상당한 차이를 보인다는 지적도 있다.

---

42 대법원 2012. 4. 19 선고 2010도6388 전원합의체 판결.

43 대법원 2006. 6. 22. 자 2004스42 전원합의체 결정.

44 예컨데 대법원 1992. 5. 8 선고 91부8 판결; 대법원 2005. 1. 27 선고 2004도7488 판결; 대법원 2011. 4. 14 선고 2008도6693 판결; 헌법재판소 2012. 5. 31. 자 2009헌바123 결정 등.

45 예컨대 김도균, "우리 대법원 법해석론의 전환: 로널드 드워킨의 눈으로 읽기", 『법철학연구』 제13권 제 1 호(2010), 103면 이하.

제13장 생각해 볼 문제

❶ A국은 2012년 10월 당시 다음과 같은 법률조항을 가지고 있었다.

구 아동 · 청소년의 성보호에 관한 법률 제11조(아동·청소년이용음란물의 제작·배포 등)

① 아동 · 청소년이용음란물을 제작 · 수입 또는 수출한 자는 무기징역 또는 5년 이상의 유기징 역에 처한다.

② 영리를 목적으로 아동 · 청소년이용음란물을 판매 · 대여 · 배포 · 제공하거나 이를 목적으로 소지 · 운반하거나 공연히 전시 또는 상영한 자는 10년 이하의 징역에 처한다.

③ 아동 · 청소년이용음란물을 배포 · 제공하거나 공연히 전시 또는 상영한 자는 7년 이하의 징 역 또는 5천만원 이하의 벌금에 처한다.

④ 아동 · 청소년이용음란물을 제작할 것이라는 정황을 알면서 아동 · 청소년을 아동 · 청소년이 용음란물의 제작자에게 알선한 자는 3년 이상의 징역에 처한다.

⑤ 아동 · 청소년이용음란물임을 알면서 이를 소지한 자는 1년 이하의 징역 또는 2천만원 이하의 벌금에 처한다.

⑥ 제 1 항의 미수범은 처벌한다

제 2 조 (정의)

이 법에서 사용하는 용어의 뜻은 다음과 같다.

5. "아동 · 청소년이용음란물"이란 아동 · 청소년 또는 아동 · 청소년으로 인식될 수 있는 사람이 나 표현물이 등장하여 성적 행위를 하는 내용을 표현하는 것으로서 필름 · 비디오물 · 게임물 또 는 컴퓨터나 그 밖의 통신매체를 통한 화상 · 영상 등의 형태로 된 것을 말한다.

영화 C는 성인배우들이 중학생 역을 맡아 교복을 입고서 성적 행위를 하는 내용을 연기한 음란물이다. A국 국민인 B는 이 영화를 2012년 10월 인터넷에서 다운로드 받아 시청하고 이를 단순소지하고 있다가 동년 11월 경찰에 발각되었다.

B는 위 제11조 제 5 항에 입각해 처벌될 수 있을까?A국은 위 조항 외에 음란물 단순소지와 관련한 여타 처벌조항 을 가지고 있지 않다

B의 처벌 가능성에 대하여 아래의 항목들을 포함하여 논증해 보라.

문리적 해석, 역사적 해석, 체계적 해석, 목적론적 해석, 법률의 합헌적 해석, 죄형법정주의 원칙

---

❷ 유병진 판사는 "안타까운 사자님"이라는 글에서 자신이 했던 재판을 회고한다. 한국전쟁 당시 법에 따르면 절도는 무조건 사형, 무기 또는 10년 이상의 유기징역에 처하도록 되어 있었다비 상사태하의 범죄처벌에 관한 특별조치령(대통령긴급명령1호 1950. 6. 25. 제정) 제 4 조. 유병진 판사가 담당하게 된 재판은 인민군에 의해 털린 경찰책임자의 집을 지나가다가 인민군이 채 실어가지 못한 양주병 두세 개, 비누갑 기타 일용품 몇 가지를 훔친 두 학생에 대한 것이었다. 유병진 판사가 법에 따라 재판한다면 관대히 하더라도 징역 10년에 처하여야 할 것이다. 유병진 판사는 다음과 같이 회고한다.

> "법의 정면으로의 무시다. 아니, 법의 무시라는 것보다도 재판으로서의 한 규범의 창조인 것이다. 그리하여 나는 다시 대담무모하게도 이에 대하여 (이런 종류에 대하여) 무죄의 판결을 하였던 것이다."
> "뭐요. 판결 이유는 무엇인가요?"
> "마. 그 점에 대하여서는 그 이상 물어주지 말기를 바라오. 그것을 정당화시킬 아무 이론도 있을 수야 없지 않소. 다만 단심제를 방패로."
> [출처 : 신동운 편저, 『재판관의 고민』(법문사, 2008), 152–153면]

유병진 판사의 주장에 대해 평해 보시오.

제14장
법과 젠더

法哲學

Philosophy of Law: Theory and Issue

I. 법과 젠더의 법철학적 의의

오랫동안 "젠더"는 법학, 더 나아가 법철학에서 그리 큰 관심을 받지 못한 문제 영역이었다. 이 때문에 "법과 젠더"를 다루는 것은 주류 법학자의 관심 밖에 놓인 일이었다. 여기에는 법은 젠더에 중립적인 태도를 취하기 때문에 법과 젠더 사이에는 특별한 상관관계가 존재하지 않고, 따라서 이 문제를 정면에서 다루는 것은 큰 의미를 갖지 않는다는 시각이 깔려 있었다. 그러나 지난 20세기 중반 이후 여성주의 학자들을 중심으로 하여 젠더의 사회적 의미와 사회구조의 남성편향성이 부각되면서, 젠더 문제는 법이 관심을 기울여야 하는 새로운 문제영역으로 정착되었다. 이로 인해 이제는 "젠더법학"feminist jurisprudence 이 법학의 독자적인 영역으로 자리 잡고 있다.[1] 이러한 점에서 볼 때 모든 법학의 기초를 이루는 법철학이 법과 젠더에 무관심할 수는 없다. 법과 젠더에 관해서도 법철학이 다루어야 할 논점들이 다수 존재한다. 법과 젠더의 상호연관성이나 여성의 정체성에 대한 논의, 젠더법학의 방향설정 등이 이러한 예에 해당한다. 이러한 이유에서 이 장에서는 법과 젠더에 관한 문제, 그중에서도

---

1 "젠더법학"은 달리 "법여성학"으로 지칭되기도 한다. 최근 들어서는 "젠더법학"이라는 명칭이 널리 사용된다. 이를 반영하듯, "젠더법학회"가 독자적인 학술단체로 활동하고 있다.

"법과 여성젠더"에 관한 문제를 법철학적 시각에서 다루고자 한다.

Ⅱ. 법과 젠더의 상호연관성

1. 개 관

위에서 언급한 것처럼, 법과 젠더는 오랫동안 법체계를 포함한 공론장에서 그리 관심의 대상이 되지 않았다. 법과 젠더가 법학자들의 관심을 끌기 시작한 것은, 지난 20세기 중반 새롭게 젠더법학이 등장하기 시작한 이후부터이다. 그 이전까지 법학자들은 법과 젠더에 학문적 관심을 쏟지 않았다. 이는 법철학 영역에서도 마찬가지였다. 이에 대해서는 다음과 같은 이유를 제시할 수 있다. 근대의 자유주의적 법은 "형식성"과 "중립성"이라는 성격을 지니고 있어서, 그 수범자가 남성이든 여성이든 상관없이 형식적이고 중립적으로 적용될 것이라고 예정하고 있었다는 것이다. 이러한 시각에 따르면, 법은 젠더에 중립적이므로 양자는 일정한 상관관계를 형성할 수 없다. 그러나 20세기 중반 이후 법과 젠더는 서로 무관한 것이 아니라 오히려 일정한 상관관계를 맺고 있다는 점이 여러 논의를 통해 드러나고 있다.[2] 이에 대해서는 크게 두 가지 이유를 제시할 수 있다. 첫째는 사회구조 자체가 특정한 젠더, 즉 남성 젠더에 편향되어 있다는 점이고, 둘째는 바로 이 때문에 사회를 규율하는 법체계 역시 남성 편향적인 성격을 가질 수밖에 없다는 점이다.

2. 사회구조의 남성젠더 편향성

인류의 오랜 역사가 보여주는 것처럼 우리의 사회구조는 젠더에 중립적이지 않았다. 사회는 여성젠더보다는 남성젠더에게 더욱 유리하게 구조화되어 있었다. 사회의 각 영역에서 남성이 여성보다 유리한 지위와 혜택을 누리는 것은 당연한 것으로 인식되었다. 이러한 사회구조의 남성젠더 편향성은 많은 경우

---

2 양현아, "서구의 여성주의 법학 ─ 평등과 차이의 논쟁사 ─ ," 『법사학연구』 제26호(2002), 232면.

두 가지 논거로 정당화되고는 하였다. 첫째는 생물학적 환원주의이고, 둘째는 전통주의이다. "남성성"과 "여성성"의 구별기준을 생물학적 성에서 찾는 생물학적 환원주의는 남성과 여성 사이에서 볼 수 있는 생물학적 차이를 자연스럽게 남성과 여성의 사회적 정체성과 역할을 규정하는 데 반영한다.[3] 이러한 시각에 따르면 생물학적·육체적 측면에서 우월한 남성이 사회적으로도 우월한 지위와 역할을 수행하는 것은 당연하다. 나아가 전통주의는 사회의 각 영역에서 남성이 여성보다 우위에 서는 것을 전통 또는 공동체의 고유한 가치라는 이름으로 정당화한다.[4] 이러한 전통주의는 문화주의와 결합되어 남성을 여성보다 더욱 우월하게 취급하는 것을 공동체의 독자적인 문화라고 옹호하기도 한다.

그러나 지난 20세기 중반 이후 등장한 여성주의자들은 남성을 여성보다 더욱 우월하게 취급하는 것은 정상적인 것이 아니라 여성을 차별하는 것이라고 비판한다. 먼저 생물학적 환원주의에 대해서는, 생물학적 성sex과 사회적 젠더gender를 개념적으로 구분함으로써 이를 반박한다. 이에 따르면 생물학적 성과 사회적 젠더는 서로 구별되고, 이때 여성의 사회적 정체성을 결정하는 것은 여성의 생물학적 성이 아니라 사회의 소통망 속에서 형성되는 여성의 사회적 젠더라는 것이다. "여성은 태어나는 것이 아니라 만들어지는 것"이라고 한 프랑스의 여성철학자 보부아르S. d. Beauvoir의 주장이 이를 잘 반영한다.[5] 이는 사회가 어떻게 구조화되는가에 따라 여성의 정체성도 달라질 수 있다는 점을 시사한다.[6] 사실이 그렇다면, 여성이 남성보다 생물학적으로 열등하다고 해서 남성에 비해 차별취급을 받는 것은 타당하지 않다. 비록 생물학적으로는 여성이

---

3 이러한 시각은 오늘날에도 "진화심리학" 또는 "사회생물학"이라는 이름으로 영향력을 행사한다. 이를 보여주는 한 예로서 윤진수, "진화심리학과 가족법," 서울대학교 과학기술과 법 센터 편, 『과학기술과 법』(박영사, 2007), 153면 아래.

4 "아시아적 가치"라는 이름 아래 서구적인 인권을 거부하고자 하는 태도가 이러한 예에 해당한다.

5 이러한 보부아르에 대한 간략한 소개로는 이현재, 『여성의 정체성 — 어떤 여성이 될 것인가』(책세상, 2007), 58-76면.

6 여성의 정체성이 변화되어 가면서 여성과 남성 사이에서 가장 친밀한 관계를 대변하는 "사랑"의 모습 역시 변화되어 갔다는 점도 지적할 만하다. 우리가 오늘날 사랑의 당연한 모습으로 인식하고 있는 "열정적 사랑"(Liebe als Passion)이나 "낭만적 사랑"도 사실은 역사적으로, 특히 여성의 지위 변화 그리고 이와 연결된 사회구조의 변동과 관련을 맺으면서 등장한 것이라고 말할 수 있다. 이에 대한 지적으로는 N. Luhmann(정성훈·권기돈·조형준 역), 『열정으로서의 사랑: 친밀성의 코드화』(새물결, 2009), 67면 아래; A. Giddens(배은경·황정미 역), 『현대 사회의 성·사랑·에로티시즘』(새물결, 2003), 75면 아래.

남성보다 열등하다 할지라도, 오히려 사회적으로는 여성이 남성보다 더욱 우월할 수도 있기 때문이다. 나아가 전통주의에 대해서는, 전통 혹은 문화라는 이유로 모든 것을 정당화할 수 있는 것은 아니고, 이러한 전통 또는 문화 역시 사회적 소통의 산물이므로 사회구조에 의해 충분히 왜곡될 수 있다고 비판한다. 그 때문에 여성주의자들은 여성에 대한 차별적 취급을 막기 위해 전통이나 문화보다는 보편적인 인권과 이에 기반을 둔 법을 더 중요시한다.

3. 근대법의 남성젠더 편향성

여성에 대한 차별적 취급을 막기 위한 수단으로 법을 동원하기 위해서는 법이 젠더에 중립적일 수 있어야 한다. 그러나 여성주의자들이 보기에 법 역시 오랫동안 여성젠더에 우호적이지 않았다. 물론 근대법은 겉으로는 형식성과 중립성을 표방함으로써 여성젠더를 특별히 차별 취급하는 것으로 보이지는 않았다. 그렇지만 여성주의자들은 현행법의 토대를 이루는 근대법 역시 남성중심적인 태도를 취하고 있다고 비판한다. 이는 다음과 같은 점에서 근거를 찾을 수 있다. 우선 근대 정치관계법이 오랫동안 여성에게는 선거권을 인정하지 않았다는 점에 주목할 필요가 있다. 나아가 근대 민법이 특히 가족관계에서 여성의 행위능력이나 각종 권리를 제한했다는 점을 들 수 있다.[7] 마지막으로 근대 고용관계법이 여성이 노동시장으로 편입하려 하는 것을 차별했다는 점을 거론할 수 있다. 이와 같은 점에서 볼 때 근대법이 여성에 중립적인 태도를 취한 것은 아니라는 점을 인정할 수 있다. 법적 주체의 자율성을 강조했던 근대법이 사실은 남성편향적인 시각을 가졌다는 점, 다시 말해 여성 젠더에 대해서는 그다지 중립적인 시선을 갖지 않았다는 점은 어느 정도 분명해 보인다.[8] 바로 이러한 이유에서 젠더법학은 사회 속에서 법과 제도 등을 통해 이루어지는 여성에 대한 불평등한 취급을 해소하고자 우선적으로 남성편향적인 법체계에 주목한다.

---

7 최근까지도 여성은 가족관계에서 남성에 비해 차별적인 취급을 받고 있었다. 이에 관해서는 윤진수, "헌법이 가족법의 변화에 미친 영향," 『서울대학교 법학』 제45권 제 1 호(2004), 240면 아래 참조.

8 이에 대한 전형적인 예로서 성형법(性刑法) 영역을 들 수 있다. 이에 대한 분석은 조국, 『형법의 성편향』 제 1 판(박영사, 2003) 참조.

남성편향적인 법체계를 남성 및 여성젠더에 평등할 수 있도록 교정함으로써 법을 통해 자행되는 여성에 대한 차별적 취급을 해소하고자 한다.9

4. 법과 젠더의 상호연관성

위에서 전개한 논의에서 다음과 같은 결론을 이끌어 낼 수 있다. 첫째, 그동안 사회구조는 젠더에 중립적이었던 것이 아니라 오히려 남성젠더에 편향적이었다. 둘째, 이에 따라 사회를 규율하는 법체계 역시 남성편향적으로 제도화되어 운용되었다. 셋째, 바로 이 점에서 법과 젠더는 서로 무관한 것이 아니라 서로 일정한 연관관계를 맺을 수밖에 없다는 것이다.

법과 젠더가 서로 연관되어 있다는 주장은 포스트모더니즘 철학자로서 많은 영향력을 행사한 프랑스의 철학자 푸코M. Foucault의 분석을 통해서도 뒷받침된다. 푸코가 수행한 분석에 따르면, 성과 권력은 서로 일정한 상관관계를 형성해 왔다. 성은 권력으로부터 자유롭지 못했다. 푸코에 따르면, 권력은 성을 적절하게 관리하고 통제해 왔는데, 여기서 법은 권력의 수단으로서 성을 관리하고 통제하는 데 기여하였다.10 이때 푸코가 말하는 성은 생물학적 성이라기보다는 사회적 성이라고 볼 수 있으므로, 결국 푸코에 따르면 법이 사회적 성을 일정한 방향으로 규율하는 데 기여했다고 말할 수 있다. 이러한 분석은 법이 사회적 성인 젠더와 무관하지 않다는 점을 보여준다. 무엇보다도 법은 사회적 젠더를 형성하는 데 근간이 되는 사회적 소통망에 지대한 영향을 미칠 수 있다. 가령 법은 형법상 강간죄를 "여성의 정조에 관한 범죄"로 파악함으로써 "여성은 성적으로 남성에 의해 보호받아야 한다."는 관념을 사회적 소통망에 확산시킬 수 있다. 이를 통해 "여성은 남성의 성적 보호대상"이라는 정체성이 강화될 수 있다.

---

9 이은영, 『법여성학 강의』 제 3 판(박영사, 2007), 3-4면.
10 양운덕, 『미셸 푸코』(살림, 2003), 65면 아래.

5. 법철학의 문제영역으로서 법과 젠더

이렇게 법과 젠더는 서로 무관한 것이 아니라 밀접하게 연관되어 있다면, 이제 법철학은 법의 젠더 중립성을 이유로 젠더 문제에 무관심할 수 없다. 이뿐만 아니라 법과 젠더 자체가 독자적인 법학분과로 자리매김하고 있다는 점도 법철학이 법과 젠더에 관심을 가져야 할 중요한 이유를 제공한다. 오늘날 여성의 사회적 정체성, 즉 사회적 성은 주어진 것이 아니라 만들어지는 것이라는 통찰에 기반을 두어 법과 젠더의 상호연관성을 탐구하는 학문적 작업은 독자적인 학문분과로서 정착하고 있다. 법과 젠더에 대한 연구가 "법과 여성"이라는 운동 차원을 넘어 이제는 "젠더법학"이라는 이름 아래 독자적인 학술활동을 활발하게 펼치고 있다는 점이 이를 시사한다. 이제 젠더법학은 기존의 철학 및 사회과학뿐만 아니라 법철학, 법사회학 등과 같은 기초법학과 가족법, 노동법, 성형법性刑法 등 다양한 실정법학까지 아우르는 전문적인 통합과학으로 자리매김한다. 바로 이러한 근거에서도 법철학의 시각으로 법과 젠더에 접근할 필요가 있는 것이다.

Ⅲ. 여성의 정체성에 관한 논의

1. 개 관

법철학의 시각에서 법과 젠더 문제를 다룰 때 가장 중요하게 취급해야 할 문제는 법을 통해 여성젠더에 대한 사회적 차별을 극복하고자 하는 젠더법학의 방향을 어떻게 설정해야 하는가이다. 그런데 젠더법학의 방향설정 문제는 여성성, 즉 여성의 정체성을 어떻게 설정하는가에 따라 그 대답이나 내용이 달라질 수 있다. 따라서 젠더법학의 방향설정 문제를 본격적으로 다루기 위해서는 그 전에 여성의 정체성에 관한 문제를 살펴볼 필요가 있다.

여성의 정체성은 어떻게 설정할 수 있는가? 그런데 앞에서 언급한 것처럼 여성의 정체성은 미리 주어져 있는 어떤 고정된 것이 아니다. 오히려 여성의 정체성은 어떤 여성철학으로 여성의 정체성을 이해하고 소통하는가에 따라 달라진다. 즉, 여성의 정체성을 어떻게 이해하고 파악할 것인가를 다루는 문제는 여성철학과 밀접한 관련을 맺는다.[11] 따라서 아래에서는 그동안 여성철학이 축적한 성과를 바탕으로 하여 여성의 정체성에 관한 문제를 다루고자 한다. 특히 여성의 정체성을 바라보는 시각을 크게 세 가지로 나누어 정리하고자 한다.[12] 첫 번째는 여성을 남성과 동등한 인간으로 보는 시각이고, 두 번째는 여성을 남성과는 구별되는 독자적인 정체성을 지닌 존재로 파악하는 시각이며, 세 번째는 여성의 정체성 자체를 다원적으로 해체하는 시각이다.

2. 인간으로서 여성

첫 번째 시각은 여성을 남성과 동등한 인간으로 파악한다. 이 시각에 따르면 여성은 남성과 모든 면에서 평등한 인간으로서 자신의 역할을 수행하고 지위를 누릴 수 있다. 그러므로 가령 합리적 근거 없이 남성이 누리는 권리를 여성에게 부여하지 않는 것은 타당하지 않다. 이렇게 여성의 정체성을 파악하는 시각은 무엇보다도 프랑스의 여성철학자 보부아르에게서 발견할 수 있다.[13] 보부아르는 전통적 가치에 따라 타인, 즉 남성에 의존하며 살아가는 전통적 여성상을 배격하면서 여성 역시 남성과 마찬가지로 자율적 인간존재가 되어야 한다고 강조한다.[14] 여기서 알 수 있듯이 여성의 정체성을 남성과 동등한 인간으로 파악하고자 하는 시각에서는 여성과 남성 사이의 "형식적 평등"이 강조된다. 이 시각에서는 여성이 실제로 가질지도 모르는 고유한 차이는 부각되지 않는다. 그 점에서 이 시각은 여성과 남성뿐만 아니라 사용자 및 노동자 등 모든 권리주체의 질적 차이를 고려하지 않으면서 이들을 모두 형식적으로 평등한 권리주체로 파악하려 한 자유주의적 법모델과 연결된다.

---

11 여성철학에 대한 소개로는 이현재, 『여성의 정체성 ─ 어떤 여성이 될 것인가』, 22-31면.

12 아래의 논의는 주로 위의 책, 22면 아래 참고; 또한 양현아, "서구의 여성주의 법학," 256-262면; 윤진숙, "미국의 포스트모던 페미니즘 법담론에 관한 연구," 『법과 사회』 제28호(2005), 151-152면 참조.

13 이에 관해서는 S. d. Beauvoir(이희영 역), 『제2의 성』(동서문화사, 2009) 참조.

14 이현재, 『여성의 정체성 ─ 어떤 여성이 될 것인가』, 58면.

3. 남성과는 다른 여성

두 번째 시각은 여성을 남성과는 다른 주체로서, 남성성과는 구별되는 고유한 차이를 가지는 존재로 파악한다. 여기에서는 남성성과 구별되는 여성만의 독자적 정체성, 즉 독자적 "차이"가 부각된다. 바로 이러한 차이 때문에 여성은 남성과는 달리 취급되어야 한다. 그러나 여기서 주의해야 할 점은 이렇게 여성의 정체성에 존재하는 남성과는 구별되는 고유한 차이 때문에 여성이 불평등하게 취급되어서는 안 된다는 것이다. 오히려 이 시각에 따르면, 이러한 여성의 차이 때문에 여성은 특별하게 보호를 받거나 배려되어야 한다.

그런데 여성의 정체성에서 발견할 수 있는 차이가 구체적으로 무엇인가 하는 점은 여성주의 학자에 따라 그 내용이 달라진다. 이는 여성주의 학자들인 길리건C. Gilligan, 맥키논C. MacKinnon 및 코넬D. Cornell이 바라보는 여성의 정체성에서 확인할 수 있다. 먼저 길리건은 남성과 여성은 각기 다른 코드의 지배를 받는다고 한다.15 예를 들어 남성에게는 분리 혹은 독립이 중요한 반면, 여성에게는 관계 혹은 결합이 중요하다. 이 때문에 남성에게는 독립과 자유를 위해 투쟁하는 것이 정의로운 일에 해당하지만, 여성에게는 남과 좋은 관계를 유지하면서 그를 배려하고 도와주는 것이 정의로운 일에 해당한다. 요컨대 자유롭고 독립적인 존재가 남성의 정체성이라면, 남과 관계를 형성하고 그를 보살피는 존재가 바로 여성의 정체성이라는 것이다. 이 점에서 여성과 남성은 서로 구별되고, 이러한 여성의 정체성은 우리 사회가 긍정적으로 수용해야 한다고 말한다.

다른 한편 맥키논은 현실의 사회관계 속에서 형성된 여성성의 차이에 주목한다.16 맥키논에 따르면, 현실 속에서 여성은 남성들의 성적 욕망을 해소시켜주기 위한 도구로서 자신의 역할을 수행한다. 이 점에서 남성성과 여성성은 분명 구별된다. 남성성이 성적 욕망의 주체성을 반영하는 것이라면, 여성성은 성적 욕망의 객체성을 반영한다. 심하게 말하면 "강간당하는 여성"the fucked이

---

15 길리건에 관해서는 위의 책, 76면 아래.
16 이러한 맥키논의 주장에 관해서는 양현아, "서구의 여성주의 법학," 256-258면.

바로 현실 속에서 여성이 가지는 정체성이라는 것이다.[17] 그런데 맥키논에 따르면, 이렇게 섹슈얼리티를 중심으로 하여 형성된 남성성과 여성성은 남성중심적인 사회구조가 낳은 산물이다. 이는 각 개인에게 돌릴 수 없는 구조적이며 집단적인 것이다. 그래서 맥키논은 여성이 이렇게 왜곡된 자신의 정체성에서 벗어나기 위해서는 남성중심적으로 형성된 사회구조를 개선해야 한다고 말한다. 이때 법이 중요한 수단으로 작용한다. 이와 같이 맥키논은 여성의 정체성을 현실 속에서 형성된 경험적인 것으로 파악한다. 맥키논에 따르면, 여성의 정체성은 남성의존적인 것이다.

이와 달리 여성의 정체성에 관해 맥키논과 논쟁을 전개한 코넬은 한편으로는 남성성과 여성성 간의 차이를 인정하면서도, 다른 한편으로는 여성성의 차이가 고정되거나 단일한 것은 아니라고 한다.[18] 코넬은 여성의 정체성을 다원적으로 파악한 프랑스의 여성주의 철학자 이리가레이L. Irigaray의 영향을 받아 여성의 정체성을 다원적이고 변화가능한 것으로 파악한다.[19] 또한 코넬은 여성의 정체성이 남성에 의존한다는 맥키논의 견해에도 반대한다. 코넬은 여성의 정체성은 남성에 의존하는 것도 아니며, 그렇다고 다른 여성 집단에 의해 규정되는 것도 아니라고 한다. 여성들 사이에서도 여성의 정체성은 달리 형성될 수 있다고 한다. 뿐만 아니라 코넬은 경험적으로 관찰되는 여성의 정체성과 규범적으로 지향해야 할 여성의 정체성을 구분함으로써, 여성의 정체성이 현실의 소통망이나 각종 제도 등에 의해 고정되거나 왜곡되지 않도록 한다.[20] 예를 들어 현실에서는 여성이 각종 사회적 매체를 통해 부드럽고 나약한 존재로 비치고 있다 하더라도, 이러한 모습을 여성이 지향해야 할 정체성으로 고정시켜서는 안 된다는 것이다. 코넬에 따르면, 여성의 정체성이 현 시점에서 일정한 모습으로 이해되고 있다 하더라도, 이를 여성적 정체성의 모든 것으로 각인시킬 수 없는 것이다.

---

17 이는 맥키논에 대한 코넬의 비판에서 나온 것이다. 위의 글, 259~260면.

18 코넬의 견해에 관해서는 위의 글, 259~262면.

19 이리가레이의 견해에 관해서는 L. Irigaray (이은민 역), 『하나이지 않은 성』(동문선, 2000); 이현재, 『여성의 정체성』, 95면 아래 등 참고.

20 양현아, "서구의 여성주의 법학," 262면.

앞에서 살펴본 길리건, 맥키논, 코넬의 견해 등에서 찾아볼 수 있는 것처럼 여성은 남성성과는 구별되는 독자적인 정체성을 갖는다. 다만 남성성과 다른 여성성의 구체적인 모습이 무엇인가에 관해서는 각기 견해가 갈라진다. 그런데 여기서 특히 주목할 만한 견해는, 바로 맥키논과 논쟁하면서 코넬이 제시한 견해라 할 수 있다. 코넬은 여성의 정체성을 다원적이며 변화가능한 것으로 파악한다. 여성의 정체성을 고정된 것이 아니라 사회의 소통적 관계망 속에서 형성되는 구성적 개념으로 이해하는 것이다. 이러한 이해방식은 오늘날 사회 각 영역에서 진행되는 다원화 경향과 그 맥을 같이 한다.

4. 다원적으로 해체되는 여성

세 번째 시각은 다원적이면서 변화가능한 여성의 정체성을 더욱 급진적으로 밀고 나간다. 아예 남성성과 여성성의 구분이라는 이분법 자체를 해체하고자 한다. 이는 주로 근대성이 상정했던 세계의 단일성, 즉 보편성·합리성·총체성·중립성·객관성·정합성 등을 비판하거나 극복하고자 했던 포스트모더니즘 계열의 여성주의 학자에게서 찾아볼 수 있다.[21] 예를 들어 포스트모더니즘 계열의 여성주의 철학자라고 할 수 있는 버틀러J. Butler는 여성성과 남성성의 이분법을 해체하면서 여성성 그 자체는 허구라고 진단한다.[22] 버틀러의 견해에 따르면, 여성의 정체성 그 자체는 어떤 단일한 모습을 갖추고 있지 않을 뿐 아니라 남성성과 대비되는 의미를 가지는 여성성 그 자체도 존재할 수 없다. 물론 이 주장을 남성성과 여성성 사이에 젠더적 차이가 존재하지 않는다는 의미로 오해해서는 안 된다. 오히려 버틀러가 강조하고자 하는 것은 생물학적으로는 여성이라 할지라도 사회적으로는 남성의 정체성을 가질 수 있고, 또 그 반대도 성립할 수 있다는 점이다. 바로 이러한 점에서 버틀러는 여성의 정체성 그 자체를 아예 해체하고자 한다. 그렇다면 이제 남는 것은 우리가 그 실질을

---

21 이를 지적하는 홍성수, "성희롱에 대한 법적 규제와 여성주체의 문제 : 하버마스와 포스트모더니즘의 비판," 『법철학연구』 제12권 제2호(2009), 213면.

22 이에 관해서는 J. Butler(조현순 역), 『안티고네의 주장』(동문선, 2005); 조현준, 『주디스 버틀러의 젠더 정체성 이론』(한국학술정보, 2007) 등 참조.

규정할 수 없는 여성성이라는 "기호" 그 자체일 뿐이다.

5. 검 토

지금까지 여성의 정체성에 대한 세 가지 시각을 살펴보았다. 이론사의 견지에서 보면 이러한 세 가지 시각은 여성의 정체성에 대한 논의가 전개되면서 단계적으로 제시된 이론이라고 말할 수 있다. 세 가지 시각 그 자체가 여성의 정체성에 대한 이론적 논의의 발전단계를 보여준다. 이에 따르면 여성의 정체성에 대한 시각은 <인간으로서 여성 → 남성과는 다른 여성 → 다원적으로 해체되는 여성>의 단계로 발전했다고 말할 수 있다. 그러나 현재의 상황에서 보면 여성을 바라보는 시각이 이러한 발전단계를 거쳐 버틀러가 제시한 시각으로 수렴된 것만은 아니다. 오히려 세 가지 시각은 오늘날에도 각기 병존하고 있다. 어떤 여성주의자는 여성을 남성과 동등한 인간으로서, 또 어떤 여성주의자는 여성을 남성과는 다른 존재로서, 또 다른 여성주의자는 여성의 정체성을 다원적인 것으로 파악하는 것이 지금의 현실이다.[23] 이 중에서 무엇이 정답이라고 말할 수는 없다. 오히려 각각의 여성들이 처한 구체적인 상황을 종합적으로 고려하여 그때그때 여성의 정체성을 파악하는 것이 더 바람직할 것이다.

Ⅳ. 젠더법학의 방향

1. 개 관

앞에서 여성의 정체성에 대한 세 가지 시각을 살펴보았다. 그런데 이미 지적한 것처럼 여성의 정체성에 대한 논의는 젠더법학의 방향을 어떻게 설정할 것인가라는 문제와 밀접한 관련을 맺는다. 여성의 정체성을 어떻게 파악하느냐

---

23 최근에는 남성과는 다른 여성의 차이를 강조하는 급진적 여성주의가 한편으로는 강력한 지지를 얻으면서도 다른 한편으로는 내부 분열을 겪는 것처럼 보인다. 이를 분석하는 이세라, 『한국의 여성주의 운동 과정에 표상된 분열의 담론 탐색』(한양대 석사학위 논문, 2020) 참조.

에 따라 젠더법학의 방향도 달라질 수 있는 것이다. 예를 들어 여성을 남성과 동등한 존재로 파악하는 시각은 자유주의적 젠더법학과 연결되는 반면, 여성을 남성과는 다른 존재로, 특히 남성의 성적 도구로 이해하는 시각에서는 급진적 젠더법학을 선호한다. 그러므로 젠더법학의 방향을 살펴볼 때는 해당 젠더법학이 여성의 정체성에 관해 어떤 시각을 견지하는지를 고려할 필요가 있다.

2. 자유주의적 젠더법학

자유주의적 젠더법학은 말 그대로 자유주의적 여성주의를 지향한다.[24] 여기에서는 "인간으로서 여성"을 지향해야 할 여성의 정체성으로 설정한다. 따라서 자유주의적 젠더법학에서는 남성과는 구별되는 여성의 고유한 차이를 보려하기보다는, 여성이 지위나 역할 면에서 남성과 동등한 인간이 될 수 있기를 희망한다. 남성과 여성의 성적 차이를 부각시키지 않고 여성을 남성과 동일한 인격체로 파악하고자 한다. 이러한 자유주의적 젠더법학은 "자유주의적 법모델"과 연결된다. 왜냐하면 자유주의적 젠더법학은 여성성과 남성성 사이에 존재하는 차이를 고려하지 않고 두 젠더를 법적인 측면에서 형식적으로 평등하게 취급하고자 하는데, 이는 "형식성"과 "중립성"을 강조하는 자유주의적 법모델에 상응하는 것이기 때문이다. 그러므로 자유주의적 젠더법학에서 볼 때 법은 여성이 지위나 역할 면에서 남성과 동등하게 대우받을 수 있도록 하면서 각자가 자유를 최대한 누릴 수 있도록 하는 데 기여해야 한다. 따라서 법은 여성의 자유와 평등을 남성과 동등한 수준으로 회복하기 위해서만 개입할 수 있을 뿐이다. 하지만 자유주의적 젠더법학은 여성과 남성 사이에 존재하는 현실적 차이를 무시함으로써 결과적으로 여성을 지위나 역할 면에서 소외시키고 불평등하게 취급되도록 하는 문제를 유발하였다.

---

24 자유주의적 여성주의에 관해서는 강평순, "자유주의적 페미니즘에 대한 연구," 『영어영문학연구』 제39권 제1호 (1997) 참조.

3. 급진적 젠더법학

급진적 젠더법학은 자유주의적 젠더법학이 안고 있는 한계를 넘어서기 위해 등장하였다. 자유주의적 젠더법학과는 달리 급진적 젠더법학은 여성의 정체성을 남성과는 다른 주체로서, 즉 남성과는 차이가 있는 젠더로 파악한다. 특히 급진적 여성주의를 대변하는 맥키논이 설정한 여성의 정체성, "남성의 성적 도구로 전락한 여성상"을 수용한다. 아울러 급진적 젠더법학은 여성주의 철학의 측면에서 마르크스주의적 여성주의, 급진적 여성주의 및 사회주의적 여성주의 등을 모두 포괄한다.[25] 이들 여성주의에서 공통적으로 발견할 수 있는 점은 현실적으로 존재하는 여성의 성적 정체성을 남성중심적으로 재편된 사회구조가 낳은 "구조적 산물"로 본다는 것이다. 따라서 이들 급진적 여성주의 등은 남성중심적으로 왜곡된 사회구조를 변혁하기 위해 법이라는 수단을 동원한다. 바로 이러한 측면에서 급진적 여성주의는 법을 통해 자유주의적 법체계가 해결할 수 없는 사회구조적 문제를 극복하려는 사회국가적 법모델과 연결된다. 사회국가적 법모델에서는 국가가 법을 투입하여 사회구성원들의 불평등한 지위와 역할을 후견적으로 교정하고자 하는데, 이러한 구상은 급진적 젠더법학이 지향하는 바와 일치하기 때문이다. 급진적 젠더법학에서는 여성과 남성 사이에 존재하는 현실적 차별을 극복하기 위해 여성을 특별한 보호대상으로 파악하고, "적극적 우대조치" 등과 같은 입법정책이나 소송과 같은 법적 전략을 이용하여 여성의 권익을 회복하려 한다. 일단 법을 통해 여성의 지위와 역할을 남성과 동등한 수준으로 회복하고, 더 나아가 왜곡된 사회구조를 개편하고자 하는 것이다.

그러나 이러한 급진적 젠더법학은 다음과 같은 한계에 부딪히기도 한다. 여성을 특별히 보호해야 할 젠더로 파악하고 법을 통해 여성을 후견적으로 보호하는 것을 제도화함으로써, 오히려 여성의 주체적 지위를 파괴하고 여성을 "남성의 보호를 필요로 하는 존재"로 고착화할 수 있다는 것이다. 이 점에서 사회국가적 법제화의 문제점으로 지적되는 "생활세계의 식민지화"나 "규제의

---

25 여기서는 이들 여성주의들을 전체적으로 급진적 여성주의에 포함시켜 이해하고자 한다.

역설"은 급진적 젠더법학에서도 그대로 찾아볼 수 있다.[26]

4. 포스트모던적 젠더법학

포스트모던적 여성주의에 기반을 둔 포스트모던적 젠더법학은 급진적 젠더법학과는 달리 어떤 적극적인 대안을 내놓거나 법을 통해 여성의 정체성을 결정하는 사회구조를 변혁하고자 하지는 않는다.[27] 우선 포스트모던적 젠더법학은 여성을 "다원적·해체적 주체"로 바라본다. 맥키논을 필두로 하는 급진적 여성주의가 추구하는 "본질주의적 여성성"을 비판하면서, 여성의 정체성을 다원적으로 해체하려 하는 것이다. 그리고 종전의 논의에서 소외된 여성들의 목소리를 "스토리텔링"의 방식으로 들려준다. 더불어 포스트모던적 젠더법학은 포스트모던적 사유를 동원하여 급진적 젠더법학이 추구하는 각종 여성보호 법제가 오히려 여성의 정체성을 일면적으로 고착시키거나 여성을 자율적인 주체의 모습에서 소외시킬 수 있다는 점을 문제 삼는다. 여성보호 법제가 여성을 사회적 약자로 고정시키는 데 기여하고, 이렇게 약한 여성을 법이 후견적으로 보호하도록 함으로써 이른바 "보호이데올로기"를 고착화할 수 있다는 것이다. 그러면서 포스트모던적 젠더법학은 여성을 보호하기 위해 도입된 각종 법적 장치가 은연중에 추구하는 보호이데올로기를 폭로하고 비판함으로써 여성에 대한 보호이데올로기를 해체하고자 한다. 그러나 이러한 포스트모던적 젠더법학은 다음과 같은 한계에 부딪힌다. 기존 젠더법학이 안고 있는 문제를 폭로하고 비판하는 데 그치고 있을 뿐 이를 넘어서기 위한 건설적인 대안을 내놓지는 못하고 있다는 한계가 그것이다.

5. 검 토

여성의 정체성 논의에서 지적한 것처럼 젠더법학의 세 가지 방향 역시 젠

---

26 이 문제에 대한 상세한 분석은 홍성수, "성희롱에 대한 법적 규제와 여성주체의 문제," 203-226면.

27 포스트모던적 여성주의에 관해서는 윤진숙, "미국의 포스트모던 페미니즘 법담론에 관한 연구," 151면 아래; 윤진숙, 『여성주의 정의론』(탑북스, 2016), 72면 아래 참조.

더법학의 발전단계를 보여준다. 여성의 정체성이 <인간으로서 여성 → 남성과는 구별되는 여성 → 다원적으로 해체되는 여성>으로 발전해 온 것처럼, 젠더법학 역시 <자유주의적 젠더법학 → 급진적 젠더법학 → 포스트모던적 젠더법학> 순으로 발전해 온 것이다. 그러나 지금의 상황에서 보면 이렇게 단계적으로 발전해 온 젠더법학은 여전히 어느 한 방향으로 수렴되지 않은 채 공존하고 있다. 어떤 젠더법학자들은 자유주의적 젠더법학을 강조하는 반면, 또 어떤 젠더법학자들은 남성과는 다른 여성의 고유성을 강조하면서 급진적 젠더법학을 추구한다. 또 다른 젠더법학자들은 여성에게는 고정된 정체성이 없다고 선언하면서 포스트모던적 젠더법학을 젠더법학이 나아가야 할 방향으로 설정한다. 이러한 상황에서 무엇이 올바른 대답인지 말하는 것은 적절하지 않다. 여성의 정체성에 대한 논의에서 언급한 것처럼 젠더법학의 방향에 관해서도 다음과 같이 대답할 수밖에 없다. 여성이 처한 사회적 상황을 구체적으로 고려하면서 젠더법학이 추구해야 할 방향을 그때그때 선택할 수밖에 없다는 것이다.

Ⅴ. 법과 젠더의 문제영역

1. 법과 젠더의 대표적 문제영역으로서 "성"과 관련된 법

법과 젠더가 구체적으로 문제되는 영역은 법체계 곳곳에서 찾아볼 수 있다. 그중에서도 법과 젠더의 문제의식을 선명하게 반영하는 법 영역으로서 "성"sex과 관련된 법 영역을 거론할 수 있다. "성"과 관련된 법 영역에서는 주로 여성의 몸을 둘러싼 남성들의 행위가 문제되는데, 이에 관해 여성과 남성의 시각차가 분명하게 드러나기 때문이다.[28] 이러한 "성"과 관련된 법 영역은 대표적인 급진적 여성주의 학자인 맥키논의 연구가 보여준 것처럼, 급진적 젠더법학이 가장 강력하게 문제 삼는 영역이기도 하다.[29] 급진적 젠더법학은 성과 관련된 법 영역에서 여성들이 성적 착취의 도구라는 정체성에서 해방될 수 있

---

28 이를 보여주는 조국, 『형법의 성편향』 참조.

29 이를 분석하는 윤진숙, 『여성주의 정의론』, 112면 아래 참조.

도록 법이라는 수단을 동원한다. 여성을 성적 쾌락의 도구로 삼는 남성들의 행위를 법으로 강력하게 규제함으로써 여성을 왜곡된 정체성의 굴레에서 해방시키고자 한다. 물론 이에 대해서는 강력한 반발도 있지만,[30] 이러한 기조는 지금도 여전히 유지된다.

성과 관련된 법 영역에서는 크게 성매매, 성폭력, 성희롱, 기타 성행위 관련 규제 등이 문제가 된다. 아래에서는 이러한 문제 중에서 성희롱 및 최근 이슈가 되는 성인지 감수성을 예로 하여 법과 젠더에 관한 법철학적 문제의식이 어떻게 구체적인 법적 문제에 반영되는지를 보여주고자 한다.

2. 성희롱

(1) 성희롱의 의의 및 유형

성희롱은 일반적으로 "성적 수치심을 야기하는 일체의 행위"라고 정의한다. 그러나 이보다 좀 더 구체적으로 성희롱의 개념을 정의하는 것은 쉽지 않다. 왜냐하면 어떤 젠더법학의 방향에 기반을 두는지에 따라 성희롱의 개념이 달리 정의될 수 있기 때문이다. 예를 들어 급진적 젠더법학 진영에서는 성희롱을 "성폭력특별법"에서 규정하는 "성폭력"과 동일한 개념으로 파악하려 한다.[31] 마찬가지 맥락에서 성희롱에 관해서도 굵직한 연구를 수행한 맥키논은 성희롱을 "불평등한 관계의 맥락에서 상대방이 원하지 않는 성적 요구를 하는 것"이라고 정의한다.[32] 이러한 개념정의에서 알 수 있듯이 급진적 젠더법학은 성희롱을 범죄 또는 범죄와 유사한 것으로 취급한다. 이와 달리 전통적인 남성의 시각에서 보면 성희롱은 성적 놀이 또는 성적 농담과 같은 것으로, 이를 법으로 제재하려는 것 자체가 이해되지 않는 일로 비치기도 한다.

이처럼 성희롱은 그 개념 자체가 여성 젠더에 관한 시각 차이를 선명하게 드러낸다. 이 때문에 성희롱의 개념을 정확하게 규정하는 것은 쉽지 않지만,

---

30 대표적으로 이상돈, 『기초법학』(법문사, 2008) 참조.

31 이를 지적하는 조국, 『형법의 성편향』, 61면.

32 이에 관해서는 C. A. MacKinnon, *Sexual Harassment of Working Women : A Case of Sex Discrimination* (Yale University Press, 1979), 1면.

크게 다음 네 가지 유형을 성희롱의 개념에 포섭한다.[33] 첫째는 육체적 행위에 의한 성희롱이다. 구체적인 예로는 입맞춤이나 포옹, 뒤에서 껴안기 등의 신체적 접촉, 가슴·엉덩이 등 특정 신체부위를 만지는 행위, 안마나 애무를 강요하는 행위 등을 들 수 있다. 둘째는 언어적 행위에 의한 성희롱이다. 이에 대한 예로는 음란한 농담이나 음담패설, 외모에 대한 성적 비유나 평가, 성적 사실관계를 묻거나 성적인 내용의 정보를 의도적으로 유포하는 행위, 성적 관계를 강요하거나 회유하는 행위, 음란한 내용의 전화통화, 회식자리 등에서 술을 따르도록 강요하는 행위 등을 언급할 수 있다. 셋째는 시각적 행위에 의한 성희롱이다. 이에 대한 예로는 외설적인 사진·그림·낙서·음란출판물 등을 게시하거나 보여주는 행위, 직접 또는 팩스나 컴퓨터 등을 통하여 음란한 편지·사진·그림을 보내는 행위, 성과 관련된 자신의 특정 신체부위를 고의적으로 노출하거나 만지는 행위 등을 거론할 수 있다. 넷째는 사회통념상 성적 굴욕감 또는 혐오감을 유발하는 것으로 인정되는 언어나 행위 등을 언급할 수 있다. 어떤 행위가 이러한 행위에 해당하는지 여부는 구체적인 상황 속에서 개별적으로 판단해야 할 것이다.

(2) 성희롱의 판단기준

1) 문제점

성희롱에서 가장 문제가 되는 부분은 과연 무엇을 기준으로 하여 성희롱을 판단해야 하는가이다. 왜냐하면 같은 행위라 할지라도 어떤 판단기준으로 이 행위를 보는가에 따라 성희롱인지 여부가 달라질 수 있기 때문이다. 이는 특히 위에서 제시한 네 번째 유형, 즉 "기타 사회통념상 성적 굴욕감 또는 혐오감을 유발하는 것으로 인정되는 언어나 행위"가 성희롱에 해당하는지 여부가 쟁점이 될 때 문제가 된다.

성희롱의 판단기준으로서 크게 "공동체 기준," "합리적 인간 기준," "합리적 여성 기준," "피해자 여성 기준"을 제시할 수 있다.[34] 이 외에 "합리적 남성

---

33 이는 조국, 『형법의 성편향』, 62-63면에서 인용하였다. 이 외에도 성희롱은 "대가형 성희롱"과 "환경형 성희롱"으로 유형화되기도 한다. 전자는 고용상의 혜택을 조건으로 하여 성적 접촉을 요구하는 것이고, 후자는 언어나 신체적 행동을 통해 성적 수치심을 유발하는 환경을 만들어 내는 것을 말한다. 이에 관해서는 위의 책, 62면 각주 (8) 참조.

기준"도 생각해 볼 수 있지만, 성희롱 자체가 남성중심적인 성적 소통관계를 넘어서고자 등장한 것이므로 "합리적 남성 기준"은 성희롱의 판단기준으로 적절해 보이지는 않는다. 그런데 이 가운데 어떤 기준을 선택할 것인가 하는 점은 성희롱을 판단하는 주체가 여성의 정체성을 어떻게 바라보는가, 어떤 젠더법학의 방향을 선택하는가에 따라 달라진다.

2) 젠더법학의 방향과 성희롱 판단기준의 상호연관성

가령 여성을 남성과 동등한 주체로 복원하는 데 집중하는 자유주의적 젠더법학 진영에서는 "공동체 기준"이나 "합리적 인간 기준"을 선택할 가능성이 높다. 왜냐하면 자유주의적 젠더법학은 여성의 성적 차이를 드러내려 하기보다는 여성을 남성과 동등한 인간으로 이해하려 하기 때문이다. 그러므로 성희롱 역시 여성이 아닌 그렇지만 역시 남성도 아닌 합리적 인간의 시각에서 판단하려 하는 것이다.

이에 대해 여성의 성적 차이를 드러내려 하는 급진적 젠더법학에서는 여성의 관점에서 또는 피해자의 관점에서 성희롱을 판단하려 한다. 이러한 이유에서 급진적 젠더법학 진영은 "합리적 여성 기준"이나 "피해자 여성 기준"을 선택할 가능성이 높다. 무엇보다도 여성을 성희롱으로부터 강하게 보호하고자 하는 관점을 강조하면 성희롱을 인정할 가능성이 가장 높아지는 "피해자 여성 기준"을 선택할 가능성이 높다.

이와 달리 "여성/남성"이라는 이분법 자체를 해체하고자 하는 포스트모던적 젠더법학에서는 아마도 성희롱에 대해 일률적이고 고정된 판단기준을 제시하는 것을 꺼려할 것이다. 만약 성희롱에 대한 일정한 기준을 제시하면 이 기준에서 소외되는 행위나 시선이 존재할 수밖에 없기 때문이다. 예를 들어 "합리적 여성 기준"으로 성희롱을 판단하면 비합리적인 시각을 지닌 여성들이 여기에서 소외될 수 있다.[35] 이처럼 과연 어떤 기준으로 성희롱인지 여부를 판단할 것인가 하는 문제는 여성의 정체성 및 젠더법학의 방향과 복합적으로 관련을 맺는다. 그러므로 성희롱에 관한 문제를 판단할 때에는 이렇게 성희롱 판단

---

34 이를 시사하는 홍성수, "성희롱에 대한 법적 규제와 여성주체의 문제," 210–211면.

35 이를 지적하는 이상돈, 『기초법학』, 766면.

기준과 젠더법학의 방향이 서로 복합적으로 연관된다는 점을 의식할 필요가 있다.

3. 성인지 감수성

(1) 문제 상황

최근 법과 젠더 영역에서 성인지 감수성이 새로운 이슈로 떠오른다. 성인지 감수성은 단순히 이론 영역에만 머물지 않는다. 성폭력범죄에 대한 형사재판에서 성인지 감수성이 유죄 판결을 내리는 데 핵심 근거로 활용되면서 성인지 감수성은 이제 중요한 법적 개념으로 자리매김 하였다. 그러나 성인지 감수성이란 구체적으로 무엇을 뜻하는지, 이는 형사재판에서 합리적 근거 없이 남성 젠더를 차별하는 것은 아닌지 논란이 되기도 한다. 아래에서는 법철학의 관점에서 성인지 감수성의 의미를 분석하고 이에 관한 법적 문제를 간략하게 살펴본다.[36]

(2) 의의와 구조

1) 의의

성인지 감수성을 대략적으로 정의하면 성 또는 젠더, 특히 사회적 상황에서 젠더가 지닌 의미와 차이에 대한 인지 및 공감의 정도라고 말할 수 있다. 여기서 알 수 있듯이 성인지 감수성은 크게 두 가지 요소로 구성된다. 인지 cognition라는 이성적인 측면과 공감 또는 감정적 수용이라는 감성적인 측면이 그것이다.

전통적으로 법학은 섬세한 개념과 치밀한 논리 및 체계를 중시하는 이성적 사고를 강조하였다. 공감과 같은 감정적 측면은 오랫동안 법학에서 설자리를 찾기 힘들었다. 물론 독일의 철학자 딜타이나 신칸트학파가 보여주듯이 '설명'을 강조하는 자연과학과는 달리 정신과학에 속하는 법학에서는 '이해'나 '가

---

36 성인지 감수성에 관해서는 김성돈, "형법상 위력개념의 해석과 업무상 위력간음죄의 위력", 『형사정책연구』 제30권 제 1 호(2019), 123-156면; 김종일, "성폭력 범죄 재판에서의 '성인지 감수성'과 '피해자다움'에 관한 검토: 2018고합75 판결과 2018노2354 판결을 중심으로", 『법학논총』(한양대) 제37권 제 4 호(2020), 139-160면 등 참조.

치'가 중요한 역할을 한다. 그렇지만 철학적 해석학을 수용한 법해석학이 등장하기 전까지는 이해와 가치를 강조하는 주장이 법학에 본격적으로 안착하지는 못하였다.

이 같은 흐름은 법학에서 이성뿐만 아니라 감성을 중시하는 일련의 이론적 주장이 등장하면서 변화를 맞는다. 대표적인 예로 누스바움Martha Nussbaum의 주장을 들 수 있다. 누스바움은 '시적 정의'poetic justice 등을 통해 법에서 공감과 같은 감정적·정서적 측면을 강조하였다.[37] 이를 통해 감수성과 같은 감정 친화적 개념이 법학 또는 규범학에 수용되었다. 인권감수성이나 형벌감수성을 그 예로 언급할 수 있다.[38] 성인지 감수성 역시 이러한 예로 꼽을 수 있다.

2) 여성의 정체성과 성인지 감수성

성인지 감수성은 젠더에 대한 인지와 공감을 강조한다. 이러한 주장은 다음을 전제로 한다. 여성 젠더와 남성 젠더는 구별되고 양자는 사회 안에서 동일한 상황에 처해 있지 않다는 것이다. 쉽게 말해 여성과 남성은 여러 측면에서 차이를 보인다는 것이다. 그 점에서 성인지 감수성은 남성과는 다른 여성을 강조하는 급진적 젠더법학에 친화적이다. 여성 젠더는 사회 안에서 여러모로 남성 젠더와 구별되기에 이를 섬세하게 인지하고 공감해야 한다는 것이다.

(3) 형사재판과 성인지 감수성

성인지 감수성은 최근 성폭력범죄에 대한 형사재판에서 원용되면서 이슈가 되었다.[39] 그중에서도 성폭력범죄의 증명에 관해 문제되었다.[40] 성인지 감수성이 어떤 점에서 이슈가 되었는지를 파악하려면 우리 형사소송법이 범죄사실의 증명 방법 및 절차를 어떻게 규율하는지 살펴볼 필요가 있다.

---

37 마사 누스바움, 박용준 (옮김), 『시적 정의: 문학적 상상력과 공적인 삶』(궁리, 2013) 참조.

38 형벌감수성에 관해서는 양천수, "형벌감수성에 대한 비판적 고찰: 양형철학의 관점에서", 『비교형사법연구』 제18권 제 3 호(2016), 93-116면 참조.

39 대표적인 예로 서울서부지방법원 2018.8.14. 선고 2018고합75 판결과 이에 대한 항소심 판결인 서울고등법원 2018노2354 판결을 언급할 수 있다. 흥미로운 점은 두 판결 모두 성인지 감수성을 언급하지만 상반된 결론을 도출하고 있다는 점이다. 이를테면 2018고합75 판결은 무죄 판결을 한 반면 2018노2354 판결은 유죄 판결을 하였다.

40 이에 관해서는 문영화, "성희롱 관련 소송에서 '성인지 감수성'과 자유심증주의", 『민사소송』 제23권 제 3 호(2019), 263-305면 참조.

1) 증거능력과 증명력

우리 형사소송법은 증거에 관해 증거능력과 증명력을 구별한다. 이때 증거능력은 증거가 될 수 있는 자격을 뜻한다. 증명력은 범죄사실을 증명할 수 있는 힘을 말한다. 이를 달리 증거의 실질적 가치라고 지칭하기도 한다. 형사소송법은 이 가운데 증거능력을 좀 더 엄격하게 통제한다. 이를 규율하는 여러 증거법칙과 규정을 마련한다. 자백배제법칙이나 위법수집증거 배제법칙, 전문법칙이 증거능력을 통제하는 증거법칙에 해당한다. 이는 각각 증거의 자율성, 객관성 및 진실성을 통제하는 데 기여한다.

2) 무죄추정원칙과 증명력

특정한 증거방법이 증거능력이 인정된다고 해서 곧바로 증거로 활용될 수 있는 것은 아니다. 증거능력을 갖춘 증거방법이 증거로 사용되기 위해서는 범죄사실을 증명할 수 있는 실질적 가치를 지녀야 한다. 다시 말해 증명력을 갖추고 있어야 비로소 범죄사실을 증명하는 증거로 사용될 수 있다.

그런데 형사재판에는 무죄추정원칙이 대원칙으로 적용된다. 이에 따라 형사재판에서 피고인은 원칙적으로 무죄로 추정된다. 따라서 특정한 증거가 피고인의 무죄추정을 깨기 위해서는 피고인의 무죄를 반박할 수 있는 강력한 증명력을 가지고 있어야 한다. 형사소송법학에서는 이러한 증명력을 합리적 의심을 배제할 정도의 증명력이라고 말한다. 여기서 합리적 의심을 배제한다는 것은 피고인이 무죄일 수 있다는 합리적 의심을 배제한다는 것을 뜻한다. 특정한 증거가 합리적 의심을 배제할 정도의 증명력을 갖추어야만 피고인의 무죄추정은 번복되고 따라서 피고인을 유죄로 인정할 수 있다는 것이다. 이를 반대로 추론하면 다음과 같은 주장이 도출된다. 특정한 증거가 합리적 의심을 배제할 정도로 피고인의 범죄사실을 증명하지 못하는 경우에는 피고인의 무죄추정은 유지된다는 것이다.

3) 성인지 감수성과 증거의 증명력

성인지 감수성은 형사재판에서 다음과 같이 적용된다. 성폭력범죄의 유죄를 인정하는 데 사용되는 증거의 증명력을 강화한다는 것이다. 구체적으로 말하면 성인지 감수성은 성폭력범죄를 증명하기 위해 제출된 증거가 합리적 의심을 배제할 정도의 증명력을 갖출 수 있도록 도와준다. 예를 들어 성폭력범죄가 문제되는 형사재판에서 피고인의 자백과 같이 성폭력범죄를 증명할 수 있는 직접증거는 존재하지 않고 피해자의 일관된 진술과 같은 간접증거만 존재한다고 해보자. 이러한 경우는 만약 문제되는 범죄가 성폭력범죄가 아니고 피해자도 여성 젠더가 아니라면 합리적 의심을 배제할 정도로 유죄를 인정할 수 있는 증거가 있다고 말하기 어렵다. 피고인의 무죄가 추정되는 것이다. 그러나 성폭력범죄가 문제되는 재판에서는 법관은 성인지 감수성을 활용하여 피해자인 여성 젠더가 사회에서 어떤 지위와 상황에 놓여 있는지를 인지하고 공감해야 한다. 이렇게 성인지 감수성을 고려하여 피해자의 진술을 판단하면 피해자가 성폭력범죄에 관해 일관되게 수행하는 진술에 합리적 의심을 배제할 정도의 증명력을 인정할 수 있다. 이를 통해 피고인의 무죄추정은 깨지고 유죄 판단을 할 수 있다.

(4) 비판

성인지 감수성에는 다음과 같은 비판이 제기된다. 형사재판의 대원칙인 무죄추정원칙에 중대한 예외를 설정한다는 것이다. 성폭력범죄에 성인지 감수성을 적용함으로써 무죄추정원칙을 유죄추정원칙으로 바꾸고 있다고 비판한다. 이에 따라 성폭력범죄의 혐의를 받는 피고인은 자신이 무죄라는 점을 증명해야 한다는 것이다.

그러나 성인지 감수성이 무죄추정원칙에 중대한 예외를 설정하는 것인지 아니면 유죄인정에 제시된 증거의 증명력을 보강하는 기능을 수행하는 데 그칠 뿐인지는 논란의 여지가 있다. 민사소송법학의 용어로 바꾸어 말하면 전자가 증명책임을 전환하는 것이라면 후자는 이를 완화하는 것에 지나지 않는다.

제14장 ◥◤ 생각해 볼 문제

❶ 갑씨 성으로 구성된 갑종중은 같은 문중의 갑씨 성을 가진 성인남자만을 종중의 구성원으로 인정하는 규약을 두고 있었다. 어느 날 같은 문중의 갑씨 성을 가진 성인여성 을은 이러한 종중의 규약은 부당하다며 자신을 포함한 성인여성 역시 종중의 구성원으로 인정해 달라고 요청하였다. 그러나 갑종중의 대표 병은 을의 주장은 종중의 규약에 반할뿐더러, 성인남자만을 종중의 구성원으로 인정하는 것이 갑종중의 전통이므로 이를 받아들일 수 없다고 하였다. 이에 을은 법원에 갑종중의 규약은 무효라는 취지의 확인을 구하는 소를 제기하였다. 만약 당신이 이 사건의 담당판사라면, 을의 주장에 대해 어떤 판결을 내리겠는가? 여성의 정체성에 관한 논의와 젠더법학의 방향에 관한 논의를 함께 고려하면서 이 문제에 답해 보시오.

❷ 갑은 A 국립대학교 대학원에 연구조교로 근무하는 박사과정 여학생이다. 갑의 지도교수인 남자교수 을은 연구를 열심히 하는 교수로 소문나 평소에도 밤늦게까지 연구실에 남아 연구를 한다. 을교수가 밤늦게까지 연구를 할 때면 지도학생인 갑 역시 을교수를 도와 연구실에 함께 남아 있는 경우가 많았다. 그러던 어느 날 을교수는 실험과 논문작성을 위해 한 달 가까이 연구실에서 밤늦게까지 연구를 해야 했는데, 이때 갑에게 함께 연구에 참여해 달라고 부탁하였다. 이 기간 동안 을교수와 갑은 함께 공동작업을 해야 했는데, 이 때문에 실험을 하거나 논문을 작성하는 과정에서 갑과 을교수는 신체접촉을 해야 하는 경우가 많았다. 예를 들어 함께 논문을 작성하는 과정에서 을교수가 갑을 껴안는 듯한 행위를 하는 경우가 있었고, 또 을교수가 갑을 격려한다고 하면서 갑자기 갑을 껴안기도 하였다. 연구가 거의 끝나갈 무렵 을교수는 갑에게 함께 저녁식사를 하면서 술을 마시자고 제안하였다. 그러나 평소 을교수의 태도에 부담을 느낀 갑은 을교수의 제안을 거절하였다. 이후 갑은 연구조교 연장을 위해 을교수에게 연구조교 연장동의를 요청하였는데, 을교수는 갑의 연구태도가 불량하다는 이유로 거부하였고, 결국 갑은 면직되고 말았다. 이에 갑은 자신이 을교수로부터 성희롱을 받았다고 판단하고 대학 양성평등위원회에 신고를 하였다. 이로 인해 을교수는 성희롱을 이유로 대학징계위원회에 회부되었는데, 이 자리에서 을교수는 자신의 행위에 성적인 의도는 없었고, 자신은 평소 연구의욕이 약한 갑을 격려하기 위해 공동연구를 제안하고 연구를 독려한 것뿐이라고 항변하였다. 만약 당신이 대학 징계위원회 위원이라면, 이 문제에 대해 어떻게 판단하겠는가? 성희롱의 개념과 판단기준에 관한 각종 논의를 고려하면서 이 문제를 풀어 보시오.

❸ 강간죄를 친고죄로 규정했던 구 형법(제306조)과는 달리, 지난 2012년 12월 18일에 개정된 현행 형법은 구 형법의 제306조를 삭제함으로써 강간죄를 비친고죄로 바꾸었다. 이는 친고죄 규정 때문에 강간피해자들이 제대로 보호받지 못하고 있다는 젠더법학의 주장을 수용한 것이다. 그러나 강간죄를 비친고죄로 개정함으로써 오히려 역기능이 발생하고 있다는 반론도 주장된다. 강간피해자가 원하지 않는데도 공소가 제기됨으로써 피해자가 가해자와 화해할 수 있는 가능성이 사라지거나 형사재판절차에서 피해자가 원하지 않는 강간사건에 대한 기억과 다시 마주하는 고통을 겪어야 한다는 역기능이 그것이다. 이에 대해 자신은 어떻게 생각하는지, 강간죄를 비친고죄로 개정한 현행 형법의 태도가 타당한 것인지, 아니면 종전처럼 강간죄를 친고죄로 남겨두는 것이 바람직한지에 대해 젠더법학의 방향에 관한 논의를 원용하면서 판단해 보시오.

❹ 최근 동성애자들은 동성애에 대한 단순한 사회적 관용 및 인정에 만족하지 않고, 이를 넘어서 동성결혼을 합법적으로 허용해 줄 것을 요구하고 있다. 이들은 현행 법체계가 동성혼을 명시적으로 금지하는 것은 아닐 뿐만 아니라, 설사 그렇다 하더라도 미국처럼 특별법을 제정함으로써 동성결혼을 허용해야 한다고 주장한다. 이성결혼만 인정하고 동성결혼을 금지하는 것은 명백히 성적 소수자에 대한 차별에 해당한다고 역설한다. 이에 대해 자신은 어떻게 생각하는지 법과 젠더의 상호연관성을 고려하면서 논증해 보시오.

제15장
법과 생명윤리

I. 현대 사회와 생명윤리

현대 사회의 큰 특징 중 하나는 과학기술이 인간의 삶에 미치는 영향이 과거 어느 때보다 크다는 점이다. 인간은 오랫동안 더 건강하게 더 오래 살고 싶은 욕망을 실현하기 위해 노력해 왔다. 현대에 와서 생명과학기술의 급속한 발달로 사람들은 이런 욕망이 실제로 실현될 가능성을 봤고, 실제로 생명과학기술은 수명 연장과 질병 극복에 지대한 공헌을 했다.

그러나 이러한 공헌에도 불구하고 생명과학기술의 발달이 브레이크 없는 전차처럼 통제 불가능한 어떤 양상으로 흘러가지 않을까 걱정하는 사람들도 많이 존재한다. 인간이 생명과학기술을 활용하여 생명 현상을 조작할 수 있으며 이는 인류 문명에 심각한 영향을 줄 것이라는 믿음은 그중 하나이다. 이 믿음은 장차 의학과 생명과학을 통해 인간의 질병과 노화를 극복하여 우리의 삶이 더 풍요롭게 될 것이라는 낙관론과 생명 현상을 인간이 조작하려는 것은 오만이며 궁극적으로 인간의 삶 자체를 파괴할 수도 있다는 비관론을 동시에 낳고 있다. 실제로 제2차 세계대전에서 독일군과 일본군이 인간을 대상으로 끔찍한 실험을 저질렀던 일, 심장이 멎어 있는 상태에서도 생명을 유지하는 심장이식수술의 개발, 체외에서 난자와 정자를 수정하여 인간을 탄생시키는 이른바 시험관아기 시술, 동일한 유전자를 가진 생명체를 개체단위로 복제하는 데 성공한 복제양 돌리의 탄생, 인간의 DNA 정보를 해독한 인간유전체프로젝트 등 지난 수십 년간 이루어진 가시적인 생명과학기술의 결과물은 그때마다 찬성론과 반대론을 야기하면서 커다란 사회적 논란거리가 되었다.

이런 역사를 거쳐서 최근에 이르러 생명과학기술은 이전보다 훨씬 더 많은 사회적 관심의 대상이 되었으며 이에 따라 더 많은 사회적 책임을 부담할 필요성이 제기되었다. 이러한 상황 속에서 시민과 과학자들은 생명과학기술의 정당성과 가치에 대해 진지한 성찰을 하지 않을 수 없게 되었다. 그러한 성찰의 방식으로 새롭게 제기된 것이 생명윤리Bioethics이다.

Ⅱ. 생명윤리의 형성과 발전

생명에 대한 철학적, 윤리적 관심은 인류 문명에서 오래전부터 있었지만, Bioethics란 용어는 1970년대 초에 처음 사용되었다. 즉, Bioethics의 번역어로서 생명윤리는 불과 40년 정도밖에 되지 않았다. 이 용어를 처음 사용한 미국의 종양학자 포터V. Potter는 생명윤리를 "생물학 지식과 인간의 가치체계에 대한 지식을 결합한 새로운 학문 분야"로 정의하였다.[1] 이를 다르게 표현하면, 생명윤리는 생명과학기술을 가치의 관점에서 성찰하는 것을 말한다. 생명윤리학은 이 성찰을 학문적으로 체계화한 것이며, 이 성찰을 실제로 실천할 수 있도록 강령으로 만든 것이 생명윤리의 규범들이다. 그리고 이런 실천적 강령들은 많은 나라에서 법의 체계 속에 편입되어 법적인 원리와 규칙으로 반영되었다. 이렇게 생명윤리에 관한 담론이 법적인 형태로 나타나는 이유는 현대 사회에서 생명윤리 쟁점들이 사회 전체의 관심사가 되었기 때문이다. 생명과학기술의 연구, 개발, 적용에서 드러나는 사회적, 물리적 위험 및 인권에 관한 쟁점은 공동체의 안전과 복리에 관한 것이기 때문에, 법과 제도를 통해 공적으로 논의될 필요가 있다.

---

1 A. Jonsen, *The Birth of Bioethics* (Oxford University Press, 1998), 27면.

이렇게 생명윤리는 생명과학기술의 발전, 사회·경제적 변화 그리고 이에 따른 실천적 요구들에 반응하면서 점차 자리잡기 시작했다.

이러한 논의는 생명윤리학이 연구의 한 분야로 형성되기 시작했던 1960년대에서부터 시작되었다. 이 시대는 문화적·사회적으로 중요한 변화의 시대였다. 시민권 운동은 정의와 불평등의 문제에 관심을 모았다. 쿠바 미사일 위기와 베트남 전쟁은 전쟁과 핵무기에 대해 새로운 문제제기를 하였고, 안전한 낙태와 현대적 피임의 이용가능성과 함께 재등장한 페미니즘은 여성의 출산 권리에 대해 문제를 제기하였다. (중략) 이러한 변화는 규범적인 응용윤리학에 대한 새로워진 관심을 자극하면서 철학의 관행에도 영향을 미쳤다. 철학이 현실 문제들에 대한 분석이 아니라 도덕적인 용어들에 대한 분석을 하는 것이 1960년대 영어권 도덕철학자들 사이에 지배적이었던 주류였다면, 이러한 태도는 1970년대에 변하기 시작하였다. 도덕철학자들은 낙태, 안락사, 전쟁, 사형제도, 희소한 의료자원의 할당, 동물의 권리 등등의 실제적인 윤리문제들에 대한 의견을 발표하기 시작하였다.2

이렇게 1960년대와 1970년대에 서구 사회에서 나타난 사회적 변화들은 사회와 인간의 삶에 대한 새로운 접근을 요구하게 되었다. 그리고 그 이후 생명과학기술의 비약적인 발전은 그 요구를 더 강화시켰다. 더구나 생명과학기술의 비약적인 발전은 늘 장점만 있는 것은 아니었고 부작용도 동시에 존재했으므로 이에 대한 사회적 대응을 요구하는 목소리도 점점 커졌다.

미국에서 처음 관심을 끌었던 생명윤리의 문제들 중 하나가 이를 분명하게 보여준다. 신장병으로 죽어가던 환자들에게 신장투석기는 그들의 생명을 극적으로 살려내는 기계였다. 그러나 그 기계가 너무 비싸서 신장병을 앓고 있는 환자들에게 충분히 제공되지 못하였다. 1962년 워싱턴 주의 시애틀에 있는 인공신장센터에서 치료를 받을 환자들을 선별하는 위원회가 구성되었다. 이 위원회가 가진 생사 결정권으로 인해 이 위원회는 신위원회(the God Committee)란 이름을 얻게 되었고, 그 위원회가 어떤 기준을 적용하여 결정하는가에 관심이 모아졌다. 위원회는 환자의 사회적 계층과 인종적 배경에 대해 편견을 갖고 있었음이 밝혀진 후, 이 문제를 해결하는 최선의 방법에 대한 논란이 벌어졌다. (중략) 브룩클린의 한 병원에 있던 환자들이 자신들의 동의 없이 살아 있는 암세포 주사를 맞았다는 것이 알려졌

---

2 H. Kuhse·P. Singer, "생명윤리학이란 무엇인가?," 변순용 외 역, 『생명윤리학 1』(인간사랑, 2005), 27면.

고, 1965년에서 1971년까지 뉴욕에 있는 한 병원에 있는 정신지체 아동들이 간염 바이러스를 접종받았으며, 매독이 "자연적으로 발병하는 과정"을 연구하려는 목적으로 흑인 환자들을 치료하지 않은 채로 행해진 연구가 1930년부터 1970년대 초반까지 알라바마의 터스키기(Tuskegee)라는 곳에서 이루어졌다.[3]

이런 일련의 사건들을 겪으면서 생명윤리는 현대 사회에 대한 중요한 성찰로서의 지위를 점점 굳혔고, 도덕철학뿐 아니라 사회과학과 법학, 인문학에서도 이 주제를 중요한 테마로 다루게 되었다. 특히 법은 생명윤리의 사회적 쟁점들에 대해 관여하지 않을 수 없게 되었다. 역사적으로 인체실험을 한 나치 의사들을 단죄한 뉘른베르크 재판 이후 각 나라는 법을 통해 피임기술, 낙태, 연명의료의 중단, 과학윤리 위반, 인간과 동물의 복제, 유전자치료 등의 문제 등에 개입하였다. 이에 따라 지금까지 없었던 새로운 생명과학기술로 말미암아 야기된 문제들에 대해, 법이 어떻게 관여하여 다룰 것인가에 대한 근본적인 성찰이 어떻게든 필요하게 되었다. 법철학은 이런 측면에서 생명윤리와 깊은 연관을 맺고 있다.

그렇다면 왜 법률가가 생명윤리에 관심을 가져야 할까? 법률가가 생명윤리에 관심을 가져야 하는 이유는 다음 몇 가지로 정리할 수 있다.

첫째, 생명윤리의 주제는 최근 사회에서 가장 논란이 되는 사회적 쟁점들이다. 법은 사회적 갈등을 관리하고 공존 가능한 사회적 가치를 형성해 감으로써 공동체를 유지하고 개선해 가는 권위적 규범이기 때문에, 가장 논란이 되는 사회적 쟁점에 대해서는 다양한 법적 이해와 평가가 필요하다.

둘째, 생명윤리의 쟁점에 대해서는 생명에 대한 근본적인 입장에 근거한 양립불가능하게 대립되는 주장들이 제기되는 경우가 많다. 따라서 그와 관련된 사회적 갈등이 있다면 이는 자체적으로 해소되기 어렵다. 그렇기 때문에 공동체의 유지와 공존을 위해 법적 권위에 의한 해결이 요구된다.

셋째, 생명윤리에서 문제가 되는 사례들은 새롭게 생겨나는 대표적인 사회현상이기 때문에 기존의 법리로는 해결하기 어려운 경우들도 많다. 이처럼

---

3 위의 글, 28, 31-32면.

생명윤리 문제를 다룸으로써 기존의 법리가 가지고 있는 한계를 이해할 수 있고, 새로운 법리의 형성도 가능할 것이다. 이런 점에서 생명윤리는 법률가에게 대단히 매력적인 분야가 될 수 있다.

그런데 법률가가 생명윤리에 관심을 가져야 한다는 주장에 대해서는 다음과 같은 반론이 가능할 수도 있다. 즉, "생명윤리는 윤리의 영역인데, 법이 윤리의 영역에 개입하는 것이 과연 바람직한가"라는 물음이 있을 수 있다. 물론 법이 윤리의 영역에 개입하는 것이 바람직한가라는 물음 자체는 법철학적으로 의미 있는 것이라고 할 수 있다. 그러나 그 전제가 되는 것, 즉 생명윤리를 순전히 윤리의 영역으로만 이해하는 것은 바람직하지 않다. 우리가 여기서 다루고자 하는 생명윤리는 생명과학기술의 사회적 함의와 정당성을 탐구하는 규범체계 혹은 학문을 전반적으로 일컫는다. 따라서 생명윤리는 '~윤리'라는 이름에도 불구하고 윤리학만 의미하는 것은 아니며, 법학, 사회과학, 인문학 등 여러 분야가 협력하는 다학제적 학문 분야 혹은 실천 강령을 의미한다.

Ⅲ. 생명윤리에 대한 법적 접근

돌이켜 보면 생명윤리의 역사는 인간존엄과 인권에 반하는 큰 사회적 해악이 등장하고 이에 대한 반성과 성찰을 통해 성장해 갔다. 제2차 세계대전 중의 인체실험이나 탈리도마이드 사건, 터스키기 매독사건 등 큰 해악을 끼친 사건들이 생겨나고, 이 사건을 계기로 생명윤리의 각종 규칙과 규범이 정립되게 된 것이다. 이런 사회적 해악에 대해 법이 관여하는 것은 당연할 뿐만 아니라 오히려 법의 책무라 할 것이다. 즉, 생명윤리 문제는 이런 측면에서 법적 문제인 것이다. 더구나 생명윤리 쟁점 자체가 법적 문제로 등장한 경우도 한다. 예를 들어, 연명의료 장치 제거에 관한 생명윤리적 문제는 퀸란 사건Quinlan Case이라는 소송의 형태로 사회적 쟁점이 되었다. 우리나라에서도 소위 보라매사건, 세브란스 김 할머니 사건, 「생명윤리 및 안전에 관한 법률」에 대한 헌법재판소의 결정 등 이러한 생명윤리적 쟁점을 다룬 소송 사건들이 있었다.

법과 생명윤리Law and Bioethics는 이런 생명윤리와 관련된 법적인 쟁점을 전문적으로 다루는 분야이다. 미국의 법학계에서는 다른 학문분야의 방법론이나 주제를 법학의 영역으로 가져와 학제 간 연구를 진행할 때, 법과 사회Law and Society, 법사회학, 법과 경제Law and Economics, 법경제학, 법과 문학Law and Literature, 법문학 등의 이름으로 부르는 경향이 있는데, 법과 생명윤리도 이의 일종이라고 할 수 있다. 즉, 법과 생명윤리는 생명윤리의 방법론이나 주제를 다루는 학제 간 연구를 의미한다. 우리나라에서는 법과 생명윤리를 생명윤리법 또는 생명윤리법학이라고 부르는데, 이 글에서는 생명윤리법으로 표현한다.

생명윤리법이 다루는 것은 생명과학기술에 대한 법적 규제와 정책이다. 사회는 윤리성과 안전성의 측면에서 생명과학기술을 규제해야 할 타당한 이유를 가지고 있다. 그러나 무엇을 어떤 방식으로 어느 정도까지 규제해야 하는가에 대해서 사회가 일관된 대답을 내릴 수는 없다. 특히 생명과학기술은 인간의 생명을 그 대상으로 하기 때문에 시민들은 인간 생명의 가치에 대한 개인의 신념에 따라 서로 다른 입장을 가지는 경우도 있을 수 있다. 예를 들어, 배아 연구에 대해 허용하자는 입장과 금지하자는 입장은 모두 신념의 차원에서 나름 타당한 이유를 가지고 있는 "이성적 불일치"를 보일 수 있는 것이다.

그렇다면 이성적 불일치를 인정하면서도 사회가 생명과학기술을 규제할 수 있는 방법은 어디에서 찾아야 할 것인가? 우리나라 법체계를 기준으로 하면 궁극적으로 헌법에서부터 논의가 출발하여야 할 것이고, 국제적으로 보편적으로 인정되는 생명윤리 규범들도 그 근거가 되어야 할 것이다. 그리고 궁극적으로는 어떤 규제모델을 채택할 것인가라는 방법론에 이르러야 한다. 다만 어떤 규제 모델이든 모두 장점과 단점을 가지고 있다. 그래서 현실적으로는 특정 모델을 지향하면서도 다른 모델의 장점을 취해 조화를 이루게 하는 방안을 모색하는 것이 중요하다. 생명과학기술의 특성을 고려하면 궁극적으로는 자율 규제 모델을 지향할 수밖에 없다. 왜냐하면 생명과학기술의 영역은 전문적일 뿐만 아니라 급속하게 변화하기 때문에 타율 규제가 제대로 작동하지 못하기 때문이다. 즉, 특정 생명과학기술에 대한 규제가 만들어져도 그 생명과학기술은 곧 다른 생명과학기술로 대체되는 경우도 많아서 규제 대상이 없어지기도 하는 등 그 변화 주기가 너무 빠르다. 그래서 생명과학기술 연구자 스스로 자율적으로 규제할 수 있는 과학기술 문화와 과학자 의식이 적절하게 형성되는 것이 필요하다. 특히 생명윤리법은 이런 문화를 형성하고 자율 규제와 공공 담론을 위한 제도적 틀을 제시하는 역할에 관심을 기울일 필요가 있다. 이런 생명윤리법의 특성을 고려하면서, 사회적 쟁점이 되었던 생명윤리법 사건들을 간략하게 살펴보도록 하자.

Ⅳ. 생명윤리법 사건들

1. 세브란스 김 할머니 사건

김 할머니는 2008년 2월 18일 폐암 발병 여부를 확인하기 위하여 세브란스 병원에서 기관지 내시경을 이용한 폐종양 조직 검사를 받던 중 과다 출혈 등으로 인하여 심정지가 되었다. 이에 병원의 주치의 등은 심장마사지 등을 시행하여 심박동기능을 회복시키고 인공호흡기를 부착하였으나 김 할머니는 저산소성 뇌손상을 입고 중환자실로 이송되었다. 이때부터 김 할머니는 병원의 중환자실에서 인공호흡기를 부착한 상태로 항생제 투여, 인공영양 공급, 수액 공급 등의 치료를 받아오고 있었다.[4] 김 할머니의 자녀들은 김 할머니가 평소 무의미한 연명의료를 원하지 않았다며 인공호흡기 제거를 요구하였으나, 병원 측에서 이를 받아들이지 않자 소송을 제기한 것이다.

이 사건에 대해 생명유지에 대한 사회적 고려를 존중할 것인가 아니면 자기결정권에 근거한 품위 있는 죽음에 이르게 하는 것이 바람직한 것인가에 대한 사회적 찬반양론 속에서 법원은 제1심에서 대법원에 이르기까지 일관되게 인공호흡기를 제거하는 것이 정당하다는 결론을 내렸다.

고등법원 판결문은 "인간의 생명은 인간 존엄의 생물학적 기초이자 모든 개별 기본권의 주체인 인간의 지위를 유지시켜 주는 핵심적인 법익"이라고 선언하고 있다. 그러나 인간 존엄은 인간 생명에만 의존하는 것이 아니라고 얘기하고 있다. 즉, "인간은 생물학적인 의미의 생명 그 자체만은 아니며, 인간의

---

4 서울서부지방법원 2008. 11. 28. 선고 2008가합6977 판결.

생명 역시 인간으로서의 존엄성이라는 인간 존재의 근원적인 가치에 부합하는 방식으로 보호되어야" 한다는 것이다. 나아가 인간으로서의 존엄이라는 인간 존재의 근원적인 가치를 자기결정권과 관련하여 파악한다. "인간으로서의 존엄과 가치 및 행복을 추구할 권리에는 자신의 삶을 스스로 결정할 수 있는 인간의 인격적 자율성이 당연한 전제이자 본질적인 구성요소가 된다고 보아야 하고, 그에 따라 인간의 존엄을 실현시키는 자기결정권도 보장"되어야 한다는 것이다. 따라서 "기계에 대한 의존상태를 벗어나 자연스러운 죽음에 이르는 편이 인간으로서의 존엄과 가치를 회복하는 길이 될 수 있는 것이다"라는 결론에 이르고 있다.[5]

대법원도 고등법원과 대체로 같은 취지로 다음과 같이 판결하였다.

> 이미 의식의 회복가능성을 상실하여 더 이상 인격체로서의 활동을 기대할 수 없고 자연적으로는 이미 죽음의 과정이 시작되었다고 볼 수 있는 회복 불가능한 사망의 단계에 이른 후에는, 의학적으로 무의미한 신체 침해 행위에 해당하는 연명치료를 환자에게 강요하는 것이 오히려 인간의 존엄과 가치를 해하게 되므로, 이와 같은 예외적인 상황에서 죽음을 맞이하려는 환자의 의사결정을 존중하여 환자의 인간으로서의 존엄과 가치 및 행복추구권을 보호하는 것이 사회상규에 부합되고 헌법정신에도 어긋나지 아니한다. 그러므로 회복불가능한 사망의 단계에 이른 후에 환자가 인간으로서의 존엄과 가치 및 행복추구권에 기초하여 자기결정권을 행사하는 것으로 인정되는 경우에는 특별한 사정이 없는 한 연명치료의 중단이 허용될 수 있다.[6]

그런데 환자가 회복 불가능한 사망의 단계에서 미리 자신의 의사를 밝힌 경우가 있을 수 있고, 또 그렇지 않은 경우가 있을 수도 있다. 대법원은 미리 자신의 의사를 밝힌 경우를 '사전의료지시'[7]라고 하면서, 사전의료지시가 있다면 그것은 환자의 의사로 인정할 수 있다고 한다.[8] 그런데 만일 사전의료지시

---

5 서울고등법원 2009. 2. 10. 선고 2008나116869 판결.

6 대법원 2009.05.21. 선고 2009다17417 전원합의체 판결[무의미한연명치료장치제거등].

7 사전의료지시는 Advance Directive를 지칭하는 것으로 보인다. Advance Directive에는 문서로 내용을 적는 Living Will과 대리인을 지정하는 Durable Power of Attorney로 구분된다. 이에 대해서는 권복규, 김현철, 배현아, 『생명윤리와 법(제 4 개정판)』(이화여자대학교출판문화원, 2020), 67면.

가 없다면 어떻게 되는가? 대법원은 "환자의 평소 가치관이나 신념 등에 비추어 연명치료를 중단하는 것이 객관적으로 환자의 최선의 이익에 부합한다고 인정되어 환자에게 자기결정권을 행사할 수 있는 기회가 주어지더라도 연명치료의 중단을 선택하였을 것이라고 볼 수 있는 경우에는 그 연명치료 중단에 관한 환자의 의사를 추정할 수 있다고 인정하는 것이 합리적이고 사회상규에 부합된다"고 판시하고 있다.

이 대법원 판례는 사회적 공론화 과정을 거쳐 2016년 「호스피스·완화의료 및 임종과정에 있는 환자의 연명의료결정에 관한 법률」^{이하 연명의료결정법}로 법제화되었다.

이 법에 따르면, 임종과정[9]의 환자에 대해서는 이미 작성한 연명의료계획서나 사전연명의료의향서가 있는 경우 그에 따라 조치 받게 된다. 만일 연명의료계획서나 사전연명의료의향서가 없는 경우, 의사능력이 있다면 연명의료에 대한 자신의 결정을 연명의료계획서를 통해 문서화할 수 있다. 임종과정의 환자가 의사능력이 없다면, 동법 제17조 제1항 제3호에 따라 환자의 평소 생각에 대한 가족들의 진술이 있는 경우 그 진술에 따라 조치하게 된다. 이 경우, 환자의 의사를 확인할 방법이 없다면, 동법 제18조 제1항에 따라 가족 전원의 합의 등으로 연명의료중단등결정[10]을 하게 된다.[11]

8　사전의료지시는 회복 불가능한 단계에 이르기 전 환자의 의식이 있을 때 작성하는 것이므로, 진료 중단 시점에서 작성한 것은 아니다. 그런 의미에서 사전의료지시가 있다고 해도 진료 중단 시점에서 자기결정권을 행사한 것은 아니다. 그렇지만 대법원은 사전의료지시를 한 후 환자의 의사가 바뀌었다고 볼 만한 특별한 사정이 없는 한 사전의료지시에 의하여 자기결정권을 행사한 것으로 인정할 수 있다고 인정한다.

9　"임종과정"이란 회생의 가능성이 없고, 치료에도 불구하고 회복되지 아니하며, 급속도로 증상이 악화되어 사망에 임박한 상태를 말한다.(연명의료결정법 제2조 제1호)

10　"연명의료중단등결정"이란 임종과정에 있는 환자에 대한 연명의료를 시행하지 아니하거나 중단하기로 하는 결정을 말한다.(연명의료결정법 제2조 제5호)

11　제17조(환자의 의사 확인) ① 연명의료중단등결정을 원하는 환자의 의사는 다음 각 호의 어느 하나의 방법으로 확인한다.
　　1. 의료기관에서 작성된 연명의료계획서가 있는 경우 이를 환자의 의사로 본다.
　　2. 담당의사가 사전연명의료의향서의 내용을 환자에게 확인하는 경우 이를 환자의 의사로 본다. 담당의사 및 해당 분야의 전문의 1명이 다음 각 목을 모두 확인한 경우에도 같다.
　　　가. 환자가 사전연명의료의향서의 내용을 확인하기에 충분한 의사능력이 없다는 의학적 판단
　　　나. 사전연명의료의향서가 제2조 제4호의 범위에서 제12조에 따라 작성되었다는 사실
　　3. 제1호 또는 제2호에 해당하지 아니하고 19세 이상의 환자가 의사를 표현할 수 없는 의학적 상태인 경우 환자의 연명의료중단등결정에 관한 의사로 보기에 충분한 기간 동안 일관하여 표시된 연명의료중단등에 관한 의사에

법철학: 이론과 쟁점
352

이 사건은 생명윤리 논의가 어떻게 법적 논의와 연결되는지를 잘 보여주는 좋은 사례가 된다. 이는 생명윤리에서 환자의 자율성, 즉 자기결정권에 대한 논의로 시작하였다. "자율성 존중의 원칙"은 생명윤리의 핵심적인 원칙으로 오랫동안 논의된 것이다. 그런데 연명의료 문제는 자율성이 생명 가치와 충돌하는 지점을 보여 준다. 이 지점에서는 언제나 자율성보다 생명이 더 중하다고 생각하는 사람과 어떤 경우에는 자율성이 생명보다 더 중할 수 있다고 생각하는 사람은 양보할 수 없는 윤리적 입장의 평행성을 서로 확인할 수밖에 없을 것이다. 이런 근본적인 사회적 이견에 대해 서로 상이한 의견을 조정하고, 조정할 수 없는 경우에도 서로 다른 입장을 가진 사람들이 공존할 수 있는 방법을 고려하는 것은 법규범이 해야 할 고유한 역할일 것이다. 생명윤리법은 이런 측면에서 특정 윤리관을 법으로 받아들이는 방식이 아니라, 상이한 윤리관에도 불구하고 그 사람들이 모두 사회에서 공존할 수 있도록 권위적으로 작동한다.

2. 배아줄기세포 사건

우리나라에서 생명윤리라는 명칭을 포함한 법률은 2005년 시행된 「생명윤리 및 안전에 관한 법률」이하 생명윤리안전법이 유일하다. 이 법은 시행 당시에는 배아연구와 유전자연구를 주된 규율대상으로 삼았는데, 2012년 전면 개정한 이후 인간대상연구, 인체유래물연구 등도 규율대상으로 포함하여 시행하고 있다.

이 생명윤리안전법에 관해서도 헌법소원이 제기된 경우가 있는데, 그 배

대하여 환자가족(19세 이상인 자로서 다음 각 목의 어느 하나에 해당하는 사람을 말한다) 2명 이상의 일치하는 진술(환자가족이 1명인 경우에는 그 1명의 진술을 말한다)이 있으면 담당의사와 해당 분야의 전문의 1명의 확인을 거쳐 이를 환자의 의사로 본다. 다만, 그 진술과 배치되는 내용의 다른 환자가족의 진술 또는 보건복지부령으로 정하는 객관적인 증거가 있는 경우에는 그러하지 아니하다.
　가. 배우자　　나. 직계비속　　다. 직계존속　　라. 가목부터 다목까지에 해당하는 사람이 없는 경우 형제자매
제18조(환자의 의사를 확인할 수 없는 경우의 연명의료중단등결정) ① 제17조에 해당하지 아니하여 환자의 의사를 확인할 수 없고 환자가 의사표현을 할 수 없는 의학적 상태인 경우 다음 각 호의 어느 하나에 해당할 때에는 해당 환자를 위한 연명의료중단등결정이 있는 것으로 본다. 다만, 담당의사 또는 해당 분야 전문의 1명이 환자가 연명의료중단등결정을 원하지 아니하였다는 사실을 확인한 경우는 제외한다.
　1. 미성년자인 환자의 법정대리인(친권자에 한정한다)이 연명의료중단등결정의 의사표시를 하고 담당의사와 해당 분야 전문의 1명이 확인한 경우
　2. 환자가족(행방불명자 등 대통령령으로 정하는 사유에 해당하는 사람은 제외한다) 전원의 합의로 연명의료중단등결정의 의사표시를 하고 담당의사와 해당 분야 전문의 1명이 확인한 경우

경이 되는 사실은 다음과 같다.

이 헌법소원의 청구인에는 배아 2인과 그 배아생성을 위해 난자와 정자를 제공한 부부, 그리고 의사, 교수 등 사회인들이 포함되어 있다. 배아들은 2004년 12년 9월 임신의 목적으로 청구인들로부터 채취된 정자와 난자의 체외 인공수정으로 생성된 배아 중 체내에 이식되지 않고 남아 보존되어 있는 배아들이다. 청구인들은 「생명윤리 및 안전에 관한 법률」이 체외수정배아를 인간이 아닌 세포군으로 규정하여 이에 대한 연구목적의 이용 가능성을 열어두고 있고, 체세포핵이식행위를 통해 생성된 체세포복제배아의 연구·폐기를 허용함으로써 청구인들의 기본권을 침해한다고 주장하며 2005년 3월 31일 헌법소원심판을 청구하였다.

이 사건에서 헌법재판소는 「생명윤리 및 안전에 관한 법률」에서 규정하고 있는 배아줄기세포 수립에 관한 배아연구가 헌법에 위반되지 않는다고 선언하였다.

청구인 1, 2가 수정이 된 배아라는 점에서 형성 중인 생명의 첫걸음을 떼었다고 볼 여지가 있기는 하나 아직 모체에 착상되거나 원시선이 나타나지 않은 이상 현재의 자연과학적 인식 수준에서 독립된 인간과 배아 간의 개체적 연속성을 확정하기 어렵다고 봄이 일반적이라는 점, 배아의 경우 현재의 과학기술 수준에서 모태 속에서 수용될 때 비로소 독립적인 인간으로의 성장가능성을 기대할 수 있다는 점, 수정 후 착상 전의 배아가 인간으로 인식된다거나 그와 같이 취급하여야 할 필요성이 있다는 사회적 승인이 존재한다고 보기 어려운 점 등을 종합적으로 고려할 때, 초기배아에 대한 국가의 보호필요성이 있음은 별론으로 하고, 청구인 1, 2의 기본권 주체성을 인정하기 어렵다. (중략) 다만, 오늘날 생명공학 등의 발전과정에 비추어 인간의 존엄과 가치가 갖는 헌법적 가치질서로서의 성격을 고려할 때 인간으로 발전할 잠재성을 갖고 있는 초기배아라는 원시생명체에 대하여도 위와 같은 헌법적 가치가 소홀히 취급되지 않도록 노력해야 할 국가의 보호의무가 있음을 인정하지 않을 수 없다 할 것이다.[12]

이 결정문의 내용은 오래된 또 하나의 생명윤리 논쟁과 맞닿아 있다. 그것

---

12 헌재 2010. 5. 27. 2005헌마346.

은 인간의 시작을 언제부터로 볼 것인가라는 문제이다. 인간은 인격성을 가진 존재로서 존엄하기 때문에, 언제부터 인간인가라는 문제는 바로 언제부터 인격성을 지닌 존재로 대우해야 하는가라는 문제가 된다. 생명윤리 논쟁에서는 수정시, 착상시, 출산시 등 여러 입장이 이미 있었는데, 각 입장에 따라 체외수정 배아를 어떻게 볼 것인가에 대한 판단이 달라질 수 있다. 즉, 수정시부터 인간이라는 입장에 따르면, 수정이 이루어진 배아는 인간이 된다. 배아는 수정하는 순간 인간 개체로 발달하는 연속성을 가지며, 배아 그 자체는 개체로서의 잠재성을 보유하고 있기 때문이다. 그에 비해 착상시부터 인간이라는 입장에 따르면, 배아는 다른 세포나 조직과 다르게 취급할 이유가 없을 것이다. 이와는 달리 제3의 방안을 모색하는 입장도 있다. 이에 따르면, 배아는 그 자체로 인간으로서 도덕적 지위를 갖지는 않지만 인간으로 발달 가능한 잠재성을 가지고 있으므로 특수한 존재라는 것이다. 즉, 배아는 인간도 단순한 세포나 조직도 아닌 제3의 특수한 존재이다.[13]

헌법재판소의 위 논증은 이 배아의 지위에 대한 생명윤리 논의에서 제3의 방안을 지지하고 있다. 이 제3의 방안은 배아를 인간으로 인정하는 입장과 배아를 단순한 세포나 조직으로 인정하는 입장을 양립 불가능한 것으로 인정하고, 두 입장의 기본적 가치를 상호 조정해 나가는 과정을 통해 만들어진 것이다. 이는 극단적으로 충돌하는 사회적 이견을 조정함으로써 공존을 모색하는 법의 기능과도 맞닿아 있는 것이다. 헌법재판소는 배아의 지위에 대한 제3의 방안과 같은 입장에서, 배아의 기본권 주체성은 부인하지만 동시에 국가의 보호 의무는 인정하고 있다. 즉, 배아가 기본권 주체가 아니라 하더라도, 국가의 보호를 받아야 할 가치 있는 존재라는 것이다.

이 사건은 간접적으로 다른 생명윤리법적 함의도 가지고 있다. 생명윤리안전법에서 이런 배아줄기세포 연구를 특정한 요건 아래 허용하는 이유 중의 하나는 줄기세포를 질병 치료를 위해 사용할 가능성이다. 이를 줄기세포 치료라고 하는데, 이에 대해 그동안 극복할 수 없었던 희귀·난치 질환을 극복할 수 있을 것이라는 사회적 기대도 크다. 다만 이런 사회적 기대가 줄기세포 연

---

13 배아의 지위에 대해서는 권복규, 김현철, 배현아, 위의 책, 157-159면 참조.

구 조작 사건으로 이어지기도 했지만, 여전히 생명과학기술의 관점에서 새로운 치료법으로서 가능성이 높이 평가되고 있다. 이런 줄기세포 치료 외에도 유전자 치료, 조직공학 치료 등도 새로운 치료법으로 큰 기대를 받고 있는데, 이를 묶어서 재생의료라고 부른다. 재생의료는 기존의 치료법과 달리 사람의 신체 구조 또는 기능을 재생, 회복 또는 형성하는 방법을 사용한다. 그런데 이 재생의료는 아직 안전성이 충분히 검증되지 않은 분야이고 때로는 고위험의 가능성도 있는 반면, 사람을 대상으로 적용하기 위한 충분한 데이터가 형성되어 있지 않은 형편이다. 그러나 동시에 재생의료가 기존에 극복하지 못했던 심각한 질환을 치료할 수 있는 가능성 또한 매우 높은 것도 사실이다. 이런 위험과 효용이라는 두 가지 가치가 대립하는 딜레마는 생명윤리법에서 흔하게 발견된다. 우리나라에서는 엄격한 조건 아래에서 재생의료 연구를 수행할 수 있도록 새롭게 입법을 하였는데, 「첨단재생의료 및 첨단바이오의약품 안전 및 지원에 관한 법률」이 그것이다. 그렇지만 향후 이런 문제 상황은 계속 일어날 것이기 때문에, 어떤 규제 철학이 필요한가에 대한 근본적인 법철학적 질문 또한 계속 제기될 것이다.

3. 유전자 편집 아기(gene-edited baby)

2018년 중국인 과학자 허 젠쿠이He Jiankui는 유전자 편집 기술을 적용한 쌍둥이 아기를 출산했다. 허 젠쿠이는 에이즈AIDS를 일으키는 HIV인간 면역 결핍 바이러스에 대항할 수 있는 유전자 편집 기술을 연구하고 있었다. 유전자 편집은 사람의 유전 질환을 극복할 수 있는 기술로 많은 주목을 받고 있다. 이 기술은 문제를 일으키는 유전자 염기서열을 인식하고 그 부분을 절단하고 다른 유전자를 끼워 넣는 편집도 가능한 기술이다. 최근 이른바 3세대 유전자가위라고 불리는 '크리스퍼/카스9'CRISPER/Cas9이 개발되면서 특히 각광을 받고 있었다.

허 젠쿠이는 시험관 아기 시술을 위해 생성된 체외 수정 배아에 이 기술을 적용하였다. 그는 16개 체외 수정 배아에서 시술을 진행하였으며, 유전자가 변형된 체외 수정 배아를 다시 산모에게 착상하여 결국 출산까지 이르게 되었다. 허 젠쿠이는 이 연구에 참여한 여성들은 감염자가 아니었지만 남성들은

HIV 감염자였고 자신의 병이 자손에게 전해지는 것을 걱정하고 있었다고 말하면서 자신의 연구가 정당하다고 주장하였다. 그러나 이 사실이 보도되자 전세계가 이 행위에 대해 우려와 비난을 제기하였다. 전세계 과학자들은 이 연구가 비윤리적이며, 아기에게 예상하지 못한 돌연변이나 암 발병과 같은 예상하지 못한 문제를 야기할 수 있다고 비판하였다. 중국 정부도 허 젠쿠이를 형사범으로 기소하였고, 그는 재판 결과 실형을 선고받았다.

이 사건을 여러 가지 생명윤리 쟁점을 제기한다. 첫 번째는 유전자 편집 기술이 가지는 위험성이다. 유전자 편집 기술이 최근에 대단히 발전하고 있지만, 아직 사람에게 적용했을 때 안전성을 담보할 수 있다는 확실한 증거는 없는 형편이다. 이런 상황에서 이를 사람에게 적용하는 것을 허용해도 되는가? 유전자 편집 기술을 연구하는 과학자들은 궁극적으로 이 기술이 사람에게 치료법으로 사용되려면 사람을 대상으로 연구하는 과정이 반드시 필요하지만, 사람에게 직접 적용하는 것은 아직 위험하므로 대신 '폐기될' 배아에게 적용하여 연구할 수 있도록 해달라고 각국의 규제 당국에게 요청하고 있다. 이에 대해서도 여전히 찬반양론이 있는데, 이 사건은 유전자 편집된 배아를 폐기하는 것이 아니고 아예 출산까지 시켰다는 점에서 더 충격을 주고 있다. 즉, 유전자 편집 기술의 위험성에 대해 제대로 모르는 상황에서 이 기술을 적용한 인간을 태어나게 한다면, 그 사람은 평생 예상하지 못한 갖가지 위험에 노출되어 살 수밖에 없을 것이다. 이렇게 사람을 위험한 상황에 빠뜨리는 것은 비윤리적이라고 할 수 있다.

두 번째는 우생학적 우려이다. 그동안 시행되었던 유전자치료는 유전적 결함을 안고 태어난 사람을 대상으로 유전자 교정을 하였기 때문에, 유전자가 변형되었다고 해도 그 사람에게만 유효할 뿐 다음 세대에 유전되지는 않았다. 왜냐하면 그동안 유전자치료를 받았다고 해도 그 치료가 환자의 생식세포의 유전자에 영향을 주지는 않았기 때문이다. 그러나 이 기술은 배아에게 적용하였기 때문에, 발생과정을 거쳐 인체가 형성될 때 인체의 모든 세포의 유전자에 영향을 주게 된다. 즉, 이 기술을 적용받아 출산한 사람의 생식세포도 유전적으로 변형될 수밖에 없다. 따라서 이 사람이 나중에 자녀를 출산하면 이렇게 변형된 유전자가 그 자녀에게 유전되게 된다.

우생학eugenics은 사람을 우수한 사람과 열등한 사람으로 구분하고 인류를 우수한 사람으로 개량하기 위해 유전학적으로 연구하는 것을 의미한다. 이런 우생학은 필연적으로 열등한 사람을 차별하는 태도를 가지고 있다. 역사적으로 나치는 이런 우생학에 따라 열등한 사람을 제거하려는 이른바 '인종청소'라는 잔인한 반인륜적인 범죄를 저지른 것으로 잘 알려져 있으며, 제 2 차 세계대전 이후 개최된 뉘른베르크 전범재판에서 이에 관련된 사람들에게 사형이 선고되었다. 만일 유전자 편집 아기 출산이 일반화된다면, 유전자 편집으로 결함 없는 인체를 가진 사람과 사회·경제적 이유로 그 기술의 적용을 받지 않은 사람들 사이에 차별행위가 없으리라고 누가 장담할 수 있겠는가? 이런 이유 때문에 유전자 편집 기술이 사람에게 적용되려면 그 과정에서 수많은 세부 쟁점들에 대한 사회적 논의가 반드시 필요한 것이다. 이런 논의를 통해 우생학적 우려에 대한 충분한 대처가 가능하다는 컨센서스가 이루어질 때 비로소 이 기술은 사회적으로 수용될 수 있을 것이다.

제15장 ◢ 생각해 볼 문제

❶ 현행 법체계에서 태아는 상속 등 일정한 부분에서 법적인 보호를 받고 있다. 그런데 수정 후 배아에서 태아로 성장하는 것은 자연적인 과정이다. 그렇다면 배아도 태아가 받는 정도의 법적인 보호를 받아야 하는가? 그리고 법철학적인 관점에서 태아의 지위와 배아의 지위는 어떻게 구별될 수 있겠는가?

❷ 이종이식 시술은 동물의 세포나 조직을 사람에게 이식하는 시술을 말한다. 예를 들어 당뇨병은 췌도세포에서 인슐린이 제대로 분비되지 않기 때문에 생기는 질병인데, 최근 돼지의 췌도세포를 가공하여 사람에게 이식함으로써 당뇨병을 치료하려는 연구가 진행 중이다. 그런데 이종이식 시술을 받은 환자는 동물에서 사람에게 전염되는 인수공통감염병에 걸리지 않을지 혹은 시술의 부작용으로 환자의 건강에 이상이 있지 않을지 등에 대한 우려 때문에 평생 추적관찰을

받아야 한다. 만일 인수공통감염병에 걸린다면, 코로나19COVID-19 팬데믹과 같은 사회적 문제가 발생할 수 있기 때문이다. 그런데 이런 평생 추적관찰에 대해 개인의 프라이버시를 과도하게 침해할 수 있으므로, 기간을 정해서 부분적으로만 추적관찰을 하면 되고 추적관찰을 할 경우에도 프라이버시 침해를 최소화할 수 있도록 해야 한다는 견해도 있다. 여러분은 사회적 안전을 위해 평생 추적관찰을 해야 한다고 생각하는가 아니면 개인의 행복을 위해 평생 추적관찰은 지나치다고 생각하는가?

제16장
법과 인공지능

法哲學
Philosophy of Law: Theory and Issue

Ⅰ. 지능정보사회와 인공지능의 도전

　　제 4 차 산업혁명으로 이전에는 경험하지 못했던 새로운 사회 패러다임이 출현한다. 그중에는 '지능정보사회'intelligent information society도 언급할 수 있다. 여기서 지능정보사회란 고도로 발전한 지능정보기술로 인공지능과 같은 탈인간적인 지능적 존재가 등장하는 사회라고 말할 수 있다.1 인공지능이 단순히 대상으로만 머물러 있는 것이 아니라 독자적인 사회적·법적 존재로 자리매김하는 사회가 바로 지능정보사회인 것이다. 인공지능과 같은 지능정보기술이 중심이 되는 지능정보사회는 우리에게 새로운 사회적 공리를 다양하게 선사한다. 이를 통해 우리의 삶은 더욱 윤택해진다. 그러나 빛과 어둠이 매번 공존하듯이 인공지능은 동시에 새로운 위험 역시 다양하게 창출한다. 이로 인해 새로운 사회적 갈등이 발생한다. 이에 인공지능이 야기하는 새로운 위험에 윤리나 법과 같은 규범적 제도가 어떻게 대응해야 하는지 문제된다. 이러한 상황에서 아래에서는 인공지능이 창출하는 다양한 위험을 분석하고 법과 같은 규범적 제도가 이에 어떻게 대응해야 하는지 살펴본다.2

1　양천수, 『제 4 차 산업혁명과 법』(박영사, 2017), 6면.
2　인공지능에 관한 법적 문제 일반에 관해서는 양천수, 『인공지능 혁명과 법』(박영사, 2021) 참조.

Ⅱ. 인공지능의 의의

1. 개념

'인공지능'AI: Artificial Intelligence이란 단순하게 정의하면 '인간의 사고능력을 인공적으로 구현한 기계'라고 말할 수 있다. 인공지능이라는 용어는 1956년 여름 미국 동부의 다트머스대학교에서 열린 워크숍에서 시작한다. 현대 인공지능의 아버지라 불리는 4명의 학자, 즉 존 매카시John McCarthy, 마빈 민스키Marvin Minsky, 앨런 뉴웰Allen Newell, 허버트 사이몬Herbert Simon이 참여한 전설적인 다트머스대학교 여름 워크숍에서 인공지능이라는 용어가 처음 사용되었다.[3]

2. 강한 인공지능과 약한 인공지능

인공지능은 흔히 두 가지 유형으로 구별된다. '강한 인공지능'strong AI과 '약한 인공지능'weak AI이 그것이다.[4] 강한 인공지능은 인간과 모든 면에서 동일한 정신능력을 갖춘 인공지능을 말한다. 쉽게 말해 인간처럼 사고하고 판단할 뿐만 아니라 다른 인간들과 감정적으로 소통하고 자율성과 반성적 사고능력을 갖춘 인공지능이 강한 인공지능인 셈이다. 강한 인공지능은 더욱 엄밀하게 말하면 다시 두 가지로 구분할 수 있다. '강한 인공지능'과 '초인공지능'ASI: Artificial Super Intelligence이 그것이다. 강한 인공지능이 인간의 능력을 목표로 하는 것이라면, 초인공지능은 강한 인공지능이 '특이점'singularity을 맞아 자기 진화를 거쳐 인간의 능력을 초월하게 된 인공지능을 말한다.

이에 대해 약한 인공지능이란 아직 인간과 동등한 정신능력을 갖추지 못한 인공지능을 말한다. 현재 우리가 구현하고 있는 인공지능은 이러한 약한 인공지능의 단계에 머물러 있다. 현재의 인공지능은 인간처럼 자율적으로 사고할 수 없다. 예를 들어 세기의 바둑대결에서 이세돌 9단과 커제 9단을 모두 이긴

---

3 마쓰오 유타카, 박기원 (옮김), 『인공지능과 딥러닝: 인공지능이 불러올 산업구조의 변화와 혁신』(동아엠엔비, 2016), 65-67면.
4 '강한 인공지능'과 '약한 인공지능'은 '강인공지능'과 '약인공지능'으로 불리기도 한다.

알파고는 이제 바둑기술이라는 측면에서는 인간을 능가한 존재가 됐지만 여전히 알파고는 기존에 정해진 ᵗᵘⁿⁿᵗᵘⁿⁿ 바둑의 규칙 안에서만 작동할 수 있을 뿐이다. 더 나아가 알파고는 바둑이 과연 유용한 게임인지에 관해 반성적·비판적으로 사고할 수 있는 능력도 갖추고 있지 않다.

3. 인공지능과 로봇

한편 인공지능과 구별해야 할 것으로서 로봇이 있다. 인공지능과 로봇은 개념, 실체, 기능의 면에서 서로 구별되지만 겹치는 부분도 많이 있다. 그 때문에 인공지능의 법적 문제를 다룬 연구 가운데는 양자를 혼용하는 경우도 종종 발견된다.[5] 그러나 개념적으로는 양자를 분명히 구분하는 것이 바람직하다.[6] 왜냐하면 인공지능이 인간의 정신능력을 인공적으로 구현한 기계라면 로봇은 인간의 육체를 인공적으로 구현한 기계이기 때문이다. 다만 오늘날 사용되는 로봇은 인공지능을 탑재한 경우가 많기에 아래에서는 논의의 편의상 인공지능과 로봇을 거의 같은 의미로 사용하고자 한다.

Ⅲ. 인공지능의 위험

1. 인공지능의 구조 분석

인공지능이 오늘날 어떤 위험을 야기하는지를 분석하려면 먼저 인공지능이 무엇으로 구성되고 어떤 방식으로 우리 사회에서 구현되는지 살펴볼 필요가 있다. 인공지능이 성공적으로 구현되고 사용되려면 하드웨어와 소프트웨어, 개인정보를 포괄하는 빅데이터 및 인공지능의 사회적 이용이 요청된다. 이때 '하드웨어'ʰᵃʳᵈʷᵃʳᵉ는 우리가 흔히 아는 반도체 기술을 말한다. '소프트웨어'ˢᵒᶠᵗʷᵃʳᵉ는 알고리즘을 중심으로 하는 프로그래밍 기술을 말한다. 오늘날에는

---

5 이를테면 김영환, "로봇 형법(Strafrecht für Roboter)?", 『법철학연구』 제19권 제3호(2016), 143면 아래.
6 마쓰오 유타카, 『인공지능과 딥러닝: 인공지능이 불러올 산업구조의 변화와 혁신』, 49면 아래.

머신러닝과 딥러닝 기법이 핵심적인 소프트웨어로서 인공지능 혁명을 견인하고 있다. 이처럼 인공지능이 가동하려면 고도로 발전한 하드웨어, 소프트웨어, 빅데이터가 필요하다. 인공지능에 대한 이론은 이미 1950년대에 대부분 완성되었지만 그 당시에는 이를 뒷받침할 수 있는 하드웨어와 빅데이터가 존재하지 않아 인공지능이 구현되지 않았다.[7] 한편 이러한 인공지능이 사회적인 차원에서 이용되려면 반도체 이외에 또 다른 하드웨어가 필요한 경우가 많다. 로봇과 같은 하드웨어가 그것이다.

이 가운데서 가장 중요한 지위를 차지하는 동시에 오늘날 중대한 위협이 되는 것은 인공지능을 가동하는 데 필수적인 '알고리즘'algorithm이다. 알고리즘은 보통 특정한 문제를 해결하는 데 사용되는 절차의 집합으로 정의된다. 이러한 알고리즘은 이미 오래 전부터 인공지능과 무관하게 수학 영역에서 발전해왔다.[8] 알고리즘은 달리 말해 문제를 풀어가는 데 필요한 추론규칙의 집합으로 볼 수 있을 것이다. 이렇게 보면 실정법학에서 사용하는 법리법도그마틱 역시 알고리즘의 일종으로 볼 수 있다. 법리 역시 법적 분쟁을 해결하는 데 사용되는 추론규칙의 체계적 집합에 해당하기 때문이다. 이러한 알고리즘은 인공지능을 움직이는 데 필수적인 프로그램의 핵심적 요소가 된다.

2. 인공지능의 위험

(1) 빅데이터와 개인정보 침해 위험

문제는 인공지능을 구성하는 각 요소들이 모두 위험을 안고 있다는 것이다. 그중에서 특히 빅데이터와 알고리즘에 관해 오늘날 문제가 제기된다. 인공지능이 원활하게 작동하기 위해서는 우리의 개인정보를 포함하는 엄청난 양의 데이터, 즉 빅데이터가 필요하다. 그런데 빅데이터를 수집하고 이용하는 과정에서 우리가 원치 않은 데이터 이용, 즉 개인정보 침해라는 문제가 발생할 수

---

7 인공지능에 관한 간략한 역사는 마쓰오 유타카, 『인공지능과 딥러닝: 인공지능이 불러올 산업구조의 변화와 혁신』, 65면 아래 참조.

8 알고리즘이라는 용어 자체가 9세기에 활동했던 페르시아의 수학자 알콰리즈미(Al-Khwarizmi)에서 유래한다는 점이 이를 예증한다. 크리스토퍼 스타이너, 박지유 (옮김), 『알고리즘으로 세상을 지배하라』(에이콘, 2016), 89면.

있다. 물론 엄격한 사전동의 방식의 개인정보 자기결정권을 채택하는 우리의 「개인정보보호법」 아래에서는 상대적으로 이러한 문제가 발생하지 않는다.[9] 오히려 빅데이터 형성 및 이용을 위해 개인정보 자기결정권을 완화해야 한다는 요청이 지속적으로 제기되었고 이로 인해 최근 「개인정보보호법」을 포함하는 이른바 '데이터 3법'이 개정되었다.[10] 반대로 우리와 같은 방식의 개인정보 자기결정권을 채택하지 않는 미국에서는 빅데이터 형성 및 이용을 강조하는 탓에 개인정보가 침해되고 남용되는 사례가 급증한다. 그 때문에 유럽연합이나 우리처럼 사전동의 방식의 개인정보 자기결정권을 도입해야 한다는 주장이 제시되기도 한다.[11]

(2) 알고리즘의 부정확성 위험

사전동의 방식의 엄격한 개인정보 자기결정권을 제도화한 우리 「개인정보보호법」 아래에서는 빅데이터로 인한 개인정보 침해 위험이 상대적으로 크지 않을 수 있다. 이 때문에 인공지능에 필수적으로 적용되는 알고리즘이 야기하는 위험이 더욱 크게 부각된다. 알고리즘은 크게 두 가지 위험을 창출한다. 첫 번째 위험으로 알고리즘이 정확하지 않아 발생하는 위험을 들 수 있다. 예를 들어 알고리즘이 정확하지 않은 정보를 제공하는 것이다. 가짜뉴스를 제공하거나 정확하지 않은 주식 가격을 제공하는 것 등을 언급할 수 있다. 이에는 세 가지 이유를 제시할 수 있다. 첫째는 의도적으로 알고리즘이 정확하지 않게 작동하도록 하는 것이다. 인공지능 개발자나 이용자가 고의로 범죄에 이용하기 위해 알고리즘을 부정확하게 작동시킬 수 있다. 둘째는 과실 등에 의해 알고리즘 설계나 작동이 잘못된 경우이다. 셋째는 알고리즘에 정확하지 않은 데이터가 제공되는 경우이다.

---

9 개인정보 자기결정권에 관해서는 권영준, "개인정보 자기결정권과 동의 제도에 대한 고찰", 『법학논총』(전남대) 제36집 제1호(2016), 673-734면 참조.

10 데이터 3법은 「개인정보보호법」, 「정보통신망 이용촉진 및 정보보호 등에 관한 법률」(정보통신망법), 「신용정보의 이용 및 보호에 관한 법률」(신용정보법)을 말한다. 이들 데이터 3법은 오랜 논란 끝에 2020년 2월 4일 데이터 이용을 활성화하는 방향으로 개정되었다.

11 캐시 오닐, 김정혜(옮김), 『대량살상 수학무기』(흐름출판, 2017), 352면.

(3) 알고리즘의 편향성 위험

알고리즘에 관한 두 번째 위험은 최근 크게 부각되는 문제로 알고리즘이 '편향성'bias을 갖는 경우이다. 물론 이론적으로 보면 특정한 체계에 의해 이루어지는 모든 인지 활동은 '구별'을 전제로 한다.[12] 구별이 없으면 인지 활동은 이루어질 수 없다. 이는 특정한 개념이 어떻게 형성되는지를 보더라도 확인된다. 개념은 구별을 전제로 한다. 특정한 기준 아래 구별을 실행함으로써 개념이 형성된다. 달리 말해 개념은 개념에 포함되는 것과 개념에서 배제되는 것을 구별함으로써 성립한다. 특정한 구별 기준을 중심으로 하여 '배제'exclusion와 '포함'inclusion을 실행함으로써 개념이 성립한다. 이를테면 '인공지능'이라는 개념은 인공지능에 포함되는 것과 인공지능으로부터 배제되는 것을 구별함으로써 그 의미가 형성된다. 이는 알고리즘에서도 마찬가지이다. 알고리즘은 '이진법'이라는 구별을 사용한다. 그러므로 알고리즘은 차이를 이용하여 작동한다고 말할 수 있다. 알고리즘이 작동한다는 것은 특정한 차이를 생산한다는 것을 뜻한다. 이렇게 보면 알고리즘에서 편향성의 출발점이 되는 차이를 없애는 것은 불가능하다.

따라서 알고리즘에서 문제되는 편향성은 일체의 차이를 뜻한다고 볼 수는 없다. 그 대신 이때 말하는 편향성은 근거가 없는 차별, 헌법학의 용어로 바꾸어 말하면 합리적이지 않은 차별이라고 말할 수 있다. 예를 들어 단지 인종적인 차이만으로 유색인과 백인에 대한 신용평가를 달리 하는 경우나 여성이라는 이유만으로 면접에서 탈락시키는 것을 언급할 수 있다. 따라서 알고리즘의 편향성 문제는 알고리즘이 합리적 근거 없이 특정한 대상을 차별하는 것을 뜻한다고 보아야 한다.

알고리즘의 편향성은 다음과 같은 문제를 유발한다. 이를테면 알고리즘의 평가 대상을 합리적 근거 없이 포함시키거나 배제한다. 이때 배제라는 결과가 특히 중요하다. 이러한 배제 결과 때문에 알고리즘의 편향으로 차별받는 대상

---

12 니클라스 루만, 윤재왕(옮김), 『체계이론 입문』(새물결, 2014), 86면 아래 참고. 루만의 구별이론에 이론적 기초가 되는 형식법칙(Laws of Form)에 관해서는 George Spencer-Brown, *Laws of Form*(Leipzig, 2009) 참고.

들은 특정한 사회적 영역에 참여할 기회를 박탈당한다. 사회적 참여에서 배제되는 것이다. 인공지능에 적용되는 알고리즘은 통상 수학으로 구현된다. 그 때문에 이렇게 수학을 기반으로 하는 알고리즘은 '대량살상수학무기'WMD: Weapons of Math Destruction로 규정되며 우려와 비판의 대상이 되기도 한다.[13] 인공지능에 내재된 알고리즘이 사회의 거의 모든 영역에서 편향을, 차별을, 포함과 배제를 강화한다는 것이다.

(4) 인공지능의 사회적 이용에 따른 위험

인공지능의 위험은 인공지능이 사회 각 영역에서 사용되면서 본격적으로 구체화되고 심화된다. 먼저 인공지능이 정확하지 않게 작동함으로써 다음과 같은 위험이 창출된다. 가짜 뉴스가 생산 및 유통되는 위험 등을 예로 언급할 수 있다. 이로 인해 사회에서 진행되는 소통이 왜곡된다. 그 때문에 사회를 지탱하는 데 중요한 역할을 하는 사회적 체계의 기능이 마비되기도 한다. 이를테면 정확하지 않은 정보를 제공함으로써 주식시장과 같은 금융시장이 교란되기도 한다.[14]

알고리즘의 편향성 문제 역시 사회적으로 큰 문제를 야기한다. 이러한 편향성으로 현대사회에 여전히 존재하는 비합리적인 ≪포함−배제≫ 문제가 비약적으로 강화된다.[15] 이 같은 문제는 사회의 거의 모든 영역에서 발생할 수 있다. 교육, 대학 평가, 형사사법, 채용, 금융거래, 정치 영역에서 비합리적인 편향성에 기반을 둔 ≪포함−배제≫가 심화될 수 있다. 오늘날 인공지능이 우리에게 던지는 가장 심각한 위협이자 문제점이라 할 수 있다.

인공지능이 오작동하여 인간의 생명과 안전을 직접 위협하는 경우도 존재한다. 예를 들어 자율주행차처럼 인공지능과 자동차가 결합되어 실제 도로를 운행하는 경우 이러한 문제가 발생할 수 있다. 이러한 경우는 대부분 인공지능

---

13 캐시 오닐, 『대량살상 수학무기』 참조.

14 이러한 예로 크리스토퍼 스타이너, 『알고리즘으로 세상을 지배하라』, 7면 아래 참조.

15 이러한 ≪포함−배제≫의 문제에 관해서는 정성훈, "법의 침식과 현대성의 위기: 루만(N. Luhmann)의 체계이론을 통한 진단", 『법철학연구』 제12권 제2호(2009), 331-356면; 양천수, "현대 안전사회와 법적 통제: 형사법을 예로 하여", 『안암법학』 제49호(2016), 81-127면 참조.

이 오작동하여 문제가 발생한다. 알고리즘의 부정확성 문제 등으로 교통사고를 일으켜 자율주행차 탑승자나 보행자 등이 사고를 당하는 것이다. 이외에도 의료 인공지능이 오진을 하거나 잘못된 처방을 내려 환자의 생명이나 안전을 위협하는 경우를 거론할 수 있다.

지금까지 언급한 예들은 인공지능이 제대로 작동하지 못하여 위험이 발생하는 경우이다. 반대로 인공지능이 원활하게 작동함으로써 오히려 인간에게 위험을 창출하는 경우도 생각할 수 있다. 인공지능이 인간을 대신함으로써 인간의 일자리가 위협받는 경우를 들 수 있다.[16] 인간의 노동시장이 인공지능의 노동시장으로 대체되는 것이다. 이렇게 보면 인공지능이 제대로 작동하든 아니든 이는 우리 인류에게 크나큰 위험이 되는 것처럼 보인다.

Ⅳ. 인공지능에 대한 법적 통제 방식과 한계

1. 쟁점

인공지능이 지닌 위험을 고려하면 법과 같은 규범적 장치로 이를 적절하게 통제할 필요가 있어 보인다. 이때 세 가지 쟁점을 살펴볼 필요가 있다. 첫째, 이러한 문제를 법이라는 규범적 장치로 다루어야 하는지를 판단해야 한다. 둘째, 기존의 법체계가 이러한 문제를 해결할 수 있는 역량을 충분히 갖추고 있는지 검토해야 한다. 셋째, 기존의 법체계가 이러한 문제를 해결하는 데 한계가 있다면 어떻게 새롭게 규제방안을 마련해야 하는지 살펴보아야 한다. 그중에서 첫 번째 문제는 손쉽게 해결할 수 있다. 왜냐하면 이에 관한 여러 논의가 보여주듯이 인공지능이 우리 사회에 수용되기 위해서는 인공지능이 야기하는 위험이나 갈등을 법적 규제와 같은 규범적 수단으로 적절하게 처리 및 통제할 수 있어야 하기 때문이다. 따라서 아래에서는 두 번째 문제와 세 번째 문제에 논의를 집중하고자 한다.

---

16 제리 카플란, 신동숙(옮김), 『인간은 필요 없다』(한스 미디어, 2016) 참조.

2. 법적 통제 방식 유형화

우선 인공지능이라는 새로운 현상을 법체계가 어떤 방식으로 통제할 수 있는지 살펴본다. 이는 인공지능에 대한 법적 통제 방식을 어떻게 유형화할 수 있는지의 문제로 바꾸어 볼 수 있다. 이는 다음과 같이 유형화할 수 있다.

(1) 자율적 통제와 타율적 통제

먼저 자율적 통제와 타율적 통제로 구별할 수 있다. 인공지능이 야기하는 위험을 자율적 또는 타율적으로 통제할 수 있는 것이다. 이는 특히 민법학에서 익숙한 자율성이라는 기준을 중심으로 하여 법적 통제 방식을 구별한 것이다. 전자는 인공지능이 유발하는 위험이나 갈등을 인공지능 개발자나 사업자, 이용자 등이 자율적으로 해결하도록 하는 방식이다. 이에 관한 가장 좋은 방식은 문제가 발생하지 않도록 인공지능을 완벽하게 설계하고 운용하는 것이다. 예를 들어 인공지능에 적용되는 알고리즘이 편향성을 갖지 않도록 설계, 운용 및 조정하는 것을 들 수 있다. 요즘 이슈가 되는 인공지능 윤리가 대표적인 자율적 통제 방안에 해당한다.[17] 윤리라는 행위자의 내면을 지향하는 '연성규범'soft norm을 활용하여 개발자나 사업자 등이 인공지능에 문제가 없도록 자율적으로 기술적·관리적 조치를 취하게 하는 것이다. 이에 반해 타율적 통제는 법과 같은 강제적인 통제수단을 마련하여 인공지능 개발자나 사업자, 이용자 등이 타율적으로 인공지능이 유발하는 위험 및 문제 등을 해결하도록 하는 방안을 말한다.

(2) 행위 중심적 통제와 결과 중심적 통제

다음으로 행위 중심적 통제와 결과 중심적 통제를 구별할 수 있다. 이는 형법학에서 많이 사용되는 '행위반가치'행위불법: Handlungsunrecht와 '결과반가치'결과불법: Erfolgsunrecht'라는 구별을 원용한 것이다.[18] 행위 중심적 통제는 인공지능이 수

---

17 인공지능 윤리에 관해서는 양천수, "인공지능과 윤리: 법철학의 관점에서", 『법학논총』(조선대) 제27집 제 1 호 (2020), 73-114면 참조.

18 이에 관해서는 심재우, "형법에 있어서 결과불법과 행위불법", 『법학논집』(고려대) 제20집(1982), 127-170면 참조.

행하는 행위 또는 결정 그 자체가 위법한지에 초점을 맞추어 통제를 하는 방식을 말한다. 예를 들어 알고리즘이 편향적인 판단을 하는 경우 그 자체를 일종의 차별금지 위반으로 문제 삼아 통제하는 것을 들 수 있다. 또한 인공지능이 투명성이나 설명 가능성이라는 요청을 이행하지 않는 경우 이를 통제하는 방식도 이러한 행위 중심적 통제에 포함시킬 수 있다.[19] 이에 반해 결과 중심적 통제는 인공지능이 작동하여 산출한 결과가 법규범에 합치하지 않는 경우 통제를 하는 방식을 말한다. 예를 들어 알고리즘의 편향성으로 인해 특정한 행위 주체의 권리가 침해당한 경우 이러한 권리침해를 불법행위 등으로 문제 삼는 것을 들 수 있다. 또한 자율주행차가 자율주행 도중 교통사고를 일으켜 보행자의 권리를 침해한 경우 법적 통제를 가하는 것도 결과 중심적 통제의 예로 파악할 수 있다. 행위 중심적 통제와 결과 중심적 통제라는 구별은 특히 알고리즘 편향성 문제를 어떤 방식으로 규율하는지에 관해 유익한 시사점을 제공한다.

(3) 사전적 - 현재적 - 사후적 통제

나아가 사전적 통제, 현재적 통제 및 사후적 통제를 구별할 수 있다. 이는 '시간성'을 통제 방식에 적용한 것이다.[20] 사전적 통제는 인공지능이 문제를 유발하기 전에, 가령 법규범에 위반되는 행위 또는 결정을 하거나 위법한 결과를 산출하기 이전에 인공지능의 위험을 통제하는 방식을 말한다. 이에 대한 예로 인공지능 윤리와 같은 연성규범으로 인공지능을 규제하는 것을 들 수 있다. 또한 영향평가와 같은 규제수단을 사전에 거치도록 하는 것도 사전적 통제 방식의 예로 꼽을 수 있다. 인공지능을 설계하는 단계부터 완전성을 추구하는 것, 즉 인공지능에 '설계주의'를 적용하는 것도 사전적이면서 자율적인 통제 방식

---

19 투명성이나 설명 가능성은 인공지능 윤리에서 중요한 원칙으로 자리매김한다. 이에 관해서는 심우민, "알고리즘 투명성에 대한 규범적 접근방식", 『디지털 윤리』 제 2 권 제 1 호(2018), 1-12면 참조.

20 이는 법에서 시간을 어떻게 취급해야 하는지의 문제, 즉 '법과 시간'의 관계를 어떻게 해명해야 하는지의 문제와 관련을 맺는다. 이 문제는 실정법학에서는 주로 '시효'(Verjährung)와 관련하여 논의가 이루어진다. 이 문제에 관해서는 우선 이동진, "시제사법 서설", 윤진수교수정년기념논문집 간행위원회(엮음), 『(윤진수교수정년기념) 민법논고: 이론과 실무』(박영사, 2020) 참조. 법과 시간에 관한 고전적 문헌으로는 Gerhard Husserl, *Recht und Zeit: Fünf rechtsphilosophische Essays*(Frankfurt/M., 1955) 참고.

으로 말할 수 있다.[21]

　　현재적 통제는 인공지능이 현재 특정한 행위 또는 판단으로 법규범을 위반하고 있거나 위법한 결과를 산출하는 경우 이를 통제하는 방식을 말한다. 요컨대 현재 진행되는 규범위반을 즉각적으로 통제하는 것이 현재적 통제이다. 행정법에서 흔히 사용하는 경찰법적 통제가 가장 대표적인 현재적 통제에 해당한다. 또는 인공지능이 작동할 때 투명성 요청에 따라 투명하게 작동하게끔 하는 것도 현재적 통제에 포함시킬 수 있다.

　　사후적 통제는 인공지능이 작동하는 과정에서 위법한 결과를 산출한 경우 이러한 결과를 야기한 시점 이후에 이를 통제하는 방식을 말한다. 이는 전통적인 법에서, 그중에서도 책임법이 즐겨 사용하는 통제 방식이다. 이를테면 민법의 불법행위책임이나 형법의 형사책임은 모두 특정한 불법행위나 범죄행위가 발생한 이후에 책임법적 통제를 가한다. 이러한 사후적 통제는 인공지능이 야기하는 위법한 결과에도 적용할 수 있다. 가령 의료 인공지능이 환자를 치료하는 과정에서 오진을 하고 이로 인해 환자의 생명이나 신체 등이 훼손되는 경우 사후적 통제를 적용할 수 있다. 이때 민법의 불법행위책임을 적용하거나 「제조물 책임법」의 제조물책임 법리를 적용할 수도 있다. 만약 인공지능에 이러한 사후적 통제만을 적용하는 경우에는 기존의 법체계가 마련한 규제 장치만으로 충분할 수 있다.

⑷ 결과비난 통제와 반성적 통제

　　마지막으로 결과비난 통제와 반성적 통제를 구별할 수 있다. 결과비난 통제는 법규범이 흔히 사용하는 통제 방식이다. 가령 수범자가 법규범을 위반한 경우 그 위반에 불이익한 제재를 가하는 통제 방식을 떠올릴 수 있다. 앞에서 사후적 통제 방식으로 언급한 책임법적 통제가 대표적인 결과비난 통제에 해당한다. 법규범을 위반하는 불법행위를 야기하거나 범죄를 저지른 경우에 손해배상책임이나 형벌을 부과하는 것은 수범자가 저지른 위법행위를 비난하는 데 초점을 둔다.[22] 이 점에서 결과비난 통제는 형벌이론에서 말하는 응보이론과

21　설계주의에 관해서는 成原慧, "アーキテクチャの自由の再構築", 松尾陽 (編), 『アーキテクチャと法』(弘文堂, 2016) 참조.

합치한다. 반대로 반성적 통제는 법규범을 위반한 수범자가 이후 법규범을 제대로 준수하도록 통제하는 것을 말한다. 요컨대 수범자가 반성하게끔 통제 수단을 적용한다는 점에서 반성적 통제라 말할 수 있다. 이는 형벌이론에서 말하는 특별예방이론과 합치한다. 이러한 예로 투명성 통제를 들 수 있다. 특정한 알고리즘이 불투명하게 작동하는 경우 투명성을 강조하는 법적 통제를 가하여 이후에 알고리즘이 투명해지도록 재조정하는 것을 언급할 수 있다.

3. 인공지능의 위험에 대한 현행 법체계의 통제 역량과 한계

현행 법체계는 인공지능이 야기하는 위험과 갈등을 만족스럽게 통제할 수 있는지, 달리 말해 현행 법체계는 이를 통제할 수 있는 역량을 갖추고 있는지, 만약 그렇지 않다면 그 한계는 무엇인지 살펴본다.

(1) 개인정보 침해 위험에 대한 통제 역량

인공지능은 대량의 정보 및 데이터를 필요로 한다. 그중에는 개인정보와 같이 민감한 데이터 역시 포함된다. 그 때문에 인공지능은 언제나 개인정보를 침해할 위험을 안고 있다.[23] 그러나 개인정보 수집 및 이용에 관해 '사후승인'opt-out 방식을 취하는 미국과는 달리 우리는 유럽연합의 태도를 수용하여 명확한 '사전동의'opt-in 방식의 개인정보 규제체계를 갖추고 있다. 이를 위해「개인정보 보호법」은 개인정보 자기결정권을 제도화한다제15조 제1항. 따라서 인공지능 개발자나 사업자 등은 개인정보를 수집 및 이용하기 위해서는 정보주체의 명확한 사전동의를 받아야 한다. 이렇게 보면 우리 법체계는 인공지능에 의한 개인정보 침해 위험에 관해서는 상대적으로 법적 통제를 충실히 하고 있다고 평가할 수 있다. 하지만 이로 인해 빅데이터 수집 및 이용 또는 이를 이용한 인공지능 개발이 난관에 부딪힌다는 비판이 제기되었다. 그 때문에 개인정보

---

22 물론 민법의 손해배상책임은 불법행위 등으로 발생한 손해를 원상으로 회복하는 데 일차적인 초점을 둔다. 그렇지만 손해배상책임은 가해자를 비난하는 기능도 일부 수행한다는 점을 부정하기 어렵다. 현재 부분적으로 도입된 징벌적 손해배상제도가 이를 예정한다.

23 물론 정확하게 말하면 개인정보가 아닌 개인정보 자기결정권이 침해된다고 보아야 한다. 다만 이 글에서는 논의의 편의를 위해 '개인정보 침해'라는 표현을 사용하고자 한다.

수집 및 이용 등을 좀 더 원활하게 할 수 있도록 최근 「개인정보 보호법」을 개정하기도 하였다.

(2) 알고리즘의 부정확 및 편향에 따른 위험 통제 역량과 한계

인공지능에 탑재한 알고리즘이 부정확하게 또는 편향적으로 작동함으로써 산출되는 위험을 현행 법체계는 충분히 통제할 수 있는 역량을 갖추고 있는가? 이는 두 가지 측면에서 살펴보아야 한다.

① 결과에 대한 통제 역량 및 한계

첫째, 알고리즘이 부정확하게 또는 편향적으로 작동하여 법에 위반되는 결과를 산출하는 경우 현행 법체계는 이를 통제할 수 있는가? 현재 이는 상당 부분 통제할 수 있다고 말할 수 있다. 알고리즘이 부정확하게 또는 편향적으로 작동하여 위법한 결과를 산출하는 경우에는 민법의 불법행위나 「제조물 책임법」의 결함 또는 형법의 범죄로 보아 통제할 수 있다. 요컨대 이를 책임법의 문제로 보아 손해배상책임이나 형벌을 부과할 수 있다. 이때 인공지능에 독자적인 법인격을 인정해야 하는지는 그다지 중요하지 않다.[24] 인공지능에 독자적인 법인격을 인정하지 않아도 알고리즘이 야기하는 문제는 현행 법체계가 갖춘 책임법적 통제수단을 이용하여 적절하게 통제할 수 있기 때문이다.

다만 책임법적 통제 방법에는 다음과 같은 문제가 있다. 알고리즘이 부정확하게 또는 편향적으로 작동하여 위법한 결과를 산출한 경우 이를 불법행위 책임으로 문제 삼으려면 알고리즘이 부정확하게 또는 편향적으로 작동한 것이 맞는지, 이를 원인으로 하여 위법한 결과가 발생한 것인지, 피해자에게 위법한 결과가 손해로서 실제로 발생한 것인지 등을 피해자가 증명할 수 있어야 한다. 그러나 제조물 책임 소송이나 의료사고 소송과 같은 현대형 소송이 보여주는 것처럼 실제 민사소송에서 이를 피해자가 증명하는 것은 쉽지 않다. 이로 인해 현실적으로는 피해자가 제대로 구제를 받지 못할 가능성이 있다. 반대로 이를 과실에 의한 범죄로 보아 형사책임을 묻는 경우에는 오히려 인공지능 개발자나 사업자 등에게 크나큰 부담이 될 수 있다. 형사책임에 대한 부담이 인공지

---

24 이 문제에 관해서는 조성은 외, 『인공지능시대 법제 대응과 사회적 수용성』(정보통신정책연구원, 2018) 참조.

능을 개발하거나 더욱 완전하게 하는 데 또는 인공지능으로 새로운 사업을 모색하는 데 장애가 될 수 있다. 이러한 점을 고려하면 책임법적 통제수단으로 인공지능이 야기한 위법한 결과를 통제하는 것은 피해자나 가해자 모두에게 적절하지 않은 방법이 될 수 있다.

② 작동 자체에 대한 통제 역량 및 한계

둘째, 알고리즘이 정확하지 않거나 편향적으로 작동하는 경우 현행 법체계는 작동 그 자체를 통제할 역량을 갖추고 있는가? 알고리즘의 편향성은 오늘날 매우 중요한 규범 원칙으로 자리매김하는 차별금지 원칙을 위반한다는 점에서 중대한 문제로 볼 수 있다. 이 문제에 대응하는 방안으로는 두 가지 방안, 즉 일반적 차별금지법을 제정해 대응하는 방안과 개별적인 영역에서 차별금지를 하는 방안을 거론할 수 있다. 현재 우리 법체계는 후자의 방안을 채택하고 있다. 첫 번째 방안은 현재 사회적으로 논의되고 있지만 아직은 제도화되지 않았다. 이를 알고리즘 오작동 및 편향성에 대한 통제 문제에 적용하면 다음과 같이 말할 수 있다. 현재 우리 법체계는 알고리즘 오작동 문제나 편향성 문제를 개별적인 영역에서 개별법으로 통제하고 있다는 것이다. 다만 이 경우에도 차별금지 위반을 근거로 하여 통제를 하는 것이지 알고리즘의 편향성 자체를 직접적인 이유로 하여 통제하는 것은 아니다.

이러한 근거에서 볼 때 현행 법체계는 알고리즘의 오작동이나 편향성 자체를 통제하는 데 한계가 있다고 말할 수 있다. 이에 알고리즘이 야기하는 문제가 매우 광범위하다는 점에서 개별적인 영역에서 개별적인 방안으로 통제하는 것이 과연 적절한지, 아니면 인공지능의 편향성 문제를 일반적으로 규율하는 일반법 또는 기본법을 제정해야 하는 것은 아닌지 의문이 들 수 있다. 물론 이에는 다시 다음과 같은 근원적인 문제를 제기할 수 있다. 현재 상황에서 인공지능 편향성 문제를 법으로 직접 규제하는 것이 적절한지의 문제가 그것이다. 이는 인공지능 윤리의 차원에서, 다시 말해 연성규범으로 규제하는 것이 현재로서는 바람직하지 않은가의 문제제기로 연결된다.

(3) 인공지능의 사회적 이용에 따른 위험 통제 역량

인공지능이 사회적으로 이용되면서 야기하는 여러 위험, 특히 인공지능의 결함이나 오작동 등으로 인간에게 피해를 야기하는 경우는 기존의 책임법적 통제수단으로 대부분 통제할 수 있다. 바꾸어 말해 민법의 불법행위책임이나 제조물책임, 형사책임 등으로 통제할 수 있다. 그 점에서 이에 대한 새로운 법적 규제 장치를 마련할 필요는 크지 않다. 다만 인공지능으로 인간의 일자리가 점점 사라지는 문제는 기존의 노동법체계나 사회보장법체계로 충분히 해결하기 어렵다. 이를 해결하기 위해서는 새로운 패러다임과 규제체계가 요청된다.[25]

V. 인공지능의 위험에 대한 법적 대응 방안

1. 문제점

인공지능이 야기하는 위험을 데이터의 측면, 알고리즘의 측면, 사회적 사용의 측면으로 구별하여 보면 데이터의 측면이나 사회적 사용의 측면에는 나름 적절하게 법적 통제가 마련되어 있음을 알 수 있다. 우리나라의 경우를 보면 데이터의 측면에는 사전동의 방식을 원칙으로 하는 개인정보 자기결정권이, 사회적 사용의 측면에는 기존의 법체계가 갖춘 책임법이 어느 정도 적절하게 대응할 수 있다. 문제는 알고리즘의 측면에서 찾을 수 있다. 알고리즘의 부정확성이나 편향성에 우리 법체계는 적절하게 대응하지 못하고 있다.

그러나 이는 우리만의 문제는 아니다. 유럽연합이나 독일, 영국, 미국 등도 인공지능이 야기하는 위험을 법적 규제로 충분히 커버하고 있지는 않다.[26] 이렇게 보면 인공지능의 위험에는 다소 느슨한 규제로 대응하는 것이 더욱 올

---

25 이에 관해서는 권혁·김희성·성대규, 『4차 산업혁명과 일자리 정책의 미래』(집문당, 2018) 참조.
26 이에 관해서는 권은정 외, 『지능화 혁명 시대의 위험 통제 및 기술 수용을 위한 법제도 체계 전환에 관한 연구』(정보통신정책연구원, 2020) 참조.

바른 방향일지도 모른다. 현재 급속하게 발전하고 있는 인공지능이 법적 규제라는 장벽에 부딪히지 않도록 말이다. 인공지능에는 강력한 법적 규제를 투입하는 것보다 윤리와 같은 연성규범을 투입하는 것이, 인공지능 개발자나 사업자 등이 자율적으로 그 위험을 규제하고 관리하도록 하는 것이 더욱 바람직할수도 있다. 이러한 상황에서 아래에서는 인공지능이 야기하는 위험이나 갈등등을 적절하게 통제하기 위해서는 우리 법제가 어떻게 이에 대응해야 하는지살펴본다.

2. 규제원칙

우선 인공지능을 적절하게 규제하는 데 필요한 규제원칙은 무엇인지 검토한다.

(1) 인공지능 이용과 통제의 실제적 조화

첫째, 인공지능이 지닌 사회적 유용성을 고려할 때 통제 중심의 시각에서만 인공지능에 접근하는 것은 바람직하지 않다. 인공지능은 현재 급속하게발전하고 있다는 점, 인공지능은 혁신성장의 원천이 된다는 점 등을 고려할때 한편으로 법체계는 인공지능이 원활하게 개발되고 발전할 수 있도록 지원해야 한다. 다른 한편으로 법체계는 인공지능의 특성에 적합한 규제체계 및수단을 사용해 인공지능이 가지는 위험을 적절하게 관리해야 한다. 그 점에서 법체계는 인공지능의 이용 진흥과 위험 통제 사이에서 '실제적 조화'를 구현해야 한다.[27]

(2) 자율적 통제 우선

둘째, 인공지능에는 강제력에 기반을 둔 타율적 통제보다는 윤리와 같은연성규범에 바탕을 둔 자율적 통제를 우선적으로 적용할 필요가 있다. 왜 현

---

27 '실제적 조화'(praktische Konkordanz)에 관해서는 Konrad Hesse, *Grundzüge des Verfassungsrechts der Bundesrepublik Deutschland*, Neudruck der 20. Auflage (Heidelberg, 1999), S. 28.

시점에서 유럽연합이나 미국 등이 '인공지능 윤리'와 같은 연성규범으로 인공
지능을 규제하는 데 관심을 기울이는지 눈여겨 볼 필요가 있다. 현재 인공지능
개발 및 사업화 등으로 국가 간, 대륙 간의 경쟁이 치열하게 전개되고 있는 점
을 감안하면 인공지능에 대한 통제보다는 개발 및 이용에 더욱 주안점을 둘
필요가 있어 보인다. 그렇다고 인공지능에 대한 규제를 완전히 포기할 수도 없
다. 그렇다면 윤리와 같은 연성규범을 적극 이용한 자율적 통제를 강조하는 것
이 필요해 보인다.

(3) 행위 중심적 통제 우선

셋째, 인공지능에는 행위 중심적 통제를 우선적으로 적용할 필요가 있다.
인공지능에 결과 중심적 통제방식, 즉 책임법적 통제방식을 우선적으로 적용하
는 것은 바람직하지 않다. 이는 인공지능 개발자·사업자 및 그 상대방 모두에
게 바람직하지 않다. 최근 개정된 「신용정보법」이 새롭게 도입한 "자동화평가
결과에 대한 설명 및 이의제기 등"이 행위 중심적 통제의 예가 된다제36조의2. 인
공지능이 정확하지 않거나 편향된 작동을 할 때 작동 그 자체를 통제하는 방
식으로 인공지능을 규제할 필요가 있다.

(4) 사전적·현재적 통제 우선

넷째, 인공지능에는 사전적·현재적 통제를 우선할 필요가 있다. 시간이라
는 측면에서 통제방식을 구별하면 사전적 통제, 현재적 통제 및 사후적 통제를
구별할 수 있다. 이때 사후적 통제는 책임법적 통제 및 결과 중심적 통제와 연
결된다. 이러한 통제방식은 인공지능을 규제하는 데 적절하지 않다는 점은 위
에서 언급하였다. 이를 반대로 추론하면 인공지능에는 사전적 통제나 현재적
통제를 우선시 할 필요가 있다는 결론이 도출된다. 인공지능이 안고 있는 위험
이 현실화되지 않도록 이에 예방적으로 접근할 필요가 있는 것이다. 이러한 예
로 윤리와 같은 자율규제 방식을 적용하거나 영향평가 제도를 통해 사전에 위
험을 적절하게 관리하도록 하는 것을 꼽을 수 있다. 또한 현재적 통제의 예로
인공지능이 작동하는 방식을 투명하게 하는 방안을 언급할 수 있다. 인공지능
에 대한 설명 및 이의에 대한 권리를 보장하는 것이 이러한 방안에 속할 것

이다.

(5) 반성적 통제 우선

다섯째, 인공지능에는 반성적 통제를 우선할 필요가 있다.[28] 인공지능에 규제나 통제를 가하는 이유는 인공지능이 유발한 위법한 결과를 비난하는 데 있기보다는 인공지능이 더욱 정확하고 공정하게 작동하도록 하는 데 있을 것이다. 인공지능, 특히 알고리즘이 제대로 작동할 수 있도록 이에 규범적 규제를 가하는 것이다. 이러한 점을 고려하면 전통적인 책임법적 통제처럼 위법한 결과를 야기한 행위자 또는 체계에 비난을 가하는 것을 중시하는 통제방식을 인공지능에 적용하는 것은 적절하지 않다. 이보다는 법적 규제를 가함으로써 인공지능 개발자나 사업자 등이 반성적으로 인공지능을 더욱 완전하고 공정하게 개선하도록 하는 것이 바람직하다. 이를테면 알고리즘이 편향적으로 작동하는 것을 발견했을 때 개발자나 사업자 등이 이를 개선할 수 있도록 법적 규제를 가하는 것이다. 인공지능에 사전영향평가를 법으로 강제하거나 인공지능의 결정 대상이 되는 사람이 이의를 제기했을 때 이를 곧바로 수용하고 환류할 수 있도록 법으로 규제하는 방안을 꼽을 수 있다.

3. 개인정보 침해 위험과 데이터 거버넌스

이러한 규제원칙을 바탕으로 하여 인공지능이 야기하는 위험에 구체적으로 어떻게 대응할 수 있는지 각각의 규제 방안을 살펴본다. 우선 인공지능이 야기하는 개인정보 침해 위험에는 이에 적절한 데이터 거버넌스를 구축함으로써 대응할 수 있다. 이때 데이터 거버넌스data governance란 데이터를 관리 또는 규율하는 체계로 이해할 수 있다. 다만 데이터 거버넌스를 구체적으로 어떻게 파악할 것인지는 이에 전제가 되는 '거버넌스'governance를 어떻게 이해할 것인지와 밀접한 관련을 맺는다. 거버넌스는 보통 정부를 뜻하는 '거번먼트'government

---

28 반성적 통제에 관해서는 Gunther Teubner, "Reflexives Recht: Entwicklungsmodelle des Rechts in ver-gleichender Perspektive", in: *ARSP* (1982), S. 18 ff.

에 대립하는 개념으로 제시된다. 폐쇄적인 관료제로 구성되는 거번먼트와는 달리 거버넌스는 외부와 네트워크로 연결되는 열린 조직을 추구한다. 그 때문에 상명하달 형식의 수직적인 소통이 주류를 이루는 거번먼트와는 달리 거버넌스에서는 상호이해와 참여, 협력을 기반으로 하는 수평적 소통이 중심이 된다. 요컨대 전통적인 거번먼트가 팽팽하고 경직된 관료제 조직과 수직적 소통에 바탕을 둔다면 거버넌스는 느슨하고 탄력적인 조직과 수평적 소통에 바탕을 둔다.

이러한 데이터 거버넌스에서 가장 중요하면서도 어려운 문제는 데이터 보호와 이용 사이에 발생하는 긴장과 갈등을 조화롭게 해소하는 것이다. 최근까지는 개인정보 보호가 부각되면서 데이터 이용보다는 보호가 더욱 중요한 비중을 차지하였다. 이에 발맞추어 우리 「개인정보보호법」도 사전동의 방식의 엄격한 개인정보 자기결정권을 제도화함으로써 개인정보 보호를 우선적인 과제로 설정한다. 그러나 데이터 보호를 강조함으로써 인공지능을 구현하는 데 필요한 데이터 수집 및 이용이 장애를 겪을 때가 많다. 이에 최근에는 데이터 이용을 더욱 강화해야 한다는 주장이 힘을 얻는다. 이 같은 까닭에서 데이터 보호와 이용 사이의 긴장과 갈등을 적절하게 해소하는 것이 데이터 거버넌스의 본질적인 과제로 부각된다.[29]

4. 알고리즘 위험에 대한 규제 방안

(1) 윤리

최근 '인공지능과 윤리'에 대한 관심이 전 세계적으로 증대하는 사실이 보여주는 것처럼 윤리는 인공지능이 안고 있는 위험을 사전에 자율적으로 그리고 반성적으로 통제하는 데 적절한 규제수단이 된다. 인공지능 영역처럼 매우 복합적이고 급변하는 영역에서 법적 규제, 특히 결과 및 비난 중심의 책임법적 통제수단은 '사회에 응답하는 규제'가 되기 어렵다.[30] 인공지능을 더욱 완전하

---

29 이 문제에 관해서는 양천수, "데이터법: 형성과 발전 그리고 과제", 『공법학연구』제22권 제 2 호(2021), 221-246 면 참조.
30 '사회에 응답하는 규제'에 관해서는 P. Nonet/P. Selznick, *Law & Society in Transition: Toward Responsive*

고 공정하며 투명하게 개선하기 위해서는 결국 개발자를 중심으로 하는 인공지능 관련자들이 자율적으로 이에 매진하도록 하는 것이 가장 좋다. 그 점에서 윤리라는 연성규범을 적극 활용할 필요가 있다.

(2) 인공지능기술인증

물론 인공지능에 대한 관리 및 통제를 전적으로 개발자 등에게 맡기는 것은 적절하지 않을 수 있다. '시장의 실패'가 보여주듯이 민간 영역의 자율성을 완전하게 신뢰하는 것은 실패로 끝날 가능성이 없지 않다. 따라서 자율적인 규제와 타율적인 규제를 적절하게 혼합할 필요가 있다. 이러한 방안으로 인공지능 개발자 등이 자율적으로 윤리규범을 정립 및 시행하도록 법으로 강제하는 것을 들 수 있다. 또는 정보통신망법이 규정하는 정보보호인증ISMS 제도처럼 인공지능기술인증 제도를 도입하는 것을 고려할 수 있다. 예를 들어 인공지능의 위험성을 적절하게 관리하는 데 필요한 요건을 인증 요건으로 제시한 후 이를 자율적으로 충족하는 경우 인증을 부여하는 것이다. 그리고 인증을 받은 경우 인센티브를 제공하는 것을 모색할 수 있다.

(3) 사전영향평가

사전영향평가를 도입하는 것도 적극 고려할 수 있다.[31] 인공지능 개발자 등이 인공지능이 어떤 위험을 안고 있는지, 알고리즘이 정확하고 공정하며 투명하게 작동하는지를 사전에 점검하고 그 영향을 평가하도록 하는 것이다. 이는 다음과 같이 구현할 수 있다. 첫째는 사전영향평가를 법으로 강제하는 것이다. 사전영향평가를 실시하지 않을 경우 법으로 불이익을 가하는 모델을 생각할 수 있다. 둘째는 사전영향평가를 장려하는 모델이다. 사전영향평가를 실시하는 경우 특정한 인센티브를 제공하는 것이다. 한편 사전영향평가는 인공지능기술인증 제도와 결합하여 실시할 수도 있다. 인증 요건으로 사전영향평가를 규정하는 것이다.

Law, second printing (New Brunswick/London, 2005) 참조.

31 이에 관해서는 Dillon Reisman/Jason Schultz/Kate Crawford/Meredith Whittaker, *Algorithmic Impact Assessment: A practical framework for public agency accountability* (AI Now Institute, 2018) 참조.

(4) 설명 및 이의에 대한 권리 보장

인공지능, 특히 알고리즘의 투명성을 보장하는 좋은 방안으로 「신용정보법」처럼 설명 및 이의에 대한 권리를 보장하는 것을 생각할 수 있다. 가령 인공지능 사업자가 어떤 데이터를 사용하여 어떤 알고리즘으로 어떻게 운용하는지를 설명하게 하고 이 과정에서 부정확성이나 편향성을 발견하는 경우에는 이에 이의를 할 수 있는 권리를 인공지능 사용자 등에게 보장하는 것이다.

(5) 인공지능 개선의무

인공지능에 부정확성이나 편향성과 같은 문제가 발견되었을 경우 이를 반드시 개선하도록 하는 규제 장치, 즉 인공지능 개선의무를 법으로 규정할 필요가 있다. 특정한 인공지능이 사용하는 알고리즘에 편향성이 발견되어 그 상대방이 이의를 제기하였는데도 개발자나 사업자 등이 이를 수용하여 인공지능을 개선하지 않는다면 부정확성이나 편향성에 관한 문제를 해결하기 어렵다. 인공지능의 위험에 관해 '반성적 환류'가 제대로 이루어지지 않는 것이다. 이를 막고 인공지능의 기술적 수준을 더욱 완전하게 하려면 인공지능 개선의무를 법으로 도입할 필요가 있다.

(6) 일반적 디지털차별금지법 도입 여부

인공지능의 편향성으로 발생하는 차별 문제를 해결하기 위해 마치 일반적 차별금지법을 도입하는 것처럼 일반적 디지털차별금지법을 새롭게 입법할 필요가 있을까? 그러나 이는 부정하는 것이 적절하다. 일반적 디지털차별금지법은 여러 부작용을 낳을 수 있기 때문이다. 현재로서는 인공지능의 개발 및 이용을 더욱 장려할 필요가 있다는 점에서 포괄적인 일반법으로 인공지능의 편향성 문제를 규율하기보다는 개별적인 차원에서 이에 접근하는 것이 바람직하다.

5. 인공지능의 사회적 사용 위험에 대한 규제 방안

현행 법제도는 인공지능을 사회적으로 사용하는 과정에서 발생하는 위험에 어느 정도 대응할 수 있는 역량을 갖추고 있다. 따라서 현행 법제도가 가진 규제 방안을 본질적으로 개혁해야 할 필요는 적어 보인다. 다만 인공지능이 사회적으로 이용되는 과정에서 발생하는 책임 문제는 위험책임의 성격을 갖는 경우가 많으므로 이에 적절하게 대응할 수 있도록 위험책임 도그마틱을 더욱 섬세하게 발전시킬 필요가 있다. 예를 들어 자율주행차가 일으킨 교통사고를 위험책임 문제로 규율하는 경우 이러한 위험책임을 일차적으로 누구에게 귀속시킬 것인지 검토해야 한다. 이때 무엇보다도 책임에 대한 부담을 사회적으로 공평하게 분산시키는 방안을 모색할 필요가 있다.

6. 인공지능의 법적 주체성 인정 문제

인공지능에 대한 법적 통제에 관해 논의해야 할 문제가 있다. 인공지능에 법적 통제를 가하기 위해서는 인공지능의 법적 주체성을 인정해야 하는지의 문제가 그것이다.[32] 2016년 이세돌과 알파고의 세기적인 바둑 대국이 진행된 직후 우리 법학계에서는 이에 관한 논의가 집중적으로 이루어졌다. 인공지능의 법적 주체성을 인정할 수 있다거나 인정해야 한다는 주장도 유력하게 제기되었다. 그러나 이론적인 측면에서 인공지능의 법적 주체성을 인정할 수 있는가의 문제와 실천적인 측면에서 이를 인정해야 하는가의 문제는 구별할 필요가 있다. 이론적인 측면에서는 이를 인정할 여지가 없지 않다. 그렇지만 여전히 약한 인공지능이 주류를 이루는 현재의 상황에서는 실천적인 측면에서 이를 인정해야 할 필요가 있을지 의문이다. 약한 인공지능이 야기하는 문제는 굳이 인공지능의 법적 주체성을 인정하지 않아도 대부분 현행 법제도로 해결할 수 있기 때문이다.

---

32 상세한 논의는 양천수, 『인공지능 혁명과 법』, 122면 아래 참조.

제16장 생각해 볼 문제

❶ 인공지능이 유발하는 법적 문제를 적절하게 해결하려면 인공지능에 법적 주체성 또는 법적 인격성을 부여해야 한다고 주장된다. 이러한 주장은 두 가지 문제를 포함한다. 첫째는 이론적 문제로서 인공지능의 법적 주체성을 인정할 수 있는가의 문제이다. 둘째는 실천적 문제로서 인공지능의 법적 주체성을 인정할 필요가 있는가의 문제이다. 우리 법체계에서 법적 주체성은 어떤 기능을 수행하는지, 이는 어떤 기준에 따라 인정할 수 있는지를 고려하면서 이 문제를 풀어 보시오.

❷ 2021년 1월 출시된 챗봇 '이루다'는 출시되자마자 여러 사회적 반향과 논란을 일으켜 곧바로 서비스가 중단되었다. 특히 챗봇 이루다가 편향적인 발언이나 혐오 발언을 하는 게 논란이 되었다. 이에 이 같은 문제를 해결하려면 법제도가 어떻게 대응해야 하는지가 다방면에 걸쳐 논의되었다. 그러면 챗봇 이루다 사건과 같은 문제를 앞으로 적절하게 예방하려면 어떤 법적 규제를 모색하는 게 바람직한지 생각해 보시오.

색인

法哲學

Philosophy of Law: Theory and Issue

사항색인

인명색인

▌공저자약력

김 정 오 _ (현) 연세대학교 법학전문대학원 교수
　학력 및 주요 경력
　　연세대학교 정법대학 및 동 대학원 졸업(학사 및 석사)
　　미국 위스콘신대학교 로스쿨 졸업(MLI & SJD)
　　미국 조지타운대학교 로스쿨 방문교수
　　한국법철학회 회장 역임
　　연세대학교 법학전문대학원 원장 역임
　주요 저서 및 논문
　　저서: 『한국의 법문화』, 『현대사회사상과 법』
　　공저: 『현대법철학의 흐름』, 『응용법철학』, 『자유주의의 가치들』,
　　　　　Recent Transformation in Korean Law and Society
　　역서: 『근대사회에서의 법』, 『코드 2.0』, 『정치』
　　논문: "푸꼬의 권력이해와 법," "자유주의 법체계에 대한 구조적 분석" 외 다수

최 봉 철 _ (현) 성균관대학교 법학전문대학원 교수
　학력 및 주요 경력
　　서울대학교 법과대학 및 동 대학원 졸업(학사 및 석사)
　　미국 위스콘신대학교 로스쿨 졸업(MLI & SJD)
　　한국법철학회 회장 역임
　　성균관대학교 법학전문대학원 원장 역임
　주요 저서 및 논문
　　저서: 『현대법철학: 영어권 법철학을 중심으로』
　　공저: 『현대법철학의 흐름』, 『응용법철학』
　　역서: 『미국법의 사이비 영웅 홈즈 평전』
　　논문: "밀의 자유제한의 원칙들," "사악한 법의 효력" 외 다수

김 현 철 _ (현) 이화여자대학교 법학전문대학원 교수
　학력 및 주요 경력
　　서울대학교 법과대학 및 동 대학원 졸업(학사 및 석사)
　　서울대학교 대학원 법학과 졸업(법학박사)
　　미국 인디애나 대학교 로스쿨 방문교수
　　현재 한국법철학회 부회장
　주요 저서 및 논문
　　공저: 『생명윤리와 법』, 『법학입문』 외 다수
　　논문: "형식적 권리론," "자연주의적 자연법 이론의 가능성" 외 다수

신 동 룡 _ (현) 강원대학교 법학전문대학원 교수
　학력 및 주요 경력
　　연세대학교 법과대학 및 동 대학원 졸업(학사 및 석사)
　　연세대학교 대학원 졸업(법학박사)
　　영국 엑시터대학교 로스쿨 방문교수
　　강원대학교 비교법학연구소장 역임

주요 저서 및 논문
    저서 : 『권리와 인권의 법철학』, 『법의 딜레마』
    논문 : "저작권법제도의 정당성에 대한 비판적 고찰— 미하일 바흐친의 대화주의를 중심으로,"
        "법담론에 있어서 자유주의와 공동체주의," "근대형법이론의 담론분석" 외 다수

양 천 수_ (현) 영남대학교 법학전문대학원 교수
  학력 및 주요 경력
    고려대학교 법과대학 및 동 대학원 졸업(학사 및 석사)
    독일 프랑크푸르트대학교 법학과 박사과정 졸업(법학박사)
    미국 워싱턴대학교 로스쿨 방문연구원 역임
    영남대학교 법무감사실장 역임
    현재 영남대학교 법학연구소장
  주요 저서 및 논문
    저서 : 『법해석학』, 『제4차 산업혁명과 법』, 『인공지능 혁명과 법』, 『삼단논법과 법학방법』
    공저 : 『법과 진화론』, 『디지털 트랜스포메이션과 정보보호』, 『공학법제』
    논문 : "초국가적 법다원주의," "민주적 법치국가에서 본 법규범의 효력근거" 외 다수

이 계 일_ (현) 연세대학교 법학전문대학원 교수
  학력 및 주요 경력
    연세대학교 법과대학 및 동 대학원 졸업(학사 및 석사)
    독일 뒤셀도르프대학교 법학과 석사 및 박사과정 졸업(법학석사, 법학박사)
    독일 에를랑겐-뉘른베르크대학교 법철학 및 일반국가이론 연구소 방문학자
    원광대학교 법학연구소 공익인권법센터장 역임
    현재 한국법철학회 총무이사
  주요 저서 및 논문
    저서 : *Die Struktur der juristischen Entscheidung aus konstruktivistischer Sicht*
    공저 : 『법학방법론』, 『현대법사회학의 흐름』, *Die Organisation des Verfassungsstaats*
    논문 : "법학의 학문성에 대한 반성적 고찰," "법관의 법형성의 체계구성에 관한 탐구" 외 다수

제3판
법철학 : 이론과 쟁점

초판발행	2012년 8월 30일
제2판발행	2017년 8월 20일
제3판발행	2022년 1월 20일
중판발행	2024년 7월 26일

지은이	김정오·최봉철·김현철·신동룡·양천수·이계일
펴낸이	안종만·안상준

편 집	양수정
기획/마케팅	조성호
표지디자인	BENSTORY
제 작	고철민·김원표

펴낸곳	(주) **박영사**
	서울특별시 금천구 가산디지털2로 53, 한라시그마밸리 210호(가산동)
	등록 2014. 2. 12. 제2018-000080호
전 화	02)733-6771
f a x	02)736-4818
e-mail	pys@pybook.co.kr
homepage	www.pybook.co.kr
ISBN	979-11-303-4070-8 93360

정 가   26,000원